수릉엄경

개역본
한글대장경

수릉엄경

이운허 초역 | 김월운 개역

首楞嚴經

동국역경원

□ 차례

해 제

1. 경명 설명

이 경의 구족한 이름은 『대불정여래밀인수증요의제보살만행수릉엄경大佛頂如來密因修證了義諸菩薩萬行首楞嚴經』이니, '대불정大佛頂'은 높고 거룩하다는 뜻이요, '여래밀인수증요의如來密因修證了義'는 삼세 여래께서 인행 때에 밀인密因으로 삼아 닦아 증득하신 요의법了義法이란 뜻이며, '제보살만행諸菩薩萬行'은 모든 보살들이 만행萬行을 닦을 때에 준용하는 법이란 뜻이다.

이 제목은, 제8권 결경분結經分에서 문수사리가 "이 경 이름을 무엇이라 하오리까?" 하고 여쭙자, 부처님께서 다섯 가지를 말씀해 주셨는데, 그중 첫째와 셋째, 다섯째에서 적절히 떼어다 만든 것이 지금의 경 제목이다.

'수릉엄首楞嚴'은 범어梵語이니, 번역하면 건상분별健相分別, 즉 건전健全한 재상宰相이 사물을 분별하는 것 같다는 뜻인데, 이 경의 이론이 정연함이 그와 같다는 뜻이요, 또 필경견고畢竟堅固라 하니, 이 경의 진리가 완벽하고도 견고하여 다른 어떠한 이설異說도 능히 타파해 버릴 수 있다는 뜻이다.

이를 종합해서 말하면, 삼세제불께서 성불하는 데 꼭 필요한 인행因行이며, 보살들이 수행하는 데 꼭 의지해야 할 기본교리가 형연炯然하여 보주寶珠처럼 빛나고, 건전한 재상의 업무 처리와 같이 논조論調가 분명하여 알아보기가 쉬운 경이란 것이다.

이 경을 달리 『중인도나란타사대도량경中印度那蘭陀寺大道場經』이라고도 하는데, 이는 고대 중인도中印度 나란타사那蘭陀寺라는 대찰大刹에서 젊은 승려들을 가르치기 위해 교재로 편찬했다는 말이니, 모두 이 경의 교과서적인 특징을 나타내는 공통점이 있다.

2. 경의 과목科目

우선 경문 전체의 내용을 살피건대 종래의 방식에 따라 3분으로 나누니, 서론격인 서분序分과 본론격인 정종분正宗分과 결론격인 유통분流通分이다.

첫째, 서분序分.

경 첫머리로부터 경 28쪽 "부처님의 말씀을 기다렸다."까지이니, 아난존자阿難尊者가 다문제일多聞第一임에도 불구하고, 본의 아니게 마등가摩登伽의 음실婬室에 빠져 위급한 상황 직전에 구출되어 발심하고 새 법을 청하는 내용이다.

둘째, 정종분正宗分.

경 28쪽 "부처님께서 아난을 굽어보시면서"로부터 경 282쪽 "삼계를 그리워하지 말게 하라."까지이니, 서분에서 아난 존자가 청했던 사마타奢摩他와 삼마三摩와 선나禪那와 그리고 최초 방편을 풀이하는 네 단계로 이루어졌다. 사마타는 번역하면 정靜이니, 어지러운 생각을 잠재우는 공부요, 삼마는 번역하면 환幻이니, 지나치게 침체된 마음을 끌어올리는 공부요, 선나는 번역하면 적寂이니, 정靜과 환幻 두 가지가 잘 조절된 상태요, 끝으로 최초 방편은 마魔의 홀림을 경계하라는 말씀이니, 이는 초심자나 고참자를 막론하고 늘 조심해야 하기 때문에 최초 방편이라 하셨다.

고강古講들은 이 네 단계를 차례와 같이, 견도분見道分, 수도분修道分, 증과분證果分, 조도분助道分이라 하고, 결경분結經分을 다섯째에다 넣어 5분으로 만들었는데, 이후 여러 경사經師들이 의용依用해 왔기에 번역자도 그 방법에 따라 이야기를 진행하려 한다.

1. 견도분見道分은 도를 발견한다는 뜻으로서, 경 28쪽 "부처님께서 아난을 굽어보시면서"로부터이다. 소제小題에 '사마타奢摩陀를 말하여 참마음을 알게 하다'라고 하셨는데, 사마타는 번역하면 정靜이라 했거니와 소란한 마음을 조용히 가라앉히고 안정된 마음으로 관찰하면 진정한 도道가 보인다는 뜻에서 이 부분을 견도분이라 한다. 이 견도분을 다시 다음과 같이 세 중과中科로 나누니, 다음과 같다.
   1) 결택진망이위밀인決擇眞妄以爲密因. 진과 망을 가려서 수행의 기초로 삼으라는 뜻이며, 경 28쪽 "부처님께서 아난을 굽어보시면서"로부터 제1권 끝까지에 이르니, '우리의 참마음은 어디에 있는가'라고 하는 주제로 ① 안(內), ② 바깥(外), ③ 감관의 밑(潛

根), ④ 장기의 속(藏暗), ⑤ 왔다 갔다 함(隨合), ⑥ 중간中間, ⑦ 무착無着 등 일곱 곳에서 찾았으나 끝내 찾을 수 없다는 내용이다.

그러나 참마음이 없을 수는 없으니, 경 37쪽 "그때에 아난이 대중 가운데서 일어나"로부터 제1권 끝까지는 정결택진심진견正決擇眞心眞見, 즉 바야흐로 진심과 진견을 가려내는 논리로서 오온五蘊, 육입六入, 십이처十二處, 십팔계十八界, 나아가서는 칠대七大 제1권 끝까지에 이르니, 이를 공여래장空如來藏의 법문이라 한다.

2) 발명각성직사조오發明覺性直使造悟. 각성을 보여 주어 곧장 깨닫게 하심이니, 제2권 초부터이며, 여기에 다시 다음의 소과小科가 있다.

⑴ 즉신변이명불생멸卽身變異明不生滅. 몸은 변하지만 실체에는 생멸이 없음을 밝히심이니, 경 47쪽 "저때에 아난과 대중이"로부터이다.

⑵ 의수정도명무유실依手正倒明無遺失. 팔을 올렸다 내렸다 하여 잃은 적이 없음을 보이심이니, 경 50쪽 "아난이 자리에서 일어나"로부터이다.

⑶ 변척연영견별의람辨斥緣影甄別疑濫. 반연과 그림자를 물리쳐 제각기 참마음과 혼동치 않게 하심이니, 경 52쪽 "아난이 부처님께서 자비로"로부터이다.

⑷ 의팔경시견성무환依八境示見性無還. 여덟 가지 경계로써 견성見性은 돌려보낼 데가 없음을 보이심이니, 경 53쪽 "만일 제 마음이 제각기"로부터이다.

⑸ 즉제물상결택진성卽諸物象決擇眞性. 모든 물상에서 참 견성見

性을 찾아 주심이니, 경 54쪽 "이 보는 성품을 돌려보낼 데"로부터이다.

(6) 명견진체본절한량明見眞體本絕限量. 견의 참 성품(見眞性)은 본래 한량이 없음을 밝히심이니, 경 56쪽 "세존이시여, 만일 이 보는 성품이"로부터이다.

(7) 명견여연동일묘체明見與緣同一妙體. 견見의 본체와 견의 대상(見緣)은 모두가 묘체임을 밝히심이니, 경 57쪽 "세존이시여, 이 견의 정기가"로부터이다.

(8) 변명진설견별의람辨明眞說甄別疑濫. 참 말씀을 제시해서 섞였으리라는 의혹(疑濫)을 제거하심이니, 경 61쪽 "세존이시여, 진실로 부처님의"로부터이다.

(9) 광명생망중개혜목廣明眚妄重開慧目. 모두가 청맹과니(眚妄)라고 선포하시고, 거듭 지혜의 눈을 띄워 주심이니, 경 64쪽 "세존이시여, 부처님께서 저희들을 위하사"로부터이다.

(10) 즉제근진현여래장卽諸根塵顯如來藏. 근根과 진塵, 그대로가 여래장임을 드러내심이니, 여기에 다시 다음의 지과支科가 있다.

① 즉오음명여래장卽五陰明如來藏. 오음 그대로가 여래장임을 밝히심이니, 경 69쪽 "아난아, 네가 오히려 요술같이"로부터 제2권 끝까지이다.

② 즉육입명여래卽六入明如來. 육입 그대로에서 여래장을 밝히심이니, 경 75쪽 "또 아난아, 어찌하여 육입六入이 본래"로부터이니, 제3권 첫 번째 줄이다.

③ 즉십이처명여래장卽十二處明如來藏. 십이처가 곧 여래장임을 밝히심이니, 경 79쪽 "또 아난아, 어찌하여 십이처十二

處가"로부터이다.

④ 즉십팔계명여래장卽十八界明如來藏. 십팔계가 곧 여래장임을 밝히심이니, 경 83쪽 "또 아난아, 어찌하여 십팔계十八界가"로부터이다.

⑤ 광거칠대원시장성廣擧七大圓示藏性. 칠대 모두가 여래장성임을 보이심이니, 경 88쪽 "부처님께서 이렇게 법문하심을 듣잡고"로부터이다.

⑥ 아난경찬阿難慶讚. 경 98쪽 "그때에 아난과 대중이"로부터이며, 제3권 끝이다.

3) 심궁만법결통의체深窮萬法決通疑滯. 만법을 깊이 궁구하여 남은 의혹을 풀어 주심이니, 제4권 초, 공空과 불공不空 어디에도 걸리지 않고, 슬기롭게 진실의 실체를 밝혀내는 공부이니, 이를 공불공여래장空不空如來藏의 논리라 한다. 여기에 다시 다음의 소과小科가 있다.

⑴ 부나의문富那疑問. 부루나의 의문이니, 경 101쪽 "그때에 부루나미다라니자富樓那彌陀羅尼子가"로부터 경 102쪽 "간절하게 기다렸다."까지로서 일진법계가 본래 청정하다면 어찌하여 산하대지가 생겼으며, 일단 생겨난 사대四大는 어찌하여 서로 용납하면서 공존하는가를 여쭌 내용이다.

⑵ 불답제상소기佛答諸相所起. 부처님께서 모든 상이 생기는 과정을 말씀하심이니, 경 102쪽 "그때에 부처님께서 부루나와 번뇌가"로부터 107쪽 "열반도 역시 그러하니라."까지이다.

⑶ 불답사대상용佛答四大相容. 부처님께서 사대가 서로 용납하는 이유를 해명하심이니, 경 107쪽 "부루나야, 네가 또 묻기를"로부터 경 110쪽 "만족하게 여기는 탓이니라."까지이다.

(4) 불부재미佛不再迷. 부처는 다시 미迷하지 않는다이니, 일단 성불하신 뒤에는 다시 미迷하는 법은 없기 때문이다. 경 110쪽 "저나 부처님의 보배로운 각의 두렷하고(圓)"로부터 112쪽 "딴 데서 온 것이 아닌 줄 알지니라."까지이다.

(5) 시무희론示無戱論. 여래는 거짓말이 없으시다이니, 경 112쪽 "이때에 아난이 대중 가운데 있다가"로부터 경 115쪽 "듣는 것에서 갈팡질팡하느냐?"까지이다.

이상 견도분見道分의 법문이다.

2. 수도분修道分이니, 경 115쪽의 작은 제목 '삼마제를 말하여 한 문으로 들어가게 하다'와 같은 내용이다. 삼마제는 삼마발제三摩鉢提의 준말로서, 등지等持라 번역하니, 정定과 혜慧를 균등하게 지니는 것이 곧 수도이기 때문에 수도분이라 한다. 여기에 다시 다음의 세 가지 속과屬科가 있다.

1) 수행진기修行眞基. 수행자의 참된 기초란 뜻으로서, 심인심審因心과 심업본審業本 두 가지이다.

(1) 심인심. 경 115쪽 "아난과 대중이 부처님의 말씀을"로부터 경 118쪽 "묘한 공덕과 합하리라."까지이니, 현재 자기의 발심이 자기가 희망하는 과지果地와 내용이 같은가 다른가를 살피라는 말씀이다.

(2) 심업본審業本. 경 118쪽 "둘째는 너희들이 보리마음을"로부터 제4권 말, 경 127쪽, "위없는 각(無上知學)을 이루지 못하랴."까지이니, 육근六根, 육진六塵, 육식六識, 칠대七大 등 이십오법二十五法 중 어느 법 하나를 택하여 어느 한 문에서 원통을 얻으면 나머지 문이 저절로 성취되기 때문에 자기의 근기에 맞는 어느 한 문을 택하라 하신 내용이다. 마치 관세음

보살이 이근耳根을 전일하게 공부해서 원통圓通을 얻은 것 같으리라는 것이니, 제4권 끝이다.

2) 수행진요修行眞要. 실제 수행의 요령이란 뜻이니, 해결진요解結眞要와 입원진요入圓眞要 두 문으로 나뉜다.

⑴ 해결진요. 제5권 초, 경 129쪽 "세존이시여, 부처님께서 둘째 뜻을"로부터 경 136쪽 "무생법인無生法忍을 얻는 것이라 하느니라."까지이니, 매듭이 이루어지던 차례를 거슬러 풀어 나아가야 한다는 취지의 말씀이다.

⑵ 입원진요. 하나를 깨달으면 모두를 아는 방법이니, 한 방울의 물에서 백천百川의 맛을 아는 도리이다. 경 136쪽 "아난과 대중이 부처님의 법문을 듣잡고"로부터 경 139쪽 "법의 인이 으뜸이 되겠나이다."까지는 육진원통六塵圓通이요, 경 140쪽 "아나율타阿那律陀가 자리에서 일어나"로부터 142쪽까지는 육근원통六根圓通이며, 경 142쪽 "사리불舍利弗이 자리에서 일어나"로부터 경 144쪽 "맑고 깨끗하게 되듯이 하는 것이 제일이 되겠나이다."까지는 육식원통六識圓通이요, 경 145쪽 "오추슬마烏芻瑟摩가 여래 앞에서"로부터 제5권 끝까지는 칠대원통七大圓通이다. 경 151쪽 제6권 초 "저때에 관세음보살이 자리에서 일어나"로부터 경 172쪽 "아뇩다라삼먁삼보리(三藐三菩提) 마음을 내었다."까지는 특표이근원통特標耳根圓通이니, 위 육근원통에서 유보留保하였다가 여기서 새삼 장을 열어 말씀하셨기 때문에 특표라 했다.

이 이근원통耳根圓通을 다음과 같이 분과分科한다.

① 서본원증敍本圓證. 본래 갖추어진 본각은 누구나 원만했음을 깨우쳐 주심이니, 경 151쪽 "저때에 관세음보살이

자리에서 일어나"로부터이다.

② 삼십이응신三十二應身. 경 152쪽 "세존이시여, 만일 보살菩薩들이 삼마지三摩地에"로부터이다.

③ 십사무외력十四無畏力. 경 155쪽 "세존이시여, 저는 또 이 들어 쏘이며"로부터이다.

④ 사부사의덕四不思議德. 경 157쪽 "세존이시여, 저는 다시 이 원통圓通을 얻어"로부터이다.

⑤ 결답원통結答圓通. 경 158쪽 "부처님께서 원통을 물으시니"로부터이니, 원통의 설명을 마감하심이다.

⑥ 서응瑞應. 경 158쪽 "그때에 부처님께서 사자좌獅子座에 앉으사"로부터이니, 천우사화天雨四華의 서상瑞相이 나타나 오늘의 법회를 찬탄하심이다.

⑦ 칙선문수勅選文殊. 즉 문수로 하여금 오늘의 이십오법二十五法 중 우열을 선택케 하심이니, 경 159쪽 "이때에 부처님께서 문수사리법왕자文殊師利法王子에게"로부터로서, 범우凡愚들의 판단을 돕기 위함이다. 무려 10여 쪽에 이른다.

3) 섭지궤칙攝持軌則. 제7권 초부터이니, 이는 자신을 지켜내는 방법이다. 여기에 두 가지 섭지攝持가 있으니, 하나는 스스로가 계행을 지키는 것 등은 내섭內攝이요, 다른 하나는 기도를 하거나 주문呪文을 수지 독송하는 등의 가피加被로 성취하는 것은 외섭外攝이다.

(1) 내섭궤칙內攝軌則. 경 172쪽 "아난이 옷을 바로 하고"로부터 제6권 끝까지이다.

(2) 외섭궤칙外攝軌則. 경 179쪽 "아난아, 네가 마음 걷어 들임을"

로부터 시작하여 도량을 차리고 '능엄주楞嚴呪' 독송하는 법을 다음과 같이 여섯 단계로 일러 주셨다.

① 정시외섭正示外攝. 외섭의 개요를 말씀해 주심이니, 경 179쪽 "아난아, 네가 마음 걷어 들임을 묻기에"로부터이다.

② 아난상문阿難詳問. 아난이 자세히 여쭘이니, 경 180쪽 "세존이시여, 저는 부처님의 자비하신 가르침을"로부터 시작하여 좀 더 구체적으로 여쭙는 내용이다.

③ 불자상답佛慈詳答. 부처님께서 대답하심이니, 경 181쪽 "아난아, 만일 말세末世 중생이"로부터로서, 부처님께서 좀 더 자세히 말씀하신다.

④ 정설계찬正說啓讚. 경 183쪽 "아난은 부처님 발에 정례하고"로부터이니, 부처님께서 바야흐로 '능엄주楞嚴呪'의 계찬문啓讚文을 설하신다.

⑤ 정설신주正說神呪. 바야흐로 '능엄주'를 말씀하심이니, 경 183쪽 "나모사다타소가다야南牟薩怛他蘇伽哆耶……"이니, 총 439절 중 앞의 406절은 보설普說이요, 뒤의 33절은 심주心呪이다.

⑥ 지주공덕持呪功德. 경 193쪽 "아난아, 이 부처의 정수리 광명이 모여서"로부터는 부처님께서 이 신주神呪의 공덕을 말씀하신 내용이다.

⑦ 중원호지衆願護持. 경 198쪽 "이렇게 법문을 마치시니"로부터 회상에 모였던 대중들이 발원하는 내용을 끝으로 수도분修道分이 끝난다.

3. 증과분證果分이니, 이는 작은 제목(제7권) '선나禪那를 말하여 수행하는 차례를 보이다'에 해당된다. 선나는 적寂이라 번역하니, 적이

란 정定과 혜慧가 균등均等해진 상태로서 이理와 사事에 무애한 경지이다. 그러므로 고강古講들이 이 대목을 증과분證果分이라 했으니, 이理와 사事에 무애無礙한 것은 인위因位가 아니라 과위果位이기 때문이리라.

여기에 다시 네 중과中科가 있으니, 처음의 둘은 전미轉迷로, 미혹에서 벗어나는 과정이요, 뒤의 둘은 개오開悟이니, 깨달음을 열어 들어가는 과정이다.

1) 영지십이종전도令知十二種顚倒. 경 200쪽 "아난이 자리에서 일어나"로부터이니, 열두 종류의 전도가 그 원인이었음을 알라고 하셨다. 마치 양의良醫가 병을 고치려면 먼저 그 병의 원인을 알아야 하는 것과 같다.
2) 성십이류생成十二類生. 경 202쪽 "이러므로 세계가 움직임으로 인하여"로부터이니, 열두 종류의 중생이 이루어졌다고 하심은, 마치 의사가 병의 현황을 아는 것과 같다.
3) 제8권 초, 경 207쪽 "아난아, 이러한 중생들의"로부터는 망妄의 근본을 제거하심(令除妄本)이니, 마치 의사가 병을 고칠 때는 발병의 요인부터 제거하는 것과 같다.
4) 득위점증得位漸增. 깨달음이 점점 증진하여 마침내 성불하기에 이르는 과정이니, 자세한 것은 다음과 같다.
   (1) 간혜지乾慧地. 경 210쪽 "아난아, 이 좋은 남자가 욕심과 애정이"로부터이다.
   (2) 십신十信. 경 210쪽 "이 마음으로써 가운데로"로부터이다.
   (3) 십행十行. 경 212쪽 "아난아, 이 좋은 남자가 부처님의 아들이 되고는"으로부터이다.
   (4) 십회향十回向. 경 213쪽 "아난아, 이 좋은 남자가 신통을 만

족하며"로부터이다.

⑸ 사가행四加行. 경 214쪽 "아난아, 이 좋은 남자가 이 청정한"으로부터이다.

⑹ 십지十地. 경 214쪽 "아난아, 이 좋은 남자가 큰 보리를"로부터이다.

⑺ 등각等覺. 경 215쪽 "여래는 흐르는 것을 거슬러 올라오거든"으로부터이다.

4. 결경분結經分이니, 경 216쪽 "그때에 문수사리법왕자가"로부터 약 14줄의 경문이니, 이 경의 이름 다섯 가지를 일러 주신 대목이 분명 특성은 있어 별개의 분이 되어야겠으므로 동방의 경사經師들이 이 분分을 설정한 것이다.

5. 조도분助道分이니, 수도하는 이들을 돕는 부분이란 뜻이다. 학인이 자신도 모르게 자칫 용심用心을 잘못하면 즉시에 마魔에 끄달리게 되므로 미리 조심하게 하심이니, 첫째는 별명제취계비실착別明諸趣戒備失錯이요, 둘째는 상변마경심방사오詳辨魔境深防邪誤이다.

1) 별명제취계비실착은 7취에 떨어지지 않도록 조심하라는 내용이니, 크게 네 과科로 나눈다.

⑴ 대중이 법문을 청함이니, 경 216쪽 "이 법문을 마치시니"로부터이다.

⑵ 망妄을 인해 습이 생긴다고 하심이니, 경 217쪽 "통쾌하다. 이 묻는 말이"로부터이다.

⑶ 습을 인해 혹이 생긴다고 하심이니, 경 218쪽 "아난아, 온갖 세간의"로부터이다.

⑷ 업을 인해 제취諸趣가 생긴다고 하심이니, 여기에서 다시 다음과 같은 소과가 벌어진다.

① 지옥地獄의 십습인十習因이니, 경 220쪽 "아난아, 이런 것들은 모두"로부터이다.

② 지옥의 육교보六交報니, 경 223쪽 "무엇을 여섯 가지 두루"로부터이다.

③ 아귀餓鬼니, 경 227쪽 "또 아난아, 이 중생들이 계율戒律을"로부터이다.

④ 인취人趣니, 경 229쪽 "또 아난아, 이런 중생들이 묵은 빚을"로부터이다.

⑤ 선취仙趣니, 경 230쪽 "아난아, 또 사람으로서"로부터이다.

⑥ 욕계육천欲界六天이니, 경 231쪽 "아난아, 세상 사람들이 항상"으로부터이니, 제8권 끝이다.

⑦ 색계色界 십팔천十八天이니, 경 233쪽 "아난아, 이 세상에서 마음 닦는 사람들이"로부터이니, 제9권 초이다.

⑧ 무색계無色界 사천四天이니, 경 236쪽 "만일 고苦도 낙樂도 아닌 마음에서"로부터이다.

⑨ 통결총답通結總答이니, 경 238쪽 "아난아, 이 지옥과 아귀와"로부터이다.

2) 상변마경심방사오과詳辨魔境深防邪誤科는 다음과 같이 2문으로 나뉜다.

(1) 총설마사總說魔事. 총괄적으로 마사를 설명하심이니, 경 239쪽 "그때에 부처님께서 법회를 마치려 하시다가"로부터이다.

(2) 수음상변隨陰詳辨. 5음의 종류에 따라 자세히 설명하심이니, 6문이 있다.

① 색음마色陰魔니, 경 242쪽 "아난아, 네가 도량에 앉아서"

로부터이다.

② 수음마受陰魔니, 경 245쪽 "아난아, 저 좋은 남자가 삼마제三摩提와"로부터이다.

③ 상음마想陰魔니, 경 251쪽 "아난아, 저 좋은 남자(善男子)가 삼마지三摩地를"로부터이니, 제9권 말이다.

④ 행음마行陰魔니, 경 263쪽 "아난아, 저 좋은 남자가 삼마지를 닦아"로부터이니, 제10권 초이다.

⑤ 식음마識陰魔니, 경 272쪽 "아난아, 저 좋은 남자가 삼마지를 닦아서"로부터이다.

⑥ 총결오음總結五陰이니, 경 279쪽 "아난이 자리에서 일어나"로부터이다.

셋째, 유통분流通分은 경 282쪽 "아난아, 만일 어떤 사람이"로부터 경의 끝까지이다.

3. 경의 성립과 시기

다음, 이 경이 설해진 시기로는 많은 학자들이 반야부般若部와 법화부法華部 중간이라는 주장과 "야수다라耶輸多羅가 법화法華를 듣고 수기授記를 받았다."라는 구절을 들어 법화의 뒤, 열반의 앞에 설해졌으리라는 주장이 있다.

이 경의 전역傳譯 연대는 당唐 중종中宗 신룡神龍 원년(705년) 5월 23일 중천축中天竺 사문沙門 반랄밀제般剌蜜帝(極量)가 광주廣州 제지사制止寺에서 방융房融과 함께 번역하였다고 전한다.

이에 앞서 방융은 이 경이 서역西域에 있다는 것을 알고 흠모하다가 어떤 일로 이 지역에서 적거謫居하던 중 삼장三藏의 도래渡來를 만나 번역하기를 청하니, 삼장이 응하여 일이 이루어졌다고 한다.

이때 방융은 필수筆受하고, 오장국烏長國 사문沙門 미가석가彌伽釋迦는 역어譯語를 맡았는데, 번역이 끝나자 삼장三藏은 범본梵本을 가지고 본국으로 돌아갔으니, 그 나라 법에 이 경은 외국으로 내보내지 않기로 되어 있는 것을 무시하고 가져온 것이 탄로가 나서 변경邊境의 관리가 곤경困境에 처하게 되었다는 전언傳言이 있어서였다고 한다.

방융은 이 역본譯本을 가지고 황제에게 가서 입장入藏을 주청奏請했으나, 때마침 중종中宗이 즉위한 초기인지라 경황이 없어 대장경大藏經에 수록되지 못했는데, 그때 어느 선승禪僧이 내도량內道場에 있다가 이것을 보고 초록抄錄해서 퍼뜨렸다고 한다.

이 경이 우리나라에 전래傳來한 연대는 알 수 없으나, 고려대장경에 수록되어 있는 것으로 보아서는 이미 그 이전에 유입流入되었음이 분명하고, 언제부터인지는 모르나 강원講院 이력과목履歷課目으로 오늘까지 쓰이고 있다.

이 경의 주석서註釋書로는 이른바 동첩백십動輒百十이라 하여 100여 가지에 이르나, 특히 송대宋代 계환戒環의 『수릉엄경요해首楞嚴經要解』는 그 내용과 과경科經이 간단명료하여 우리나라 강원 교재로 쓰인 지 오래이다.

그런데 이 『요해』에도 잘못된 곳이 적지 않은 것을, 고려 때의 보환普幻 스님이 낱낱이 지적하고 바로잡아 『수릉엄경환해산보기首楞嚴經環解刪補記』 2권을 내었던 일은 우리의 교학적 역량이 얼마나 충실했던가를 짐작케 하는 대목이다.

따라서 이 경에 대한 이설異說 또한 적지 않으니, 첫째, 방융의 위경僞

經일 것이라는 설說이다. 경문 중에 유교儒教 또는 도교道教의 술어術語가 많이 보이기 때문이요, 또 삼장三藏이 온 경위, 그리고 범본梵本을 도로 가져갔다는 이야기, 대장전大藏殿에 수록이 늦어진 사연事緣 등이 모두 석연치 않은 점이 많기 때문이다.

또 일설에는 "이 경은 두 경을 합한 것이니, 경 첫머리에는 바사닉왕波斯匿王이 등장하다가 나중에는 유리왕琉璃王이 등장하는 것이 그 증거다."라고 하니, 일리가 없는 것은 아니나 장편의 경을 설하는 동안 왕이 죽고 바뀔 수도 있는 것일 터이니, 신청信聽할 일이 못 될 것이다.

이 경이 우리말로 번역되기로는 세조世祖 때의 간경도감刊經都監에서 간행한 언해본諺解本을 비롯해서 대를 이어 꾸준히 있어 왔지만, 나의 사부님(師傅)이며, 지난날 동국역경원을 설립하시고 초대 역경원장을 역임하신 운허 노사耘虛老師께서 서기 1963년도에 출판하였던 『수릉엄경』을 외람되지만 약간의 윤문潤文을 가해 해제를 붙여 전재轉載하는 바이다.

후학 월운 근기

대불정여래밀인수증요의제보살만행수릉엄경
大佛頂如來密因修證了義諸菩薩萬行首楞嚴經
| 제1권 |

Ⅰ. 이 경의 연기

1. 경 말씀한 곳과 들은 이들

이렇게 법문하시는 것을 내가 들었다.

어느 때 부처님께서 실라벌성室羅筏城 기타숲절에서 큰 비구比丘 대중 1,250사람과 함께 계시었다. 그들은 모두 번뇌가 없어진 큰 아라한들이니, 부처님의 대代를 이을 법의 아들(佛子)로서 불법을 가지고 있으면서 나고 죽는 데서 묘하게 뛰어났고, 어느 세상에서나 날 적마다 신수가 좋고, 행동이 점잖으며, 부처님을 따라다니면서 법문을 연설하여 부처님의 유촉遺囑을 감당할 만하며, 계행(毘尼)이 깨끗하여 삼계三界에 모범이 되며, 한량없는 화신化身을 나타내어 중생을 제도하며, 오는 세상 중생들까지 제도하여 생사번뇌에서 벗어나게 할 이들이었다.

이 비구들 중에서 지혜 제일 사리불舍利弗, 마하목건련摩訶目乾連, 마하구치라摩訶拘絺羅, 부루나미다라니자富樓那彌多羅尼子, 수보리須菩提, 우바니사타優波尼沙陀가 으뜸이었다. 또 벽지불(辟支)과 아라한(無學)과 처음 발심發心한 이들이 부처님 계신 곳에 모여오니, 때는 마침 비구들이 여름 안거(休夏)를 마치고, 그동안에 잘못한 것을 고백하고 참회하는 날(自恣)이매, 시방 보살들이 의심스러운 일을 물으려고 모여와서 부처님을 모시고 앉아 법문을 듣자오려 하였다.

그때에 부처님(如來)께서 자리를 펴고 앉으사 모인 이들에게 깊고 묘한 법을 말씀하시니, 모였던 대중들은 처음 겪는 즐거움(未曾有)을 얻었고, 아름다운 음성이 시방세계에 퍼지매, 항하사 보살들이 도량道場으로 모여드니, 문수사리文殊師利보살이 우두머리였다.

2. 경 말씀한 동기

이때에 바사닉왕波斯匿王이 부왕父王의 제삿날에 공양을 차리고, 부처님을 청하여 내전으로 모시고, 좋은 음식을 많이 마련하고 여러 보살들까지 초청하였다. 그 성중城中에 있던 장자長者와 거사居士들도 이 기회에 여러 스님네께 공양하려고 부처님이 오시어서 공양 받으시기를 기다리니, 부처님께서 문수사리보살에게 분부하사 보살과 아라한들을 나누어 거느리고 가서 공양을 받게 하셨다.

마침 아난은 미리 다른 초청을 받고 멀리 갔다가 아직 돌아오지 못하여서 대중의 차례에 참여하지 못하였다. 그때에 아난은 동행하는 상좌上座와 아사리(阿闍黎)도 없이 혼자 돌아오던 길이었는데, 그날은 공양하는 이가 없었다. 그래서 지나오던 성중에서 발우를 들고 밥을 얻으려고 나가면서 생각하기를 '이번에는 스님네에게 한 번도 공양한 일이 없는 시주에게 가서 밥을 얻으리라'라고 하였다. 그리하여 깨끗한 집이거나 더러운 집이거나 찰제리(刹利)거나 전타라旃陀羅거나를 가리지 않고 평등한 마음으로 밥을 빌어서 미천한 집이라도 빼놓지 아니하고 여러 중생들에게 한량없는 공덕을 짓게 하려 하였다. 또 아난은 여래께서 수보리須菩提와 가섭迦葉에게, "아라한阿羅漢이 되고서도 마음이 평등하지 못하다."라고 나무라신 것을 이미 알았고, 부처님께서는 아무런 제한도 없으시어 여러 사람의 의심과 비방을 받지 아니하시는 것을 앙모仰慕하던 터였으므로, 성문城門으로 천천히 걸으면서 점잖은 거동으로 밥을 빌었다.

그때에 아난이 밥 빌던 길에 기생집을 지나다가 요술할 줄 아는 마등가녀摩登伽女를 만났는데, 마등가녀는 아난을 보고 사비가라娑毘迦羅 외도外道들이 전하는 범천주문梵天呪文으로 아난을 붙들어서 기생방으로 데려다 놓고, 음란하게 몸을 만지고 비비면서 아난의 계체戒體를 깨뜨리기 직전에 이르렀다.

부처님께서 아난이 마등가녀의 요술에 붙들린 줄을 아시고, 공양을 마치시자 곧 기타숲절로 돌아오시니, 바사닉왕과 대신과 장자와 거사들도 모두 따라와서 부처님의 법문(法要)을 들으려고 하였다.

이때에 세존께서 정수리로 백 가지 보배롭고 두려움 없는 광명(百寶無畏光明)을 놓으시니, 그 광명 속에서 천 잎 연꽃(千葉寶蓮)이 솟아나고, 연꽃 위에는 부처님의 화신化身이 가부좌跏趺坐하고 앉으셔서 신비한 주문呪文을 외우셨다. 부처님께서 문수사리에게 명하사 이 주문을 가지고 가서 아난을 구호하라 하시니, 문수사리가 가서 신비한 주문을 외우자, 마등가녀의 나쁜 주문의 힘이 소멸되매 문수사리가 아난과 마등가를 데리고 부처님 계신 데로 돌아왔다.

II. 이 경의 본뜻

1. 사마타奢摩陀를 말하여 참마음을 알게 하다

1) 공여래장空如來藏을 말하다

(1) 허망한 마음을 밝히다

아난이 부처님을 뵈옵고, 머리를 조아리어 예배하고 눈물을 흘리면서 끝없는 옛적부터 불법을 많이 알기만 하고, 도를 닦지 못한 일을 한탄하였다. 그리고 시방 부처님네가 도를 이루시던 묘한 사마타奢摩他와 삼마제(三摩)와 선나禪那의 첫 방편(最初方便)을 정성스럽게 여쭈었다.

그때에 항하사 보살들과 시방에서 온 아라한들과 벽지불辟支佛들도 모두 부처님 법문을 듣기 위해 조용히 제자리에 앉아 부처님의 말씀을 기다렸다.

부처님께서 아난을 굽어보시면서 법문을 시작하셨다.

부처님 "너와 나는 사촌간이지마는 정리로는 형제나 다름없는 터이다. 네가 처음 출가할 적에 나의 불법에서 무슨 좋은 상서를 보았기에 세상 사람들이 소중하게 여기는 부모 형제의 은혜와 애정을 끊어 버렸느냐?"

아난 "부처님의 서른두 가지 거룩한 몸매가 훌륭하고, 기묘하고, 절승하시며, 몸이 수정같이 깨끗하고 맑으심을 뵈옵고, 스스로 생각하기를 '이렇게 거룩하신 몸매는 애욕愛欲으로 생긴 것이 아니리라'라고 하였나이다. 그 까닭을 말하오면 애욕이란 추하고 탁한 것이어서 비린내 누린내가 어울리고 피와 고름이 뒤섞인 것이오매, 저렇게 깨끗하고 묘하고 밝은 금빛 무더기를 내지 못할 줄로 아옵고, 간절하게 앙모하여 부처님을 따라 머리를 깎았나이다."

부처님 "좋은 말이다, 아난아. 온갖 중생들이 끝없는 옛적부터 나고 죽는 일이 끊이지 않는 것은, 항상 있는 참마음의 깨끗하고 밝은 본체는 알지 못하고 허망한 생각을 제 마음인 줄 아는 탓이니라. 이 허망한 생각이 참된 것이 아니므로 나고 죽는 데서 바퀴 돌듯 하는 줄을 알아야 하느니라.

네가 지금 위없는 보리의 참되고 밝은 성품을 연구하려거든 나의 묻는 말에 곧은 마음으로 대답하라. 시방 부처님네가 모두 같은 길로 나고 죽음을 여의셨나니, 그것은 곧은 마음이니라. 마음이 곧고 말이 곧은 탓으로 처음부터 나중까지 조금도 굽은 모양이 없느니라.

아난아, 네가 대답하기를 '처음 출가할 마음을 낼 적에 여래의 서른두 가지 거룩한 몸매를 보고 발심하였노라'라고 하였으니, 무엇으로 보았으며, 무엇으로 사모하였느냐?"

아난 "세존이시여, 그것은 제 마음과 눈으로 하였나이다. 눈으로 여래의 서른두 가지 거룩한 몸매를 보옵고, 마음으로 사모하는 생각을 내었기에 나고 죽는 일을 여의려는 마음을 내었나이다."

부처님 "네 말과 같이, 사랑하는 마음이 네 마음과 눈으로 말미암았노라 하니, 마음과 눈이 어디 있는지를 알지 못하고는 번뇌를 항복시킬 수 없을 것이다. 마치 임금이 적병賊兵의 침략을 받았을 적에 군대를 보내 토벌하려면, 그 군대가 먼저 적병이 있는 데를 알아야 하는 것과 같으니라. 너로 하여금 나고 죽게 하는 것은 마음과 눈의 허물이니, 네 마음과 눈이 어디에 있느냐?"

아난 "세존이시여, 이 세상의 열 가지 중생들이 마음은 모두 몸속에 있삽고, 부처님의 푸른 연잎 같으신 눈(靑蓮花眼)은 부처님의 얼굴에 있사오며, 저의 눈은 저의 얼굴에 있삽고, 저의 마음은 저의 몸속에 있나이다."

부처님 "아난아, 네가 지금 여래의 강당講堂에 앉아서 기타숲(祇陀林)을 보나니, 강당과 기타숲이 어디 있느냐?"

아난 "세존이시여, 이 층층으로 된 훌륭한 강당은 외로운 이 돕는 절(給孤園)에 있삽고, 기타숲은 강당 밖에 있나이다."

부처님 "아난아, 네가 강당 안에 앉아서 먼저 무엇을 보느냐?"

아난 "제가 강당 안에서 먼저 부처님을 뵈옵고, 다음에 대중을 보고, 그리고 밖으로 내다보아야 기타숲과 외로운 이 돕는 절을 보나이다."

부처님 "아난아, 네가 기타숲과 절을 본다 하니, 어떻게 보게 되느냐?"

아난 "세존이시여, 이 훌륭한 강당이 문과 창이 활짝 열렸기에 제가 강당 안에서 멀리 내다볼 수 있나이다."

그때에 부처님께서 대중 앞에 팔을 내밀어 아난의 정수리를 만지시고, 아난과 대중에게 말씀하셨다.

"삼마제가 있으니, 이름이 '크고 부처 정수리 같은 수릉엄왕(大佛頂首楞嚴王)'이라, 여기에 보살의 온갖 행行을 갖추었으며 시방의 여래가 한 문으로 생사를 뛰어넘어서 묘하게 장엄한 바다에 이르시던 길이니, 자세히 들으라."

아난이 머리를 조아려 예배하고, 부처님 말씀을 듣잡고 있었다.

부처님 "아난아, 네 말대로 강당 안에서 문과 창이 열린 탓으로 기타숲과 절을 본다 하니, 그러면 어느 중생이든지 강당 안에서 여래는 보지 못하면서 강당 밖을 보는 이가 있겠느냐?"

아난 "세존이시여, 누구든지 강당 안에 있으면서 여래는 뵙지 못하고, 기타숲과 냇물을 본다는 것은 있을 수 없는 일이겠나이다."

부처님 "아난아, 너도 그러하니라. 온갖 것을 분명하게 아는 네 마음이 참으로 네 몸 안에 있다면, 몸 안에 있는 것들을 먼저 알아야 할 것 아니냐. 그러나 어느 중생이 몸 안의 것을 먼저 보고, 그 다음에 몸 밖의 물건을 보는 이가 있느냐. 설사 몸 안에 있는 염통, 간, 지라, 밥통 같은 것은 못 본다 하더라도 손톱이 나고, 머리카락이 자라고, 힘줄이 움직이고, 핏대가 뛰는 것쯤은 잘 알아야 할 것인데 어찌하여 알지 못하느냐. 만일 몸 안의 것을 알지 못한다면 밖의 것은 어떻게 아느냐. 그러니까 네 말대로 깨닫고 알고 하는 마음이 몸 안에 있다는 말이 옳지 아니하리라."

아난이 머리를 조아리고 다시 여쭈었다.

아난 "제가 부처님의 법문을 듣잡고, 마음이 몸 밖에 있는 줄을 알았나이다. 마치 방 안에 등을 켜면 그 등불 빛이 먼저 방 안을 비추고, 그 다음에 문을 통하여 뜰과 마당에 비치는 것이온데, 이제 온갖 중생들이 몸 안은 보지 못하면서 몸 밖의 것을 보는 것은 역시 방 밖에 켠 등불이 방 안에는 비치지 못하는 것 같사오니, 이 이치가 꼭 그러하여 부처님 뜻과 같아서 잘못되지 아니하겠나이다."

부처님 "아난아, 이 비구들이 아까 나를 따라 실라벌성에서 밥을 빌어가지고 기타숲으로 돌아왔는데, 나는 이미 먹었다마는 이 비구들을 보라. 한 사람이 밥을 먹어서 여러 사람을 배부르게 할 수 있겠느냐?"

아난 "세존이시여, 그럴 수는 없나이다. 이 비구들이 비록 아라한이오나, 몸이 같지 않삽거늘 어떻게 한 사람이 먹어서 여럿의 배를 부르게 하겠나이까."

부처님 "아난아, 너의 마음이 만일 몸 밖에 있다면 너의 몸과 마음이 따로따로 있어서 서로 관계되지 아니할 것이다. 그렇다면 마음이 아는 것을 몸은 깨닫지 못하여야 할 것이요, 몸이 깨닫는 것은 마음이 알지 못해야 할 것이 아니냐. 네가 지금 도라솜(兜羅綿) 같은 내 손을 보라. 네 눈이 볼 적에 네 마음이 아느냐?"

아난 "그러하니이다, 세존이시여."

부처님 "그렇다면, 너의 눈과 마음이 서로 아는 터이어늘 어찌하여 '네 마음이 몸 밖에 있다'라고 하느냐. 그러니까 네 말대로 깨닫고 알고 하는 마음이 몸 밖에 있다는 말이 옳지 아니하니라."

아난 "세존이시여, 부처님 말씀과 같이 몸속을 보지 못하는 탓으로 마음이 몸 안에 있는 것 아니옵고, 몸과 마음이 서로 알며 서로 여의지 아니한 탓으로 몸 밖에 있는 것(外物)도 아니온즉, 지금 다시 생각하오니 그 있는 데를 알겠나이다."

부처님 "그 있는 데가 어디이냐?"

아난 "이 마음이 몸속을 알지 못하면서도 몸 밖의 것은 잘 보는 터이온즉, 제 생각에는 눈 속에 들어 있겠나이다. 마치 사람이 유리쪽을 두 눈에 대면 유리쪽이 비록 두 눈을 가렸을지라도 조금도 장애障礙되지 아니하여 눈이 밖의 것을 보는 대로 마음이 따라 분별하는 것 같겠나이다. 제 마음이 몸속의 것을 보지 못하는 것은 눈 속에 있는 탓이옵고, 밖의 것을 분명히 보되 장애가 없는 것은 유리같이 맑은 눈 속에 들어 있는 탓이겠나이다."

부처님 "아난아, 네 말대로 마음이 눈 속에 들어 있는 것이 마치 유리를 눈에 댄 것 같다면, 유리로 눈을 가린 사람이 산과 강을 볼 적에 유리를 보느냐, 못 보느냐?"

아난 "그러하니이다, 세존이시여. 그 사람이 유리로 눈을 가렸으므로 산과 강을 볼 적에 유리를 보나이다."

부처님 "네 마음이 눈 속에 들어 있는 것이 눈에 유리를 댄 것 같을진댄, 네 마음이 산과 강을 볼 적에는 어찌하여 눈을 보지 못하느냐. 만일 눈을 본다면 눈이 밖에 있는 물건과 같은 것이 아니냐. 그렇다면 네가 먼저 말한 바 '눈이 밖의 것을 보는 대로 마음이 따라 분별하는 것 같다'던 말이 맞지 아니하고, 또 만일 눈을 보지 못한다면, 어찌하여 '마음이 눈 속에 들어 있는 것이 마치 유리를 눈에 댄 것 같다'라고 하느냐. 그러니까 네 말대로 마음이 눈 속에 들어 있는 것이 마치 눈에 유리를 댄 것 같다는 것이 옳지 아니하니라."

아난 "세존이시여, 제가 또 이렇게 생각하나이다. 중생의 몸 생긴 것이, 내장은 몸 안에 있고 구멍은 겉에 있사오매, 내장은 어두운 것이요, 구멍이 있으므로 밝은 것이외다. 지금 부처님 앞에서 눈 뜨고 밝은 것 보는 것은 몸 안에 있는 마음이 밖의 것을 보는 것이라 하옵고, 눈 감고 어두운 것 보는 것은 몸속을 보는 것이라 하오면 이 이치가 어떠하겠나이까?"

부처님 "아난아, 네가 눈을 감고 어두운 것을 볼 적에 그 어두운 것이 눈과 마주 섰느냐, 마주 서지 않았느냐. 만일 눈과 마주 섰다면 그 어두운 것이 눈앞에 있는 것인데 어떻게 몸속을 본다 하겠느냐. 만일 눈앞에 있는 어두운 것이라도 몸속을 보는 것이라고 할진댄, 가령 어두운 방 안에서 해와 달과 등불이 없을 적에 그 어두운 방 안이 모두 네 내장이겠구나. 만일 어두운 것이 눈과 마주 서지 않았다면, 네가 어떻게 보느냐.

만일 네가 고집하기를 눈앞에 마주 선 것만을 보는 것이 아니라 눈 뒤로 마주 선 것도 볼 수 있다 하여서, 눈 감고 어두운 것 보는 것을 몸속을 보는 것이라고 할진댄, 눈이 돌아서서 보는 것이니, 그렇다면 눈 뜨고 밝은 것 볼 적에는 어찌하여 네 낯을 보지 못하느냐. 만일 낯을 보지 못한다면 눈 뒤로 마주 선 것도 본다는 말이 옳지 아니하니라.

만일 밝은 것을 볼 적에 네 낯을 본다면, 네 마음과 눈이 네 몸을 떠나서 허공에 있어야 할 것이니, 어떻게 마음이 몸 안에 있다 하겠느냐. 그리고 또 눈과 마음이 만일 허공에 있다면 그 눈과 마음은 네 것이라 할 수 없느니라. 그래도 네 것이라 한다면 지금 내가 네 얼굴을 보는 것도 역시 너의 눈이라 하겠구나. 또 네 몸을 떠나서 허공에 있는 눈이 알 때에 네 몸은 알지 못하여야 할 것이니라.

네가 만일 끝끝내 고집하여 눈도 알고 몸도 안다 할진댄 네 한 몸에도 알음알이가 있는 것이니, 너 한 사람이 두 부처를 이루어야 하리라. 그러니까 네 말대로 눈 감고 어두운 것 보는 것을 몸속을 보는 것이라고 하는 것이 옳지 아니하니라."

아난 "제가 일찍 듣사오니, 부처님께서 네 무리 대중(四衆)에게 말씀하시기를 '마음이 나는 탓으로 여러 가지 법이 나고, 법이 나는 탓으로 여러 가지 마음이 난다'라고 하시었나이다. 제가 이제 생각하오니, 이 생각하는 자체自體가 곧 제 마음일 것이온즉 경계境界와 마음이 합하는 곳에 마음이 있는 것이옵고, 안에도 밖에도 중간에도 있는 것이 아니니이다."

부처님 "아난아, 네 말하기를 법이 나는 탓으로 여러 가지 마음이 난다고 하여 경계와 마음이 합하는 곳에 마음이 있는 것이라 하거니와, 그 마음이 만일 자체가 없다면 합할 수가 없을 것이요, 또 자체가 없어도 합할 수가 있다면 그것은 마치 십구계十九界가 칠진七塵과 합한다는 것과 같을 것이니, 그럴 리가 없느니라.

만일 마음 자체가 있다고 할진댄 네 손으로 네 몸을 만질 적에 그 아는 마음이 몸속에서 나오느냐, 몸 밖에서 들어오느냐. 만일 몸속에서 나온다면, 마음이 몸속에 있는 것이니, 내장을 보았어야 할 것이요, 또 밖에서 들어왔다면 마음이 밖에 있던 것이니, 네 얼굴을 보았어야 할 것이니라."

아난 "보는 것은 눈이 하는 일이옵고, 마음은 알기만 하는 것이온데, 보았어야 할 것이란 말씀은 마땅하지 않나이다."

부처님 "만일 눈만으로도 볼 수가 있다면 네가 방 안에 있을 적에 문만으로도 보아야 할 터인데 그렇지 못한 것 아니냐. 그리고 금방 죽은 이도 눈은 있는 터인즉 물건을 볼 수가 있을 터이고, 만일 물건을 본다면 어찌 죽었다고 하겠느냐.

아난아, 또 네 마음이 반드시 자체가 있을진댄 그 마음의 체體가 하나이냐, 여럿이냐. 또 네 몸에 두루하여 있느냐, 두루하지 아니하였느냐. 만일 하나라면 네 손으로 한 팔을 찌를 적에 네 활개(四肢)가 모두 깨달아야 할 것이니, 만일 네 활개가 모두 깨닫는다면 찌르는 데가 따로 있다고 할 수 없고, 만일 찌르는 데가 따로 있다면 마음의 체가 하나란 말이 될 수 없느니라. 만일 마음의 체가 여럿이라면 여러 사람이 될 것이니, 어느 마음을 너라고 하겠느냐.

또 마음이 네 몸에 두루하여 있다면 한 팔을 찌를 적과 같을 것이요, 두루하지 아니하였다면 네 머리를 만지면서 발까지 만져 보아라. 머리가 만지는 줄을 안다면 발은 만지는 줄을 몰라야 하련마는 너는 그렇지 아니하니라. 그러니까 네 말대로 경계와 마음이 합하는 곳에 마음이 있다는 말이 옳지 아니하니라."

아난 "세존이시여, 저도 들었거니와 부처님께서 문수보살 등 여러 보살들과 더불어 참된 진리를 말씀하실 적에 '마음은 안에도 있지 않고 밖에도 있지 않다'라고 하셨나이다. 지금 생각하오니, 안으로는 내장內臟을 보지 못하고, 밖으로는 몸과 마음이 서로 아는 터인즉, 몸속을 알지 못하므로 몸 안에 있다고 할 수 없고, 몸과 마음이 서로 아는 탓으로 밖에 있다고도 할 수 없나이다. 이제 몸과 마음이 서로 알면서도 몸속을 보지 못하는 것으로 미루어 보아 마땅히 중간에 있겠나이다."

부처님 "네가 지금 중간에 있다 하니, 그 중간이란 것이 막연漠然한 말이 아니고, 반드시 일정한 곳이 있을 것이니, 네가 중간을 찾아보아라. 중간이란 데가 어디에 있느냐. 딴 곳에 있느냐, 네 몸에 있느냐. 만일 몸에 있을진댄, 겉에 있으면 중간이라 할 수 없고, 몸 안에 있으면 내장을 보아야 할 것이니라. 만일 딴 곳에 있다면 표시할 수 있느냐, 표시할 수 없느냐. 표시할 수 없다면 중간이란 데가 없는 것이요, 설사 표시할 수 있다 하더라도 일정하지 아니하니, 그 이유를 말하면 어떤 사람이 푯말을 세워 중간이라 표시하였을 적에 동에서 보면 서가 되고, 남에서 보면 북이 되어 표시 자체가 혼잡하므로 마음도 필시 어지러우리라."

아난 "제가 중간이라 하는 것은 이 두 가지를 말한 것이 아니니이다. 세존께서도 말씀하신 것과 같이, 안근眼根과 색진色塵이 인연이 되어 안식眼識을 낸다 하였나니, 안근은 분별하는 기능이 있고 색진은 알음이 없는 것이온데, 그 가운데서 식識이 생기는 것이온즉, 이것을 마음 있는 데라 하겠나이다."

부처님 "네 마음이 만일 근根과 진塵의 중간에 있다면, 이 마음의 자체가 근과 진으로 더불어 어울리었느냐, 어울리지 않았느냐. 만일 두 가지와 어울렸다면 물질物質인 진塵과 자체인 근根이 섞이었을 것이니, 물질은 앎이 없는 것이고, 자체는 아는 것이어서 딴 편이 되어 갈라섰을 것이니, 어떻게 중간이 되겠느냐.

만일 어울리지 않았다면, 근根의 아는 것도 아니고, 진塵의 앎이 없는 것도 아니므로 마음이라 할 성질부터가 없겠거늘 중간이란 것이 무슨 모양이겠느냐. 그러니까 네 말대로 중간에 있다는 것이 옳지 아니하니라."

아난 "세존이시여, 부처님께서 예전에 목건련目犍連, 수보리須菩提, 부루나富樓那, 사리불舍利弗 등 네 제자와 함께 교리를 설하실 적에 항상 말씀하시기를 '알고 분별하는 마음이 안에도 있지 않고, 밖에도 있지 않고, 중간에도 있지 아니하여 아무데도 있는 데가 없다'라고 하시었나이다. 이것은 온갖 것에 집착한 데 없는 것을 마음이라 한 것이오니, 제가 이제 집착한 데 없는 것으로 마음이라 하리이까."

부처님 "아난아, 네 말에 '알고 분별하는 마음이 아무 데도 있는 데가 없다'라고 하거니와, 이 세간과 허공에서 물에 살고, 육지에 살고, 날아다니는, 여러 가지 물건을 온갖 것이라 하나니, 네가 말하는 '집착한 데 없는 것'이란, 온갖 것은 있는데 집착하지 않는다는 것이냐, 온갖 것이 없는데 집착하지 않는다는 것이냐.

온갖 것이 없다고 하면 거북의 털, 토끼의 뿔과 같은 것이니, 무엇에 집착함이 없다는 것이냐. 만일 온갖 것은 있는데, 집착하지 않는다면 이것은 벌써 온갖 것을 인정하는 것이므로 집착이 없다고 할 수 없느니라. 그 까닭을 말하면, 모양이 없다면 아주 없는 것이요, 없는 것이 아니라면 모양이 있는 것이니, 모양이 있다면 벌써 집착한 것이라, 어떻게 집착함이 없다고 하겠느냐. 그러니까 네 말대로 '온갖 것에 집착한 데 없는 것으로, 마음이라 한다'라고 하는 말이 옳지 아니하니라."

⑵ 참마음(眞心)을 가리다

그때에 아난이 대중 가운데서 일어나 오른 어깨를 벗어 메고, 오른 무릎을 땅에 대고 합장合掌하고 공손하게 여쭈었다.

아난 "저는 부처님의 어린 아우로서 부처님의 사랑하심을 입어 출가하였사오나, 귀여워하심만 믿은 탓으로 많이 알기만 하고 번뇌가 없어지지 못하였사오매 마등가摩登伽의 사비가라娑毘迦羅 주문에 홀리어 기생방에 들어갔사오니, 참마음의 있는 데를 알지 못함이로소이다. 바라건댄 세존이시여, 어여삐 여기사 저희들에게 사마타奢摩他에 나아갈 길을 보여 주시고, 일천제一闡提들로 하여금 미려차彌戾車를 깨뜨리게 하소서."

이 말을 마치고, 다섯 활개를 땅에 엎드려(五體投地) 대중과 함께 정성을 다하여 부처님의 말씀을 듣잡고 있었다.

이때에 세존께서 얼굴로부터 여러 가지 광명을 놓으시니, 그 빛이 휘

황찬란하여 마치 백천 개의 해가 한꺼번에 뜬 듯하며, 여러 세계가 여섯 가지로 진동(六種震動)하며, 시방에 있는 티끌같이 많은 세계들이 일시에 나타났다. 부처님의 위신력威神力으로 이 세계들을 합하여 한 세계를 만드시니, 그 세계에 있는 여러 보살들이 모두 본국本國에서 합장하고 듣잡고 있었다.

부처님 "아난아, 온갖 중생들이 끝없는 옛적부터 여러 가지로 뒤바뀌어 업業을 짓고, 고통 받는 것이 악차나무 열매(惡叉聚)가 한데 모이듯 하며, 수행한다는 사람들도 위없는 보리를 이루지 못하고, 성문聲聞이나 연각緣覺이나 외도나 천상 사람(天人)이나 마왕魔王이나 마의 권속이 되는 것은 모두 두 가지 근본(二種根本)을 알지 못하고, 잘못 닦는 탓이니, 마치 모래를 삶아서 좋은 음식을 만들려는 것 같아서 아무리 오랜 세월을 지내도 될 수 없는 일이니라.

무엇을 두 가지 근본이라 하느냐. 아난아, 하나는 끝없는 옛적부터 나고 죽는 근본이니, 지금 너나 중생들이 밖의 물건(外物)을 반연하는 마음(緣心)을 잘못 알아 자기의 성품인 양 여기는 것이요, 둘째는 끝없는 옛적부터 본래 깨끗한 보리菩提 · 열반涅槃의 본체本體니, 지금 너의 본래 밝은 식識의 정기精氣가 반연하는 마음을 내었거든 도리어 그 반연하는 마음 때문에 잃어버려진 것이니라. 모든 중생들이 이 본래 밝은 본체(本明體)를 잃어버린 탓으로 종일토록 보고 듣고 하면서도 이 본체를 깨닫지 못하고 억울하게 여러 갈래로 들어가게 되느니라.

아난아, 네가 지금 사마타에 나아갈 길을 알아 나고 죽는 데서 벗어나기를 원하기에 다시 네게 묻노라."

부처님께서 말씀을 마치시고, 팔을 들어 다섯 손가락을 구부려 쥐시고, 아난에게 물으셨다.

부처님 "네가 이것을 보느냐?"

아난 "보나이다."

부처님 "무엇을 보느냐?"

아난 "여래께서 손가락을 구부려 빛나는 주먹을 만들어 저의 마음과 눈에 비치심을 보나이다."

부처님 "네가 무엇으로 보느냐?"

아난 "저와 대중이 모두 눈으로 보나이다."

부처님 "네 말이 '여래가 손가락을 구부려 빛나는 주먹을 만들어 마음과 눈에 비친다'라고 하니, 네 눈은 보겠다마는 무엇을 마음이라 하기에 내 주먹이 비친다 하느냐?"

아난 "부처님께서 마음 있는 데를 물으시기에 제가 마음으로 그 있는 데를 찾아보오니, 이 찾아보는 생각을 마음이라 하겠나이다."

부처님 "아니다. 아난아, 그것은 네 마음이 아니니라."

아난이 놀라 자리에서 비켜서서 합장하고 여쭈었다.

아난 "이것이 제 마음이 아니오면, 무엇이라 하나이까?"

부처님 "이것은 앞의 것들을 분별하는 허망한 생각이니, 너의 참 성품을 의혹疑惑하게 하는 것이다. 네가 끝없는 옛적부터 지금까지 이르도록 도적을 잘못 알아 아들인 줄 여기는 것같이, 이것을 네 마음인 줄 알고 본래 있는 참마음을 잃어버린 탓으로, 나고 죽는 데서 바퀴 돌듯 하였느니라."

아난 "세존이시여, 저는 부처님의 사랑하는 아우로서, 이 마음으로 부처님을 사모하여 출가하였사오니, 이 마음이 어찌 부처님만 공양하오리까. 여러 세계로 다니면서 많은 부처님네와 선지식들을 섬기는 것도 이 마음으로 할 것이옵고, 용맹한 생각을 내어 여러 가지 행하기 어려운 불사를 하더라도 이 마음으로 할 것이오며, 설사 불법을 비방하고 선근善根이 물러나는 것이라도 역시 이 마음으로 할 것이온데, 만일 이것이 제 마음이 아니라 하오시면 저는 마음이 없어서 목석木石과 같을 것이오며, 또 이 알음알이를 여의고는 다른 마음이 없삽거늘 어찌하여 이것을 제 마음이 아니라 하시나이까. 참으로 놀라운 일이오며, 다른 대중들도 모두 의심하는 터이오니, 자비하신 마음으로 저희들을 가르쳐 주옵소서."

그때에 세존께서 아난과 대중에게 나지도 죽지도 않는 법을 가르쳐 주어 그 지혜를 얻게 하시려고 사자좌獅子座에서 아난의 정수리를 어루만지시며 말씀하셨다.

부처님 "여래가 항상 말하기를 '온갖 법 생기는 것이 마음으로 나타나는 것이니, 범부凡夫나 성현聖賢이나 큰 세계거나 작은 티끌이나 모두 마음으로 되는 것이다'라고 하지 아니하였느냐. 아난아, 모든 세계에 있는 온갖 물건들이 그 가운데 조그만 풀잎새(草葉)나 실오리(縷結)까지라도 그 근원을 따져 보면 모두 자체가 있고, 허공이라 하더라도 이름과 모양이 있는 것이어늘, 하물며 맑고 깨끗하고 묘하고 밝은 마음이 온갖 물건의 성품이 되면서 어찌하여 그 본체가 없겠느냐.

네가 만일 이 분별하고 살펴보고 깨닫고 알고 하는 성품을 고집하여 네 마음이라고 할진댄, 이 마음이 저 온갖 빛과 냄새와 맛과 소리와 그러한 여러 가지를 여의고도 제 성품이 따로 있어야 할 것이니라. 그러나 네가 지금 내 법문을 듣는 것은 소리로 말미암아 분별이 있는 것이요, 설사 보는 것, 듣는 것, 깨닫는 것, 아는 것을 멀리하고 마음속으로 고요함을 지킨다 하더라도, 그것은 법진法塵을 분별하는 그림자에 지나지 않느니라.

내가 지금 네게 명령하여, '이것이 너의 마음이 아닌 줄로 인식하라'라고 억제하는 것은 아니다마는 네가 마음으로 자세히 생각해 보아라. 만일 앞의 물건을 여의고도 분별하는 성품이 있다면 그것은 참으로 너의 마음이라 할 수 있으려니와, 만일 너의 분별하는 성품이 앞의 물건을 여의고는 그 자체가 없을진댄 그것은 다만 앞의 물건을 분별하는 본체의 그림지일 뿐이니라.

앞의 물건이 본래 항상한 것이 아니므로 그것이 변천하여 없어질 적에는 그것을 분별하던 마음도 거북의 털, 토끼의 뿔과 같을 것이니라. 그렇다면 너의 법신法身이 아주 없는 것과 같을 것이니, 무엇이 나지도 죽지도 않는 법을 아는 지혜를 얻겠느냐?"

그때에 아난과 대중들이 아무 말도 없었으니, 가졌던 물건을 잃어버린 듯이 말이 없었다.

부처님 "아난아, 이 세상에서 공부한다는 사람들이 금시에 차례로 닦는 아홉 가지 선정(九次第定)을 이루더라도 번뇌가 없어지지 못하고 아라한阿羅漢을 이루는 것은, 모두가 이 나고 죽는 허망한 생각을 잘못 알아 참마음인 줄로 여기는 탓이니라. 그러므로 네가 비록 아는 것이 많으면서도 성과聖果를 이루지 못하느니라."

(3) 참 견(眞見)을 드러내다

아난이 이 말씀을 듣잡고, 다시 슬피 울며, 다섯 활개를 펴 엎드려 절하고 꿇어앉아 합장하고 여쭈었다.

아난 "제가 부처님을 따라 출가한 뒤로 부처님의 위신威神만 믿삽고, 항상 생각하기를 '내가 애써서 닦지 아니하여도 부처님께서 삼매를 얻게 하여 주시겠지'라고만 여기고, 몸과 마음을 서로 대신할 수 없는 줄을 알지 못하여 저의 본마음을 잃었으므로, 몸은 비록 출가하였으나 마음은 아직 도道에 들어가지 못한 것이 마치 못난 아들이 아버지를 떠나서 도망한 듯하였나이다. 그런데 오늘에야 아무리 많이 알더라도 행을 닦지 아니하면 알지 못하는 것과 다름없는 것이 마치 음식 이야기만 하는 사람이 배부를 수 없는 것과 같은 줄을 알았나이다.

세존이시여, 저희들이 지금 번뇌장煩惱障과 소지장所知障에 얽매여 있는 것은 고요하고 항상한 참마음을 알지 못한 탓이오니, 바라건대 저의 외로운 것을 불쌍히 여기사 묘하고 밝은 마음을 일러 주시어 도의 눈(道眼)을 열어 주소서."

그때에 여래께서 가슴의 '만卍'자로 훌륭한 광명을 놓으시니, 그 광명이 찬란하고 현란하여 백천 가지 빛이 나타나며, 티끌같이 많은 시방세계에 한꺼번에 퍼져서 시방세계에 계시는 여러 부처님의 정수리에 대시고, 다시 돌아와서 아난과 대중에게 대시고, 이렇게 말씀하셨다.

부처님 "내가 이제 너를 위하여 큰 법 짐대(法幢)를 세워 시방 중생들로 하여금 묘하고 비밀한 본성의 깨끗하고 밝은 마음을 알아서 맑고 깨끗한 눈을 얻게 하리라. 아난아, 네가 대답하기를, 빛나는 주먹을 보노라 하였나니, 주먹이 어찌하여 빛이 있으며, 어떻게 주먹이 되었으며, 네가 무엇으로 보았느냐?"

아난 "부처님의 전신全身이 염부단금閻浮檀金 빛이어서 금덩이같이 빛나시는 빛이 있삽기에 제가 눈으로 보았사오며, 손가락을 구부려 쥐셨으므로 주먹이 되셨나이다."

부처님 "여래가 오늘 진실한 말로 네게 이르노니, 지혜로운 사람은 비유로써 알아들을지니라. 아난아, 가령 내 손이 없으면 내 주먹을 만들 수 없을 것이요, 네 눈이 없으면 네가 볼 수 없으리니, 네 눈으로 내 주먹에 비유하면 그 이치가 같지 않겠느냐?"

아난 "그러하나이다, 세존이시여. 제 눈이 없으면 제가 볼 수 없사오니, 부처님의 주먹에 비유하면 사리事理가 꼭 같겠나이다."

부처님 "아난아, 꼭 같다는 말이 옳지 아니하니라. 왜냐하면 손 없는 사람은 주먹이 끝까지 없으려니와 눈 없는 사람은 보는 것(見性)이 아주 없는 것이 아니니라. 네가 시험 삼아 한길에 나가서 소경들에게 '무엇이 보이느냐?'라고 물으면 '내 눈에는 꺼멓게 어두운 것만 보이고, 다른 것은 아무것도 보이지 않는다'라고 하리니, 이것으로 보건대 소경들의 앞의 것이 어두울 뿐이언정 보는 것에야 무슨 잘못됨이 있겠느냐?"

아난 "소경들 눈에 꺼멓게 어두운 것만 보이는 것을 어떻게 본다고 하겠나이까?"

부처님 "아난아, 소경들의 눈이 멀어서 꺼멓게 어두운 것만 보는 것이 눈 밝은 사람이 어두운 방 안에 있을 적에 꺼멓게 어두운 것만 보는 것과 같겠느냐, 다르겠느냐?"

아난 "세존이시여, 이 어두운 방 속에 있는 사람이 꺼멓게 어두운 것을 보는 것과 소경들이 꺼멓게 어두운 것 보는 것을 비교하면 조금도 다르지 않겠나이다."

부처님 "아난아, 눈먼 사람이 꺼먼 것만 보다가 문득 눈빛을 얻어 눈이 밝아지면 앞의 물건의 여러 가지 색을 보리니, 이것을 눈이 본다고 할진댄 마치 어두운 방 안에 있는 사람이 꺼먼 것만 보다가 문득 등빛을 얻어 밝아지면 역시 앞의 물건의 여러 가지 색을 보리니, 이것은 등이 본다고 하여야 하리라. 만일 등이 보는 것이라 할진댄 이는 등이 보는 작용이 있으므로 등이라 하지 못할 것이며, 또 제가 보는 것인즉 네게야 무슨 관계가 있겠느냐. 그러니까 알아라. 등은 색을 비추는 작용만 있을 뿐이요, 보는 것은 눈이니, 등이 아니니라. 이와 같이 눈은 색을 비추는 작용만 있을 뿐이요, 보는 성품은 마음에 있는 것이라, 눈에 있는 것이 아니니라."

아난이 이 말씀을 듣고, 대중들과 함께 입으로는 할 말이 없으나 마음으로는 아직도 분명히 깨닫지 못하여 부처님께서 일러 주시기를 합장하고 기다렸다.

그때에 부처님께서 보드랍고 빛나는 손을 들어 손가락을 펴시고, 아난과 대중에게 말씀하셨다.

부처님 "내가 처음 성도成道하고, 녹야원鹿野苑에서 아야다阿若多 등 다섯 비구와 여러 대중에게 말하기를 '온갖 중생이 보리菩提나 아라한阿羅漢을 이루지 못하는 것은 손번뇌(客煩惱)와 티끌번뇌(塵煩惱) 때문이다'라고 하였는데, 그때 너희들이 어떻게 깨닫고 아라한을 이루었느냐?"

교진나憍陳那가 일어나서 이렇게 여쭈었다.

교진나 "저는 나이가 많아 대중 가운데서 '알았다(解)'는 이름을 얻은 것은 손번뇌와 티끌번뇌를 깨달은 연고니이다. 세존이시여, 비겨 말씀하건댄 길 가는 손이 객줏집에 들러서 밥을 먹거나 잠을 자거나 하고는 곧 행장을 차리고 길을 떠나는 것이요, 오래 머물러 있지 않거니와, 객줏집 주인은 가지 않는 것이니이다. 이렇게 생각하건댄, 머물지 않는 것은 손이요, 머물러 있는 이는 주인이오니, 머물러 있지 않는 것을 손이라 하겠나이다.

또 비가 개고 볕이 나서 햇빛이 틈으로 들어오면, 허공에 있는 티끌을 보게 되나니, 티끌은 흔들리고, 허공은 고요한 것이니이다. 이렇게 생각하건대 고요한 것은 허공이요, 흔들리는 것은 티끌이오니, 흔들리는 것을 티끌이라 하겠나이다."

부처님 "그러니라."

그때에 부처님께서 다섯 손가락을 구부렸다 펴시고, 폈다가 다시 구부리시고 대중 가운데서 말씀하셨다.

부처님 "아난아, 네가 지금 무엇을 보았느냐?"

아난 "여래께서 보배로운 손을 펴락쥐락하심을 보았나이다."

부처님 "아난아, 네 말이 내가 손을 펴락쥐락함을 보았노라고 하니, 그것은 내 손이 펴락쥐락하였느냐, 네 보는 것이 펴락쥐락하였느냐?"

아난 "세존께서 대중 가운데서 손을 펴락쥐락하실새 제가 뵈온 것이오나 부처님의 손이 펴락쥐락하였사옵고, 저의 보는 성품은 펴지거나 쥐어지거나 한 것이 아니니이다."

부처님 "어느 것이 움직이고 어느 것이 고요하였느냐?"

아난 "부처님의 손이 가만히 있지 아니한 것이요, 저의 보는 성품이야, 본래 고요하달 것도 없삽거늘 가만히 있지 않았다 할 것이 무엇이오리까?"

부처님 "그러하니라."

그때에 부처님께서 손으로 광명을 놓아 아난의 오른쪽에 대시니, 아난이 머리를 돌려 오른쪽을 바라보았다. 다시 한 광명을 놓아 아난의 왼쪽에 대시니, 아난은 또 머리를 돌려 왼쪽을 바라보았다.

부처님 "아난아, 네 머리가 어찌하여 흔들리느냐?"

아난 "여래께서 광명을 놓으셔서 저의 오른쪽과 왼쪽에 보내시기에 제가 그것을 보느라고 머리가 흔들렸나이다."

부처님 "아난아, 네가 여래의 광명을 보느라고 머리가 좌우로 흔들렸다 하니, 네 머리가 흔들렸느냐, 네 보는 성품이 흔들렸느냐?"

아난 "세존이시여, 제 머리가 흔들린 것이오나 저의 보는 성품이야, 고요하달 것도 없삽거늘 흔들렸다 할 것은 무엇이오리까?"

부처님 "그러하니라."

그리고 부처님께서 대중들에게 이렇게 말씀하셨다.

부처님 "만일 중생들이 흔들리는 것을 티끌(塵)이라 하고, 가만히 있지 않는 것을 손(客)이라 할진댄, 너희들은 보라. 아난의 머리가 흔들렸을지언정, 보는 성품은 흔들리지 아니하였고, 내 손이 펴락쥐락하였을지언정, 아난의 보는 성품은 펴락쥐락하지 아니한 것이 아니냐. 그런데 너희들은 흔들리는 것을 몸인 줄 알고, 흔들리는 것을 앞의 것(前塵)인 줄 알면서, 어찌하여 처음부터 나중까지 '몸이다' '앞의 것이다'라고 하는 데서 생각이 났다 없어졌다 하여 참 성품을 잃어버리고, 뒤바뀌게 일을 행하느냐. 그리하여 참마음은 잃어버리고 물건을 내 몸인 줄로 잘못 아는 탓으로 '몸이다' '앞의 것이다'라고 하는 데서 바퀴 돌듯 하는 것이 모두 자기의 잘못으로 헤매는 것이니라."

대불정여래밀인수증요의제보살만행수릉엄경

| 제2권 |

(4) 참 견(眞見)은 없어지지 않는다

저때에 아난과 대중이 부처님의 말씀을 듣잡고 몸과 마음이 편안해져서 가만히 생각하기를 '끝없는 옛적부터 본마음은 잃어버리고, 앞의 것(前塵)을 분별하는 그림자만을 나의 마음인 줄 알았더니, 이제 알고 본즉, 마치 젖 잃었던 아이가 뜻밖에 어머니를 만난 것 같다'라고 하고는 합장하여 부처님께 예배하고, 이 몸과 마음이 어느 것은 참되고 어느 것은 허망하며, 어느 것은 났다 없어졌다 하는 것이고, 어느 것은 나지도 않고 없어지지도 않는 것인가를 부처님께서 분명하게 일러 주시기를 기다리고 있었다.

그때에 바사닉왕波斯匿王이 자리에서 일어나 부처님께 여쭈었다.

바사닉왕 "제가 부처님의 말씀을 듣잡기 전에 가전연迦旃延과 비라지자毘羅胝子를 만났사온데, 그들의 말이 '이 몸이 죽은 뒤에 아무것도 없는 것을 열반涅槃이라 한다'라고 하옵더니, 지금 부처님을 만났사오나 아직도 의혹이 없지 못하옵니다. 어찌 하오면 이 마음이 나지도 않고 없어지지도 않는 것임을 분명하게 아오리까? 이 대중들도 번뇌가 있는 이는 모두 듣잡고자 하나이다."

부처님 "대왕이여, 당신의 몸이 지금 있거니와 그 몸이 금강金剛과 같아서 영원히 살리라 여기는가, 혹은 변하여 없어지리라 여기는가?"

왕 "세존이시여, 이 육신은 필경에 없어질 것이니이다."

부처님 "대왕의 몸이 일찍이 없어져 본 적이 없는데, 어떻게 없어질 것을 아는가?"

왕 "세존이시여, 이 무상無常하게 변하여 가는 몸이 비록 없어져 보지는 않았으나 지금에도 고대고대(念念) 변하여지고, 새록새록 달라지는 것을 보온즉 마치 불이 스러져 재가 되듯이 점점 늙어짐이 쉬지 아니하오매 이 몸이 필경에 없어질 줄을 아나이다."

부처님 "그러하오. 대왕의 나이는 이미 늙었거니와 얼굴은 아이 적과 어떠한가?"

왕 "세존이시여, 제가 어렸을 적에는, 손발이 토실토실하고 살결이 고왔사오며, 점차 나이 들어서는 혈기가 충실하였삽더니, 지금은 늙어빠져 다 죽게 되었사오매 살은 여위고 정신은 혼미하고 머리카락은 희어지고 낯은 쭈그러져 오래 살지 못할 것이온데, 어떻게 젊었을 때와 비교할 수 있사오리까?"

부처님 "대왕의 얼굴이 갑자기 늙지는 아니하였으리라."

왕 "세존이시여, 조금씩 달라지는 것을 깨닫지는 못하였사오나 세월이 흘러감을 따라 점점 이렇게 늙었나이다. 그 까닭을 말하오면, 스무 살 적은 젊었다고는 하지마는 열 살보다는 늙었고, 서른 살 적은 또 스무 살보다 늙었으며, 그리하여 지금은 예순두 살이온데 쉰 살 적을 생각하오면 훨씬 건강하였나이다.

세존이시여, 조금씩 달라져서 이렇게 엄청나게 늙었사온데 그 동안

변하여진 것을 우선 10년씩 잡아 말하였거니와, 자세하게 생각하면 어찌 10년, 20년뿐이오리까. 실로 해마다 늙었사오며, 어찌 해마다뿐이오리까. 역시 달마다 달라졌으며, 어찌 달마다뿐이오리까. 실상은 날마다 변하였사오니, 곰곰이 생각하오면 잠깐 동안도 머물러 있지 아니하였사오매 필경에는 이 몸이 없어질 줄을 아나이다."

부처님 "대왕이시여, 당신이 변하고 달라져서 가만히 있지 않는 것을 보고 이 몸이 필경에 없어질 줄을 아노라 하거니와, 그 없어지는 몸 가운데 없어지지 않는 것이 있는 줄을 아는가?"

바사닉왕이 이 말을 듣고 합장하고 다시 여쭈었다.

왕 "그것은 제가 알지 못하나이다."

부처님 "내가 이제 났다 없어졌다 하지 않는 성품을 보여 주리라. 대왕의 나이 몇 살 적에 항하수恒河水를 보았는가?"

왕 "제 나이 세 살 적에, 어머니가 저를 데리고 기바천耆婆天 사당에 가서 뵈올 때 이 강을 건너게 되어 그때에 항하수인 줄을 알았나이다."

부처님 "대왕의 말대로 스무 살 적이 열 살 적보다 늙었고, 지금 예순 살이 되도록 날로 달로 해로 때로 고대고대 달라졌다 하니, 세 살 적에 이 물을 보던 것과 열세 살 적에 이 물을 보던 것과는 어떠하던가?"

왕 "세 살 적과 꼭 같아서 조금도 달라지지 아니하였사오며, 지금 예순두 살이지마는 세 살 적이나 조금도 다름이 없나이다."

부처님 "대왕이 지금 머리카락이 희어지고 낯이 쭈그러짐을 서러워하거니와, 낯은 어렸을 적보다 쭈그러졌을지언정 지금 항하수를 보는 정기도 어려서 항하수를 보던 것보다 늙어졌는가?"

왕 "그렇지 않나이다. 세존이시여."

부처님 "대왕의 낯은 비록 쭈그러졌을망정 보는 정기는 쭈그러지지 아니하였나니, 쭈그러지는 것은 변하려니와 쭈그러지지 않은 것은 변치 않을 것이며, 변하는 것은 없어지려니와 변하지 않는 것은 원래부터 났다 없어졌다 하는 것이 아니니, 몸은 죽더라도 그 보는 정기는 없어질 것이 아니거늘, 어찌하여 죽은 뒤에는 아주 없어진다는 말가리末伽梨들의 주장을 되풀이하고 있는가."

바사닉왕이 이 말씀을 듣고, 죽은 뒤에도 이 생을 버리고 다른 생에 태어날 줄을 알고서 여러 대중들과 함께 뛸 듯이 기뻐하며 처음으로 보는 일이라고 좋아하였다.

(5) 참 견(眞見)은 잃어지지 않는다

아난이 자리에서 일어나 부처님께 예배하고, 꿇어앉아 여쭈었다.

아난 "세존이시여, 만일 이 보고 듣는 성품이 났다 없어졌다 하는 것이 아닐진댄 어찌하여 저희들더러 '참 성품을 잃어버리고 뒤바뀌게 일을 행한다'라고 하셨나이까? 바라건댄 자비하신 마음으로 저의 번뇌를 씻어 주소서."

그때에 여래께서 팔을 드리우사 손을 아래로 내리시고 말씀하셨다.

부처님 "아난아, 내 손이 바로냐, 거꾸로냐?"

아난 "세상 사람들은 이것을 거꾸로라 하오련마는 저는 바로인지 거꾸로인지 알지 못하나이다."

부처님 "아난아, 세상 사람들이 이것을 거꾸로라 한다면 어떤 것을 바로라 하느냐?"

아난 "여래께서 팔을 세우사 손이 위로 허공을 가리키면 바로라 하리이다."

부처님께서 곧 팔을 세우시고 말씀하셨다.

부처님 "아난아, 이렇게 엇바꿈은 머리와 꼬리를 서로 바꾸었을 뿐이어늘, 세상 사람들은 한 번 잘못 보고, 두 번 잘못 보느니라. 그러니까 아난아, 네 몸과 여래의 깨끗한 몸을 팔에나 견주어 말한다면, 여래의 몸은 옳게 다 아는 이(正遍知)라 하고, 너희들의 몸은 성품이 뒤바뀐 것(性顚倒)이라 하느니라. 네 마음대로 자세하게 살펴보아라. 네 몸과 여래의 몸에서 뒤바뀌었다는 것은 어디를 가리켜 뒤바뀌었다고 하느냐?"

이때에 아난이 대중들과 함께 눈을 부릅뜨고, 부처님을 향하여 눈을 깜박거리지 아니하였으니, 몸과 마음의 뒤바뀐 데를 알지 못하기 때문이었다. 부처님이 자비하신 마음으로 아난과 대중을 딱하게 여기사 조수 같으신 음성(海潮音)으로 대중에게 말씀하셨다.

부처님 "좋은 남자(善男子)들아, 내가 항상 말하기를 '색법色法과 심법心法과 모든 인연과, 마음에 딸린 여러 생각과 여러 가지 반연할 법(所緣法)들이 참마음으로 나타나는 것이다'라고 하지 않았느냐. 네 몸이나 네 마음도 모두 묘하고 밝고 참된 마음 가운데 나타나는 것이어늘, 너희들이 어찌하여 본래 묘하고 밝고 두렷한 마음과 보배롭고 밝은 묘한 성품을 잃어버리고 깨달은 가운데서 아득한 줄로 잘못 아느냐.

밝은 성품을 잘못 아는 탓으로 어두컴컴하여 허공이 되고, 허공과 어두컴컴한 가운데서 어두운 것이 맺히어 물질이 되었거든, 이 물질이 허망한 생각과 섞인 생각과 모양(色雜妄想想相)을 내 몸인 줄로 알고는, 반연하려는 것(所緣)이 모이어서 몸속에서 흔들리고 밖으로 앞의 것을 분별하여 아득하고 시끄러운 것을 내 마음인 줄로 인정하느니라.

한번 잘못 알아 내 마음이라 인정하고는 이 마음이 결정코 내 몸속에 있는 줄로 생각하는 탓으로, 내 몸이나 밖에 있는 산과 강이나 허공이나 땅덩어리까지도 모두 이 묘하고 밝은 참마음 가운데 있는 것인 줄을 알지 못하나니, 마치 맑고 묘한 큰 바닷물은 버리고 한 방울 물거품을 잘못 인식하여 바닷물의 전체인 줄 알고는 이것이 온갖 바다에 가득하였다고 생각한 것과 같으니라.

그러니까 너희들은 아득한 것을 잘못 아는데 두 번 잘못 보는 사람이니, 나의 손을 드리운 것과 다름이 없으므로 너희들을 가련한 사람이라 하느니라."

⑹ 참 견(眞見)은 돌려보낼 수 없다

아난이 부처님께서 자비로 구해 주시고, 간곡하게 일러 주심을 받잡고, 눈물을 흘리면서 손을 모아 부처님께 여쭈었다.

아난 "제가 비록 부처님의 법문을 듣잡고, 묘하고 밝은 마음이 본래 원만하여 늘 있는 줄을 알았사오나, 제가 부처님의 법문 말씀을 깨달아 아는 것은 분명히 이 듣고 보는 마음으로 사모하는 터인지라, 저 묘하고 밝은 마음을 알았다 하더라도 그것이 나의 본마음이라고는 인정하기 어렵사오니, 바라건대 저를 어여삐 여기사 원만하온 말씀으로 가르쳐 주시와 의심을 끊고 위없는 도(無上道)에 나아가게 하소서."

부처님 "아난아, 네가 오히려 듣고 보는 마음으로 내 법문을 들을새, 이 법이 역시 들을 수 있는 법인지라, 참된 법이 아니니라. 어떤 사람이 손가락으로 달을 가리켜 저 사람에게 보이거든 저 사람이 그 손가락을 따라서 달을 보아야 할 것이어늘, 만일 손가락을 보고 달이라 한다면 이 사람은 달만 모르는 것이 아니라, 손가락까지 모르는 것이니라.

어찌하여 그러하냐. 가리키는 손가락을 밝은 달인 줄 아는 탓이니라. 또 어찌 손가락만 모르는 것이랴. 밝은 것과 어두운 것도 모른다 하리니, 그 까닭은 어두운 손가락을 밝은 달이라고 잘못 아는 탓으로 밝은 것인지 어두운 것인지를 전혀 모른다 하리니, 너도 그와 같으니라.

만일 나의 법문 하는 소리를 깨달아 아는 것을 네 마음이라 할진댄, 그 마음이 나의 음성을 여의고도 분별하는 성품이 있어야 할지니라. 비겨 말하면 손님이 객주에 들었을 적에 얼마 동안 머물다가는 떠나가는 것이요, 항상 있는 것이 아니어니와, 객줏집 주인은 갈 데가 없으므루 주인이라 하느니라. 너도 그러하여 이것이 참으로 네 마음일진댄 갈 데가 없어야 할 것이어늘, 어찌하여 나의 음성을 여의고는 분별하는 성품이 없느냐.

이것은 음성을 분별하는 마음만 그런 것이 아니라, 나의 얼굴을 분별하는 마음도 내 얼굴 모양을 여의고는 분별하는 성품이 없으며, 이와 같이 냄새와 맛과 촉觸과 법진法塵을 분별하는 마음까지도 분별이 아주 없어지면, 그것은 빛도 아니고 허공도 아니므로 구사리拘舍離 등이 이것을 몰라서 명제冥諦라 하거니와, 이것도 법진法塵의 반연을 여의고는 분별하는 성품이 없느니라. 그런즉 너의 마음이라 하는 것이 제각기 돌려보낼 데가 있거니, 어떻게 주인이라 하겠느냐?"

아난 "만일 제 마음이 제각기 돌려보낼 데가 있을진댄, 부처님께서 말씀하시는 묘하고 밝은 본마음은 어찌하여 돌려보낼 데가 없나이까. 저를 어여삐 여기사 말씀하여 주소서."

부처님 "아난아, 네가 나를 볼 적에 보는 정기의 밝은 것(見精明元)이 비록 묘하고 밝은 참마음은 아니라 하더라도 곁의 달(第二月)과 같은 것이요, 달그림자는 아니니, 너는 자세히 들어라. 돌려보낼 데 없는 까닭을 말하리라.

아난아, 이 큰 강당講堂이 동쪽이 환하게 열리어 해가 뜨면 밝아지고, 그믐밤에 구름이 끼면 어두워지고, 창틈으로는 통함을 보고, 담벽과 지붕으로는 막힘을 보고, 여러 가지가 차별된 데(分別之處)는 반연할 물건이요, 빈 데는 허공이요, 흐리고 흙비 오는 모양은 어두운 티끌이요, 우내(氛)가 개면 맑은 날씨를 보느니라.

아난아, 네가 보는 이 여덟 가지 변화하는 모양을 이제 모두 그 본고

장으로 돌려보내리라. 어떤 것이 본고장이냐. 아난아, 이 여러 가지 모양에서 밝은 것은 해로 보낸다. 어찌하여 해로 보내느냐. 해가 없으면 밝지 못하니, 밝은 원인은 해에 있는 것이다. 그래서 해로 보낸다. 어두운 것은 그믐밤에 보내고, 통한 것은 창틈에 보내고, 막힌 것은 담벽과 지붕에 보내고, 반연할 물건은 차별差別에 보내고, 빈 것은 허공에 보내고, 흙비는 티끌에 보내고, 맑은 날씨는 갠 데로 돌려보낸다.

이 세상 온갖 것이 이런 여덟 가지에 지나지 않나니, 이 여덟 가지를 능히 보는, 보는 정기(見精)의 밝은 성품은 어디로 보내겠느냐. 만일 밝은 데로 보낸다면 밝지 아니할 적에는 어두운 것을 보지 못하여야 할 것이나, 현실은 그렇지 아니하여 밝고 어두운 것은 여러 가지 차별이 있거니와 보는 성품은 차별이 없지 않느냐. 돌려보낼 수 있는 것은 너의 본마음이 아니려니와, 네가 돌려보낼 수 없는 것이야 너의 본마음이 아니고 무엇이겠느냐. 그러니까 너의 본마음은 묘하고 밝고 깨끗하건마는 네가 혼미하고 알지 못하여 본마음을 잃어버리고 바퀴 돌듯 하면서 나고 죽는 데서 헤매고 있으므로 너를 가련한 사람이라 하느니라."

(7) 참 견(眞見)은 섞이는 것 아니다

아난 "이 보는 성품을 돌려보낼 데 없는 줄은 알겠나이다마는, 이것이 저의 참 성품인 줄이야 어떻게 아오리까?"

부처님 "아난아, 네가 비록 번뇌가 없어진 깨끗한 성과聖果는 얻지 못하였으나 나의 신력으로 말미암아 초선천初禪天까지는 막힘없이 보며, 아나율타는 남섬부주 보기를 손바닥 위의 암마라 열매(菴摩羅果) 보듯 하며, 여러 보살들은 백천 세계를 보고, 시방의 여래는 티끌같이 많은 세계를 보지 못하는 데가 없건마는, 중생들이 보는 것은 한 치(寸)에 지나지 못하느니라.

아난아, 내가 너와 더불어 사천왕의 궁전을 볼 적에 그 중간에서 물과 육지와 허공에 사는 것들을 보았나니, 비록 밝은 것과 어두운 것의 여러 가지 모양은 다르나 모두 앞의 물건들로서 눈에 뜨이는 것들이니라. 네가 이 가운데서 자기의 보는 성품과 다른 물건들을 분별도 하려니와, 내가 너를 위하여 이 보는 가운데서 어느 것은 저의 보는 성품이요, 어느 것은 물건인가를 가리게 하리라.

아난아, 네가 볼 수 있는 데까지 보아라. 해와 달까지를 보더라도 모두 물건이지 너의 보는 성품은 아니며, 칠금산七金山을 두루 보아도 여러 가지 빛깔은 다르나 역시 물건이지 너의 보는 성품이 아니며, 구름이 뜨고 새가 날고 바람이 불고 티끌이 날리는 것이나 풀 · 나무 · 산 · 강 · 사람 · 짐승 들은 모두 물건이지 너의 보는 성품이 아니니라.

아난아, 이 가까이 있는 물건이나 멀리 있는 물건들이 비록 제각기 다르나 모두 너의 깨끗한 보는 정기로 보는 것인즉, 저 물건들에는 차별差別이 있거니와 보는 성품에는 차별이 없나니, 저 차별 없는 묘하고 밝은 정기가 참으로 너의 보는 성품이니라. 만일 나와 네가 한 물건을 함께 보는 것을 말하여 나의 보는 성품을 네가 본다고 한다면, 내가 물건을 보지 아니할 적에는 어찌하여 나의 보지 않는 데를 네가 보지 못하느냐.

만일 나의 보지 않는 데를 네가 본다고 할진댄 네가 본다고 하는 나의 보는 성품은 저절로 내가 보지 않는 저 물건의 모양이 아닐 것이며, 만일 나의 보지 않는 데를 보지 못한다면 나의 보는 성품은 저절로 물건이 아닐 것이니, 보는 성품이 물건이 아니라면 어찌하여 너의 참 성품이 아니겠느냐. 또 네가 지금 물건을 볼 적에 물건이 만일 보는 성품이라면 네가 물건을 보듯이 물건도 너를 보리니, 그렇다면 보는 중생과 보이는 물건의 체성體性이 한데 섞여서 너와 나의 모든 세간이 제대로 있지 못하리라.

아난아, 네가 나를 볼 적에 그것이 너의 보는 것이요 저의 보는 것이 아닐진댄, 너의 보는 성품이 온갖 물건에 두루하여 있거니, 어찌하여 너의 참 성품이 아니겠느냐. 그러한 것이어늘 어찌하여 네게 있는 참 성품이 참되지 못하리라고 의심하여 내게 물어서 참되고 참되지 아니함을 따지려 하느냐?"

⑻ 참 견(眞見)은 한량이 없다

아난 "세존이시여, 만일 이 보는 성품이 원래 두루 가득하여 반드시 내 것이요 다른 것이 아닐진댄, 제가 부처님과 함께 사천왕의 승장勝藏 보배로 된 궁전을 보느라고 일월궁日月宮에 있을 적에는 이 견見이 사바세계에 가득하였다가 절에 돌아와서는 절집만 보이고 방 안에서 공부할 적에는 처마와 행랑만 보이나이다. 세존이시여, 이 견의 자체가 본래는 온 세계에 가득 찼다가 방 안에 있을 적에는 한 방 안에만 가득하오니, 이것은 큰 견을 뭉치어서 줄어짐이오니까, 지붕과 담벽에 막히어 끊어짐이오니까? 제가 이 까닭을 알지 못하오니, 원컨대 크신 자비로 일러주소서."

부처님 "아난아, 이 세간에서 '크다' '작다' '안이다' '밖이다' 하는 여러 가지 형용하는 구절이 모두 앞의 물건을 두고 하는 말이니, 견이 '줄어진다' '끊어진다' 할 것이 아니니라. 마치 모난 그릇 속에서 모난 허공을 보는 것 같나니, 이 모난 그릇 속에서 보는 모난 허공이 결정적으로 모난 것이냐. 결정적으로 모난 것이 아니냐.

만일 결정적으로 모난 것이라면 다시 둥근 그릇에 담더라도 그 허공이 둥글지 않아야 할 것이요, 만일 결정적으로 모난 것이 아니라면 모난 그릇 속에서도 모난 허공 없을 적이 있어야 하리라. '그 까닭을 알 수 없다'라고 네가 말하지마는 그 까닭이란 것이 이러한 것이니, 어떻게 따질 수 있겠느냐.

아난아, 만일 모나고 둥근 것이 없는 자리에 이르고자 하면 모난 그릇만 치우면 그만이니라. 허공은 본래부터 모난 것도 둥근 것도 아니니, '허공의 모난 것을 치워야 하겠다'라고 말할 것이 아니니라.

네 말대로 방에 들어갔을 적에 큰 견見을 뭉치어 줄어졌다면 해를 쳐다볼 적에는 견을 늘리어 해에 댄 것이겠느냐. 또 지붕과 담벽에 막혀 견이 끊어졌다면 벽에 구멍을 뚫었을 적에는 어찌하여 견을 이은 매듭이 없느냐. 그 이치가 그렇지 아니하니라.

온갖 중생들이 끝없는 옛적부터 제 본 성품을 잘못 알아 물건인 양 여기면서 본마음을 잃어버리고 물건의 지배를 받는 탓으로 이 가운데서 큰 것을 보고 작은 것을 보거니와, 만일 물건을 지배할 수 있게만 된다면 여래와 같이 마음이 두렷하고 밝아서 도량에서 떠나지 아니하고서도 한 터럭 끝에 시방세계를 넣을 수 있으리라."

⑼ 견見은 차별이 없다

아난 "세존이시여, 이 견의 정기가 반드시 저의 묘한 성품일진댄 이 묘한 성품이 지금 제 앞에 있사온데, 이 앞에 있는 견이 만일 저의 참 성품이오면 제 몸과 마음은 무엇이오리까? 이 몸과 마음은 저 견見을 분별하는 실체實體가 있거니와, 저 견은 제 몸을 분별하는 성품이 없나이다.

만일 저 견이 참으로 제 마음이어서 저로 하여금 물건을 보게 한다 할진댄 저 분별없는 견이 도리어 제가 될 것이요, 이 몸은 제가 아닐 것이니, 그렇다면 여래께서 먼저 말씀하신 '물건도 나를 보리라'라고 하시던 것과 무엇이 다르오리까? 자비하신 마음으로 모르는 저희들을 깨우쳐 주소서."

부처님 "아난아, 네가 말하기를 '견이 네 앞에 있다'라고 한 것은 옳지 아니하니라. 그 견이 참으로 네 앞에 있어서 네가 본다 할진댄, 이 견이 있는 처소가 있을 터인즉, 네가 어디 있다고 지적指摘할 수 있어야 하리라.

내가 지금 너와 더불어 기타숲절에 앉아서 숲과 냇물과 법당을 보고, 위로는 해와 달을 보며, 앞으로는 항하恒河를 보나니, 네가 내 사자좌獅子座 앞에서 손으로 분명히 가리켜 보아라. 이 여러 가지 모양이, 그늘진 것은 숲이요, 밝은 것은 해요, 막힌 것은 벽이요, 통한 것은 허공이요, 이리하여 풀과 나무와 검불과 쓰레기까지라도 크고 작은 것은 다를지언정 형상이 있는 것은 가리키지 못할 것이 없나니, 견이 반드시 네 앞에 있을진댄 손으로 분명하게 가리켜내라. 어느 것이 견이냐.

아난아, 잘 생각하여 보아라. 만일 허공이 견이라면 허공이 이미 견이 되었으니, 무엇을 허공이라 하겠느냐. 만일 물건이 견이라면 물건이 이미 견이 되었으니, 무엇을 물건이라 하겠느냐. 너는 이 여러 가지 물건에서 낱낱이 쪼개내어 밝고 묘한 견을 가리켜서 내게 보이되, 저 물건들과 같이 분명하여 의심이 없게 하라."

아난 "제가 지금 이 훌륭한 강당에서 멀리로는 항하를 보고, 위로는 해와 달을 보거니와, 손으로 가리킬 수 있는 것과 눈으로 볼 수 있는 것은 모두 물건뿐이옵고, 견이라 할 것이 없나이다. 세존이시여, 부처님의 말씀과 같이, 저는 아직 처음 배우는 성문聲聞이라 그러하거니와 비록 보살들이라도 이 여러 가지 물건 앞에서 견의 정기를 쪼개내어 온갖 물건을 여의고 따로 견의 성품이 있게 하지는 못하리로소이다."

부처님 "그러하다. 아난아, 네 말과 같이 온갖 물건을 여의고는 따로 견의 성품(見性)이 없다 할진댄, 네가 가리키는 물건 가운데는 견見이 없어야 하리라. 지금 다시 묻노라. 네가 여래와 함께 기타숲절에 앉아서 숲과 동산과 해와 달과 여러 가지 물건들을 보나니, 이 가운데 반드시 네가 가리킬 견이 없을진댄 너는 다시 따져 보아라. 이 물건들 가운데 어느 것이 견이 아닌 것이냐?"

아난 "제가 다시 이 기타숲을 두루 살펴보오나, 어느 것이 견이 아닌지를 알 수 없나이다. 그 까닭을 말씀하건댄 만일 나무가 견이 아니라면 어떻게 나무를 보며, 만일 나무가 곧 견일진댄 어찌 나무라 하오리까. 이와 같이 허공이 견이 아니라면 어떻게 허공을 보며, 만일 허공이 곧 견일진댄 어찌 허공이라 하오리까. 제가 다시 생각하온즉, 이 여러 가지 물건 가운데서 자세하게 따져 보면 견 아닌 것이 없나이다."

부처님 "그러하다."

이에 대중 가운데 무학無學 아닌 이들이 부처님의 이 말씀을 듣고, 이 이치의 끝과 처음을 알지 못하여 한참 동안 어리둥절하여 어찌할 줄을 모르니, 부처님께서 그들의 생각에 놀라워하는 줄을 아시고, 가엾은 생각을 내시어 아난과 대중을 위로하시며 말씀하시었다.

부처님 "좋은 남자들아, 여래의 말씀은 진실한 말이며, 진리에 맞는 말이며, 속이지 않는 말이며, 허망하지 아니한 말이니, 말가리들의 죽지 아니하려고 어지럽게 속이는 네 가지 허망한 말(四種不死矯亂論議)이 아니니라. 너희들이 잘 생각하여 부질없이 기대期待하는 마음을 어기지 말라."

이때에 문수사리文殊師利보살이 사부대중을 딱하게 여기어 자리에서 일어나 부처님께 예배하고서 합장하고 여쭈었다.

문수 "세존이시여, 이 대중들이 여래께서 말씀하신, 물건이나 허공이 견見인지 견이 아닌지, 그 두 가지 뜻을 알지 못하나이다. 세존이시여, 앞에 있는 물건이나 허공이 만일 견이라면 가리킬 수가 있어야 할 것이요, 견이 아니라면 보지 못하여야 할 것이온데, 지금 그 이치가 어찌 된 까닭인 줄을 알지 못하여 놀라워함이언정 옛날의 선근善根이 부족하여 그러한 것이 아니오니, 바라옵건대 크신 자비로 일러 주소서. 이 여러 가지 물건과 견이란 것이 원래 어떻게 된 것이완대, 같다(是)고도, 같지 않다(非是)고도 할 수가 없나이까?"

부처님 "문수야, 시방의 여래나 대보살들, 자신이 머물러 있는 삼마지 가운데는 보는 정기(見精)나, 볼 물건이나, 인식하는 마음이나 몸이 모두 허공에 보이는 헛꽃과 같아서 본래부터 참말 있는 것이 아니니라. 이 견이나 물건이나 인식하는 것들이 원래 보리의 묘하고 밝은 본체이니, 어찌 이 가운데 '그렇다' '아니다'라고 할 수가 있겠느냐.

문수야, 네게 묻노니, 마치 네가 문수이거늘 다시 옳은 문수라 할 문수가 있겠느냐, 문수가 없겠느냐?"

문수 "그러하니이다, 세존이시여. 제가 참말 문수이오매, 옳은 문수라 할 것이 없사오니, 만일 옳은 문수가 있사오면, 문수가 둘이 되겠나이다. 그러나 오늘날 문수가 없는 것 아니오매, 여기에는 '그렇다' '아니다' 할 것이 없나이다."

부처님 "이 묘하고 밝은 견이나 저 허공과 물건들도 역시 그러하여 원래 묘하고 밝은 위없는 보리의 깨끗하고 두렷한 참마음으로서 허망하게 물건들과 허공과 보는 것 듣는 것들이 되었나니, 마치 곁의 달을 어느 것은 '옳은 달이다' 어느 것은 '그른 달이다'라고 할 수 없는 것과 같으니라. 문수야, 하나의 달만이 참 달이니, 그 가운데서 '옳은 달이다' '그른 달이다'라고 할 것이 없느니라. 그러므로 네가 지금 이것은 견見이라 하고, 이것은 물건이라 하여 여러 가지로 분별하는 것은, 모두 허망한 생각이므로 이 가운데서 같다(是)고도 같지 않다(非是)고도 하는 시비를 벗어나지 못하거니와, 만일 이 참된 정기의 묘하고 밝은 각의 본성을 깨닫기만 하면 금시에 '견이라고 가리킬 수 있다'거나 '가리킬 수 없다'라는 데서 벗어나게 되리라."

⑽ 참 견(眞見)은 요량할 수 없다

아난 "세존이시여, 진실로 부처님의 말씀과 같사와 본각의 반연하는 것(覺緣)이 시방세계에 두루하게 고요히 항상 있어 나는 것도 아니요 없어지는 것도 아니라 할진댄, 사비가라娑毘迦羅 바라문들은 명제冥諦라 하고, 재에 파묻히는(投灰) 외도外道들은 진아眞我라 하여 시방세계에 가득히 찼다고 주장하는 것과 어떻게 다르오리까? 부처님께서도 능가산楞伽山에서 대혜大慧보살들에게 이런 이치를 말씀하실 적에 '외도들은 자연을 주장하거니와, 내가 말하는 인연因緣은 외도들의 주장과 다르다'라고 하시었나이다.

그러나 제가 지금 생각건대 본각의 성품이 자연한 것이어서 나는 것도 아니요 없어지는 것도 아니라, 온갖 허망한 것과 뒤바뀐 것을 여의어서 인연이 아닌 듯하오니, 외도들이 주장하는 자연과 어떻게 분간하여야 잘못된 소견에 빠지지 아니하고 참되고 묘하고 밝은 본각의 마음을 얻겠나이까?"

부처님 "아난아, 내가 이렇게 여러 가지 방편으로 진실하게 말하였건만, 너는 여태도 깨닫지 못하고 자연인가 의심하느냐. 아난아, 이 견의 성품이 반드시 자연自然일진댄, 자연이란 것이 분명하여 자연의 본체가 있어야 하리라.

네가 이 묘하고 밝은 견의 성품을 보라. 무엇으로 자연自然의 본체本體라 하느냐. 이 견의 성품이 밝은 것 보는 것을 자연의 본체라 하느냐. 어두운 것 보는 것을 자연의 본체라 하느냐. 빈 것 보는 것을 자연의 본체라 하느냐. 막힌 것 보는 것을 자연의 본체라 하느냐.

아난아, 만일 밝은 것 보는 것을 자연의 본체라 한다면, 어두운 것은 보지 못하여야 할 것이요, 만일 빈 것 보는 것을 자연의 본체라 한다면, 막힌 것은 보지 못하여야 할지니라. 이와 같이 어두운 것 보는 것을 자연의 본체라 한다면, 밝을 때에는 견의 성품이 없어질 것이어늘 어떻게 밝은 것을 보느냐?"

아난 "이 견의 성품이 반드시 자연이 아닐진댄 인연이라고 할 것이오나, 제 마음에 오히려 분명치 못하여 부처님께 묻잡노니, 어찌하면 이 이치가 인연에 맞겠나이까?"

부처님 "네가 인연이라 하기에 다시 묻노라. 네가 지금 밝은 것과 어두운 것을 봄으로 인하여 견의 성품이 나타나나니, 이 견의 성품은 밝음으로 인하여 있느냐, 어두움으로 인하여 있느냐, 빈 것으로 인하여 있느냐, 막힘으로 인하여 있느냐.

아난아, 만일 밝음으로 인하여 견의 성품이 있다면 어두운 것은 보지 못하여야 할 것이요, 만일 어두움으로 인하여 있다면 밝은 것은 보지 못하여야 할지니라. 이와 같이 빈 것으로 인하여 있다 하며, 막힘으로 인하여 있다 하는 것도 밝음으로 인하여 있다던 것이나, 어두움으로 인하여 있다던 것과 같으니라.

또 아난아, 이 견의 성품이 밝음으로 말미암아 있느냐, 어두움으로 말미암아 있느냐, 빈 것으로 말미암아 있느냐, 막힘으로 말미암아 있느냐. 아난아, 만일 빈 것으로 말미암아 견의 성품이 있다면 막힌 것은 보지 못하여야 할 것이며, 만일 막힘으로 말미암아 있다면 빈 것은 보지 못하여야 할지니라. 이와 같이 밝음으로 말미암아 있다 하며, 어두움이 있으므로 말미암아 있다 한 것도 빈 것으로 말미암아 있다던 것이나, 막힘으로 말미암아 있다던 것과 같으니라.

그러므로 이 묘하고 밝은 본각의 정기는 인因도 아니며, 연緣도 아니며, 자연도 아니며, 인연 아닌 것도 아니며, 자연 아닌 것도 아니며, 아니라는 것도 없고, 아닌 것이 아니라는 것도 없으며, 기라(是) 할 것도 없고, 기가 아니라(非是) 할 것도 없느니라.

온갖 분별하는 허망한 생각을 여의면 곧 온갖 것이 모두 참된 것이어늘, 네가 어찌 이 가운네 망령된 생각을 내어 세상의 희롱거리 논리와 이름과 모양을 가지고 분별하려 하느냐. 마치 손바닥으로 허공을 만지려 하는 것과 같아서 부질없이 애만 쓸지언정 허공이 어찌하여 네게 잡히겠느냐?"

⑾ 참 견(眞見)은 볼 수 없다

아난 "세존이시여, 이 묘한 본각의 성품이 인연(緣)이 아니라 하오면, 어찌하여 부처님께서 항상 비구들에게 말씀하시기를 '보는 성품이 네 가지 인연(四種緣)을 갖추어야 하나니, 이른바 빈 것을 인하며, 밝은 것을 인하며, 마음을 인하며, 눈을 인함이다'라고 하시었나이까?"

부처님 "아난아, 그것은 세간에 인연으로 된 모양을 말한 것이요, 제일의 뜻(第一義)을 말한 것이 아니니라. 아난아, 네게 다시 묻노니, 세상 사람들이 모두 내가 보노라고 말하거니와 어떤 것을 본다 하며, 어떤 것을 보지 못한다 하느냐?"

아난 "세상 사람들이 햇빛이나 달빛이나 등불 빛으로 인하여 여러 가지 모양 보는 것을 본다 하고, 이 세 가지 빛이 없으면 보지 못한다 하나이다."

부처님 "아난아, 만일 밝은 빛이 없을 적에 보지 못한다 하면, 어두운 것도 보지 못하여야 할 것이니, 만일 어두운 것을 본다면, 이것은 밝음이 없는 것일지언정 어찌 보는 것이 없다 하겠느냐.

아난아, 만일 어두울 적에 밝은 것을 보지 못하므로 보지 못한다 할진댄 밝을 적에 어두운 것을 보지 못하는 것도 보지 못한다 하여야 하리니, 그렇다면 밝을 적과 어두울 적을 둘 다 보지 못한다 할 것이니라. 이것은 밝은 것과 어두운 것이 서로 쫓아내고 독차지하는 것이언정 너의 보는 성품은 잠깐도 없는 것이 아니니, 이것은 두 가지를 모두 본다 할 것이어늘 어찌하여 보지 못한다 하겠느냐.

그러니까 아난아, 밝은 것을 볼 적에 보는 것은 밝은 것이 아니며, 어두운 것을 볼 적에 보는 것은 어두운 것이 아니며, 빈 것을 볼 적에 보는 것은 빈 것이 아니며, 막힌 것을 볼 적에 보는 것은 막힌 것이 아니니라. 이 네 가지 사례(例)가 결정되었으니, 네가 다시 알아라. 견(見)을 돌이켜 볼 적(見見之時)에 돌이켜보는 것은 견이 아니니라. 돌이켜 보는 것은 오히려 견을 여의어서 견으로도 미칠 수 없는 것이어늘, 어찌하여 인연이니 자연이니 화합이니 하는 말을 하느냐. 너희 성문聲聞들이 소견이 좁고 아는 것이 없어서 맑고 깨끗한 실상實相인 참 성품을 알지 못하기에 내가 다시 네게 이르노니, 잘 생각하여 보리에 나아가는 길에서 고달퍼하거나 게을러하지 말라."

⑿ 허망한 견(妄見)에서 참 견을 보이다

아난 "세존이시여, 부처님께서 저희들을 위하사 인연과 자연을 말씀하였사오나 화합인지 화합 아닌지에 대해서 오히려 마음이 열리지 못하였삽더니, 이제 다시 '보는 것을 됩더(見見) 보는 것이 보는 것 아니다' 라는 말씀을 듣잡고 더욱 답답하오니, 넓으신 자비로 큰 지혜 눈(慧目)을 베풀어 주시사, 저희들의 본각인 마음이 밝고 깨끗하게 하시옵소서."

이 말을 마치고는 슬피 울며 예배하고, 부처님의 거룩하신 말씀을 듣자오려 하였다.

부처님께서 아난과 대중을 가엾이 여기사 큰 다라니陀羅尼인 여러 삼마제三摩提와 묘하게 닦아 나아갈 길을 말씀하시려고 법문을 계속하시었다.

부처님 "아난아, 네가 비록 기억을 잘하거니와 그것은 많이 아는 데만

필요할 뿐이요, 사마타奢摩他의 미묘하고 비밀하게 보아 살피는 데는 오히려 분명하게 알지 못하나니, 이제 자세히 들어라. 지금 너에게 분별하여 보이며, 번뇌가 있는 이 다음 세상의 중생들로 하여금 보리를 얻게 하리라.

아난아, 온갖 중생들이 세간에서 바퀴 돌듯 하는 것은 뒤바뀌게 분별하는 두 가지 허망한 소견으로 말미암아 그곳에서 생겨나서 제 업業으로 바퀴 돌듯 하느니라.

무엇을 두 가지 허망한 소견이라 하느냐. 하나는 혼자인 허망한 소견(別業妄見)이요, 또 하나는 다 같은 허망한 소견(同分妄見)이니라.

어떤 것을 혼자인 허망한 소견(別業妄見)이라 하느냐. 아난아, 세상 사람들이 눈에 삼(赤眚: 삼병)이 서면 밤에 등불을 볼 적에 이상하게 오색이 영롱한 등무리(圓影)를 보나니, 너는 어떻게 생각하느냐. 이날 밤 등불에 나타나는 등무리는 이것이 등불의 빛이냐, 견의 빛이냐.

아난아, 이 등무리가 만일 등불의 빛이라면 삼 서지 아니한 사람은 어찌하여 보지 못하고, 삼 선 사람만이 보느냐. 만일 견의 빛이라면 견이 이미 등무리 빛이 되었으니, 삼 선 사람이 등무리를 보는 것은 무엇이라 하겠느냐.

또 아난아, 이 등무리가 등불을 여의고 따로 있다면 곁에 있는 병풍이나 휘장이나 책상이나 안석을 볼 적에도 등무리가 있어야 할 것이며, 견을 여의고 따로 있다면 눈으로 볼 것이 아니거늘, 어찌하여 삼 선 사람만이 눈으로 보느냐.

그러니까 빛은 실로 등불에 있거든 견의 삼병이 등무리가 된 것인 줄을 알지니라. 등무리와 견의 병이 모두 삼눈 탓이지만 삼눈 탓임을 보는 것은 삼병이 아니니라. 그러므로 이 등무리가 '등불 탓이다' '견 탓이다' 할 것이 아니며, 또 '등불의 탓이 아니다' '견의 탓이 아니다'라고 말할 것도 아니니라.

마치 곁의 달(第二月)이 보는 성품으로 있는 것도 아니요, 달의 그림자로 생긴 것도 아니니, 어찌하여 그러하냐. 곁의 달은 눈을 눌러서 생기는 것이므로 지혜 있는 사람이면 이 눌러서 생긴 곁의 달을 '달의 형상이다' '달의 형상이 아니다' 하지 아니할 것이며, 또 '견의 탓이다' '견의 탓이 아니다'라 하지도 아니할 것이니라. 이 등무리도 역시 그러하여 삼병 탓으로 나타나는 것이어늘, 무엇을 일러서 등불 탓이라 견 탓이라 하겠느냐, 하물며 등불 탓이 아니라, 견 탓이 아니라 분별할까 보냐.

어떤 것을 다 같은 허망한 소견이라 하느냐. 아난아, 이 남섬부주에서 바다를 빼고, 중간에 있는 육지에 3천 섬이 있는데, 복판 대륙에는 동쪽에서 서쪽까지 2천3백 나라가 있고, 그 밖에 바다 가운데 있는 작은 섬들에서 어떤 섬에는 2백 나라, 3백 나라가 있고, 또 어떤 섬에는 한 나라나 두 나라가 있기도 하고, 혹은 30나라, 40나라, 50나라가 있기도 하니라.

아난아, 이 가운데서 어느 작은 섬에 단 두 나라가 있는데, 한 나라 사람들은 다 같이 나쁜 재변災變을 보게 되어 그 나라 사람만이 여러 가지 괴변을 보되 두 해(二日)가 뜨기도 하고, 두 달(兩月)이 뜨기도 하며, 달무리와 햇무리도 보며, 일식과 월식도 보며, 해의 귀걸이(珮玦) · 혜성彗星 · 뿔별 · 별똥 · 유성流星 · 등무지개 · 곁무지개 · 수무지개 · 암무지개들과 같은 여러 가지 나쁜 모양을 보거니와, 곁의 나라 사람들은 이런 괴변을 보지도 못하고 듣지도 못하느니라.

아난아, 내가 이제 이 두 가지 사례를 번갈아 들어서 자세히 설명하리라. 아난아, 저 중생의 별업망견別業妄見으로 보는 등무리가 앞의 물건처럼 나타나지마는 이것은 보는 이의 삼눈 때문에 생긴 것이니, 삼눈은 보는 성품이 피로하여져서 생기는 것이요, 참말 색진色塵이 있는 것이 아니므로 삼눈 탓이요, 보는 자체自體인 견見에는 허물이 없느니라. 이것으로써 네가 지금에 산과 물과 세계와 중생들을 보는 데 견주어 보건대, 모두 끝없는 옛적부터이 견의 병으로 생긴 것이니라.

보는 작용(見)과 견의 반연(見緣)들이 앞의 경계(前境)를 나타내는 듯하지마는, 원래 내 각覺의 밝은 것으로 반연할 바를 보는 것은 삼병(眚)이니, 각覺으로 보는 것은 곧 삼병이거니와, 본각의 밝은 마음이 여러 가지 반연을 깨닫는 것은 삼병이 아니니라. 깨달을 것을 깨닫는 것은 삼병이지마는 깨닫는 본체는 삼병이 아니니, 이것이 곧 보는 것을 뒵더 보는 것이어늘, 어찌하여 '깨닫는다' '듣는다' '안다' '본다' 하겠느냐. 그러므로 네가 지금 나를 보고, 너를 보고, 여러 세계를 보고, 중생들을 보는 것이 모두 견의 삼병이요, 삼병임을 보는 것이 아니니, 저 견의 참된 정기는 성품이 삼병이 아니므로 견이라고 하지 아니하느니라.

아난아, 저 중생들의 다 같은 허망한 소견으로, 저 한 사람의 혼자인 허망한 소견에 견주어 보면, 눈에 삼 선 사람은 저 한 나라와 같고, 저 사람의 보는 등무리는 삼눈 때문에 생긴 것이요, 이 나라 사람들의 보는 괴변怪變은 다 같은 허망한 소견의 고장故障으로 일어나는 것이니, 두 가지가 모두 다 끝없는 옛적부터의 허망한 소견으로 생기는 것이니라. 견주어 보건댄, 남섬부주의 3천 섬들과 네 바다와 사바세계와, 시방에 있는 여러 유루세계有漏世界와 모든 중생들이 다 같이 샘이 없는 본각의 밝고 묘한 마음의 보고 듣고 깨닫고 알고 하는 허망한 병의 인연으로 화합하여 허망하게 생기며, 화합하여 허망하게 없어지느니라. 만일 능히 화합하는 인연과 화합하지 않는 인연을 멀리 여의면, 곧 났다 없어졌다 하는 원인을 없애 버리게 되고, 보리의 나지도 않고 없어지지도 않는 성품을 원만圓滿하게 갖추어 맑고 깨끗한 본마음의 본각이 항상 있게 되느니라.

아난아, 네가 비록 먼저부터 묘하고 밝은 본각의 성품이 인연도 아니고 자연도 아닌 줄을 알았으나, 이러한 본각이 화합도 아니고 화합 아닌 것도 아닌 줄은 알지 못하느니라.

아난아, 내가 다시 앞의 것으로 네게 물으리라. 네가 지금도 이 세상에서 허망한 생각으로 화합하는 인연을 가지고서 보리를 증證하는 본마음도 화합으로 생겼을 것이라고 의심하나니, 지금 너의 묘하고 깨끗한 견의 정기가 밝은 것과 화和하였느냐, 어두운 것과 화하였느냐. 통한 것과 화하였느냐, 막힌 것과 화하였느냐. 만일 밝은 것과 화하였다면 네가 밝은 것을 볼 적에 밝은 것이 앞에 나타나나니, 어느 곳에 견이 섞이었느냐. 보는 모양은 분변할 수 있거니와 섞인 것은 어떤 모양이겠느냐. 만일 밝은 것이 견이 아니라면 어떻게 밝은 것을 보느냐. 만일 밝은 것이 곧 견이라면 어떻게 견을 보겠느냐. 반드시 견이 가득하였을진댄 어느 곳에 밝은 것이 섞였겠느냐. 만일 밝은 것이 가득하였을진댄 견과 섞이지 아니하였으리라. 견은 밝은 것과 다르므로 섞였다면 밝다는 본 성품의 이름을 잃은 것이니, 섞여서 밝다는 성품을 잃었다면 아직도 밝은 것과 섞였다고 하는 말이 옳지 아니하니라. 이와 같이 어두운 것과 화하였다, 통한 것과 화하였다, 막힌 것과 화하였다는 것도 역시 이와 같으니라.

또 아난아, 너의 묘하고 깨끗한 견의 정기가 밝은 것과 합하였느냐, 어두운 것과 합하였느냐, 통한 것과 합하였느냐, 막힌 것과 합하였느냐. 만일 밝은 것과 합하였다면 어두울 적에는 밝은 것이 없어졌고, 이 견이 어두운 것과는 합하지 아니하였거늘, 어떻게 어두운 것을 보느냐. 만일 어두운 것을 볼 적에 견이 어두운 것과는 합하지 아니하였다면, 밝은 것과 합한 견도 밝은 것을 보지 못하여야 하리라. 밝은 것을 보지 못한다면 어떻게 밝은 것과 합하였다 하며, 또 밝은 것이 어두운 것 아닌 줄을 어떻게 알겠느냐.

이와 같이 어두운 것과 합하였다, 통한 것과 합하였다, 막힌 것과 합하였다 한 것도 역시 이와 같으니라."

아난 "세존이시여, 제가 다시 생각건댄, 이 묘한 각이 앎의 것이나 마음과 더불어 화합한 것이 아닌 듯하나이다."

부처님 "네가 또 묘한 각이 화합한 것 아니라 하니, 또 네게 묻노라. 이 묘한 견의 정기가 화합한 것이 아닐진댄, 밝은 것과 화하지 않았느냐, 어두운 것과 화하지 않았느냐, 통한 것과 화하지 않았느냐, 막힌 것과 화하지 않았느냐. 만일 밝은 것과 화하지 않았다면 견과 밝은 것이 경계선境界線이 있어야 하리니, 네가 자세히 보라. 어디까지는 밝은 것이요, 어디까지는 견이냐. 견과 밝은 것이 어디로 경계를 삼느냐.

아난아, 만일 밝은 가운데 견이 없다면, 견과 밝은 것이 서로 닿지 못한 것이어서, 밝은 것이 있는 곳도 알지 못할 것이니, 경계가 어떻게 있겠느냐.

이와 같이 어두운 것과 화하지 않았다, 통한 것과 화하지 않았다, 막힌 것과 화하지 않았다는 것도 역시 이와 같으니라.

또 묘한 견의 정기가 화합한 것이 아닐진댄, 밝은 것과 합하지 않았느냐, 어두운 것과 합하지 않았느냐, 통한 것과 합하지 않았느냐, 막힌 것과 합하지 않았느냐. 만일 밝은 것과 합하지 않았다면, 견과 밝은 것이 서로 어긋나서 마치 귀와 밝은 것과는 서로 관계가 없는 것과 같으니라. 보더라도 밝은 데를 알지 못할 것이니, 어떻게 '합하였다' '합하지 않았다'라고 따지겠느냐.

이와 같이 어두운 것과 합하지 않았다, 통한 것과 합하지 않았다, 막힌 것과 합하지 않았다 한 것도, 역시 이와 같으니라."

⒀ 오음五陰 · 육입六入 · 십이처十二處 · 십팔계十八界에서 여래장을 보이다

"아난아, 네가 오히려 요술같이 변화하는 허망한 모양이 그곳에서 생졌다가 그곳에서 없어지는 것임을 알지 못하나니, 허망한 것을 모양이라 하거니와 그 본 성품은 진실로 묘한 각의 밝은 본체니라. 그리하여 오음五陰과 육입六入과 십이처十二處와 십팔계十八界가 인因과 연緣이 화합하면 허망하게 생겨나고, 인과 연이 흩어지면 허망하게 없어지는 것이어늘, 이렇게 생겼다 없어졌다 왔다 갔다 하는 것이, 본래 늘 있고 묘하고 밝고 움직이지 않고 두루 가득한 여래장如來藏인 묘한 진여眞如의 성품인 줄을 알지 못하는구나. 이 참 성품인 항상한 본체에서는 오고 가고, 모르고 깨닫고, 나고 죽는 것을 찾아보려 하여도 될 수 없느니라.

아난아, 어찌하여 오음五陰이 본래 여래장如來藏인 묘한 진여眞如의 성품이라 하느냐. 아난아, 어떤 사람이 깨끗한 눈으로 맑은 허공을 볼 적에 다만 청명한 허공뿐이요, 아무것도 없다가, 그 사람이 까닭 없이 눈을 깜박거리지 않고 바로 떠 보다가 피로疲勞하여지면 저 허공에서 이상한 헛꽃을 보기도 하며, 여러 가지 어물거리는 모양을 보게 되나니, 색음色陰도 이러는 것이니라.

아난아, 이 허공의 헛꽃이 허공에서 온 것도 아니며, 눈에서 나온 것도 아니니라. 아난아, 만일 허공에서 왔다면, 허공에서 왔으므로 도로 허공으로 들어갈 것이요, 만일 나오고 들어가고 하는 것이 있다면, 허공이 빈 것이 아닐 것이요, 허공이 만일 빈 것이 아니라면, 스스로 헛꽃이 났다 없어졌다 함을 용납할 수 없는 것이, 마치 아난의 몸에 아난을 용납할 수 없다는 말과 같으니라. 만일 눈에서 났다면, 눈에서 나왔으므로 도로 눈으로 들어가야 할 것이며, 또 이 헛꽃이 눈에서 나왔으므로 보는 성품이 있으리니, 만일 보는 성품이 있을진댄, 나가서 허공에 꽃이 되었을 때에 돌아와서는 눈을 보아야 할지니라. 만일 보는 성품이 없을진댄, 나가서 허공을 가렸을 때에 돌아와서는 눈을 가려야 할 것이며, 또 헛꽃을 볼 때에는 눈에는 가림(翳)이 없을 터인즉, 그때를 깨끗한 눈이라 할 것이어늘, 어찌하여 헛꽃 없는 허공을 보아야 깨끗한 눈이라 하느냐.

그러므로 색음色陰이란 것이 허망한 것임을 알지니, 본래부터 인연도 아니요 자연도 아닌 성품이니라.

아난아, 어떤 사람이 손과 발이 편안하고 온몸이 화평하여 문득 살아 있는 줄을 잊어버린 듯 좋을 것도 나쁠 것도 없다가 까닭 없이 두 손을 마주 비비면, 난데없이 손바닥이 꺼끄럽거나(澁) 윤택하거나(滑) 차거나 따뜻하거나 함을 느끼리니, 수음受陰도 이러는 것이니라.

아난아, 이 여러 가지 느낌이 허공에서 오는 것도 아니며, 손바닥에서 나는 것도 아니니라. 아난아, 만일 허공에서 왔다면, 어찌하여 손바닥에만 와서 닿고 몸에는 닿지 않느냐. 허공이 반드시 가리어서 닿지는 아니하리라.

만일 손바닥에서 난다면 손바닥을 비벼야 날 것이 아니며, 또 손바닥에서 나오는 것이므로 손바닥을 합할 적에 알게 된다면 뗄 적에는 도로 들어갈 것이니, 그렇다면 손목과 팔과 팔뼈가 들어가는 종적을 알아야 할 것이요, 반드시 나오고 들어감을 안다면 그 촉감觸感이 스스로 몸속에서 오고 가는 것이어늘, 어찌하여 마주 대어서 아는 것을 촉觸이라 하느냐.

그러므로 수음受陰이란 것이 허망한 것임을 알지니, 본래부터 인연도 아니요, 자연도 아닌 성품이니라.

아난아, 어떤 사람이 신 매실梅實을 이야기하면 입에 침이 생기고, 높은 벼랑에 오를 것을 생각하면 발바닥이 새그럽나니(酸澁), 상음想陰도 이러한 것이니라.

아난아, 이 신(酸) 이야기로 생긴 침이 매실에서 나는 것도 아니며, 입으로 들어오는 것도 아니니라.

아난아, 만일 침이 매실에서 난다면, 매실 스스로 말할 것이어늘, 어찌하여 사람이 말하기를 기다리어서 침이 생기느냐. 만일 침이 입으로 들어온다면, 입으로 이야기를 들어야 할 것이어늘, 어찌하여 귀로 듣느냐. 만일 귀로만 듣는다면, 이 침이 어찌하여 귀에서 나지 않느냐.

높은 벼랑에 오를 것을 생각하는 것도, 매실 이야기와 같으니라. 그러므로 상음想陰이란 것이 허망한 것임을 알지니, 본래부터 인연도 아니요, 자연도 아닌 성품이니라.

아난아, 빨리 흐르는 물의 물결이 서로서로 잇달아 앞 물결 뒤 물결이 서로 뛰넘지 아니하나니, 행음行陰도 이러한 것이니라. 아난아, 이 흐르는 성품이 허공으로 인하여 생기는 것도 아니며, 물로 인하여 있는 것도 아니며, 물의 성품도 아니며, 허공과 물을 여의고 있는 것도 아니니라.

아난아, 만일 허공으로 인하여 생겼다면, 시방의 끝없는 허공이 끝없는 흐름을 이루리니, 온 세계가 모두 물속에 들어갈 것이니라. 만일 물로 인하여 있다면, 이 흐르는 성품은 물이 아닐 것이니, 흐르는 모양이 물을 떠나서 따로 있어야 하리라. 만일 흐르는 것이 물의 성품일진댄, 흐르지 않고 고요할 적에는 물의 본체가 아닐 것이니라. 만일 허공과 물을 여의고, 흐르는 것이 있다면, 허공은 바깥이 있는 것이 아니며, 물 밖에는 흐르는 것이 없느니라. 그러므로 행음이란 것이 허망한 것임을 알지니, 본래부터 인연도 아니요, 자연도 아닌 성품이니라.

아난아, 어떤 사람이 가릉빈가병(頻伽甁)의 두 구멍을 막고, 병 속에 허공을 담아 가지고 천 리나 먼 곳에 가서 그곳에서 사용하나니, 식음識陰도 이러한 것이니라. 아난아, 이 병 속의 허공이 저곳에서 가져온 것도 아니며, 이곳에서 들어간 것도 아니니라. 아난아, 만일 저곳에서 왔다면, 병 속에 허공을 담아 가지고 왔으므로 그 병 있던 곳에는 허공이 조금 적어졌어야 할 것이며, 만일 이곳에서 들어갔다면, 마개를 뽑고 병을 기울일 적에는 허공이 나와야 할 것이니라.

그러므로 식음이란 것이 허망한 것임을 알지니, 본래부터 인연도 아니요 자연도 아닌 성품이니라."

대불정여래밀인수증요의제보살만행수릉엄경

| 제3권 |

"또 아난아, 어찌하여 육입六入이 본래 여래장如來藏인 묘한 진여眞如의 성품이라 하느냐. 아난아, 저 사람이 눈을 깜박거리지 않고 부릅뜨고 보다가 피로疲勞하여진 것은 그 눈과 피로하여진 것이 다 함께 보리마음(菩提心)이 눈 바로 떠(瞪) 피로하여진 것이니라. 밝은 것과 어두운 두 가지 허망한 앞의 것으로 인하여 봄(見)을 내어 그 가운데서 앞의 것을 끌어들이는 것을 보는 성품(見性)이라 하나니, 이 보는 성품이 밝은 것과 어두운 것, 두 가지 앞의 것을 여의고는 자체自體가 없느니라.

아난아, 이 보는 성품이 밝은 데서나 어두운 데서 오는 것 아니며, 눈에서 나는 것 아니며, 허공에서 생기는 것도 아니니라. 어찌함이냐. 만일 밝은 데서 온다면 어두울 적에는 없어질 것이니, 어두운 것을 보지 못하여야 할 것이며, 어두운 데서 온다면 밝을 적에는 없어질 것이니, 밝은 것을 보지 못하여야 할지니라. 만일 눈에서 난다면 밝은 것과 어두운 것과는 관계가 없으리니, 그렇다면 보는 정기가 제 성품이 없으리라. 만일 허공에서 생긴다면 앞으로 색진色塵을 보았으므로 돌아와서는 눈을 보아야 할 것이며, 또 허공이 보는 것이니, 너의 입入에야 무슨 관계가 있겠느냐.

그러므로 눈으로 끌어들이는 것(眼入)이 허망한 것임을 알지니, 본래부터 인연도 아니요, 자연도 아닌 성품이니라.

아난아, 어떤 사람이 두 손가락으로 급히 귀를 막으면 귀가 피로하여지므로 머릿속에서 무슨 소리가 들리나니, 그 귀와 피로하여진 것이 다 함께 보리마음이 눈 바로 떠 피로하여진 것이니라. 떠드는 것과 조용한 두 가지 허망한 앞의 것으로 인하여 들음을 내어 그 가운데 있으면서 앞의 것을 끌어들이는 것을 듣는 성품이라 하나니, 이 듣는 성품이 떠드는 것과 조용함, 두 가지 앞의 것을 여의고는 자체自體가 없느니라.

아난아, 이 듣는 성품이 떠드는 데서나 조용한 데서 오는 것 아니며, 귀에서 나는 것 아니며, 허공에서 생기는 것도 아니니라. 어찌함이냐. 만일 조용한 데서 온다면, 떠들 적에는 없어질 것이니, 떠드는 것을 듣지 못하여야 할 것이요, 떠드는 데서 온다면, 조용할 적에는 없어질 것이니, 조용함을 깨닫지 못하여야 할지니라.

만일 귀에서 난다면, 떠드는 것과 조용한 것과는 관계가 없으리니, 그렇다면 듣는 자체가 제 성품이 없으리라. 만일 허공에서 생긴다면, 듣는 작용이 있어서 허공의 성품이 되었으므로 빈 허공이라 할 수 없으며, 또 허공이 듣는 것이니, 너의 입入에야 무슨 관계가 있겠느냐.

그러므로 귀로 끌어들이는 것(耳入)이 허망한 것임을 알지니, 본래부터 인연도 아니요, 자연도 아닌 성품이니라.

아난아, 어떤 사람이 코를 급히 들이켜 오래되면 코가 피로하여지므로 콧속에 서늘한 느낌이 생기거든 이런 느낌으로 인하여 통함과 막힘과 향기와 구린내를 분별하나니, 그 코와 피로하여진 것이 다 함께 보리마음이 눈 바로 떠 피로하여진 것이니라. 통함과 막히는, 두 가지 허망한 앞의 것으로 인하여 맡음(嗅)을 내어 그 가운데 있으면서 앞의 것을 끌어들이는 것을 맡는 성품이라 하나니, 이 맡는 성품이 통함과 막히는 두 가지 앞의 것을 여의고는 자체가 없느니라.

아난아, 이 맡는 성품이 통한 데서나 막힌 데서 오는 것 아니며, 코에서 나는 것 아니며 허공에서 생기는 것도 아니니라. 어찌함이냐. 만일 통한 데서 온다면 막힐 적에는 맡는 성품이 없어질 것이니, 어떻게 막히는 줄을 알며, 막힘으로 인하여 있다면 통할 적에는 없어질 것이니, 어떻게 향기롭고 구린 줄을 알겠느냐. 만일 코에서 난다면 통함과 막힌 것과는 관계가 없으리니, 그렇다면 맡는 작용이 제 성품이 없으리라. 만일 허공에서 생긴다면 돌아서서 네 코를 맡아야 할 것이며, 또 허공이 맡는 것이니, 너의 입入에야 무슨 관계가 있겠느냐.

그러므로 코로 끌어들이는 것이 허망한 것임을 알지니, 본래부터 인연도 아니요, 자연도 아닌 성품이니라.

아난아, 어떤 사람이 혀로 입술을 핥아 오래되면 피로하여지므로 그 사람이 병이 있으면 쌉쌀하고, 병이 없으면 달콤하여 이 달콤하고 쌉쌀한 것으로 말미암아 혀가 핥지 아니할 적에는 항상 싱거운 줄을 알지니, 그 혀와 피로하여진 것이 다 함께 보리마음이 눈 바로 떠 피로하여진 것이니라. 달고 쓴 것과 싱거운 두 가지 허망한 앞의 것으로 인하여 맛봄을 내어 그 가운데 있으면서 앞의 것을 끌어들이는 것을 맛보는 성품이라 하나니, 이 맛보는 성품이 달고 쓴 것과 싱거운 두 가지 앞의 것을 여의고는 자체가 없느니라.

아난아, 이 맛보는 성품이 단것과 쓴 것에서 오는 것 아니며, 싱거움으로 인하여 있는 것 아니며, 혀에서 나는 것 아니며, 허공에서 생기는 것도 아니니라. 어찌함이냐. 만일 달고 쓴 것에서 온다면 싱거울 적에는 맛보아 아는 것이 없어질 것이니 어떻게 싱거운 줄을 알며, 싱거운 데서 온다면 달 적에는 앎이 없어질 것이니, 어떻게 달고 쓴 줄을 알겠느냐. 만일 혀에서 난다면 달고 쓴 것과 싱거운 것과는 관계가 없으리니, 그렇다면 맛보는 자체가 제 성품이 없으리라. 만일 허공에서 생긴다면 허공 스스로 맛보는 것이므로 너의 입이 알 것이 아니며, 또 허공이 아는 것이니, 너의 입入에야 무슨 관계가 있겠느냐.

그러므로 혀로 끌어들이는 것이 허망한 것임을 알지니, 본래부터 인연도 아니요, 자연도 아닌 성품이니라.

아난아, 어떤 사람이 찬 손으로 더운 손에 맞댈 적에 찬 편이 많으면 더운 손이 차지고, 더운 편이 많으면 찬 손이 더워지나니, 이 맞대어 아는 촉감觸感으로 떼어서 아는 것을 나타내거니와 적은 편이 많은 편을 따르는 것은 촉감觸感의 피로하여진 것이니, 그 몸과 피로하여진 것이 다 함께 보리마음이 눈 바로 떠 피로하여진 것이니라. 맞대는 것과 떼는 두 가지 허망한 앞의 것을 인하여 깨달음을 내어 그 가운데 있으면서 앞의 것을 끌어들이는 것을 대 보아 아는 성품이라 하나니, 이 대 보아 아는 성품이 맞대는 것과 떼는 것과, 좋고 나쁜, 두 가지 앞의 것을 여의고는 자체가 없느니라.

아난아, 이 대 보아 아는 성품이 맞대는 것과 떼는 데서 오는 것 아니며, 좋고 나쁜 데서 오는 것 아니며, 몸에서 나는 것 아니며, 허공에서 생기는 것도 아니니라. 어찌함이냐. 만일 맞대는 데서 온다면 뗄 적에는 앎(知)이 없어질 것이니, 어떻게 떼는 줄을 알며, 좋고 나쁜 데서 온다는 것도 이와 같으니라. 만일 몸에서 난다면, 맞대는 것, 떼는 것, 좋은 것, 나쁜 것과는 관계가 없으리니, 그렇다면 대 보아 아는 자체가 제 성품이 없으리라. 너의 입入에야 무슨 관계가 있겠느냐. 그러므로 몸으로 끌어들이는 것이 허망한 것임을 알지니, 본래부터 인연도 아니요, 자연도 아닌 성품이니라.

아난아, 어떤 사람이 피로하면 자고, 실컷 자고는 깨어서 앞의 것을 보면 기억하고, 기억이 없으면 잊어버리나니, 이것은 뒤바뀐 나고 머물고 달라지고 없어지는 것이라. 이 모양을 끌어들여 마음으로 돌아가서 뛰어넘지 않는 것을 뜻이라 하거니와, 그 뜻과 피로하여진 것이 다 함께 보리마음이 눈 바로 떠 피로하여진 것이니라. 나는 것과 없어지는 두 가지 허망한 앞의 것으로 인하여 앎을 모두어 그 가운데 있으면서 법진法塵을 끌어모으되, 지난 적에 보고 들던 것을 거슬러 생각하기도 하고, 생각하지 못하기도 하는 것을 아는 성품이라 하나니, 이 아는 성품이 깨는 것과 자는 것과 나는 것과 없어지는 두 가지 앞의 것을 여의고는 자체가 없느니라.

아난아, 이 아는 성품이 깨는 것과 자는 데서 오는 것 아니며, 나는 것과 없어지는 데서 오는 것 아니며, 뜻에서 나는 것 아니며, 허공에서 생기는 것도 아니니라. 어찌함이냐. 만일 깬 데서 온다면 잘 적에는 앎이 없어질 것이니 무엇으로 자며, 나는 데서 온다면 없어질 적에는 없을 것이니 무엇이 없어짐을 알며, 만일 없어지는 데서 온다면 날 적에는 없을 것이니 무엇이 나는 줄을 알겠느냐. 만일 뜻에서 난다면, 깨는 것과 자는 것은 몸의 열리고 닫힘을 따르는 것이므로, 이 두 가지를 여의고는 아는 자체가 제 성품이 없으리라. 만일 허공에서 생긴다면 허공 스스로 아는 것이니, 너의 입入에야 무슨 관계가 있겠느냐.

그러므로 뜻으로 끌어들이는 것이 허망한 것임을 알지니, 본래부터 인연도 아니요, 자연도 아닌 성품이니라.

또 아난아, 어찌하여 십이처十二處가 본래 여래장如來藏인 묘한 진여眞如의 성품이라 하느냐. 아난아, 네가 기타숲(祇陀樹林)과 냇물을 보나니, 어떻게 생각하느냐. 이것은 색色이 눈의 견見을 냈다 하느냐, 눈이 색色을 냈다 하느냐.

아난아, 만일 눈이 색을 냈다면 공空을 볼 적에는 색이 아니기에 눈에 있던 색의 성품이 없어졌을 것이요, 없어졌다면 아무 색도 나타낼 수가 없을 것이니, 색이 없으면 어떻게 공을 인식하겠느냐. 눈이 공을 낸다는 것도 이와 같으니라. 만일 색이 눈의 견을 냈다면, 공을 볼 적에는 색이 아니기에 견이 반드시 없어질 것이요, 견이 없어졌다면 아주 없을 것이니, 어떻게 공인지 색인지를 분간하겠느냐.

그러므로 견과 색과 공이 모두 처處가 없어서 색의 처(色處)와 견의 처(見處)가 허망한 것임을 알지니, 본래부터 인연도 아니요, 자연도 아닌 성품이니라.

아난아, 또 이 기타숲절(祇陀園)에서 밥이 마련되면 북을 치고, 대중이 모임에는 종을 쳐서 종소리 북소리가 끊이지 않는 것을 듣나니, 이것은 소리가 귀에 오는 것이냐, 귀가 소리 나는 데로 가는 것이냐.

아난아, 만일 소리가 귀에 온다면, 내가 실라벌성室羅筏城에서 밥을 빌 적에는 기타숲절(祇陀林)에 내가 없는 것과 같이, 이 소리가 아난의 귀에 왔을 적에는 목건련이나 가섭迦葉은 듣지 못하여야 할 것이어늘, 어떻게 1,250명의 사람이 한꺼번에 종소리를 듣고 식당으로 오느냐. 만일 네 귀가 소리 나는 데로 간다면 내가 기타숲절에 돌아왔을 적에는 실라벌성에 내가 없는 것과 같이, 네가 북소리를 들을 적에 귀가 북치는 데 갔다면 종소리가 동시에 나더라도 듣지 못하여야 할 것이어늘, 어떻게 코끼리 소리 · 말(馬) 소리 · 소 소리 · 양의 소리들을 한꺼번에 듣느냐. 만일 소리가 오지도 않고 귀가 가지도 않는다면, 소리를 듣지 못하여야 하리라.

그러므로 듣는 것이나 소리가 모두 처處가 없어서 들음의 처와 소리의 처가 허망한 것임을 알지니, 본래부터 인연도 아니요, 자연도 아닌 성품이니라.

아난아, 네가 향로에 피우는 전단栴檀의 향기를 맡거니와 이 향을 5푼

정도만 피워도 실라벌성 40리 안에서 한꺼번에 향기를 맡게 되나니, 어떻게 생각하느냐. 이 향기가 전단栴檀나무에서 난다 하느냐, 코에서 난다 하느냐, 허공에서 난다 하느냐.

아난아, 만일 이 향기가 네 코에서 난다면, 코에서 나는 것이므로 코로부터 나와야 할 것이요, 또 코가 전단이 아닌데 어찌하여 전단 냄새가 나겠느냐. 또 네가 냄새를 맡는 것이므로 코로 들어가야 할 것이어늘, 코에서 나오는 향기를 맡는다고는 할 수가 없느니라. 만일 허공에서 난다면, 허공은 항상 있는 것이므로 향기도 항상 있을 것이어늘, 어찌하여 향로에 전단나무를 태워야 향기가 나느냐. 만일 전단나무에서 난다면, 이 향나무가 타서 연기가 되는 터인즉, 코가 향기를 맡을 적에 연기가 코로 들어가야 할 것인데, 그 연기가 공중으로 올라가서 멀리 퍼지기도 전에 실라벌성 40리 안에서 어떻게 맡게 되느냐.

그러므로 향기나 코나 맡는 것이 모두 처處가 없어서 맡는 처와 향기의 처가 허망한 것임을 알지니, 본래부터 인연도 아니요, 자연도 아닌 성품이니라.

아난아, 네가 매일 두 때씩 대중에서 발우를 들 적에 이따금 우유로 만든 제호醍醐를 만나면 맛 좋은 것이라 하나니, 어떻게 생각하느냐. 이 맛이 허공에서 생기느냐, 혀에서 나느냐, 음식에서 나느냐.

아난아, 이 맛이 만일 네 혀에서 난다면, 네 입에는 혀가 하나뿐인즉 한 번 우유 맛이 되었으면 사탕을 먹어도 맛이 달라지지 않아야 하리라. 그러나 달라지지 않으면 맛을 안다고 할 수 없고, 달라진다면 혀가 여럿이 아닌데 어떻게 한 혀로 여러 가지 맛을 알겠느냐. 만일 음식에서 난다면, 음식에는 알음알이가 있는 것 아닌데 어떻게 알며, 또 음식 자체가 아는 터인즉 다른 사람이 먹는 것과 같으리니, 네게는 무슨 관계가 있기에 맛을 안다 하느냐. 만일 허공에서 생긴다면, 네가 허공을 씹어 보라.

무슨 맛이 나느냐. 가령 허공이 짜다 할진댄 네 혀를 짜게 하였으므로 네 얼굴도 짜게 할 것이다. 그렇다면 이 세상 사람들이 바다의 고기같이 항상 짜기만 하므로 싱거운 줄을 알지 못할 것이며, 싱거운 줄을 모른다면 짠 것도 알지 못할지니, 아무 맛도 모른다면 어떻게 맛이라 하겠느냐.

그러므로 맛이나 혀나 맛보는 것이 모두 처가 없어서 맛보는 처와 맛의 처가 허망한 것임을 알지니, 본래부터 인연도 아니요, 자연도 아닌 성품이니라.

아난아, 네가 아침마다 손으로 머리를 만지나니, 어떻게 생각하느냐. 이 만져서 아는 것은 어느 것이 닿아 아는 것이냐. 닿아 아는 것이 손에 있느냐, 머리에 있느냐. 만일 닿아 아는 것(觸知)이 손에 있다면, 머리는 앎이 없을 것이어늘 어떻게 닿는 줄을 아느냐. 만일 머리에 있다면, 손은 앎이 없을 것이어늘 어떻게 닿는 줄을 아느냐. 만일 머리에도 닿아 앎이 있고 손에도 있다면, 아난의 몸이 둘이라야 하리라. 만일 머리와 손이 한 촉觸이라면, 손과 머리가 한 덩어리일 것이니, 한 덩어리라면 촉을 이룰 수 없고, 만일 두 덩어리라면 촉이 무엇에 있는 것이냐. 닿아 아는 것(能)이라면 닿는 바(所)가 아닐 것이요, 닿는 바라면 닿아 아는 것이 아닐 것이니라. 그렇다고 해서 허공이 너에게 촉이 되어 주지도 아니하리라.

그러므로 촉이나 몸이 모두 처가 없어서 몸의 처와 촉의 처가 허망한 것임을 알지니, 본래부터 인연도 아니요, 자연도 아닌 성품이니라.

아난아, 너의 뜻 가운데 반연하는 착한 성품, 나쁜 성품, 무기의 성품(無記性)을 법진法塵이라 하나니, 이 법진은 마음에 즉卽한 것이냐, 마음을 여의고 따로 있느냐.

아난아, 만일 이 법진이 마음에 즉卽하였다면, 진塵이 아니므로 마음으로 반연할 것이 아니니, 어떻게 처가 되겠느냐. 만일 마음을 여의고 따로 있다면, 법진의 성품이 아는 성품이 있느냐, 아는 성품이 없느냐. 아는 성품이 있다면, 마음이라 할 것인데 너와는 다르고 진은 아니니, 다른 이의 마음과 같을 것이요, 만일 네게 즉하였고 또 마음이라면, 어찌하여 네 마음이 네게 둘이 있겠느냐. 만일 아는 성품이 없다면, 이 법진이 빛과 소리와 냄새와 맛과 대고 떼고, 차고 더운 것이 아니요, 허공도 아니니, 어디 있는 것이냐. 이 법진을 색色이라 할 수도 없고, 공空이라 할 수도 없으며, 또 이 세상에 허공 밖이 있을 리 없느니라. 마음이라면 반연할 바가 아니니, 법진의 처處가 어떻게 성립되겠느냐.

그러므로 법진이나 마음이 모두 처가 없어서 뜻의 처와 법진의 처가 허망한 것임을 알지니, 본래부터 인연도 아니요, 자연도 아닌 성품이니라.

또 아난아, 어찌하여 십팔계十八界가 본래 여래장如來藏인 묘한 진여眞如의 성품이라 하느냐, 아난아, 네가 아는 바와 같이 눈과 빛이 인연이 되어 안식眼識을 낸다 하나니, 이 식識이 눈으로 인하여 났다 하여 눈으로 계界라 하겠느냐. 빛으로 인하여 났다 하여 빛으로 계라 하겠느냐.

아난아, 이 식識이 눈으로 인하여 났다면, 색色과 공空이 없으면 분별할 것이 없으리니, 설사 식이 있다 한들 무엇에 쓰겠느냐. 또 네 견見이 푸르고 누르고 붉고 흰 것이 아니면 나타낼 것이 없나니, 무엇으로 계를 세우겠느냐. 만일 빛으로 인하여 났다면, 공空하여 빛이 없을 적에는 너의 식이 없어질 것이니, 어떻게 허공인 줄을 알겠느냐. 만일 빛이 변천變遷할 때에 네가 빛이 변천하는 줄을 안다면, 너의 식이 변천하지 아니하는 것이니, 무엇으로 더불어 계를 이루겠느냐. 빛이 변천할 적에 식이 따라서 변천한다면, 계의 모양까지 없을 것이요, 또 식이 변천하지 않는다면 식은 항상할 것이니, 이미 빛에서 난 것이므로 허공 있는 것을 알지 못할 것이니라. 만일 두 가지를 겸하여 눈과 빛이 한 가지로 식을 내었다 할진댄, 눈과 빛이 합하였다면 식이 있을 중간이 없을 것이요, 눈과 빛이 여의었다면 식이 두 군데로 합하였을 것이라. 그렇다면 식이란 자체의 성품이 혼란할 터이니, 어떻게 계를 이루겠느냐.

그러므로 눈과 빛이 인연이 되어 안식계眼識界를 낸다 하나 세 군데가 모두 허무한 것임을 알지니, 눈과 빛과 안식眼識의 세계가 본래부터 인연도 아니요, 자연도 아닌 성품이니라.

아난아, 또 내가 아는 바와 같이, 귀와 소리가 인연이 되어 이식耳識을 낸다 하나니, 이 식識이 귀로 인하여 났다 하여 귀로 계라 하겠느냐, 소리를 인하여 났다 하여 소리로 계라 하겠느냐.

아난아, 만일 귀를 인하여 났다면, 떠들고 조용함이 없으면 귀가 아는 것이 없으리니, 귀가 아는 것이 없다면 알음알이도 없는 것이어니, 귀가 내었다는 식이 무슨 모양이겠느냐. 만일 귀로 듣는 것을 식識이라 한다면, 떠들고 조용함이 없으므로 듣는 것이 없을 터이며, 또 어떻게 빛과 냄새와 맛과 촉觸으로 된 귓바퀴(耳形)를 식계識界라 하겠느냐. 곧 이식계耳識界가 무엇으로 더불어 성립되겠느냐. 만일 소리에서 났다면, 식이 소리를 인하여 있는 것이므로 듣는 것과는 관계가 없을 것이니, 들음이 없으면 소리도 있는 데가 없을 것이니라. 만일 식은 소리에서 난다 하고 소리는 들음으로 인하여서야 소리의 모양이 있다 할진댄, 소리를 들을 적에 식을 들어야 하리라. 식을 듣지 못한다면 소리가 식을 내는 계가 아닐 것이요, 듣는다면 식이 소리와 같아서 식이 들릴 것(들을 대상)이 되었으니, 무엇이 식이 듣는 줄을 알겠느냐. 만일 아는 이가 없다면 초목草木과 같으리라. 또 소리와 들음이 함께 어울리어서 중간의 식계를 이루지도 아니하였을 것이니, 중간이란 계界가 없다면 안과 밖이 어떻게 성립되겠느냐.

그러므로 귀와 소리가 인연이 되어 이식계耳識界를 낸다 하나, 세 군데가 모두 허무한 것임을 알지니, 귀와 소리와 이식耳識의 세 가지 계가 본래부터 인연도 아니요, 자연도 아닌 성품이니라.

아난아, 또 네가 아는 바와 같이 코와 냄새가 인연이 되어 비식鼻識을 낸다 하나니, 이 식이 코로 인하여 났다 하여 코를 계라 하겠느냐. 냄새를 인하여 났다 하여 냄새를 계라 하겠느냐.

아난아, 만일 코로 인하여 났다면, 네 생각에는 무엇을 코라 하느냐. 쌍 손톱 같은 살덩이를 코라 하느냐, 맡아서 아는 성품을 코라 하느냐, 만일 살덩이를 코라 한다면, 살덩이는 몸이요 몸으로 아는 것은 촉觸이니, 몸이라면 코가 아니요 촉이라면 곧 진塵이라 코라는 이름도 없거늘, 어떻게 계가 성립되겠느냐. 만일 맡아서 아는 성품을 코라 한다면, 네 생각에 무엇이 안다 하느냐. 살로 된 코가 안다면 살로 아는 것은 촉이라 코가 아니며, 콧구멍의 허공이 안다면 허공이 아는 것이므로 살 코(肉)는 깨닫는 것이 아닐지니라. 그렇다면 허공이 네가 될 것이요, 네 몸은 아는 것이 아닐지니, 오늘날 아난이 있는 데가 없으리라. 만일 향기가 안다면 아는 것이 향기에 있으니, 네게야 무슨 관계가 있겠느냐. 만일 향내와 구린내가 네 코에서 나는 것이라 할진댄, 향내와 구린내가 이란伊蘭과 전단나무에서 나지 아니하리니, 이 두 가지가 없을 적에 네가 네 코를 맡아보라. 향기로우냐, 구리냐. 구리다면 향기가 아닐 것이요, 향기롭다면 구린내가 아닐 것이니라. 만일 향내와 구린내를 다 맡는다면 너 한 사람에게 두 코가 있는 것이요, 그렇다면 나에게 도道를 물을 적에도 두 아난이 있을 것이니, 어느 아난이 너의 본체이냐. 만일 코가 하나라면 향내와 구린내가 두 가지가 아니어서 구린내가 향내가 되고, 향내가 구린내가 될 것이요, 두 가지가 있지 아니하면 식계識界가 어떻게 성립되겠느냐.

만일 냄새로 인하여 난다면, 식이 냄새로 인하여 있는 것인즉 마치 눈으로 인하여 견見이 있으므로 눈을 보지 못하는 것같이 냄새로 인하여 식이 있으므로 마땅히 냄새를 알지 못할 것이니라. 만일 식이 냄새를 안다면 냄새에서 난 것이 아닐 것이요, 냄새를 알지 못한다면 식이라 할 수 없느니라. 냄새가 앎을 말미암아 있는 것이 아니라면 냄새의 계가 성립될 수 없고, 식이 냄새를 알지 못한다면 식계識界가 냄새로 말미암아 성립된 것이 아닐지니라. 만일 중간이 없을진댄 안과 밖이 생기지 못할 것이니, 맡는다는 것이 끝까지 허망하리라.

그러므로 코와 냄새가 인연이 되어 비식계鼻識界를 낸다 하나, 세 군데가 모두 허무한 것임을 알지니, 코와 냄새와 비식鼻識의 세 계界가 본래부터 인연도 아니요, 자연도 아닌 성품이니라.

아난아, 또 네가 아는 바와 같이, 혀와 맛이 인연이 되어 설식舌識을 낸다 하나니, 이 식識이 혀로 인하여 났다 하여 혀를 계라 하겠느냐, 맛으로 인하여 났다 하여 맛을 계라 하겠느냐.

아난아, 만일 혀로 인하여 났다면 이 세상에 사탕(甘蔗) · 매실(烏梅) · 황련黃蓮 · 소금(石鹽) · 세신細辛 · 새앙(薑) · 계피(桂)가 모두 맛이 없을 것이니, 네가 혀를 맛보아라. 다냐, 쓰냐.

혀가 만일 쓰다면 무엇이 혀를 맛보겠느냐. 혀가 혀를 맛보지는 못할 것이니, 무엇이 쓴 줄을 알겠느냐. 혀가 쓰지 않다면 맛이 나지 못하리니, 어떻게 식계識界가 성립되겠느냐. 만일 맛으로 인하여 식이 난다면 식이 곧 맛일 터인즉 혀가 혀를 맛보지 못하는 것과 같을 것이니, 어떻게 맛인지, 맛 아닌지를 알 것이며, 또 여러 가지 맛이 한 물건에서 나는 것이 아니니, 맛이 여러 가지에서 난다면, 식도 여러 가지가 되어야 하리라. 만일 식은 하나라 하면서 식이 맛에서 난다 할진댄, 짠맛 · 싱거운 맛 · 단맛 · 매운맛 · 섞인 맛 · 본래 맛 · 변한 맛들이 온통 한 맛이 되어 분별이 없을 것이요, 분별이 없다면 식이라 할 수 없거니, 어떻게 설식계舌識界라 하겠느냐. 허공이 너의 식을 내지는 아니하리라. 만일 혀와 맛이 화합하여 식을 냈다면, 곧 중간이란 제 성품이 없을 것이니, 어떻게 계界가 생기겠느냐.

그러므로 혀와 맛이 인연이 되어 설식계를 낸다 하나, 세 군데가 모두 허무한 것임을 알지니, 혀와 맛과 설식의 세 계界가 본래부터 인연도 아니요, 자연도 아닌 성품이니라.

아난아, 또 네가 아는 바와 같이 몸과 촉觸이 인연이 되어 신식身識을 낸다 하나니, 이 식이 몸으로 인하여 났다 하여 몸을 계라 하겠느냐. 촉으로 인하여 났다 하여 촉을 계라 하겠느냐.

아난아, 만일 신식이 몸으로 인하여 났다면, 대고 떼는 몸으로 아는 두 가지 인연이 없을진댄, 몸이 무엇을 알겠느냐. 만일 촉으로 인하여 난다면, 네 몸은 관계가 없으리니, 몸이 아니고서 대고 떼는 것을 아는 것이 어디 있겠느냐.

아난아, 물건은 촉하여도 알지 못하고, 몸으로야 촉을 아는 것이니라. 몸을 아는 것은 곧 촉이요, 촉을 아는 것은 곧 몸이니, 아는 것이 곧 촉이면 몸은 아니요, 아는 것이 곧 몸이면 촉은 아니니라. 몸과 촉의 두 모양이 원래 있는 데가 없나니, 촉이 몸에 합하였으면 곧 몸의 자체自體일 것이요, 몸을 여의였으면 곧 허공과 같을 것이니, 안과 밖이 없다면 중간이 어떻게 성립되며, 중간이 성립되지 못하면 안이라 밖이라 하는 성품도 공하게 되리니, 설사 네 식이 난다 한들, 무엇으로 말미암아 계가 성립되겠느냐.

그러므로 몸과 촉이 인연이 되어 신식계身識界를 낸다 하나, 세 군데가 모두 허무한 것임을 알지니, 몸과 촉과 신식의 세 계가 본래부터 인연도 아니요, 자연도 아닌 성품이니라.

아난아, 또 네가 아는 바와 같이 뜻과 법진法塵이 인연이 되어 의식意識을 낸다 하나니, 이 식이 뜻으로 인하여 났다 하여 뜻으로 계라 하겠느냐, 법진으로 인하여 났다 하여 법진으로 계라 하겠느냐.

아난아, 만일 뜻으로 인하여 의식이 난다면, 네 뜻에 반드시 생각할 바 법진이 있어야 뜻을 발명하나니, 법진이 없으면 뜻이 생길 수 없으리라. 법진의 반연을 여의고는 뜻의 모양이 없으리니, 식이 무슨 소용이 있겠느냐. 또 너의 의식意識이 생각하고 요량料量하는, 뜻의 분별하는 성품과 같다 하느냐, 다르다 하느냐. 뜻과 같을진댄 곧 뜻일 것이니, 어찌하여 뜻에서 난 것이라 하겠느냐. 뜻과 다르다면 뜻의 아는 성품과는 다를 터이므로 아는 작용이 없을 것이니, 만일 앎이 없으면 어떻게 뜻에서 난 것이라고 하며, 만일 앎이 있으면 어떻게 뜻을 알겠느냐. 같다거나 다르다거나 모두 결정할 수 없거니, 계界가 어떻게 성립되겠느냐.

만일 법진으로 인하여 난다면, 이 세상의 법이란 것이 오직 오진五塵뿐이니, 빛과 소리와 냄새와 맛과 촉, 다섯 가지 법이 모두 제 모양들이 분명하여 오근五根을 상대하는 것이어서 뜻으로 반연할 바가 아니니라. 그런데 너의 의식意識이 결정코 법진으로 인하여 난다면 그 법진이란 법이 어떤 모양이냐. 색과 공, 떠드는 것과 조용한 것, 통한 것과 막힌 것, 대는 것과 떼는 것, 나는 것과 없어지는 것을 여의고는 이 밖에는 다른 법이 없느니라. 난다면 색법 · 공법 등이 나고, 없어진다면 색법 · 공법 등이 없어지는 것이니, 인할 법진부터 없거늘 인하여 났다는 식이 무슨 모양이 있으며, 모양이 없다면 계界가 어떻게 생기겠느냐.

그러므로 뜻과 법진이 인연이 되어 의식계意識界를 낸다 하나, 세 군데가 모두 허무한 것임을 알지니, 뜻과 법진과 의식意識의 세 계界가 본래부터 인연도 아니요, 자연도 아닌 성품이니라."

⒁ 칠대七大에서 여래장을 보이다

부처님께서 이렇게 법문하심을 듣잡고, 아난이 부처님께 여쭈었다.

아난 "세존이시여, 여래께서 항상 화합하는 인연을 말씀하사대 '온갖 세간의 여러 가지 변화하는 것이 모두 사대四大의 화합으로 인하여 나타난다'라고 하시더니, 여래께서 어찌하여 인연과 자연을 모두 아니라 하시나이까. 제가 지금 그 까닭을 알지 못하오니, 바라옵건댄 어여삐 여기사 중생들에게 희롱거리가 아닌 중도中道의 분명한 이치를 보여 주소서."

이때에 세존께서 이렇게 말씀하셨다.

부처님 "아난아, 네가 먼저 성문 · 연각의 소승법을 싫어하고, 위없는 보리를 얻으려 하므로 너에게 지금 제일의제第一義諦를 말하여 준 것인데, 어찌하여 또 세간의 희롱거리인 허망한 인연에 얽매이고 있느냐. 네가 많이 알기는 한다지만 마치 약 이야기 하는 사람이 참말 약을 보고는 분별하지 못하는 것 같으므로, 여래가 너를 가련한 사람이라 하는 것이니라. 네가 지금 잘 들어라. 너를 위하여 잘 분별하여 주며, 또 이 다음 세상에 대승법 닦는 이로 하여금 실상實相을 알게 하리라."

아난은 잠잠하게 부처님의 법문을 듣고 있었다.

부처님 "네가 말하기를 '사대가 화합하여 세간의 여러 가지 변화하는 것을 나타낸다'라고 하거니와, 아난아, 만일 사대의 체성이 화합이 아닐진댄 다른 대大와 화합하지 못할 것이니, 마치 허공이 색법色法과 화합하지 아니함과 같을 것이요, 만일 화합함일진댄 변화함과 같아서 처음과 나중이 서로 이루고, 나고 없어짐이 서로 계속되어 났다가 죽고, 죽었다가 나며, 나고 나고, 죽고 죽는 것이 마치 불을 두른 고리(旋火輪)가 되듯이 쉴 새가 없으리라. 아난아, 마치 물이 얼음이 되고, 얼음이 도로 물이 되는 것과 같으니라.

네가 지대地大의 성품을 보라. 큰 것은 땅덩이요, 작은 것은 미진微塵이어니와, 저 인허진隣虛塵이란 것은 색진色塵의 가장 끝인 극미진極微塵을 일곱 몫으로 쪼갠 것이니, 인허진을 다시 쪼개면 곧 허공이니라.

아난아, 만일 이 인허진을 쪼개어서 허공이 된다면, 허공이 들어서 색이 되었던 것임을 알지니라. 네가 묻기를 '화합함을 말미암아 여러 가지 변화가 생긴다'라고 하였으니, 이 한 인허진은 얼마나 되는 허공을 화합하여 생긴 것이냐. 인허진이 화합하여 인허진이 되지는 않았으리라. 또 인허진을 쪼개어 허공이 된다면, 얼마나 되는 인허진을 쪼개어 모아서 이 큰 허공이 되었겠느냐. 만일 색진色塵이 모였을 적에는 색色을 모은 것이라 허공이 아니요, 허공을 합하였을 적에는 공을 합한 것이라 색이 아니니라. 색은 설사 쪼갤 수가 있으려니와 허공이야 어떻게 합하겠느냐.

네가 원래 알지 못하도다. 여래장 가운데 색의 성품을 가진 참된 공空과 공의 성품을 가진 참된 색이 맑고 깨끗하고 본래 그리하여 법계法界에 가득하여 있으면서 중생의 마음을 따르고, 아는 깜냥에 맞추느니라. 업業을 따라 나타나는 것이어늘 세상 사람들이 알지 못하고 인연인 줄, 자연인 줄 여기나니, 이것이 모두 허망한 마음으로 분별하고 억측하는 것이라. 말만이 있을지언정 전혀 그러할 이치가 없느니라.

아난아, 불(火)의 성품이 혼자 있지 못하고 여러 인연에 의지하나니, 이 실라벌성의 밥 먹지 않은 집에서 불을 넣으려 할 적에 손에 화경(陽燧)을 들고 햇볕에 비추어 불을 내느니라. 아난아, 이것을 화합이라 한다면 마치 나와 너와 1,250비구가 한 화합한 대중(和合衆)이 되었나니, 대중으로는 하나이지마는 근본을 따져 보면 제각기 몸이 있고, 성姓과 이름이 있어서 사리불舍利弗은 바라문종婆羅門種이요, 우루빈라優樓頻螺는 가섭파종迦葉波種이요, 아난阿難은 구담종瞿曇種인 것과 같으니라.

아난아, 이 불이 화합으로 났다면, 저 사람이 손에 화경을 들고 햇볕에서 불을 얻나니, 이 불이 화경에서 나느냐, 쑥에서 생기느냐, 해에서 오느냐. 아난아, 만일 해에서 온다면 멀리 있는 해가 네 손에 있는 쑥을 태우는 터인즉 오는 곳마다 풀과 나무가 모두 타야 할 것이니라. 만일 화경에서 난다면, 화경에서 나온 불이 쑥을 태우는데 화경은 어찌하여 녹지 않느냐. 네 손에 들린 화경이 더운 기운도 없는데 어찌하여 녹겠느냐. 만일 쑥에서 생긴다면, 어찌하여 햇볕과 화경이 마주친 뒤에야 불이 나느냐.

네가 자세히 보라. 화경은 손에 들렸고, 해는 하늘에 떴고, 쑥은 땅에서 났나니, 불은 어디로부터 오느냐. 해와 화경은 서로 멀어서 화합할 수 없으며, 불이 난데없이 저절로 생기지도 아니하였으리라.

네가 오히려 알지 못하도다. 여래장 가운데 불의 성품을 가진 참된 공과 공의 성품을 가진 참된 불이 맑고 깨끗하고 본래 그리하여 법계法界에 가득하여 있으면서 중생의 마음을 따르고 아는 깜냥에 맞추느니라.

아난아, 세상 사람이 한 곳에서 화경을 들면 한 곳에 불이 나고, 온 법계에서 화경을 들면 온 세계에 불이 나는 것이어서 불이 세상에 가득하게 나거늘 어찌 나는 곳이 따로 있다 하겠느냐. 업業을 따라 나타나는 것이어늘 세상 사람들이 알지 못하고 인연인 줄, 자연인 줄 여기나니, 이것이 모두 허망한 마음으로 분별하고 억측하는 것이라. 말만이 있을지언정 전혀 그러한 이치가 없느니라.

아난아, 물의 성품이 일정치 아니하여 흐르고 그치는 것이 항상하지 아니하니라. 실라벌성에 사는 가비라迦毘羅 선인이나 작가라斫迦羅 선인이나 발두마鉢頭摩 선인이나 하살다訶薩多 선인 등 환술幻術하는 사람들이 달 정기(陰精)를 받아 환술 약(幻藥)을 갤 적에 보름달 밤중에 방저方諸(달을 향해서 물을 얻는 동판)를 들고 달의 물을 받나니, 이 물이 방저에서 나느냐, 허공에서 생기느냐, 달에서 오느냐.

아난아, 만일 달에서 온다면, 멀리 있는 방저에 물이 흐르는 터인즉 오는 곳마다 나무와 숲에서 물이 흘러야 할 것이요, 그렇다면 하필 방저에서 물이 흐르는 것을 요구하겠느냐. 숲에서 물이 흐르지 않는다면 물이 달에서 오는 것이 아니니라. 만일 방저에서 난다면, 어느 때나 방저에서 항상 물이 흐를 것이어늘 어찌하여 보름날 밤중에 달에 비치어야만 받게 되느냐. 만일 허공에서 생긴다면, 허공은 갓(邊)이 없는 것일새, 물도 끝(際)이 없어서 인간에서 천상까지 모두 물속에 들 것이니, 어찌 바다와 육지와 허공의 분별이 있겠느냐.

네가 다시 자세하게 살펴보라. 달은 하늘에 떴고, 방저는 손에 들렸고, 물 받는 그릇은 사람이 놓은 것이니, 물이 어디로부터 흘러오느냐. 달과 방저는 서로 멀어서 화합할 수 없으며, 물이 난데없이 저절로 생기지도 아니하리라.

네가 여태 알지 못하도다. 여래장 가운데 물의 성품을 가진 참된 공과 공의 성품을 가진 참된 물이 맑고 깨끗하고 본래 그러하여 법계에 가득하여 있으면서 중생의 마음을 따르고 아는 깜냥(知量)에 맞추느니라. 한 곳에서 방저를 들면 한 곳에 물이 나고, 온 법계에서 방저를 들면 온 법계에 물이 흐르는 것이니, 물이 세상에 가득하게 흐르거늘 어찌 나는 곳이 따로 있다 하겠느냐. 업을 따라 나타나는 것이어늘 세상 사람들이 알지 못하고 인연인 줄, 자연인 줄 여기나니, 이것이 모두 허망한 마음으로 분별하고 억측하는 것이라, 말만이 있을지언정 전혀 그러할 이치가 없느니라.

아난아, 바람(風)의 성품이 자체가 없어 움직이고 고요함이 일정하지 아니하니라. 네가 가사袈裟를 단정히 수하고 대중에 들어갈 적에 가사 자락이 펄럭거리면 가벼운 바람이 곁의 사람의 낯을 부치나니, 이 바람이 가사 자락에서 나느냐, 허공에서 생기느냐, 저 사람의 낯에서 나느냐.

아난아, 만일 가사에서 바람이 난다면, 네가 바람을 입었으므로 옷이 날리어 벗어져야 할지니라. 내가 지금 법을 말하면서 가사를 수하였거니와 내 가사를 보라. 바람이 어디 있느냐. 가사 속에 바람 넣는 곳이 있지는 아니하리라. 만일 허공에서 생긴다면, 네 가사가 펄럭거리지 아니할 적에는 어찌하여 바람이 불지 않느냐. 허공이 항상 있는 것이매 바람도 항상 생겨야 할 것이요, 바람이 없을 적에는 허공도 없어져야 하련마는 바람 없는 것은 볼 수 있거니와 허공이 없어지는 것은 무슨 모양이겠느냐. 만일 났다 없어졌다 함이 있으면 허공이라 할 수 없고, 허공이라 할진댄 어떻게 바람이 나겠느냐. 만일 저 사람의 낯에서 난다면, 저 사람의 낯에서 났으므로 네게로 불어와야 할 것이어늘 네가 가사를 바로 할 때에 어찌하여 거꾸로 부느냐.

너는 자세히 보라. 가사는 네가 바로 하고, 낯은 저 사람에게 있고, 허공은 고요하여 흔들리는 것 아니거늘, 바람이 어디로부터 불어오느냐. 바람과 허공은 성질이 달라서 화합할 수 없으며, 바람이 난데없이 저절로 생기지도 아니하리라.

네가 완연히 알지 못하도다. 여래장 가운데 바람의 성품을 가진 참된 공과 공의 성품을 가진 참된 바람이 맑고 깨끗하고 본래 그러하여 법계에 가득하여 있으면서 중생의 마음을 따르고, 아는 깜냥에 맞추느니라.

아난아, 너 한 사람이 가사를 펄럭거리면 가벼운 바람이 나고, 온 법계에서 펄럭거리면 온 세계에 바람이 날 것이니, 바람이 세상에 가득하게 불거늘 어찌 나는 데가 따로 있다 하겠느냐. 업을 따라 나타나는 것이어늘 세상 사람이 알지 못하고 인연인 줄, 자연인 줄 여기나니, 이것이 모두 허망한 마음으로 분별하고 억측하는 것이라 말만이 있을지언정 전혀 그러할 이치가 없느니라.

아난아, 허공의 성품이 형상이 없어 빛을 인하여 나타나느니라. 이 실라벌성의 강江이 먼 곳에서 찰제리刹帝利나 바라문婆羅門이나 비사毘舍나 수타首陀나 파라타頗羅墮나 전타라旃陀羅들이 집을 새로 지으면서 우물을 팔 적에 흙이 한 자(一尺)쯤 나오면 한 자만치 허공이 생기고, 한 길쯤 흙이 나오면 역시 한 길만 한 허공이 생기어서 허공의 얕고 깊음이 나오는 흙의 적고 많음을 따르나니, 이 허공이 흙으로 인하여 나느냐, 팜을 인하여 있느냐, 까닭 없이 저절로 생기느냐.

아난아, 이 허공이 까닭 없이 저절로 생긴다면, 흙을 파기 전에는 어찌하여 꽉 막혀서 땅덩이만 보이고, 훤하게 트이지 못하였더냐. 만일 흙으로 인하여 난다면 흙이 나올 적에 허공이 들어가는 것을 보아야 할 것이며, 만일 흙만 먼저 나오고 공空이 들어가지 않는다면 어찌하여 흙으로 인하여 허공이 난다 하겠느냐. 만일 나오거나 들어가거나 함이 없다면, 허공과 흙이 원래 다르지 아니한 것이리니, 다르지 않다면 같은 것이라, 흙이 나올 적에 허공은 어찌하여 나오지 아니하느냐. 만일 파는 것으로 인하여 난다면, 파서 허공이 나오는 것이므로 흙은 나오지 아니하여야 할 것이요, 파는 것을 인하여 나는 것이 아니라면 파는 대로 흙만 나올 것이어늘 어찌하여 허공을 보게 되느냐.

네가 다시 자세하게 살펴보라. 파는 괭이는 사람의 손을 따라 이리저리 옮기고, 흙은 땅으로 인하여 옮겨지나니, 허공은 무엇으로 인하여 나느냐. 파는 것은 참(實)이요 허공은 빈 것(虛)이어서 서로 작용할 수 없으므로 화합할 수 없으며, 허공이 난데없이 저절로 생기지도 아니하리라. 만일 이 허공의 성품이 두렷하고 가득하여 본래부터 움직이지 아니할진댄, 앞에 있는 지대地大 · 수대水大 · 화대火大 · 풍대風大와 함께 오대五大라 하는 것임을 알아야 할지니, 성품이 참으로 원만圓滿하고 융통融通하여 모두 여래장이라, 본래 났다 없어졌다 하는 것이 아니니라. 아난아, 네 마음이 혼미昏迷하여 사대四大가 본래 여래장인 줄을 알지 못하나니, 이 허공을 보라. 나오느냐, 들어가느냐, 나오지도 않는 것이며, 들어가지도 않는 것이냐.

네가 전혀 알지 못하도다. 여래장 가운데 각覺의 성품을 가진 참된 공과 공의 성품을 가진 참된 각이 맑고 깨끗하고 본래 그러하여 법계에 가득하여 있으면서 중생의 마음을 따르고 아는 양에 맞추느니라. 아난아, 한 우물을 파면 허공이 한 우물만치 나고, 시방 허공도 역시 그러하여 시방에 가득 차거늘 어찌 나는 데가 따로 있겠느냐. 업을 따라 나타나는 것이어늘 세상 사람이 알지 못하고 인연인 줄, 자연인 줄로 여기나니, 이것이 모두 허망한 마음으로 분별하고 억측하는 것이라 말만이 있을지언정 전혀 그러할 이치가 없느니라.

아난아, 견見의 성품은 앎(知)이 없어 빛과 공으로 인하여 있게 되느니라. 네가 지금 기타숲(祇陀林)에서 아침이면 밝고 저녁이면 어두우며, 설사 밤중이라도 보름이면 밝고, 그믐이면 어두움으로 인하여 견見이 분별되나니, 이 견이 밝음과 어두움과 허공과 더불어 한 체體냐, 한 체가 아니냐. 혹 같기도 하고 같지 않기도 하며, 혹 다르기도 하고 다르지 않기도 하냐.

아난아, 이 견이 만일 밝음과 어두움과 허공과 더불어 원래 한 체(一體)라면 밝은 것과 어두운 것은 서로 업신여기는 것이어서 어두울 적에는 밝음이 없고, 밝을 적에는 어두움이 없는 것이다. 만일 어두움과 한 체라면, 밝을 적에는 견이 없어질(亡) 것이요, 밝음과 한 체라면 어두우면 견이 없어질(滅) 것이니, 견이 없어졌을진댄 어떻게 밝은 것을 보고, 어두운 것을 보겠느냐. 만일 밝은 것과 어두운 것은 비록 다르나 견見은 났다 없어졌다 하지 않는다면, 한 체(一體)란 말이 어떻게 성립되겠느냐. 만일 이 견見의 정기가 어두움과 밝음과 더불어 한 체가 아니라면, 네가 밝은 것과 어두운 것과 허공을 여의고, 견을 가려내 보라. 무슨 모양이겠느냐. 밝음과 어두움과 허공을 여읜다면, 견이란 것은 거북의 털(龜毛)이나 토끼의 뿔(兎角)과 같으리니, 밝음과 어두움과 허공을 모두 여의고는 무엇을 말미암아 견을 나타내겠느냐. 밝은 것과 어두운 것은 서로 어그러지는 것이어늘 어떻게 '같다' 하며, 이 세 가지를 여의고는 견이 없는 것이어늘 어떻게 '다르다' 하며, 허공과 견을 나누려 하나 본래 경계선이 없거늘 어떻게 '같지 않다' 하며, 어두움을 보고 밝음을 보아도 견의 성품은 변천하지 않거늘 어떻게 '다르지 않다' 하겠느냐.

너는 다시 자세히 살피고 세밀하게 따져 보라. 밝은 것은 해로 인함이요, 어두운 것은 그믐밤으로 인함이요, 통한 것은 허공으로 인함이요, 막힌 것은 땅으로 인함이거니와, 견의 정기는 무엇으로 인하여 생겼느냐. 견은 깨닫는 것이요, 허공은 아득한 것이어서 화합할 수 없으며, 견의 정기가 난데없이 저절로 생기지도 아니하리라. 만일 이 보고 듣고 아는 성품(見性)이 두렷하고 가득하여 본래부터 흔들리지 아니할진댄, 움직이지 않는 끝없는 허공(空大)과 흔들리는 지대地大 · 수대水大 · 화대火大 · 풍대風大와 아울러서 육대六大라 할 것임을 알아야 할지니, 성품이 참으로 원만하고 융통融通하여 모두 여래장如來藏이라 본래 났다 없어졌다 하는 것이 아니니라.

아난아, 네 성품이 혼침하여 보고 듣고 깨닫고 알고 하는 것이 본래 여래장인 줄을 알지 못하나니, 네가 이 보고 듣고 깨닫고 알고 하는 것을 보라. 나느냐, 없어지느냐. 같으냐, 다르냐. 나는 것도 아니요, 없어지는 것도 아니요, 같은 것도 아니요, 다른 것도 아니냐.

네가 일찍(曾) 알지 못하도다. 여래장 가운데 견見의 성품을 가진 각의 밝음과 각의 정기인 밝은 견이 맑고 깨끗하고 본래 그러하여 법계에 가득하여 있으면서 중생의 마음을 따르고 아는 깜냥에 맞추느니라. 견근見根의 보는 것이 법계에 가득함과 같이 듣는 것과 맡는 것과 맛보는 것과 깨닫는 것과 아는 것의 묘한 덕이 환히 밝아서 시방세계에 가득하거늘 어찌 나는 데가 따로 있겠느냐. 업을 따라 나타나는 것이어늘 세상 사람들이 알지 못하고, 인연인 줄, 자연인 줄 여기나니, 이것이 모두 허망한 마음으로 분별하고 억측하는 것이라, 말만이 있을지언정 그러할 이치가 없느니라.

아난아, 식識의 성품이 근원이 없어 육근六根과 육진六塵으로 인하여 나느니라. 네가 지금 여기 있는 여러 대중을 볼 적에 눈으로써 둘러보되, 눈으로 보는 것은 거울과 같아서 별로 분별이 없거든, 너의 식識이 차례로 지목하여 '이는 문수文殊요, 이는 부루나富樓那요, 이는 목건련目乾連이요, 이는 수보리須菩提요, 이는 사리불舍利弗이라' 하나니, 이 식으로 아는 것이 견에서 나느냐, 모양에서 나느냐, 허공에서 생기느냐, 까닭 없이 저절로 나느냐.

아난아, 너의 식이 만일 견에서 난다면 밝은 것과 어두운 것과 빛과 허공과는 관계가 없을 것이요, 이 네 가지가 반드시 없으면 너의 견도 없으리니, 견의 자성도 없거니 무엇에서 식이 나겠느냐. 만일 식이 모양에서 난다면 견으로 나는 것은 아닐지니, 이미 밝은 것도 보지 않고, 어두운 것도 보지 아니하여, 밝고 어두운 것을 보지 아니하면, 색과 공도 없을 것이니, 저 모양도 없거니, 식이 어디로 나겠느냐. 만일 허공에서 생긴다면, 모양도 아니요, 견도 아니니, 견도 아니라면 분별(辯)이 없어서 밝은 것과 어두운 것과 색과 공을 알지 못할 것이며, 모양이 아니라면 보고 듣고 깨닫고 아는 것이 의지할 데가 없으리라. 이 모양도 아니요, 공도 아닌 데 의지한다 할진댄, 공이라면 아주 없는 것이요, 있다 하여도 물건과는 같지 아니할지니, 비록 식識을 낸다 한들 무엇을 분별하겠느냐. 만일 까닭 없이 저절로 난다면 어찌하여 낮에는 밝은 달을 보지 못하느냐.

네가 다시 자세히 생각하고, 세밀하게 살피고 잘 분별하라. 견은 네 눈을 의지하는 것이요, 모양은 앞의 것을 말하는 것이니, 형상할 수 있는 것은 색이요, 형상할 수 없는 것은 허공이라, 이렇거늘 너의 식은 무엇으로 인하여 나는 것이냐. 식은 움직이는 것이요, 견은 고요한 것이어서 화합할 수 없으며, 듣고 맡고 깨닫고 아는 것도 이와 같은 것이니, 식이 난데없이 저절로 생기지도 아니하리라. 만일 이 식이 본래 좇아온 데가 없다면 분별하는 것, 듣는 것, 깨닫는 것, 아는 것도 원만하고 고요하여 좇아온 데가 없을 것인즉, 허공과 지대地大 · 수대水大 · 화대火大 · 풍대風大와 아울러 모두 칠대七大라 할 것임을 알아야 할지니, 성품이 참으로 원만하고 융통하여 모두 여래장이라 본래 났다 없어졌다 하는 것이 아니니라.

아난아, 네 마음이 거칠고 들떠서 보고 듣고 깨닫고 아는 것이 본래 여래장인 줄을 알지 못하나니, 네가 이 여섯 군데서 알음알이(識心: 認識作用) 하는 마음을 보라. 같은 것이냐, 다른 것이냐. 공한 것이냐, 있는 것이냐. 같은 것도 아니요, 다른 것도 아니며, 공한 것도 아니요, 있는 것도 아니냐.

네가 원래 알지 못하도다. 여래장 가운데 식의 성품을 가진 밝은 앎(明知)과 각의 밝고 참된 식(覺明眞識)의 묘한 각이 고요히 맑아 법계에 두루하여서 시방 허공을 삼켰다 뱉었다 하거니, 어찌 딴 곳이 있겠느냐. 업을 따라 나타나는 것이어늘 세상 사람들이 알지 못하고 인연인 줄, 자연인 줄 여기나니, 이것이 모두 허망한 마음으로 분별하고 억측하는 것이라, 말만이 있을지언정 전혀 그러할 이치가 없느니라."

⒂ 아난이 기뻐하다

그때에 아난과 대중이 부처님께서 미묘하게 일러 주심을 받잡고, 몸과 마음이 훤칠하여(蕩然) 조금도 걸림이 없어졌다. 그리하여 이 대중들이 제각기 자기의 마음이 시방에 두루하였음을 알았고, 시방 허공 보기를 손에 가진 나뭇잎 보듯 하며, 온갖 세간의 모든 물건들이 온통 보리의 묘하고 밝은 마음임을 깨달았으며, 또 정미로운 마음이 가득하고 두렷하여(圓) 시방을 삼켰는지라, 돌이켜 부모가 낳아 준 몸을 돌아보니, 마치 시방 허공에 티끌 하나를 날린 것이 있는 듯, 없는 듯한 것 같고, 또 크고 넓은 바다에 물거품 하나 뜬 것이 생기는 듯, 꺼지는 듯하여 본래 묘한 마음의 본체가 항상 있어 없어지지 않는 것을 분명하게 깨닫고서 합장하여 부처님께 예배하고 처음 보는 일이라는 생각을 내어 부처님 앞에서 게송으로 찬탄하였다.

미묘하고 맑으시고 다 지니시고(總持)
흔들리지 않으시는 세존이시여
온갖 일이 여물리는 수릉엄삼매
세상에도 처음 보는 법문이오녀.

억천만 년 묵은 망상 어디 갔는지
아승지겁 안 지내고 법신 얻었네.
우리들도 하루 속히 보리열반 불과(佛果) 이루어
저와 같이 항사(恒沙) 중생 건져볼까나.

그지없고 끊임없는 이 서원으로
미진 세계 불보살을 공양하면서
이생으로 저생(彼生)으로 또 저생으로
부처님의 크신 은혜 갚으렵니다.

여래시여 이 마음을 증명하소서.
앞장서서 오탁악세 돌아다니며

이 가운데 한 중생만 성불 못 해도
그냥 두곤 저 열반에 나는 안 가요.

대자대비 이 번뇌를 끊어 주소서.
하루바삐 보리장菩提場에 앉게 하소서.
시방세계 저 허공이 다 부서진들
강철鋼鐵 같은 이 내 마음 변하오리까.

대불정여래밀인수증요의제보살만행수릉엄경
| 제4권 |

2) 불공여래장不空如來藏을 말하다

그때에 부루나미다라니자富樓那彌陀羅尼子가 대중 가운데서 일어나 오른 어깨를 벗어 메고는, 오른 무릎을 땅에 대고 합장하고 부처님께 여쭈었다.

부루나 "위덕威德이 갸륵하신 세존이시여, 중생을 위하시어 여래의 제일의제第一義諦를 잘 말씀하시나이다. 세존께서 항상 말씀하시기를 법문을 말하는 사람 중에는 제가 제일이라고 하셨사오나 이제 부처님의 미묘한 법문을 듣사오니, 마치 귀 먹은 사람이 백 보步 밖에서 모기 소리를 듣는 것 같아서 보지도 못하옵거늘 어떻게 소리를 듣사오리까. 부처님께서 분명하게 일러 주시어 저의 의혹을 덜게 하셨사오나, 아직도 그 뜻을 자세히 알지 못하오매 끝까지 의심이 없어지지 않나이다.

세존이시여, 아난 같은 이는 비록 깨달았다고 하나 아직 익힌 번뇌가 없어지지 못하였거니와, 저희들은 생사를 벗어나 온갖 번뇌가 없어졌지마는 지금 부처님의 법문을 듣사옵고 의심이 없지 못하나이다.

세존이시여, 만일 오음五陰과 육입六入과 십이처十二處와 십팔계十八界와 세상에 있는 온갖 것이 모두 여래장如來藏이어서 맑고 깨끗하여 본래 그러하다 하오면, 어찌하여 산과 물과 땅과 같이 하염 있는 모양(有爲相)들이 생기어서 차례차례로 변천하여 마치었다가 다시 비롯하나이까.

또 부처님께서 말씀하시기를 '지대 · 수대 · 화대 · 풍대의 성품이 원융하여 법계에 가득하여, 고요하게 항상 있는 것이라' 하시었나이다. 세존이시여, 지대의 성품이 가득하였으면 어떻게 수대를 용납할 수 있으며, 수대의 성품이 가득하였으면 화대는 있지 못할 터이온데, 어떻게 수대와 화대가 함께 허공에 가득하여 서로 쫓아내고 독차지하지 않는 이치를 설명하오리까. 세존이시여, 지대의 성품은 막히는 것이요, 허공의 성품은 통하는 것이온데, 어떻게 둘이 모두 법계에 가득할 수 있겠나이까.

제가 이 이치의 어찌 된 까닭을 알지 못하오니, 원컨대 여래께서 자비하신 마음으로 저희들의 아득한 의심을 풀어 주소서."

이 말을 마치고, 대중들과 함께 다섯 활개를 땅에 대고, 부처님의 자비하게 가르치심을 간절하게 기다렸다.

그때에 부처님께서 부루나와 번뇌가 없어진 여러 아라한들에게 말씀하시었다.

부처님 "여래가 오늘 이 회상會上에 모인 대중들을 위하여 승의제勝義諦 중의 참 승의제(眞勝義諦)를 말하여 이 회상에 있는 붙박이 성문(定性聲聞)과 이공二空을 얻지 못한 이들과 보살승菩薩乘으로 돌아선 아라한들로 하여금 모두 다 일승一乘의 고요한 자리요, 참으로 조용하고 올바르게 수행修行할 곳을 얻게 하리니, 너희들은 자세히 들으라. 너희들에게 이야기 하리라."

부루나와 대중들은 부처님의 분부를 받잡고, 조용하게 듣고 있었다.

부처님 "부루나야, 네 말대로 '맑고 깨끗하여 본래 그러하다면 어찌하여 산과 물과 땅이 생기었느냐' 하거니와, 여래가 항상 말하기를 '자성自性인 각覺은 묘하여 밝고, 본래의 각覺은 밝고 묘하니라' 함을 듣지 못하였느냐?"

부루나 "그러하옵니다. 세존이시여, 부처님께서 이렇게 말씀하시는 것을 들었나이다."

부처님 "네가 말하는 '각覺이다' '밝다(明)' 하는 것은, 자성自性이 밝은 것을 각覺이라 한다 하느냐, 각이 밝지 아니한 것을 밝혀야 할 각이라 한다 하느냐?"

부루나 "만일 이 밝힐 것 없는 것을 각이라 할진댄, 밝을 것이 없겠나이다."

부처님 "'만일 밝힐 것이 없는 것을 각이라 할진댄, 밝을 것이 없으리다'라고 하거니와, 밝힘이 있으면 각이 아니요, 밝힘이 없으면 밝음이 아니니, 밝음이 없으면 각의 맑고 밝은 성품이 아니니라.

자성인 각은 반드시 밝은 것이어늘 허망하게 밝혀야 할 각이 되었느니라. 자성인 각은 밝힐 것이 아니언만 밝음을 인하여 밝힐 것이 있게 되었고, 밝힐 것이 있게 되므로 너의 밝히려는 것이 생기게 되었으며, 같고 다름이 없는 데서 환하게 다른 것이 생기었거든 저 다른 것을 다르게 여기므로 다른 것을 인하여 같은 것을 나타내며, 같은 것과 다른 것을 밝히시어 다시 같음도 없고 다름도 없는 것(無同無異)을 내느니라.

이렇게 흔들리고 어지러운 것이 서로 의지하여 피로함이 생기고, 피로함이 오래 계속되어 티끌이 생기어서 모양이 흐리터분하게 되나니, 이리하여 티끌 같은 번뇌 망상이 일어나느니라. 일어나서는 세계가 되고, 고요하여서는 허공이 되었거든, 허공은 같은 것이요, 세계는 다른 것이니, 저 같음도 없고 다름도 없는 것이 참으로 하염 있는 법(有爲法)이니라.

각의 밝은 것과 허공의 어두운 것이 번갈아 바뀌어 흔들리므로 풍륜風輪이 있어 세계를 받들었느니라. 허공으로 인하여 흔들림이 생기고, 밝은 것을 굳혀 막힘이 되나니, 금金이란 것은 밝은 각이 굳혀진 것이므로, 금륜金輪이 있어 땅을 바치었느니라. 각을 굳혀 금이 되고, 밝은 것을 흔들어 바람이 생겼거든, 바람과 금이 서로 갈리므로 불이 생기어 변화하는 성품이 되었느니라. 밝은 금이 축축함을 내고, 불은 위로 찌어(蒸) 오르므로 수륜水輪이 있어 시방세계를 싸고 있느니라.

불은 올라가고, 물은 내려가서 번갈아 발동發動하여 굳혀지므로 젖은 편으로는 바다가 되고 마른 편으로는 육지와 섬이 되었나니, 이러한 이치로 바다 가운데는 불빛이 일어나고, 육지와 섬에는 강물이 흐르느니라. 물 세력이 불보다 적으면 엉기어 높은 산이 되나니, 그러므로 산의 돌이 서로 부닥치면 불꽃이 일어나고, 녹이면 물이 되느니라. 흙 세력이 물보다 적으면, 빼어나 풀과 나무가 되나니, 그러므로 숲이 타면 흙이 되고, 짜면 물이 되느니라.

허망한 것들이 서로 얽히어 생겨나고는, 번갈아 서로 씨가 되나니, 이러한 인연으로 세계가 서로 계속되느니라.

또 부루나야, 밝은 것이라는 허망한 것이 다른 때문이 아니고, 각의 밝은 것이 허물이 되는 것이니, 허망한 것이 생긴 뒤에는 밝은 이치가 뚫고 지나갈 수 없으매 이러한 인연으로 듣는 것은 소리에 뛰어나지 못하고, 보는 것은 빛에 넘어갈 수 없어서 빛과 냄새와 맛과 촉觸의 여섯 가지 허망한 것이 생기고, 이것으로 인하여 보고 듣고 맡고 깨닫는 것이 나뉘어서 같은 업은 서로 얽히고 합하고 여의어서 형상이 생기기도 하고, 변화하여 나기도 하느니라.

밝은 데를 보아서 빛이 나타나고(見明色發), 밝게 보고는 생각을 이루나니(明見想成), 소견이 다르면 미워지고, 생각이 같으면 사랑하거든, 사랑을 흘려 넣어 씨가 되고, 생각을 받아들여 태胎를 이루느니라. 만나 어울리어 나게 될 적에 같은 업을 끌어들이나니, 이러한 인연으로 갈라람羯羅藍과 알포담遏蒲曇들이 생기느니라. 태로 나고, 알로 나고, 습기로 나고, 변화하여 나는 것들이 제각기 마땅함을 따르되, 알로 나는 것은 생각만으로 생기고, 태로 나는 것은 정情으로 생기고, 습기로 나는 것은 합하여 생기고, 변화하여 나는 것은 여의어서 생기느니라. 정으로 생기고, 생각으로 생기고, 합하여 생기고, 여의어 생기는 것들이 번갈아 바뀌고 서로 변하여 업業으로 받는 과보果報가 날기도 하고, 잠기기도 하나니, 이러한 인연으로 중생이 서로 계속되느니라.

부루나야, 생각과 애정이 함께 얽히어 사랑을 여의지 못하면, 이 세상의 부모와 자손이 서로 낳아 그치지 못하나니, 이것들은 사랑하는 탐욕이 근본이 되느니라.

탐욕과 애정으로 함께 맛 들여 탐심이 그치지 못하면, 이 세상의 알로 나고, 변화하여 나고, 습기로 나고, 태로 나는 것들이 기운 세고 약함을 따라서 번갈아 서로 잡아먹나니, 이것들은 잡아먹는 탐욕이 근본이 되었느니라. 사람이 양을 잡아먹으면 양이 죽어 사람이 되고, 사람은 죽어 양이 되어서 이렇게 열 가지 중생들이 죽고, 죽고 나고 나면서 번갈아 와서 잡아먹되, 나쁜 업으로 함께 나서 오는 세상이 끝이 없나니, 이것들은 훔쳐 먹는 탐욕이 근본이 되느니라.

너는 나에게 목숨을 빚졌고, 나는 너에게 돈 빚을 갚아서 이런 인연으로 백천 겁을 지내어도 항상 생사 중에 있게 되며, 너는 나의 마음을 사랑하고 나는 너의 얼굴을 사랑하여 이런 인연으로 백천 겁을 지내어도 항상 번뇌에 얽히게 되느니라.

이렇게 잡아먹는 탐욕과 훔쳐 먹는 탐욕과 음행하는 탐욕이 근본이 되므로 이러한 인연으로 업을 지어 과보 받는 일이 항상 계속되느니라.

부루나야, 이 세 가지가 뒤바뀌게 계속되는 것은 모두 밝은 각의 밝히 아는 성품이 앎으로 말미암아 형상을 내어서 허망한 소견으로 생기는 것이니, 산과 강과 땅과 모든 하염 있는 것이 차례차례 변천하되 이 허망함으로 인하여 마쳤다가 다시 비롯하느니라."

부루나 "만일 이 묘한 각의 본래 묘하고 밝은 것이 여래의 마음으로 더불어 더하지도 않고 덜하지도 않건마는 까닭 없이 산과 강과 땅과 하염 있는 것들이 생겼을진댄, 부처님께서 지금 묘하고 공空한 각을 얻으셨사오니, 언제나 산과 강과 땅과 하염 있는 것들이 다시 생기겠나이까?"

부처님 "부루나야, 마치 미혹迷惑한 사람이 어떤 동네에서 남쪽을 잘못 알아 북인 줄 여긴다면, 이 사람의 미혹한 것이 아득함으로 인하여 생겼느냐, 깨달음으로 인하여 생겼느냐?"

부루나 "이 미혹한 사람(迷人)은 아득함으로 인한 것도 아니요, 깨달음으로 인한 것도 아니오니, 왜냐하면 미혹한 것이 본래 근본이 없는 것이므로 아득함으로 인하였다 할 수 없고, 깨달은 데서는 미혹이 생기는 것이 아니므로 깨달음으로 인하였다 할 수가 없기 때문이옵니다."

부처님 "저 미혹한 사람이 한창 미혹하였을 적에 어떤 아는 사람이 일러 주어 깨닫게 하면, 부루나야, 이 사람이 비록 미혹하였었으나, 이 동네에서 다시 미혹하겠느냐?"

부루나 "아니하리이다, 세존이시여."

부처님 "부루나야, 여래도 역시 그러하니라. 이 미혹한 것이 근본이 없어서 철저하게 공空한 것이니라. 이전에 본래 미혹하지 않았던 것이 지금 미혹한 듯하지만, 미혹한 것을 깨달아 미혹하던 것이 없어지면 그 깨달은 데서 다시 미혹이 생기지 아니하느니라. 또 눈이 피로하여진 사람이 허공의 꽃을 보다가 피로한 병이 없어져서 헛꽃이 허공에서 없어지거든, 어떤 어리석은 사람이 헛꽃 없어진 자리에서 다시 헛꽃이 나기를 기다린다면 네가 보기에 이 사람이 어리석으냐, 슬기로우냐?"

부루나 "허공에 원래 꽃이 없는 것을 허망하게 났다 없어졌다 함을 보는 것이온즉, 헛꽃이 허공에서 없어짐을 보는 것부터 잘못이옵거늘, 다시 나기를 기다리는 것은 참으로 미친 사람이온데, 이런 사람을 어찌 어리석다 슬기롭다 하오리까?"

부처님 "네 소견이 그렇다면, 어찌하여 여래의 묘하고 밝은 각에서 언제 다시 산과 강과 땅이 생기느냐고 묻느냐. 마치 광석鑛石에 섞이었던 금이 한번 순금이 되면 다시는 광석에 섞이지 않는 것과 같으며, 또 나무가 재가 되면 다시는 나무가 되지 않는 것과 같아서 여러 부처님의 보리와 열반도 역시 그러하니라."

3) 공불공여래장空不空如來藏을 말하다

"부루나야, 네가 또 묻기를 '지대 · 수대 · 화대 · 풍대의 성품이 원융하여 법계에 가득하였다면 물과 불이 어떻게 서로 쫓아내고 독차지하지 않느냐?'라고 하고, 또 의심하기를 '허공과 지대가 함께 법계에 가득하였을진댄 서로 용납하지 못하리라'라고 하거니와, 부루나야, 마치 허공 자체는 여러 가지 모양이 아니지마는 저 여러 가지 모양이 일어나는 것을 거부拒否하지 않음과 같으니라.

어찌함이냐. 부루나야, 저 허공이 햇살이 비치면 밝고, 구름이 끼면 어둡고, 바람이 불면 흔들리고, 날이 개면 맑고, 기운이 엉기면 흐리고, 먼지가 쌓이면 흙비가 되고, 물이 맑으면 비치나니, 너는 어떻게 생각하느냐. 이 여러 군데에 생기는 여러 가지 모양들이 제각기 제 인연으로 말미암아 생기는 것이냐, 허공을 인하여 있느냐.

부루나야, 만일 제 인연으로 말미암아 있다면 햇빛이 비칠 적에 그것이 해의 밝은 것이리니, 그렇다면 시방세계가 한결같이 햇빛이 되었을 것이어늘 어찌하여 따로 둥근 해를 보게 되느냐. 만일 허공이 밝은 것이라면 허공이 혼자도 비쳐야 할 것이어늘 어찌하여 구름 낀 밤중에는 밝게 비치지 않느냐. 그러므로 이 밝은 것은 해를 인한 것도 아니며, 허공을 인한 것도 아니며, 해와 다른 것도 아니며, 허공과 다른 것도 아니니라.

모양으로 보면 원래 허망하여서 지정하여 따질 수 없는 것이 마치 허공 꽃에서 허공 열매가 맺기를 기다리는 것 같나니, 어떻게 서로 좇아내고 독차지하지 않는 이치를 따지겠느냐. 성품으로 보면 원래 참된 것이어서 오직 묘한 각의 밝은 것뿐이니, 묘한 각의 밝은 마음이 본래 물도 아니요 불도 아니어늘, 어찌 서로 용납하지 못할 것을 의심하느냐.

참되고 묘한 각의 밝은 것도 역시 그러하여서 네가 공空으로 발명하면 공이 나타나고, 지대 · 수대 · 화대 · 풍대로 제각기 발명하면 제각기 나타나고, 한꺼번에 발명하면 한꺼번에 나타나느니라.

어떤 것이 한꺼번에 나타나는 것이냐. 부루나야, 한 강물에 해 그림자가 비친 것을 두 사람이 함께 보다가 한 사람은 동쪽으로 가고 한 사람은 서쪽으로 가면, 강물에 비쳤던 해 그림자도 역시 그 사람을 따라 하나는 동쪽으로 가고 하나는 서쪽으로 가서 본래부터 일정한 표준이 없으리라. 이것을 보고 '해가 본래 하나인데 어찌하여 제각기 따라가느냐. 해 그림자가 분명히 둘인데 어떻게 한 곳에 나타났더냐?'라고 따질 수 없는 것이니, 전연 허망하여 빙거憑據할 수 없는 것이니라.

부루나야, 너는 색色과 공으로써 여래장如來藏에서 당길락(相傾) 밀치락(相奪) 하므로 여래장이 따라서 색도 되고 공도 되어 법계에 가득하게 되느니라. 그러므로 그 가운데서 바람은 불고, 허공은 고요하고, 해는 밝고, 구름은 어둡나니, 중생들이 아득하고 갑갑하여 각覺을 등지고 번뇌에 합하는 탓으로 번뇌 망상이 생기어서 세간의 여러 가지 현상이 있게 되느니라.

나는 묘하고, 없어지지도 않고, 나지도 않는 것으로써 여래장에 합하므로 여래장이 다만 묘한 각의 밝은 것뿐이어서 법계에 두루 비치게 되느니라. 그러므로 이 가운데서 하나가 한량없는 것이 되고, 한량없는 것이 하나가 되며, 작은 가운데 큰 것을 나타내고, 큰 가운데 작은 것을 나타내며, 도량道場에서 움직이지 않고, 시방세계에 두루 퍼지며, 한 몸속에 넓은 허공을 포함하며, 한 터럭 끝에 많은 세계를 나타내며, 티끌 속에 앉아서 큰 법륜을 굴리나니, 번뇌를 없애고 각에 합하는 탓으로 진여의 묘하고 밝은 각의 성품을 드러내게 되느니라.

그러나 여래장의 본래 묘하고 둥근 마음은 마음도 아니요, 공도 아니요, 지대地大도 아니요, 물(水)도 아니요, 바람(風)도 아니요, 불(火)도 아니며, 눈(眼)도 아니요, 귀(耳)도 아니요, 코(鼻)도 아니요, 혀(舌)도 아니요, 몸(身)도 아니요, 뜻(意)도 아니며, 빛(色)도 아니요, 소리(聲)도 아니요, 냄새(香)도 아니요, 맛(味)도 아니요, 닿는 것(觸)도 아니요, 법진法塵도 아니며, 안식계眼識界도 아니요, 그와 같이 의식계意識界도 아니며, 명明도 아니요, 무명無明도 아니요, 명과 무명이 끝난 것도 아니며, 그와 같이 늙는 것도 아니요, 죽는 것도 아니요, 늙는 것과 죽는 것이 끝난 것도 아니며, 고제苦諦도 아니요, 집제集諦도 아니요, 멸제滅諦도 아니요, 도제道諦도 아니요, 지혜도 아니요, 얻은 것도 아니며, 보시布施도 아니요, 지계持戒도 아니요, 인욕忍辱도 아니요, 정진精進도 아니요, 선정禪定도 아니요, 반야도 아니요, 바라밀다도 아니며, 이와 같이 여래如來도 아니요, 응공應供도 아니요, 삼먁삼불타三藐三佛陀도 아니요, 대열반大涅槃도 아니요, 상덕常德도 아니요, 낙덕樂德도 아니요, 아덕我德도 아니요, 정덕淨德도 아니며, 세간법世間法도 아니요, 출세간법出世間法도 아닌 까닭이니라.

곧 여래장의 원래 밝고 묘한 마음은, 곧 마음이요, 곧 공이요, 곧 지대

地大요, 곧 물이요, 곧 바람이요, 곧 불이며, 곧 눈이요, 곧 귀요, 곧 코요, 곧 혀요, 곧 몸이요, 곧 뜻이며, 곧 빛이요, 곧 소리요, 곧 냄새요, 곧 맛이요, 곧 닿는 것이요, 곧 법진이며, 곧 안식계眼識界요, 그와 같이 곧 의식계意識界며, 곧 명明이요, 곧 무명無明이요, 곧 명과 무명이 끝난 것이며, 그와 같이 곧 늙는 것이요, 곧 죽는 것이요, 곧 늙는 것이 끝난 것이요, 곧 죽는 것이 끝난 것이며, 곧 고제苦諦요, 곧 집제集諦요, 곧 멸제滅諦요, 곧 도제道諦요, 곧 지혜요, 곧 얻는 것이며, 곧 보시布施요, 곧 지계持戒요, 곧 인욕忍辱이요, 곧 정진精進이요, 곧 선정禪定이요, 곧 반야般若요, 곧 바라밀다波羅密多며, 이와 같이 곧 여래如來요, 곧 응공應供이요, 곧 삼먁삼불타三藐三佛陀요, 곧 대열반大涅槃이요, 곧 상덕常德이요, 곧 낙덕樂德이요, 곧 아덕我德이요, 곧 정덕淨德이니, 이것이 곧 세간법世間法이며, 곧 출세간법出世間法인 까닭이니라.

곧 여래장如來藏의 묘하고 밝은 원래의 마음은 곧 그것도 아니요, 아닌 것도 아니며, 곧 그것이요, 곧 그것도 아닌 것이어늘, 어떻게 세간의 중생들과 출세간의 성문聲聞과 연각緣覺들이 그들의 아는 깜냥으로 여래의 위없는 보리를 추측하여 세상의 말로써 부처님의 지견知見에 들어갈 수 있겠느냐. 마치 거문고나 공후, 비파에 미묘한 소리가 있지마는 미묘한 손가락이 아니면 소리를 타 낼 수 없는 것과 같으니, 너희들 중생도 역시 그러하여 보배로운 각의 참마음이 제각기 원만하여 있지마는 내가 손가락을 놀리면 바다에 하늘과 구름이 비치듯이 분명하게 드러나고, 너는 잠깐만 마음을 두어도 번뇌 망상부터 먼저 일어나나니, 그것은 위없는 보리를 부지런히 구하지 아니하고 소승법小乘法을 좋아하여 조그만 것을 얻고서 만족하게 여기는 탓이니라."

부루나 "저나 부처님의 보배로운 각의 두렷하고(圓) 밝고 참되고 묘한 마음은 마찬가지로 원만하건마는, 저는 끝없는 예전부터 허망한 생각으로 말미암아 생사하는 데서 바퀴 돌듯 하였으므로 지금 성인의 법을 얻기는 하였으나 아직도 끝까지 이르지 못하였삽고, 세존께서는 온갖 망상이 아주 없어지고, 묘한 지혜가 참되고 항상하나이다.

세존이시여, 중생들은 무슨 인연으로 허망한 생각이 생기어 밝고 묘한 성품을 가리고 났다 죽었다 하는 데서 헤매게 되었나이까?"

부처님 "부루나야, 네가 비록 의심이 없어졌다고 하나, 아직도 남은 의혹이 끝나지 못하였으니, 내가 이제 요사이 생긴 이 세상 사실로써 이야기하리라. 너도 들었으리라. 실라벌성室羅筏城에 있는 연야달다演若達多가 어느 날 아침에 거울을 보다가 거울 속에 있는 사람의 얼굴은 얌전하게 생겼는데 자기의 얼굴에는 눈도 코도 보이지 아니하여 도깨비에 홀렸다 하여 미쳐 달아났다 하니, 그 사람이 무슨 인연으로 까닭 없이 달아났다고 생각하느냐?"

부루나 "그 사람은 마음이 미친 탓이옵고, 다른 인연은 없겠나이다."

부처님 "묘한 각覺이 본래 두렷하고 밝은 것이어늘 기왕 허망하다고 한다면 어찌 인연이 있겠느냐. 만일 인연이 있다면 어찌하여 허망하다 하겠느냐. 까닭 없이 허망한 생각들이 서로서로 연緣이 되어 미혹한 데 미혹을 더하여서 끝없는 세월을 지내왔으므로 비록 부처님의 변재로도 그 원인을 따질 수 없느니라.

이렇게 미혹한 것은 미혹한 탓으로 있는 것이니, 미혹한 것이 인연이 없는 줄을 알면 허망한 것이 의지할 데가 없어서 본래 난 것도 없거든 무엇을 없애려 하겠느냐. 보리를 얻은 이는 꿈 깬 사람이 꿈꾸던 이야기를 하는 것과 같아서 마음으로는 분명하지마는 어떻게 꿈속의 물건을 가져올 수 있겠느냐. 하물며 허망한 것이란, 원래 원인이 없어서 애초부터 있는 것이 아니니, 마치 저 연야달다가 어찌 인연이 있어서 제 머리가 무섭다고 달아났겠느냐. 미친 증세만 없어지면 머리가 딴 데서 생길 것이 아니며, 설사 미친 증세가 없어지지 않는다 한들 머리야 어찌 없어졌겠느냐. 부루나야, 허망한 성품이 본래 이런 것이니, 어찌 까닭이 있겠느냐.

네가 다만 세계와 중생과 업을 지어 과보 받는 세 가지 계속하는 것을 따라 분별하지만 않으면, 세 가지 연유(三緣)가 없어지므로 세 가지 원인이 생기지 아니하여 네 마음속에 있는 연야달다의 미친 증세가 저절로 없어지리니, 없어지기만 하면 곧 보리의 훌륭하고 깨끗하고 밝은 마음이 본래부터 법계에 가득한 것이라, 딴 데서 얻을 것이 아니니, 무슨 까닭으로 그렇게 애써서 닦으려 하겠느냐. 마치 어떤 사람이 자기의 옷 속에 여의주如意珠를 차고 있으면서도 알지 못하고, 여러 곳으로 돌아다니면서 옷과 밥을 구걸하는 것과 같아서 아무리 빈궁하더라도 여의주는 없어지지 않았느니라. 문득 지혜 있는 사람이 여의주를 가리켜 주면 이 사람의 소원이 뜻대로 되어 큰 부자가 될 것이며, 그때에는 그 훌륭한 여의주가 딴 데서 온 것이 아닌 줄 알지니라."

4) 인연因緣이란 의심을 끊다

이때에 아난이 대중 가운데 있다가 부처님 발에 정례하고, 일어서서 부처님께 여쭈었다.

아난 "세존께서 지금 말씀하시기를 '살생하는 것, 훔치는 것, 음행하는 것 등 세 가지 연유가 없어지면 세 가지 원인이 생기지 아니하여 마음속에 있는 연야달다의 미친 증세가 저절로 없어지리니, 없어지기만 하면 곧 보리라 딴 데서 얻을 것이 아니다'라고 하시오니, 이것으로 보면 인연인 것이 분명하옵거늘 어찌하여 부처님께서는 인연을 아주 버리시나이까.

저도 인연으로 말미암아 마음이 열리었나이다. 세존이시여, 이 이치는 어찌 나이 어린 저희들 성문뿐이오리까. 이 회상에 있는 목건련 · 사리불 · 수보리 같은 이들도 본래 바라문으로서, 부처님의 인연법을 듣고 마음이 열리어 아라한이 되었삽거늘, 지금 말씀하시기를 보리는 인연으로 얻는 것 아니라 하시오니, 그렇다면 왕사성王舍城에 있는 구사리拘舍梨들이 주장하는 자연自然이 옳을 듯하나이다. 바라건대 자비하신 마음으로 저희들의 아득한 소견을 열어 주소서."

부처님 "저 연야달다演若達多의 미친 인연이 없어지기만 하면 곧 미치지 아니한 성품이 자연으로 날 것이니, 인연이라 자연이라 하는 것이 여기서 끝날 것이니라.

아난아, 연야달다의 머리가 본래 자연이라면, 본래부터 자연인지라 어떤 것이나 자연 아닌 것이 없을 것이어늘, 무슨 까닭으로 머리가 무섭다고 미쳐서 달아났느냐. 만일 자연인 머리가 인연으로 말미암아 미쳤다면, 어찌하여 자연인 머리가 인연으로 말미암아 잃어지지는 않았느냐. 본래의 머리가 잃어지지 아니한 것을 허망하게 미친 증세가 생겼다면 조금도 변한 것이 없거니, 어찌 인연으로 말미암았다 하겠느냐.

본래 미친 것이 자연이라면, 본래부터 미친 증세가 있었을 것이어늘, 미치기 전에는 미친 증세가 어디에 숨었더냐. 미친 것이 자연이 아닐진댄 머리가 본래 잘못된 것 아니어늘, 어찌하여 미쳐서 달아났더냐. 만일 본 머리를 깨달아서 미쳐서 달아났던 줄을 알면, 인연이니 자연이니 하는 말이 전혀 희롱거리인 줄을 알지니, 그러므로 내가 말하기를 '세 가지 연유가 없어지므로 곧 보리마음이다'라고 하느니라.

만일 보리마음이 났다면, 났다 없어졌다 하는 마음은 없어졌을 것이니, 이것도 역시 나고 없어지는 것일 뿐이니라. 만일 없어지는 것과 나는 것이 모두 없어져서 아무 작용도 없는 곳에 자연이 있다고 생각하면, 이것은 자연이라는 마음이 나고, 났다 없어졌다 한다는 마음이 없어진 것이니, 이것도 역시 나고 없어지는 것이니라.

나는 것도 없고, 없어지는 것도 없는 것을 자연이라 한다고 하면, 이것은 마치 세상 사람들이 여러 가지가 섞여서 하나 된 것을 화합이라 하고, 화합 아닌 것을 본연本然이라 한다는 말과 같은 것이니, '본연이다' '본연이 아니다' '화합이다' '화합이 아니다' 하는, 화합이니 본연이니 하는 것들을 함께 여의고, '여의었다' '여의지 않았다' 하는 것까지 모두 아닌 것이라야 이것이 비로소 희롱거리가 아닌 법이니라.

보리와 열반이 여태도 멀어서 네가 여러 겁을 드나들면서 애써 닦아 얻을 수 있는 것이 아니니, 네가 비록 시방 여래 12부경의 미묘한 이치를 수없이 외운다 하더라도 이야기거리에 지나지 못하느니라.

네가 비록 인연과 자연을 분명하게 말하여 세상 사람들이 너를 가리켜 '많이 알기로 첫째다'라고 한다마는 그렇게 여러 겁 동안에 많이 아는 보람으로도 마등가의 장난을 벗어나지 못하고 나의 능엄다라니의 힘을 입고서야 마등가의 마음속에 있던 음란한 불길이 한꺼번에 없어지고 아나함과阿那含果를 얻어서 나의 불법 가운데서 정진림精進林을 이루었으며, 애욕이 아주 없어져서 너로 하여금 해탈케 한 것이 아니냐?

그러므로 아난아, 네가 아무리 여러 겁을 지내면서 여래의 비밀한 법문을 기억한다 하더라도, 하루 동안에 생사를 벗어나는 무루업無漏業을 닦아서 이 세상의 미워하고 사랑하는 두 가지 고통을 영원히 여의는 것만 같지 못하니라.

저 마등가는 본래 기생이지마는 능엄다라니의 신력으로 말미암아 애욕이 없어지고, 불법 중에 들어와서 성性 비구니가 되어 라후라의 어머니인 야수다라와 함께 전생의 인연을 깨달아 여러 생을 지내오면서 탐욕과 애정으로 고통 받던 줄을 알고, 한 생각에 생사를 해탈하는 좋은 업을 닦았으므로, 하나는 번뇌에서 벗어나고, 하나는 수기를 받았거늘, 너는 어찌하여 스스로에게 속아서 아직까지 보는 것, 듣는 것에서 갈팡질팡하느냐?”

2. 삼마제를 말하여 한 문으로 들어가게 하다

1) 두 가지 결정한 뜻

(1) 인행 때의 마음

아난과 대중이 부처님의 말씀을 듣잡고, 의심이 없어지고 실상법實相法을 깨달아 몸과 마음이 가뿐하여 처음으로 유쾌한 일을 얻었다 하고, 다시 눈물을 흘리면서 부처님 발에 정례頂禮하고는, 꿇어앉아 합장하고 부처님께 여쭈었다.

아난 “한껏 자비하시고 청정하신 부처님께서 저의 마음을 잘 깨우쳐 주시나이다. 여러 가지 인연과 방편으로 이끌어 캄캄한 데 빠진 이들을 인도하여 고통 바다에서 나오게 하시나이다.

세존이시여, 제가 지금 부처님의 법문을 듣잡고, 여래장인 묘한 각의 밝은 마음이 시방세계에 두루하여 깨끗하게 장엄한 부처님의 여러 국토를 키워내는 줄을 알았사오나, 부처님께서 또 책망하시기를 ‘많이 알기만 하는 것이 효력이 없어서 실제로 행을 닦는 것만 못하다’ 하시오니, 마치 과객으로 다니던 사람이 임금의 좋은 집을 받기는 하였으나, 문을 찾아 들어갈 줄을 알아야 할 것 같나이다.

원컨대 부처님이시여, 대자대비를 베푸사, 어리석은 저희들로 하여금 소승을 버리고, 여래께서 대열반에 나아가시려고 발심하던 길을 얻게 하여 주소서, 처음 배우는 이들이 어떻게 하여야 옛날에 분별하던 고집을 굴복시키고, 다라니陀羅尼를 얻어 부처님 지견知見에 들어갈 수 있겠나이까?"

이렇게 여쭙고, 다섯 활개를 땅에 엎드려 대중이 일심으로 부처님의 말씀을 기다리고 있었다.

그때에 부처님께서 회상會上에 있는 연각緣覺과 성문聲聞으로서 보리에 자재自在하지 못한 이들을 가엾이 여기시며, 부처님 열반하신 후 말법 중생으로서 보리마음(菩提心)을 낼 이를 위하여 위없는 법(無上乘)에 나아갈 수행하는 길을 열어 주시려 하사, 아난과 대중에게 말씀하시었다.

부처님 "너희들이 결정코 보리마음을 내어 여래의 묘한 삼마제三摩提에 나아가는 데 고달프고 게으른 생각을 내지 아니하려거든, 깨달을 생각을 내는 첫 마음(發覺初心)에 두 가지 결정한 뜻(二決定義)을 먼저 알아야 하느니라.

어떤 것이 첫 마음의 두 가지 결정한 뜻이냐. 아난아, 첫째는 너희들이 소승小乘을 버리고, 보살법을 닦아 부처님 지견에 들어가려 하면 인행因行 때에 내는 마음이 과 받을 적(果地)에 얻을 각覺과 같은가 다른가를 잘 살펴보아야 하느니라. 아난아, 만일 인행 때에 났다 없어졌다 하는 마음으로 근본을 삼고 수행하여 나지 않고 없어지지 않는 불법을 구하려 하는 것은 옳지 아니하니라. 이러한 탓으로 너는 이 무정세간無情世間의 하염 있는 법을 보라. 모두 변천하여 없어지느니라. 아난아, 이 세상의 하염 있는 법이 어느 것이 망가지지 아니하느냐. 그러나 허공은 망가지는 것이 아니니, 허공은 하염 있는 것이 아니므로 처음부터 나중까지 망가지지 아니하느니라.

아난아, 네 몸 가운데서 굳은 것은 지대地大요, 젖은 것은 수대水大요, 따뜻한 것은 화대火大요, 흔들리는 것은 풍대風大니, 이 네 가지가 얽히는 탓으로, 고요하고 두렷한 묘한 각(妙覺)의 밝은 마음을 가로막고 서는, 보고 듣고 깨닫고 아는 것을 만들었나니, 그리하여 처음으로부터 나중까지 다섯 갈피로 흐리터분한 것(五濁)이 되었느니라.

어떤 것이 흐린 것(濁)이냐. 아난아, 맑은 물은 본래 깨끗하고, 티끌과 흙은 본 성질이 막히는 것이어서 두 가지 성품이 서로 맞지 않는 것이어늘, 세상 사람이 흙을 갖다가 맑은 물에 타면 흙은 막히는 성질을 잃어버리고 물은 맑은 성품이 없어져서 모양이 흐리터분하게 된 것을 흐리다 하나니, 너의 다섯 갈피 흐린 것(五重濁)도 그러하니라.

아난아, 네가 허공이 시방에 두루함을 보되, 허공과 견이 나뉘기 전에는 허공은 자체가 없고 견見은 깨달음이 없거늘, 서로 얽히어 허망한 것이 되었나니, 이것이 첫째 갈피인 겁의 흐림(劫濁)이니라.

또, 네 몸이 사대四大가 뭉치어 몸뚱이가 되었거든 보고 듣고 깨닫고 아는 것은 사대의 막에 바로 걸리게 되고, 물과 불과 바람과 흙은 보고 듣는 데 잡히어 깨닫게 되어 서로 얽히어 허망한 것이 되었나니, 이것이 둘째 갈피인 견의 흐림(見濁)이니라.

또 네 마음속에 기억하고 인식하고 헤아리는 것이, 성품은 깨닫는 작용을 내고 모양은 여섯 경계를 나타내나니, 경계를 여의고는 모양이 없고 깨닫는 것을 여의고는 성품이 없어 서로 얽히어 허망한 것이 되었나니, 이것이 셋째 갈피인 번뇌의 흐림(煩惱濁)이니라.

또 네가 아침저녁으로 났다 없어졌다 함이 쉬지 아니하여 알고 보는 것은 매양 세상에 머물러 있고자 하고, 업으로 움직임은 항상 다른 곳으로 옮아가려 하여 서로 얽히어 허망한 것이 되었나니, 이것이 넷째 갈피인 중생의 흐림(衆生濁)이니라.

또 너의 보고 듣는 것은 원래 다른 성품이 없건마는, 여러 티끌이 사이를 막아 까닭 없이 다른 성품이 생기었나니, 성품으로는 서로 알거니와 작용으로는 서로 어기게 되었는지라, 같고 다름이 일정한 표준이 없어 서로 얽히어 허망한 것이 되었나니, 이것이 다섯째 갈피인 목숨의 흐림(命濁)이니라.

아난아, 네가 지금 보고 듣고 깨닫고 알고 하는 것으로써 여래의 상덕常德·낙덕樂德·아덕我德·정덕淨德에 계합하려 하거든, 먼저 생사 하는 근본을 가리어 버리고, 났다 없어졌다 하지 않는 두렸하고 고요한 성품을 의지하여야 할지니, 고요한 것으로써 허망하게 났다 없어졌다 하는 것을 굴복시키어 원래의 각覺으로 돌려보내고, 났다 없어졌다 하지 않는 본래의 각으로 인행 때의 마음을 삼은 연후에야 닦아서 증득하는 과果를 원만하게 이루게 되리니라.

마치 흐린 물을 맑히려 할 적에 고요한 그릇에 담아서 오래도록 흔들리지 아니하면 흙은 가라앉고 맑은 물이 나타나는 것과 같은 것은 손번뇌(客煩惱)와 티끌번뇌(塵煩惱)를 처음으로 굴복시키는 것이요, 흙 앙금을 버리고 맑은 물만 남는 것은 근본무명根本無明을 아주 끊어 버린 것이니, 밝은 모양이 정미롭고 순일하여지면 온갖 것을 나타내어도 번뇌가 되지 아니하고 맑고 깨끗한 열반의 묘한 공덕과 합하리라."

⑵ 업業을 짓는 근본

"둘째는 너희들이 보리마음을 내고, 보살법에 큰 용맹을 내어 모든 하염 있는 법을 버리려면 번뇌의 근본을 자세하게 살펴보아야 하나니, '이것이 끝없는 옛적부터 업을 짓고, 나는 움을 싹트게 하되(潤生), 무엇이 짓고, 무엇이 받는가' 할지니라.

아난아, 네가 보리를 닦으려 하면서 번뇌의 근본을 자세하게 살펴보지 아니하면, 허망한 근根과 진塵이 어디가 뒤바뀌었는지 알지 못하리니, 뒤바뀐 곳을 알지 못하고야 어떻게 항복받고 여래의 자리에 나아가겠느냐.

아난아, 세상에서 맺힌 것 푸는 사람이 맺힌 데를 보지 못하고는 매듭을 풀지 못할 것이며, 허공을 망가트렸다는 말은 듣지 못하였으니, 허공은 형체가 없어서 맺히고 풀림이 없는 탓이니라. 너의 지금에 쓰고 있는 눈 · 귀 · 코 · 혀 · 몸 · 뜻 여섯이 도적의 앞잡이가 되어 집안의 보배를 훔쳐내나니, 그러므로 끝없는 옛적부터 중생 세계에 얽히어 있는 탓으로, 기세간器世間에서 뛰어나지 못하느니라.

아난아, 어떤 것을 중생 세계라 하느냐. 세世라는 것은 흘러 옮아가는 것이요, 계界라는 것은 방위를 말하는 것이니, 동 · 서 · 남 · 북과 동남 · 서남 · 동북 · 서북과 위 · 아래는 계가 되고, 과거 · 미래 · 현재는 세가 되나니, 방위는 열이요, 시간의 흐르는 것은 셋이니라.

온갖 중생들이 허망함을 얽어 서로 이루는 것이므로, 몸 안에서 바뀌어 옮아가는 것이 세世와 계界가 서로 얽히느니라. 계界가 비록 열 방위이지마는, 일정한 방위로 분명한 것은 세상 사람들이 동 · 서 · 남 · 북만을 말하나니, 위 · 아래는 자리가 분명치 못하고, 간방은 일정한 곳이 없느니라. 분명한 것은 사방四方과 삼세三世로서, 넷과 셋이 서로 곱하여 완연하게 열둘이 되고, 흘러 변하기를 세 번 포개어 하나가 열이 되고, 백이 천이 되나니, 처음과 나중을 통틀어 말하면, 육근六根의 공덕이 각각 1천2백이 되느니라.

아난아, 네가 이 가운데서 낫고 못한 것을 가리어 보라. 눈으로 보는 것은, 뒤는 어둡고 앞은 밝되, 앞은 온통 밝고 뒤는 온통 어둡고, 좌와 우로는 곁으로 보아서 3분의 2가 되나니, 통틀어 말하면, 공덕이 온전하지 못하여 3분에 1분은 공덕이 없어서 눈은 다만 8백 공덕이니라. 귀로 듣는 것은 시방에 빠뜨림이 없어서, 떠드는 것은 가깝고 먼 것이 있는 듯하나, 조용한 것은 그 끝이 없나니, 귀는 1천2백 공덕이 원만하니라. 코로 맡은 것은 내쉬고 들이쉬는 숨을 통하였으니, 내쉬는 것이 있고 들이쉬는 것이 있으나, 중간의 어울림에는 공덕이 없어서, 3분에 1분은 공이 없나니, 코는 다만 8백 공덕이니라. 혀로 말하는 것은 세간의 지혜와 출세간의 지혜를 다하는 것이니, 말하는 것은 분한分限이 있거니와 이치는 다함이 없으므로 혀는 1천2백 공덕이 원만하니라. 몸으로 대 보아 아는 것은 거슬리고 순함을 알거니와, 댈 적에는 깨닫고, 뗄 적에는 알지 못하나니, 뗄 적에는 하나요, 댈 적에는 둘이므로, 몸으로 말하면 3분에 1분은 공이 없나니, 몸은 다만 8백 공덕이니라. 뜻으로 생각하는 것은 시방과 삼세의 세간법과 출세간법을 고요히 요량하며, 성현과 범부를 모두 생각하여 남김이 없나니, 뜻은 1천2백 공덕이 원만하니라.

아난아, 네가 지금 나고 죽는 흐름을 거슬러서 흐르는 근원까지 이르러 났다 없어졌다 하지 않는 데까지 나아가려 할진댄, 이 여섯 가지 근根이 어느 것은 합하고 어느 것은 여의고, 어느 것은 깊고 어느 것은 얕고, 어느 것은 원통하고 어느 것은 원통하지 못한지를 잘 알아야 하느니라. 만일 여기에서 원통한 근根을 알아서 옛적부터 허망하게 얽힌 생사의 흐름을 거슬러 올라가되 원통한 근을 따라서 닦으면, 원통하지 못한 근을 의지하여 닦는 것과는 하루와 한 겁의 비례로 틀리게 되리라.

내가 지금 육근六根에 본래부터 갖추어 있는 고요하고 밝은 공덕의 수량을 말하였나니, 너의 마음대로 닦아 들어갈 만한 것을 선택하여 보라. 내가 너를 위하여 닦아 나아갈 차례를 말하리라. 시방에 계신 부처님들은 십팔계十八界에서 하나하나씩을 수행하셨으되, 모두 위없는 보리(無上菩提)를 원만하게 얻으시어 그 가운데 낫고 못함이 없지마는, 너는 하열下劣한 근기根機라 이 가운데서 원만하고 자재自在한 지혜를 갖추지 못하였기에 내가 지금 너로 하여금 한 문으로 깊이 들어가도록 말하노니, 한 문으로 들어가서 허망한 것이 없어지면 저 여섯 근根이 한꺼번에 깨끗하여지리라."

아난 "세존이시여, 어떻게 하여야 생사의 흐름을 거슬러 올라가며, 한 문으로 깊이 들어가서 여섯 근이 한꺼번에 깨끗하게 되겠나이까?"

부처님 "아난아, 네가 이미 수다원과를 얻어서 삼계 중생들의 도를 볼 적에 끊는 번뇌(見道惑)는 없어졌지마는, 오히려 오랫동안 육근六根 가운데 쌓이어 오는 여러 가지 습기習氣는 알지 못하나니, 이 습기는 도를 닦는 자리인 수도위修道位에서야 끊는 것이니라. 하물며 이 가운데 있는 나고 머물고 달라지고 없어지는 여러 가지 종류와 수량일까 보냐.

너는 이제 다시 보라. 이 여섯 근이 하나이냐, 여섯이냐. 만일 하나라면 귀는 어찌하여 보지 못하며, 눈은 어찌하여 듣지 못하며, 머리는 어찌하여 다니지 못하며, 발은 어찌하여 말이 없느냐. 만일 육근六根이 결정코 여섯이라면, 내가 지금 여기서 법을 말하는데 너의 육근에서 어느 것이 받느냐?"

아난 "제가 귀로 법문을 듣나이다."

부처님 "너의 귀가 듣는다면, 몸과 입에는 관계가 없을 터인데 어찌하여 입으로는 이치를 묻고, 몸으로는 일어나서 공경하여 받느냐. 그러므로 알라. 하나가 아니라 여섯이며, 여섯이 아니라 하나인 듯하거니와, 너의 근은 원래 하나도 아니요, 여섯도 아니니라.

아난아, 이 근은 원래 하나도 아니요 여섯도 아니건마는, 끝없는 옛적부터 뒤바뀌게 헤매는 탓으로 두렷하고 고요한 가운데서 하나라 여섯이라 하는 것이 생겼나니, 너 수다원須陀洹이 여섯은 비록 없어졌으나, 아직도 하나는 없어지지 못하였느니라.

마치 큰 허공에 여러 그릇을 벌여 놓으면 그릇 모양이 각각 다름으로 말미암아 허공이 다르다고 말하는 것이요, 그릇을 치우고 허공을 보면 허공이 하나라고 하거니와, 허공이야 어찌하여 같기도 하고 같지 않기도 하겠느냐. 하물며 어찌 다시 하나라, 하나 아니라 하겠느냐. 너의 깨닫고 알고 하는 여섯 가지 근도 역시 그와 같으니라.

밝고 어두운 두 가지가 서로 나타남으로 말미암아 묘하고 두렷한 가운데서 고요한 것을 건드리어 보려는 성품을 내고, 보려는 정기가 빛에 비치어서는 빛을 뭉쳐 근根이 되었나니, 근의 근본은 맑고 깨끗한 사대(淸淨四大)라 하고, 인하여 눈의 자체自體라 하며, 포도 알 같은 사진四塵으로 된 거친 근(浮塵根)이라, 흘러나와 빛을 따라가느니라.

떠들고 조용한 두 가지가 서로 닥침으로 말미암아 묘하고 두렷한 가운데서 고요한 것을 건드리어 들으려는 성품을 내고, 들으려는 정기가 소리에 비치어서는 소리를 말아 근이 되었나니, 근의 근본은 맑고 깨끗한 사대四大라 하고, 인하여 귀의 자체라 하며, 새로 나오는 말린 잎 같은, 사진四塵으로 된 거친 근이라, 흘러나와 소리를 따라가느니라.

통하고 막히는 두 가지가 서로 드러남으로 말미암아 묘하고 두렷한 가운데서 고요한 것을 건드리어 맡으려는 성품을 내고, 맡으려는 정기가 냄새에 비치어서는 냄새를 끌어들여 근이 되었나니, 근의 근본은 맑고 깨끗한 사대라 하고, 인하여 코의 자체라 하며, 내려 세운 쌍 손톱 같은 사진으로 된 거친 근이라, 흘러나와 냄새를 따라가느니라.

싱겁고 맛난 두 가지가 서로 밀림으로 말미암아 묘하고 두렷한 가운데서 고요한 것을 건드리어 맛보려는 성품을 내고, 맛보려는 정기가 맛에 비치어서는 맛을 쥐어짜 근이 되었나니, 근根의 근본은 맑고 깨끗한 사대라 하고, 인하여 혀의 자체라 하며, 초생달 같은 사진으로 된 거친 근이라, 흘러나와 맛을 따라가느니라.

떼고 합하는 두 가지가 서로 스침으로 말미암아 묘하고 두렷한 가운데서 고요한 것을 건드리어 대 보려는 성품을 내고, 대 보려는 정기가 촉觸에 비치어서는 촉을 주물러 근이 되었나니, 근의 근본은 맑고 깨끗한 사대라 하고, 인하여 몸의 자체라 하며, 장구통 같은 사진으로 된 거친 근이라, 흘러나와 촉을 따라가느니라.

나고 없어지는 두 가지가 서로 잇대어짐으로 말미암아 묘하고 두렷한 가운데서 고요한 것을 건드리어 알려는 성품을 내고, 알려는 정기가 법진에 비치어서는 법진을 잡아당겨 근이 되었나니, 근의 근본은 맑고 깨끗한 사대라 하고, 인하여 생각하는 뜻이라 하며, 어두운 방 속에서 보는 것 같은 사진四塵으로 된 거친 근이라, 흘러나와 법진을 따라가느니라.

아난아, 이러한 여섯 근은 저 본각의 밝은 성품에 밝히려는 명각明覺이 있음으로 말미암아 그 정미롭고 맑은 것을 잃어버리고, 허망한 데 물들어 빛을 내는 것이니라. 그러므로 밝고 어두움을 여의면 보는 성질이 없을 것이요, 떠들고 조용함을 여의면 듣는 성질이 없을 것이요, 통하고 막힘을 여의면 맡는 성질이 없을 것이요, 싱겁고 맛남을 여의면 맛보는 성질이 없을 것이요, 떼고 합함이 없으면 대 보는 성질이 없을 것이요, 나고 없어짐을 여의면 생각하여 아는 성질이 없을 것이니라.

네가 다만 떠들고 조용함과 떼고 합함과 싱겁고 맛남과 통하고 막힘과 나고 없어짐과 밝고 어두운 열두 가지 하염 있는 모양을 따르지 아니하고, 어느 근根으로든지 물든 것을 벗기고 속으로 굴복시켜 참된 근본으로 돌아가서 본래 있는 밝은 빛을 내게 되면, 밝은 빛이 환하게 퍼짐을 따라서 다섯 가지 물들었던 다른 근들도 한꺼번에 벗어나리라. 앞의 것들이 일으킨 알고 보는 것에 말미암지 아니하여 밝음이 근을 따르지 않고 근에 맡기어 밝음이 나게 되면, 여섯 근이 서로 작용하게 되리라.

아난아, 여기 있는 아나율타는 눈이 없으나 보며, 발난타용跋難陀龍은 귀가 없으나 들으며, 항하 여신은 코가 없으나 맡으며, 교범바제는 다른 혀로도 맛을 알며, 순야다신舜若多神은 몸이 없으나 대 보아 알기도 하고, 여래의 광명에 비치어 잠깐 나타났지마는 체질이 바람이어서 몸이 원래 없으며 멸진정滅盡定에 들어서 고요하여진 마하가섭摩訶迦葉 같은 이는,

벌써 뜻이 없어졌지마는 마음에 의지하지 않고도 분명하게 아는 것이 아니냐.

아난아, 너도 모든 근에서 벗어나서 속으로 빛을 내게 되면, 허망한 티끌과 기세간器世間의 여러 가지 변천하는 것들이 끓는 물에 얼음 녹듯 하고, 한 생각을 따라서 위없는 각을 이루게 되리라.

아난아, 세상 사람이 보는 정기를 눈에만 모았다가 갑자기 눈을 감아서 캄캄한 모양이 앞에 나타나면 여섯 근이 아뜩하여 머리와 발을 분별하지 못하거니와, 그 사람이 손으로 몸을 만지면 비록 보지는 못하나 머리와 발을 낱낱이 분별하게 되어 알고 깨닫는 것이 밝을 적과 같으리라. 반연할 것을 보는 것은 밝음에 말미암는 것이므로 어두워지면 보지 못하거니와, 밝지 아니하여도 보는 작용이 생긴다면 어두운 것이 영원히 어둡히지 못하리니(不能昏), 근과 진이 없어지기만 한다면 어찌하여 각의 밝음이 원만하고 묘하여지지 아니하겠느냐?"

아난 "세존이시여, 부처님이 말씀하시기를 '인행因行 때에 깨닫는 마음으로 항상한 과果를 얻으려면 과위果位의 이름과 같아야 한다'라고 하셨나이다. 세존이시여, 과위에서 얻는 보리 · 열반 · 진여眞如 · 불성佛性 · 암마라식菴摩羅識 · 공여래장空如來藏 · 대원경지大圓鏡智 등 일곱 가지 이름이 말은 비록 다르나 그 본체는 맑고 깨끗하고 원만하고 굳고 흔들리지 아니하여, 마치 금강이 항상하여 망가지지 않는 것과 같은 것이온데, 만일 이 보고 듣는 것이 밝은 것 · 어두운 것 · 떠드는 것 · 조용한 것 · 통한 것 · 막힌 것을 여의고는 필경에 자체가 없다 하오면, 마치 허망하게 생각하는 마음이 앞의 것을 여의고는 제 성품이 없다 하시던 것과 같을 터이어늘, 어떻게 이 필경에 자체가 없는 것으로써 수행修行할 인을 삼아 가지고 여래의 항상 있는 일곱 가지 과果를 얻겠나이까.

세존이시여, 만일 밝은 것과 어두운 것을 여의고는 보는 것이 필경에 없을진댄 마치 앞의 것이 없으면 생각하는 자성이 없다던 것과 같을 것이오니, 아무리 이리저리 생각하여 보아도 내 마음과 마음할 바(心所)가 없겠나이다. 무엇으로 인을 삼아서 위없는 각을 구하오리까. 부처님께서 먼저 말씀하시기를 '고요한 정기가 두렷하고 항상하다' 하였사오나 진실한 말씀이 아니어서 희롱거리가 될 것이오니, 부처님을 어떻게 진실한 말씀을 하시는 이라 하오리까. 큰 자비를 베푸시사 저희들의 어리석음을 깨우쳐 주소서."

부처님 "아난아, 너는 많이 기억만 하고 번뇌를 끊지 못하였으므로 뒤바뀐 인연을 알기는 하면서도 참말 뒤바뀐 것이 앞에 나타난 것은 알지 못하는구나. 네가 아직도 진심眞心으로 믿지 않는 듯하니, 내가 이제 속세에 있는 일로써 너의 의심을 덜어 주리라."

이렇게 말씀하시면서 라후라羅候羅로 하여금 종을 한 번 치게 하시고, 아난에게 물으셨다.

부처님 "네가 지금 듣느냐?"

아난과 대중 "저희들이 듣나이다."

종소리가 없어진 뒤에 말씀하셨다.

부처님 "네가 지금 듣느냐?"

아난과 대중 "듣지 못하나이다."

그때에 라후라가 또 한 번 종을 쳤다.

부처님 "네가 지금 듣느냐?"

아난과 대중 "듣나이다."

부처님 "아난아, 너는 어떤 것을 듣는다 하고, 어떤 것을 듣지 못한다 하느냐?"

아난과 대중 "종을 쳐서 소리가 나면, 저희가 듣는다 하고, 친 지가 오래되어 소리가 없어지고 메아리까지 사라지면, 들음이 없다 하나이다."

부처님께서 또 라후라를 시켜 종을 치게 하시고, 아난에게 물으셨다.

부처님 "네가 지금 소리 나느냐?"

아난과 대중 "소리 나나이다."

종소리가 없어진 뒤에 물으셨다.

부처님 "지금 소리 나느냐?"

아난과 대중 "소리 없나이다."

조금 있다가, 라후라가 또 종을 한 번 쳤다.

부처님 "네가 지금 소리 나느냐?"

아난과 대중 "소리 나나이다."

부처님 "아난아, 너는 어떤 것을 소리 난다 하고, 어떤 것을 소리 없다 하느냐?"

아난과 대중 "종을 쳐서 소리가 있으면 소리 난다 하고, 친 지가 오래 되어 소리가 없어지고, 메아리까지 사라지면 소리가 없다 하나이다."

부처님 "네가 어찌하여 말이 이랬다저랬다 하느냐?"

아난과 대중 "저희들을 어찌하여 이랬다저랬다 한다 하시나이까?"

부처님 "내가 듣느냐 물으면 네가 듣노라 하고, 내가 소리 나느냐 물으면 네가 소리 난다 하여 듣는 것과 소리 나는 것에 대답이 일정하지 아니하니, 이것이 이랬다저랬다 하는 것이 아니냐. 아난아, 소리가 없어지고 메아리까지 사라지면 들음이 없다 하니, 참말 들음이 없다면 듣는 성품이 아주 없어져서 나뭇등걸 같은 것이어늘, 종을 다시 치는 것을 네가 어떻게 아느냐. 있는 줄 알고 없는 줄 아는 것은 소리가 있었다 없었다 하는 것이언정, 어찌 너의 듣는 성품이 있었다 없었다 하는 것이겠느냐. 들음이 참으로 없을진댄 무엇이 소리 없는 줄을 알겠느냐. 그러므로 아난아, 듣는 가운데서 소리가 났다 없어졌다 함일지언정 네가 소리 나고 소리 없어지는 것을 듣는다고 하여서 너의 듣는 성품이 있었다 없었다 하는 것은 아니니라.

내가 오히려 생각이 잘못되어 소리 없는 것을 들음이 없는 줄로 아는 터이니, 육근六根의 성품이 항상한 것을 없어지는 것인 줄로 여기는 것인들 무엇 그리 이상타 하겠느냐. 그러나 떠들고 조용하고 막히고 열림을 여의고는 듣는 성품이 없다고 말할 것이 아니니라. 마치 깊이 잠든 사람이 한창 잘 적에 그 집 사람들이 다듬이질을 하거나 방아를 찧으면 그 사람이 꿈결에 방망이 소리나 절구 소리를 듣고, 북소리나 종소리로 여기면서 '종소리가 어찌하여 나무 두들기는 소리 같으냐?'라고 하다가 문득 깨면서 절구 소린 줄을 알고는 집안 식구들에게 말하기를 '내가 지금 꿈을 꾸었는데 이 절구 소리를 북소리로 들었노라'라고 하느니라.

아난아, 이 사람이 꿈속에서 어떻게 조용하고 떠들고 열리고 막힘을 생각하리요마는 몸은 비록 잠을 자나 듣는 성품은 혼미하지 아니하였나니, 설사 네 몸이 죽어 목숨이 없어진들 이 성품이야 어찌 없어지겠느냐.

중생들이 끝없는 옛적부터 빛과 소리를 따라 허망하게 헤매면서 깨끗하고 항상한 성품을 깨닫지 못하므로, 항상한 성품을 따르지 못하고서 났다 없어졌다 하는 것만 쫓아다니면서 세세생생에 허망하게 흘러 다니거니와, 만일 났다 없어졌다 함을 버리고서 참되고 항상한 성품을 찾으면, 항상한 광명이 앞에 나타나서 근根과 진塵과 식識이 한꺼번에 없어지리라.

생각하는 모양이 티끌이요, 인식하는 것이 때 묻는 것이라, 이 두 가지까지 멀리 여의면 너의 법의 눈(法眼)이 즉시에 밝아질 것이니, 어찌 위 없는 각(無上知覺)을 이루지 못하랴."

대불정여래밀인수증요의제보살만행수릉엄경

| 제5권 |

2) 맺힌 것을 풀고 원통한 근(圓通根)을 택함

(1) 맺힌 것을 푸는 것

아난 "세존이시여, 부처님께서 둘째 뜻을 말씀하시었으나, 세상에서 맺힌 것 푸는 사람들을 보건대 맺힌 근원을 알지 못하면 풀지 못하리이다. 세존이시여, 저와 이 회중에 있는 처음 배우는 성문들도 역시 그러하여, 끝없는 옛적부터 무명으로 더불어 함께 나고 함께 없어지고 하였사오매, 비록 많이 들은 선근善根으로 말미암아 이렇게 출가는 하였사오나 마치 하루거리 학질 같사오니, 바라건대 크신 자비로 생사에 헤매는 것을 어여삐 여기시옵소서. 오늘날 이 몸과 마음이 어찌하여 맺혔사오며, 어찌하면 풀겠나이까. 오는 세상에 고생 받을 중생들로도 바퀴 돌듯 하는 데(輪廻)서 벗어나 삼계에 떨어지지 않게 하소서."

이 말을 마치고, 대중들과 함께 다섯 활개를 땅에 엎드려 눈물을 흘리며 정성을 다하여 부처님께서 깨우쳐 주시기를 기다리었다.

그때에 부처님께서 아난과 여러 배우는 이들을 딱하게 생각하시며, 오는 세상 여러 중생들을 위하여 출세出世할 인연을 만들며 장래의 눈을 삼고자 하사 염부단금閻浮檀金 빛 같으신 손으로 아난의 정수리를 만지시니, 즉시에 시방의 여러 세계가 여섯 가지로 진동(六種震動)하며, 그 세계에 계시는 티끌같이 많은 부처님께서 각각 정수리로 보배 광명을 놓으셨다. 그 광명이 한꺼번에 여러 세계로부터 기타숲으로 모여와서 부처님의 정수리에 대시니, 여러 대중들이 처음 봄(未曾有)을 얻었다.

이때에 아난과 대중들은 시방에 계신 여러 부처님께서 같은 말씀으로 법문하시는 것을 들었다.

여러 부처님 "좋다, 아난아. 네 몸과 함께 난 무명(俱生無明)이 너로 하여금 생사에서 헤매게 하는 맺힌 뿌리(結根)를 알고자 할진댄, 오직 너의 육근六根이라 다른 것이 아니며, 또 위없는 보리가 너로 하여금 즐겁고 자유롭고 고요하고 항상한 이치를 증득하게 할 것을 알고자 할진댄, 역시 너의 육근六根이라 다른 것이 아니니라."

아난이 비록 이러한 법문을 들었으나, 오히려 분명하게 알지 못하여 머리를 조아리고 부처님께 여쭈었다.

아난 "어찌하여 저로 하여금 생사에서 헤매게 하는 것과 즐겁고 항상함을 얻게 하는 것이 다 같은 육근六根이라 다른 것이 아니라 하시나이까?"

부처님 "근根과 진塵이 근본이 같고, 얽매임(縛)과 벗어남(脫)이 둘이 아니며, 인식하는 성품이 허망하여 허공의 꽃과 같으니라. 아난아, 진으로 말미암아 알음알이를 내고, 근으로 인하여 모양이 있는 것이니, 모양과 보는 것이 제 성품이 없어서 기대어 서 있는 갈대와 같으니라. 그러므로 네가 지금 알고 보고 하는데 안다는 생각을 내면 무명의 근본이요, 알고 보고 하는데 본다는 소견이 없으면 곧 열반의 번뇌 없고 참된 것이어니, 이 가운데 어찌 다른 물건을 용납하겠느냐?"

이때에 부처님이 이 뜻을 다시 펴려 하사 게송偈頌으로 말씀하시었다.

참된 성품 가운데 유위有爲법이 없건만
인연으로 생기매 요술같이 허망해
하염 없는(無爲) 법이란 생生도 멸滅도 없어서
진실하지 못함이 허공 꽃과 같다네.

허망함을 말하여 참된 성품 나투면
두 가지가 모두 다 허망하게 되오리.
참된 것도 아니요, 아닌 것도 아니니
보는 건가 보는 대상인가를 말할 것도 없겠네.

중간이란 그것이 참된 성품 없으매
기대서는 갈대가 서 있는 것 같으니
맺는 것과 푸는 것 그 인연이 한 가지
성인이나 범부나 두 갈래길 없다네.

기대서는 갈대의 그 성품을 보느냐.
있는 것도 아니요 없는 것도 아니니
아득하여 모르면 무명이라 말하고
밝게 깨닫는 것을 해탈이라 한다오.

맺힌 것을 풀려면 차례차례 하나니
여섯 근을 다 풀면 하나까지 없어져

육근六根에서 골라서 원통圓通한 근 가리면
성인 축에 들어서 위없는 각覺 이루리.

아타나식阿陀那識 그 모양 알아보기 어려워
익혀 오는 저 습기習氣 폭포수가 되고
진성인지 아닌지 모를까봐 두려워
오늘까지 한 번도 말을 하지 않았네.

내 마음인 여기서 또 내 마음 찾으면
요술 아닌 그 법이 요술법(幻法)이 되리니
안 찾으면 요술법 아닌 것도 없거니
없는 데서 어떻게 요술법이 생기랴.

이를 일러 이름을 연꽃같이 묘하고
금강같이 굳으신 보배로운 각覺이며
요술같이 허망한 삼마제라 하나니
손 튕기는 동안에 무학無學 뛰어넘으리.

이 세상에 다시는 비길 데가 없기에
이것을 아비달마阿毘達磨 법이라고 하나니
시방세계에 계신 여러 바가범婆伽梵께서
이 한길로 열반에 들어가는 문일세.

이때에 아난과 대중이 부처님께서 자비하게 일러 주시는 기야祇夜와 가타伽陀의 문장이 아름답고 이치가 미묘함을 듣잡고, 마음 눈이 환하게 열리어 처음 봄(未曾有)을 찬탄하면서 합장하여 정례하고, 부처님께 여쭈었다.

아난 "제가 지금 부처님께서 자비하게 말씀하시는 깨끗하고 묘하고 항상한 참된 법문을 들었사오나, 아직도 여섯이 풀리면 하나까지 없어지는 매듭 푸는 차례를 알지 못하오니, 바라옵건댄 크신 자비로 저희들과 이 다음 사람들을 어여삐 여기사 법문을 말씀하시어 깊은 번뇌를 씻어 주소서."

그때에 부처님께서 사자좌에 앉으사 열반승涅般僧을 바로 하시고, 승가리僧伽梨를 여미시고, 칠보七寶로 만든 책상을 당기시고는, 그 위에 놓인 겁바라천劫波羅天이 바친 비단 수건을 드시어 대중 앞에서 한 매듭을 맺으시고, 아난에게 보이시면서 말씀하셨다.

부처님 "이것을 무엇이라 하느냐?"

아난과 대중 "그것은 매듭이로소이다."

부처님께서 또 한 매듭을 맺으시고 물으셨다.

부처님 "이것은 무엇이냐?"

아난과 대중 "그것도 매듭이로소이다."

이렇게 차례차례로 여섯 매듭을 맺으시면서 한 매듭을 맺으실 적마다 아난에게 보이면서 "이것은 무엇이냐?"라고 물으신대, 아난과 대중은 번번이 "그것도 매듭이로소이다."라고 대답하였다.

부처님 "내가 처음에 수건 맺은 것을 네가 매듭이라 하였나니, 이 비단 수건은 본래 하나이어늘 어찌하여 둘째 셋째를 모두 매듭이라고 하느냐?"

아난 "세존이시여, 이 첩화疊華를 짜서 만든 수건이 본래는 하나이지마는, 제가 생각하오니 부처님께서 한번 맺으시면 한 매듭이라 하고, 백 번 맺으시면 백 매듭이라 할 것이온데, 이제 이 수건은 다만 여섯 매듭뿐이어서 일곱 매듭은 되지 못하고 다섯은 지냈삽거늘, 부처님께서는 어찌하여 첫 매듭만 인정하시고, 둘째 셋째는 매듭이라 하지 아니하려 하시나이까?"

부처님 "아난아, 이 수건이 본래 하나이어늘 내가 여섯 번 맺어서 여섯 매듭이란 이름이 있게 되었느니라. 네가 자세히 살펴보라. 수건 자체는 같건마는 맺음으로 인하여 매듭이 다르게 되었으니, 첫 번 맺은 것을 첫 매듭이라 하고, 이리하여 여섯째 매듭이 생겼으니, 내가 이제 이 여섯째 매듭으로 첫 매듭이라 하면 될 수 있겠느냐?"

아난 "아니니이다, 세존이시여. 여섯 매듭이 그냥 있으면 이 여섯째 매듭이 첫 매듭이 될 수는 없나이다. 제가 비록 여러 생生을 두고 변명하온들 어떻게 여섯 매듭의 이름을 바꿀 수 있겠나이까?"

부처님 "그러니라. 여섯 매듭이 같지 아니하나, 근본을 따져 보면 한 수건으로 된 것이언만 그 매듭들을 섞이게 할 수 없듯이 너의 육근도 그와 같아서 필경 같은 데서 필경 다른 것이 되었느니라.

아난아, 네가 이 여섯 매듭이 제각기 있는 것을 싫어하여 하나 되기를 원할진댄, 어떻게 하여야 하겠느냐?"

아난 "이 매듭들이 그냥 있사오면 '기다' '아니다' 하는 말이 어지러이 일어나서 '이 매듭은 저 매듭이 아니요' '저 매듭은 이 매듭이 아니다'라 할 것이오니, 부처님께서 모두 풀어서 한 매듭도 없게 하오시면 이것이라 저것이라 할 것이 없어서 하나랄 것도 없삽거늘 여섯이 어데 있사오리까?"

부처님 "여섯이 풀리면 하나까지 없어지는 것도 역시 그러하니라. 너의 끝없는 본마음이 미치고 어지러워 알고 보는 것이 허망하게 생기었고, 허망한 것 생기는 것이 쉬지 아니하여 보는 것이 피로하여져서 티끌이 생기나니, 마치 눈이 피로하여지면 고요하고 밝은 데서 까닭 없이 헛꽃이 어지러이 일어나는 것같이 이 세상의 산과 강과 땅과 나고 죽는 것과 열반이란 것이 모두 미치고 피로하여서 생기는 뒤바뀐 헛꽃이니라."

아난 "이 피로하여진 것이 매듭 같사올진댄, 어찌하여야 풀겠나이까?"

부처님께서 매듭 맺은 수건을 손에 드시고, 왼쪽으로 당기면서 말씀하셨다.

부처님 "아난아, 이렇게 하면 풀 수 있겠느냐?"

아난 "못 하나이다, 세존이시여."

부처님께서 손에 드신 매듭을 다시 오른쪽으로 당기시면서 물으셨다.

부처님 "아난아, 이렇게 하면 풀 수 있겠느냐?"

아난 "못 하나이다, 세존이시여."

부처님 "아난아, 내가 지금 왼쪽으로 당기고 오른쪽으로 당기어서 풀지 못하였으니, 네가 방편을 내어라. 어떻게 하면 풀겠느냐?"

아난 "세존이시여, 매듭 복판에서 풀어야 풀리겠나이다."

부처님 "아난아, 그러니라. 매듭을 풀려면 매듭 복판에서 풀어야 하느니라. 아난아, 불법이 인연으로 좇아 난다고 말한 것은 세간에서 화합으로 생기는 거친 모양을 말한 것이 아니니라. 여래는 세간법世間法과 출세간법出世間法을 잘 알아서 그 원인이 무슨 반연으로 생기는 것을 알며, 또 항하사같이 많은 세계에 내리는 빗방울 수효를 알고, 앞에 있는 소나무는 곧고, 멧대추나무는 굽고, 따오기는 희고, 까마귀는 검은 것을, 모두 그 원인을 아느니라. 그러므로 아난아, 네 마음대로 여섯 근根에서 가리어 보아라. 근의 맺힌 데가 풀리면, 육진六塵도 저절로 사라질 것이니, 모든 허망한 것이 사라져 없어지면 참된 성품이 아니고 무엇이겠느냐. 아난아, 이 겁바라천이 바친 수건이 지금 여섯 매듭이 맺혔으니, 한꺼번에 풀어 버릴 수 있겠느냐?"

아난 "아니니이다, 세존이시여. 이 매듭이 원래 차례차례 맺힌 것이므로 지금도 차례차례 풀어야 하나이다. 여섯 매듭의 본체는 같지마는 맺히던 때가 같지 않삽거늘, 풀 때엔들 어떻게 한꺼번에 풀 수 있겠나이까?"

부처님 "육근六根을 풀어 버리는 것도 역시 그러하니, 이 근이 처음 풀리면 먼저 나라는 것이 공함을 얻고, 공한 성품이 두렷이 밝아지면 법에서 해탈하게 되고, 법에서 해탈한 뒤에 모두 공하였다는 것까지도 나지 아니하여야, 이것을 보살들의 삼마제로 좇아 무생법인無生法忍을 얻는 것이라 하느니라."

(2) 원통圓通을 얻는 것

① 육진원통六塵圓通

아난과 대중이 부처님의 법문을 듣잡고, 각覺의 지혜가 원통하여 의심이 없어지자, 한꺼번에 합장하여 부처님 발에 정례하고 또다시 여쭈었다.

아난 "오늘 저희들이 몸과 마음이 환하게 열리어 조금도 걸림이 없어졌나이다. 그리하여 비록 여섯이 풀리면 하나까지 없어지는 이치를 알았사오나, 아직도 원통한 본래의 근根을 알지 못하나이다. 세존이시여, 제가 여러 겁을 돌아다니면서 외롭게 지내다가 무슨 인연인지 모르거니와 부처님의 아우가 되었사오니, 마치 젖을 잃었던 아이가 어머니를 만난 듯 하나이다. 만일 이 좋은 기회에 도를 이루게 되오면 이번에 들은 법문이 본래 깨달은 것 같사오련마는 지금은 듣지 못한 것이나 다름이 없사오니, 바라건대 크신 자비로 저희에게 비밀한 법문을 일러 주시어 부처님의 마지막 가르치심이 이루어지이다."

이 말을 마치고, 다섯 활개를 땅에 엎드리어 절하고 물러앉아 비밀한 뜻을 머금고, 부처님의 그윽하신 가르치심을 기다리고 있었다.

이때에 부처님께서 여러 보살과 번뇌가 없어진 아라한들에게 말씀하시었다.

부처님 "너희들, 보살과 아라한들이 나의 불법 가운데서 더 배울 것 없음(無學)을 이루었나니, 너희들이 처음에 발심하고 깨달을 적에 십팔계十八界에서 어느 것이 원통한 것이며, 무슨 방편으로 삼마제三摩提에 들어갔느냐?"

교진나驕陳那 등 다섯 비구가 자리에서 일어나 부처님 발에 정례하고, 여쭈었다.

"제가 사슴 동산(鹿野苑)과 구구타 절(鷄園寺)에서 부처님께서 처음 성도하심을 뵈옵고, 부처님의 음성으로 말미암아 사성제四聖諦를 깨달았사오며, 부처님께서 비구들에게 물으실 적에 제가 먼저 '알았노라'라고 하였삽더니, 여래께서 저를 인가하사 '아야다阿若多'라 이름하시오매, 묘한 소리가 그윽이 두렷하여졌사오며, 저는 음성으로 좇아 아라한을 얻었나이다. 부처님이 원통을 물으시니, 제가 증득한 바로는 음성이 으뜸이 되겠나이다."

우바니사타優婆尼沙陀가 자리에서 일어나 부처님 발에 정례하고 아뢰었다.

"저도 부처님께서 처음 성도하심을 뵈옵고, 부정한 모양(不淨相)을 관하다가 크게 싫은 생각을 내어 색진色塵의 성품을 깨달았사오니, 부정한 것으로부터 백골白骨과 티끌까지가 허공으로 돌아가고, 허공과 색진이 모두 없어져서 무학無學을 이루었더니, 여래께서 저를 인가하사 '니사타尼沙陀'라 이름하시오매, 티끌인 색은 없어지고, 묘한 색이 그윽이 두렷하였사오며, 저는 색으로 좇아 아라한을 얻었나이다. 부처님께서 원통을 물으시니, 제가 증득한 바로는 색진이 으뜸이 되겠나이다."

향엄香嚴 동자童子가 자리에서 일어나 부처님 발에 정례하고 아뢰었다.

"저는 부처님께서 저로 하여금 '모든 하염 있는 법(有爲法)을 자세히 관하라'라고 하심을 듣잡고, 그때에 부처님을 하직하고, 조용한 방에 편안히 앉았다가 비구들이 침수향沈水香 사르는 것을 보니, 향기가 살그머니 코에 들어오더이다. 제가 보니, 이 향기가 나무도 아니요, 공한 것도 아니요, 연기도 아니요, 불도 아니어서 가서 닿는 데가 없고 와도 좇은 데가 없사온지라 이로부터 뜻이 스러지고 무루無漏를 발명하였더니, 여래께서 저를 인가하사 '향엄香嚴'이라 이름하시오매, 티끌 기운은 없어지고(倏滅), 묘한 향기가 그윽이 두렷하였사오며, 저는 향기를 좇아 아라한을 얻었나이다. 부처님께서 원통을 물으시니, 제가 증득한 바로는 향엄香嚴이 으뜸이 되겠나이다."

약왕藥王과 약상藥上 두 법왕자法王子가 5백 범천梵天과 함께 자리에서 일어나 부처님 발에 정례하고 아뢰었다.

"저는 끝없는 옛적에 좋은 의원이 되어 입으로 이 사바세계에 있는 풀과 나무와 쇠와 돌을 맛보았으니, 수효가 10만 8천이어든, 그 맛이 쓰고, 시고, 짜고, 싱겁고, 달고, 매운 것과 섞인 맛과 본래의 맛과 변한 맛이며, 그 성질이 차고, 덥고, 독 있고, 독 없는 것을 죄다 알았사옵고, 여래를 섬기면서 맛의 성품을 알아보오니, 공한 것도 아니요, 있는 것도 아니요, 몸과 마음에 즉卽한 것도 아니요, 몸과 마음을 여읜 것도 아닌지라, 맛의 원인을 분별하다가 이로 말미암아 깨달았삽더니, 여래께서 저의 형제를 인가하사 '약왕보살' '약상보살'이라 이름하시오매, 이 회중에서 법왕자가 되었사오며, 맛을 인하여 각이 밝게 열리어 보살 지위에 올랐나이다. 부처님께서 원통을 물으시니, 제가 증득한 바로는 맛이 으뜸이 되겠나이다."

발타바라跋陀婆羅가 그 동반, 십육 보살과 함께 자리에서 일어나 부처님 발에 정례하고 아뢰었다.

"저희들은 처음에 위음왕威音王부처님께 법을 듣고 출가하였삽더니, 스님네가 목욕할 때에 차례를 따라 목욕간에 들어갔다가 홀연히 물의 인을 깨닫고 보니, 티끌을 씻음도 아니요, 자체를 씻음도 아니며, 중간에서 자재自在하게 편안하여져서 아무것도 없게 되었사옵나이다. 그때의 습기習氣가 없어지지 아니하였다가 금생에 와서는 부처님을 따라 출가하여 무학無學의 자리에 올랐사오며, 부처님께서 저를 '발타바라'라 이름하시오매, 묘한 촉觸이 환하게 밝아 불자佛子가 되었나이다. 부처님이 원통을 물으시니, 제가 증득한 바로는 촉의 인(觸因)이 으뜸이 되겠나이다."

마하가섭摩訶迦葉과 붉은 금빛 비구니(紫金光比丘尼)들이 자리에서 일어나 부처님 발에 정례하고 아뢰었다.

"지나간 겁에 이 세계에 부처님이 나셨으니, 이름이 '일월등日月燈'이시라. 제가 친근하게 모시고, 법을 듣고 공부하였사오며, 그 부처님이 열반하신 뒤에 사리舍利를 모시고 등불을 켜서 공양하오며, 붉은 금으로 불상佛像에 도금塗金하였삽더니, 그 후부터 세세생생에 몸에 붉은 금빛(紫金光色)이 원만하였사옵고, 이 붉은 금빛 비구니들도 저의 권속으로서 함께 발심하였나이다. 저는 세상의 여섯 가지 진塵이 변천함을 관하고, 공하고 고요한 것으로 멸진정滅盡定을 닦아서 몸과 마음이 백천 겁을 지내는 것이 손가락 튕기는 동안 같사오며, 공空한 법으로 아라한阿羅漢을 이루었삽더니, 세존께서 저를 '두타행頭陀行하는 데 제일이다'라 말씀하시오매, 묘한 법이 밝게 열리고, 모든 번뇌가 없어졌나이다. 부처님께서 원통을 물으시니, 제가 증득한 바로는 법의 인이 으뜸이 되겠나이다."

② 육근원통六根圓通

아나율타阿那律陀가 자리에서 일어나 부처님 발에 정례하고 아뢰었다.

"저는 처음 출가하여 잠자기를 좋아하였더니, 부처님 말씀하시길 '잠을 많이 자면 축생畜生이 된다'라고 꾸중하심을 듣삽고, 눈물을 흘려 뉘우치며 이레 동안을 자지 아니하다가 두 눈이 멀었나이다. 세존께서 보는 성품이 환하게 밝아지는 금강삼매金剛三昧를 가르쳐 주시오매, 저는 눈에 의지하지 않고도 시방을 밝히 보되 참된 정기가 환히 열리어 손바닥의 과일 보듯 하였사오며, 부처님이 저를 인가하사 아라한을 이루었나이다. 부처님께서 원통을 물으시니, 제가 증득한 바로는 보는 것을 돌리어 근원을 따르는 것이, 제일이 되겠나이다."

주리반특가周利槃特迦가 자리에서 일어나 부처님 발에 정례하고 아뢰었다.

"저는 외울 총기(誦持)가 없어 잊기를 잘하였는데, 처음에 부처님 법문을 듣고 출가하여 부처님의 게송 한 구절을 백날 동안 읽어도 앞의 말을 외우면 뒤의 말을 잊고, 뒤의 말을 외우면 앞의 말을 잊어버려 외우지 못하였더니, 부처님께서 저를 딱하게 여기시고, 저를 가르치사 '조용하게 앉아서 숨 쉬는 것을 고르게 하라'라고 하시거늘, 제가 그때에 숨 쉬는 것을 관하여서 나고, 머물고, 달라지고, 없어지는 변천하는 법이 잠깐 잠깐인 줄을 세밀하게 궁구하였더니, 마음이 환히 열리어 걸림이 없게 되고, 번뇌가 다하여 아라한阿羅漢이 되어 부처님 자리 앞에 앉으니, 저를 인가하사 무학을 이루었나이다. 부처님께서 원통을 물으시니, 제가 증득한 바로는 숨을 돌리어 공을 따르는 것이 제일이 되겠나이다."

교범바제가 자리에서 일어나 부처님 발에 정례하고 아뢰었다.

"저는 입버릇이 나빠서 지난 겁에 스님네를 업신여긴 탓으로, 세세생생에 소삭임질병(牛呞病)이 있었더니, 여래께서 저에게 한결같이 깨끗한 마음자리 법문(一味淸淨心地法門)을 가르쳐 주시므로 잡념이 스러지고, 삼매에 들어 맛보아 아는 것이 자체도 아니요 물건도 아닌 줄로 관하니, 한 생각 동안에 세간의 모든 번뇌를 뛰어나서 안으로는 몸과 마음에서 벗어나고 밖으로는 세계를 잊어버렸으며, 삼계를 여읜 것이 마치 새가 새장에서 나온 듯하여 때와 티끌이 녹아지고, 법눈이 깨끗하여서 아라한을 이루오매 부처님이 저를 인가하사 무학 지위에 올랐다 하셨나이다. 부처님께서 원통을 물으시니, 제가 증득한 바로는 맛보는 것을 돌리어 지견(知)을 따르는 것이 제일이 되겠나이다."

필릉가바차가 자리에서 일어나 부처님 발에 정례하고 아뢰었다.

"저는 처음 발심하고 부처님을 따라 출가하여 부처님께서 이 세간의 여러 가지 즐겁지 못한 일 말씀하시는 것을 자주 들었삽고, 성중에서 밥을 빌면서 법문을 생각하다가 길에서 독한 가시에 발을 찔리고 전신이 매우 아프오매, 제가 생각하니 '알음알이가 있는 탓으로 아픈 줄을 아는 터인즉 비록 아픈 줄 아는 것과 아픈 것이 있더라도 본각의 깨끗한 마음에는 아픈 것과 아픈 줄 아는 것이 없으리라'라고 하였삽고, 다시 생각하니 '한 몸에 어찌 두 가지 각覺이 있으리오'라고 하였사오며, 이렇게 생각한 지 오래지 않아서 몸과 마음이 문득 공하여지고, 삼칠일(21일) 동안에 온갖 번뇌가 없어져서 아라한을 이루오매, 부처님께서 친히 인가하사 무학無學을 발명하였나이다. 부처님께서 원통을 물으시니, 제가 증득한 바로는 본각을 순일하게 하고 몸을 잊는 것이 제일이 되겠나이다."

수보리須菩提가 자리에서 일어나 부처님 발에 정례하고 아뢰었다.

"저는 오랜 겁 전부터 마음에 막힘이 없어져서 이 세상에 태어난 것이 항하사같이 많은 것을 기억하오며, 어머니 뱃속에 있을 적부터 공한 이치를 알았고, 시방세계도 공하여졌으며, 다른 중생들까지도 공한 성품을 증득하게 하옵더니, 여래께서 각의 성품을 가진 참된 공을 발명하심을 입사와 공한 성품이 두렷이 밝아져서 아라한을 이루고, 여래의 보배롭고 밝은 공 가운데 들어가 부처님의 지견과 같이 되오매, 부처님께서 인가하사 무학을 이루었다 하시고 본 성품의 공한 데서 해탈하기는 제가 첫째라 하셨나이다. 부처님께서 원통을 물으시니, 제가 증득한 바로는 모든 모양이 공하여지고 공한 것과 공할 것까지 없어져서 법을 돌리어 끝까지 공한 것을 따르는 것이 제일이 되겠나이다."

③ 육식원통六識圓通

사리불舍利弗이 자리에서 일어나 부처님 발에 정례하고 아뢰었다.

"저는 여러 겁 전부터 마음으로 보는 것(心見)이 맑고 깨끗하여 이렇게 생을 받은 것이 항하사와 같사오며, 세간과 출세간의 여러 가지 변화하는 것을 한번 보면 곧 통하게 되어 걸릴 것이 없었나이다. 저는 길 가면서 가섭파迦葉波 형제가 인연법 말하는 것을 듣고, 마음이 끝이 없음을 깨닫고, 부처님을 좇아 출가하여 보는 각이 밝고 두렷하여지고, 두려움이 없게 되어 아라한을 이루었사오며, 부처님의 맏아들이 되었사오니, 부처님의 입으로 좇아 났사오며, 법으로 좇아 화생하였나이다. 부처님께서 원통을 물으시니, 제가 증득한 바로는 마음으로 보는 것이 광명을 내고 광명이 지극하여진 지견知見이 제일이 되겠나이다."

보현普賢보살이 자리에서 일어나 부처님 발에 정례하고 아뢰었다.

"저는 일찍부터 항하사恒河沙 여래의 법왕자가 되었사오며, 시방 여래께서 보살 근기를 가진 제자들을 교화하실 적에 보현행普賢行을 닦으라 하시는 것은 제 이름을 말하는 것이니이다. 세존이시여, 저는 마음으로 듣는 것으로 중생의 지견을 분별하오며, 만일 항하사같이 많은 다른 세계에서 한 중생이라도 보현행을 발명하는 이가 있으면, 제가 큰 코끼리를 타고 백천 분신分身을 나타내어 그곳에 가오며, 저 사람이 만일 업장

業障이 두터워서 저를 보지 못할지라도, 저는 그윽한 가운데서 그 사람의 머리를 만져 보호하고 위로하여 그 소원을 성취케 하나이다. 부처님께서 원통을 물으시니, 저의 인행을 말씀하옵건대 마음으로 듣는 것이 밝은 빛을 내어 분별하기를 자유롭게 하는 것이 제일이 되겠나이다."

손타라난타孫陀羅難陀가 자리에서 일어나 부처님 발에 정례하고 아뢰었다.

"저는 처음 출가하여 불도에 들어와 계를 받았으나 삼마지三摩地에는 마음이 항상 산란하여 무루無漏를 얻지 못하였삽더니, 부처님께서 말씀하시기를 '구치라俱絺羅와 함께 코끝이 희어짐(鼻端白)을 관하라'라고 하시매, 처음 관하여 삼칠일을 지나니, 콧속으로 나드는 숨이 연기와 같아지고, 몸과 마음이 안으로 밝아지며, 온 세계에 두렷이 사무쳐서 막힘이 없이 깨끗하기가 마치 수정과 같더니, 연기 모양이 점점 스러지고, 코에서 쉬는 숨이 희어지면서 마음이 열리고, 번뇌가 없어졌으며, 나드는 숨이 광명으로 화하여 시방세계에 비치어 아라한을 얻사오매, 부처님께서 저를 수기受記하사, 당래에 보리를 얻을 것이라 하셨나이다. 부처님께서 원통을 물으시니, 제 경험으로는 숨을 소멸하여 광명을 내고 광명이 두렷하여 번뇌를 멸하는 것이, 제일이 되겠나이다."

부루나미다라니자富樓那彌陀羅尼子가 자리에서 일어나 부처님 발에 정례하고 아뢰었다.

"저는 오랜 겁 전부터 변재辯才가 걸림이 없어 괴롭고 공한 이치를 말하며 실상實相을 깊이 알았고, 여러 부처님의 비밀한 법문까지도 저는 두려움이 없이 대중 가운데서 공교롭게 연설하였더니, 부처님께서 저의 변재를 아시고, 음성륜音聲輪으로 저를 가르치시오매, 제가 부처님 앞에서 부처님을 보좌하여 법륜을 굴리었으며, 사자후를 함으로 아라한을 이루니, 부처님께서 저를 인가하사 법문 잘하는 사람 중에 으뜸이라 하셨나이다. 부처님께서 원통을 물으시니, 저의 경험으로는 법문하는 음성으로 마魔와 원수를 항복받고 번뇌를 소멸하는 것이 제일이 되겠나이다.”

우바리가 자리에서 일어나 부처님 발에 정례하고 아뢰었다.

“저는 몸소 부처님을 모시고 성을 넘어 출가하여 여래께서 6년 동안 고행하시는 것을 봐 왔사오며, 또 여래께서 마의 군중(魔群)을 항복받으시고, 외도外道들을 절제節制하심을 뵈옵고, 세간의 탐욕과 여러 가지 번뇌를 해탈하였으며, 부처님의 계율을 받자와 이와 같이 3천 위의威儀와 8만 4천 가지 자성인 업(性業)과 말라신 업(遮業)을 다 깨끗하게 지니었으며, 몸과 마음이 고요하여져서 아라한을 이루었사오매, 부처님의 대중 가운데서 규율 맡는 두목(衆中綱紀)이 되었으며, 부처님께서 저를 인가하사 계행을 가지고 몸을 닦는 데는 제가 으뜸이라 하셨나이다. 부처님께서 원통을 물으시니, 저의 경험으로는 먼저 몸을 단속하여 몸이 자재하여지고, 다음에 마음을 단속하여 마음이 통달하여진 연후에 몸과 마음이 원통하여 뜻대로 되는 것이 제일이 되겠나이다.”

목건련目犍連이 자리에서 일어나 부처님 발에 정례하고 아뢰었다.

“저는 처음에 길가에서 밥을 빌다가 우루빈라가섭優樓頻螺迦葉, 가야가섭伽倻迦葉과 나제가섭那提迦葉을 만나 여래의 인연법의 깊은 뜻을 듣고 발심하여 크게 통달하였더니, 부처님께서 저를 사랑하사 가사袈裟가 몸에 입혀지고 머리카락과 수염이 저절로 깎였으며, 제가 시방에 돌아다니되 걸림이 없었고, 신통을 발명하는 것이 으뜸이 되어 아라한을 이루었사오니, 어찌 세존뿐이오리까. 시방 여래께서도 저의 신통력이 두렷하고 밝고 깨끗하고 자재하여 두려울 것이 없음을 찬탄하시나이다. 부처님이 원통을 물으시니, 저의 경험으로는 인식하는 것을 고요한 데로 돌리키어 마음의 광명을 드러나게 하되, 마치 흐린 물을 맑힐 적에 오래되면 맑고 깨끗하게 되듯이 하는 것이 제일이 되겠나이다.”

④ 칠대원통七大圓通

오추슬마烏芻瑟摩가 여래 앞에서 합장하고, 부처님 발에 정례하고 아뢰었다.

“저는 생각하오니, 오랜 겁 전부터 탐욕이 많았더니, 공왕부처님(空王佛)께서 세상에 나시었을 적에 말씀하시기를 ‘음욕이 많은 사람은 뜨거운 불무더기가 된다’라고 하시면서 ‘여러 골절骨節과 팔다리에 있는 여러 더운 기운을 관하라’라고 하시더니, 신기로운 광명이 속으로 엉기면서 음란한 마음이 변화하여 지혜불이 되거늘, 그때부터 부처님네가 저를 화두금강火頭金剛이라고 불렀사오며, 저는 화광삼매火光三昧의 힘으로 아라한을 이루고, 마음에 큰 원력을 세워 부처님네가 성도하실 적마다 제가 역사力士가 되어 마魔와 원수를 항복시켰나이다. 부처님께서 원통을 물으시니, 저의 경험으로는 몸과 마음의 따뜻한 기운을 관하여 걸림이 없이 고루 통하게 되고, 모든 번뇌가 소멸하고, 큰 보배 불길을 내어 위없는 각覺에 오르는 것이 제일이 되겠나이다.”

지지持地보살이 자리에서 일어나 부처님 발에 정례하고 아뢰었다.

“저는 생각하오니, 옛적에 보광普光여래께서 세상에 나셨을 적에 제가 비구가 되어 여러 중요한 길과 나루에 땅이 좁고 험하고 평탄치 못하여 수레나 말이 지나가기에 불편한 데가 있으면, 제가 평탄하게 메우기도 하고, 다리를 놓기도 하고, 흙을 져다가 펴기도 하여 이렇게 애쓰기를 한량없는 부처님께서 출현하시도록 하였나이다. 그리고 어떤 중생이 복잡한 곳에서 사람을 삯 주어 짐을 지우려 하거든, 제가 먼저 지고 가되, 그 사람이 가는 데까지 가서 짐을 내려놓고는 곧 돌아와 삯을 받지 아니하였으며, 비사부毘舍浮부처님께서 세상에 계실 적에 흉년이 들었는데 저는 짐꾼이 되어 멀거나 가깝거나 삯 한 푼만 받았으며, 혹시 수레 멘 소가 구렁에 빠졌거든 저는 신력이 있어 바퀴를 밀어 빼어 주었나이다. 어느 때는 그 나라 임금이 부처님을 청하여 재齋를 차리거늘 저는 그때에 길을 평탄하게 닦고 부처님께서 지나가시기를 기다렸더니, 비사부부처님께서 제 정수리를 만지시면서 말씀하시기를 '마음만 평탄히 하면 온 세상 땅이 모두 평탄하여진다'라고 하시더이다. 제가 그 말씀을 듣고 마음이 열리어 몸에 있는 미진微塵이 세계를 조성造成한 미진과 조금도 차별이 없는 줄로 보았으며, 그리하여 미진의 성품이 서로 저촉되지 아니하며, 칼과 병장기까지도 조금도 저촉되지 아니하게 되어 모든 법의 성품에서 무생법인無生法忍을 깨달아 아라한阿羅漢이 되었고, 이제 와서는 마음을 회향迴向하여 보살 지위에 이르러 여래의 묘련화불지견妙蓮華佛智見 말씀하심을 듣고, 제가 먼저 증명하여 으뜸이 되었나이다. 부처님께서 원통을 물으시니, 저의 경험으로는 몸에 있는 미진微塵이나 세계를 조성造成한 미진이 조금도 차별이 없나니, 본래 여래장으로서 허망하게 티끌이 생긴 줄을 자세히 관찰하여 티끌이 스러지고 지혜가 원만하여 위없는 도(無上道)를 이루는 것이 제일이 되겠나이다."

월광月光 동자가 자리에서 일어나 부처님의 발에 정례하고 아뢰었다.

"저는 생각하오니, 지난 옛적 항하사 겁 전에 부처님께서 세상에 나시니, 이름이 수천水天이시라. 보살들로 하여금 수관水觀을 닦아 삼매에 들게 하시되(水精入三摩地), 몸 안에 있는 물 성품이 서로 어기지 아니하여 콧물이나 침이나 여러 가지 진액津液이나 정기나 피나 대소변까지라도 몸 안에 돌아다니는 물의 성품이 한결같은 줄을 관하며, 몸속에 있는 물이나 짐대(돛대)같이 높이 솟은 화장세계華藏世界에 있는 여러 향수해香水海의 물이나 다 같이 차별이 없는 줄을 보라 하시었나이다. 그때에 제가 처음 이 수관을 이루니, 물만 보이고 몸은 없어지지 않더이다. 저는 비구로서 방 안에서 좌선坐禪할 적에 저의 제자가 창구멍을 뚫고 방 안을 엿보니, 맑은 물만 방에 가득하고 아무것도 보이지 아니하매, 어린것이 철이 없어 기와 조각을 물에 던져 물소리를 내고는 힐금힐금 돌아보며 갔는데, 그 뒤에 제가 선정에서 나오니, 문득 가슴이 아픈 것이 미치 사리불이 원귀冤鬼를 만난 것 같거늘 가만히 생각하기를 '내가 이미 아라한이 되어서 병의 인연을 여읜 지가 오래되었는데, 오늘에 와서 가슴이 아픈 것이 웬일인가. 도력道力이 퇴타退墮한 것이 아닌가'라고 하였나이다. 그때에 제자 아이가 와서 그런 말을 하기에 제가 말하기를 '이 다음에 또 물을 보거든 문을 열고 들어가서 기왓장을 집어내라'라고 하였더니, 아이가 그 말을 듣고서 후에 제가 선정에 들었을 적에 물을 보고 기왓장이 완연하거늘 문을 열고 집어내었는데, 그 다음에 선정에서 나오니 몸이 예사 때와 같았나이다. 그 후에 한량없는 부처님을 만났으며, 산해자재통왕山海自在通王여래 때에 이르러 비로소 몸이 없어지고, 시방세계의 향수해香水海와 더불어 성품이 진공眞空에 합하여 차별이 없이 되었으며, 이제 부처님께 동진童眞보살이란 이름을 얻어 보살회菩薩會에 참여하였나이다. 부처님께서 원통을 물으시니, 저의 경험으로는 물의 성품이 한결같이 흐르는 것을 관하여 무생법인을 얻어 보리를 원만히 하는 것이 제일이 되겠나이다."

유리광법왕자瑠璃光法王子가 자리에서 일어나 부처님 발에 정례하고 아뢰었다.

"저는 생각하오니, 지나간 옛적 항하사 겁 전에 부처님께서 출현하시니, 이름이 무량성無量聲이시라. 보살들에게 본각의 묘하고 밝은 것을 열어 보이사대 '이 세계와 중생들의 몸이 모두 허망한 인연인 바람의 힘으로 움직임인 줄을 관하라'라고 하시거늘, 제가 그때에 세계는 나란히 버려져 있는 것이요, 세월은 시간이 흐르는 것이요, 몸은 움직이고 그치는 것이요, 마음은 생각이 일어나는 것인 줄로 관하였나이다. 그리하여 여러 움직이는 것이 둘이 아니어서 차별이 없으며, 또 동시에 이 여러 움직이는 성품이 와도 오는 데가 없고, 가도 가는 데가 없으니, 시방에 티끌 같이 많은 뒤바뀐 중생들이 한결같이 허망한 것인 줄을 알았고, 이리하여 삼천대천세계 안에 있는 중생들이 마치 한 그릇 속에 백천 마리 모기와 등에를 넣었거든 그 좁은 속에서 웅성거리고 떠들고 야단하는 것 같음을 깨달았사오며, 부처님을 만난 지 오래지 아니하여 무생법인을 얻으니, 그때에 마음이 열리어 동방東方 부동불국不動佛國의 부처님을 뵈옵고, 법왕자가 되어 시방 부처님을 섬기오매 몸과 마음에 광명을 내어 걸림이 없이 환하게 사무쳤나이다. 부처님께서 원통을 물으시니, 저의 경험으로는 바람의 힘이 의지한 데 없음을 관하여 보리를 깨달아 삼마지에 들고, 시방 부처님과 합하여 묘한 마음을 전하는 것이 제일이 되겠나이다."

허공장虛空藏보살이 자리에서 일어나 부처님 발에 정례하고 아뢰었다.

"저는 여래와 함께 정광불定光佛에게서 가없는 몸을 얻었고, 그때에 큰 보배 구슬 네 개를 들고 시방의 미진 같은 세계를 비추어 허공으로 화하였으며, 또 제 마음에 크고 둥근 거울을 나타내고, 그 속으로부터 열 가지 미묘한 광명을 놓아 시방 허공의 끝까지 비추니, 허공에 있는 여러 세계들은 거울 속으로 들어와서 다시 제 품안으로 쓰러들고, 제 몸은 허공과 같아서 서로 부닥치지 아니하며, 제 몸도 여러 국토에 널리 들어가서 불사佛事를 행하되 매우 뜻대로 되었으니, 이러한 신력神力은 사대四大가 의지한 데 없어 허망한 생각(妄想)으로 섰다 없어졌다 하는 것이며, 허공도 둘이 아니고 세계가 본래 같은 것인 줄을 자세히 관찰함으로 말미암은 탓이니, 이 같은 데서 발명하여 무생법인을 얻었나이다. 부처님께서 원통을 물으시니, 저의 경험으로는 허공이 가없는 것을 관찰하여 삼마지에 들어가서 묘한 신력이 원통하게 밝아지는 것이 제일이 되겠나이다."

미륵彌勒보살이 자리에서 일어나 부처님 발에 정례하고 아뢰었다.

"저는 생각하오니, 지내간 옛적 미진겁微塵劫 전에 부처님께서 세상에 나시니, 이름이 일월등명日月燈明이시라. 저는 그 부처님을 따라 출가하였으나, 세상 명예를 좋이 여겨 양반들과 사귀어 놀기를 즐겨 하였더니, 그때에 부처님께서 유심식정唯心識定을 닦아서 삼마지에 들라고 말씀하시오매 그 후부터 여러 겁 동안 이 삼매를 닦아 많은 부처님을 섬기었더니, 세상 명예를 좋아하던 마음이 없어졌으며, 연등부처님(然燈佛)이 출현하셨을 적에는 위가 없고 묘하고 두렷한 식심識心삼매를 얻으니, 허공에 가득한 여러 세계의 깨끗한 것이나, 더러운 것이나, 있는 것이나, 없어지는 것이 모두 제 마음으로 변화하여 생긴 것이더이다. 세존이시여, 저는 이렇게 온갖 것이 마음으로 되는 것임을 깨달은 탓으로 마음으로부터 한량없는 여래를 내었사오며, 이제 수기를 받자와 보처불이 되었나이다. 부처님께서 원통을 물으시니, 저의 경험으로는 시방이 다만 식심識心인 줄을 관찰하여 마음이 두렷이 밝아져서 원성실성圓成實性에 들어가고, 의타기성依他起性과 변계소집성徧計所執性을 멀리 여의어 무생법인無生法忍을 얻는 것이 제일이 되겠나이다."

대세지법왕자大勢至法王子가 그 동반인 52명의 보살과 함께 자리에서 일어나 부처님 발에 정례하고 아뢰었다.

"저는 생각하오니, 지내간 옛적 항하사 겁 전에 부처님께서 출현하시니, 이름이 무량광無量光이시며, 열두 부처님께서 한 겁 동안에 계속하여 나셨는데 그 마지막 부처님이 초일월광超日月光이시라. 그 부처님께서 저에게 염불念佛삼매를 가르치시기를 '마치 한 사람은 전심專心으로 생각하거니와 한 사람은 전심으로 잊기만 하면 이 두 사람은 만나도 만나지 못하고, 보아도 보지 못하는 것이요, 만일 두 사람이 서로 생각하여 생각하는 마음이 함께 간절하면, 이생에서 저생에, 또 저생에 이르도록 몸에 그림자 따르듯이 서로 어긋나지 아니하느니라. 시방 여래께서 중생 생각하시기를 어미가 자식 생각하듯 하시거니와, 만일 자식이 도망하여 가면 생각한들 무엇 하랴. 자식이 어미 생각하기를 어미가 자식 생각하듯 하면 어미와 자식이 세세생생에 서로 어긋나지 아니하리라. 만일 중생들이 지극한 마음으로 부처님을 생각하고 부처님을 염하면, 이생에서나 혹은 저생에서 결정코 부처님을 뵈올 것이며, 부처님과 서로 멀지 아니하여 방편方便을 가자하지 않고도 저절로 마음이 열리는 것이, 마치 향기를 쏘이는 사람이 몸에 향기가 배는 것 같으리니, 이것이 향광장엄香光莊嚴이니라'라고 하시더이다. 저는 본래 인행因行 때에 염불하는 마음으로 무생법인無生法忍을 얻었고, 지금도 이 세계에서 염불하는 사람을 인도하여 서방정토로 가게 하나이다. 부처님께서 원통을 물으시니, 저의 경험으로는 이것저것을 가리지 말고, 육근을 모두 가져다가 항상 염불하되 깨끗한 생각이 서로 계속되어 삼마지를 얻는 것이 제일이 되겠나이다."

대불정여래밀인수증요의제보살만행수릉엄경

| 제6권 |

⑤ 관세음보살의 이근원통

저때에 관세음보살이 자리에서 일어나 부처님 발에 정례하고 여쭈었다.

"세존이시여, 제가 생각하오니, 옛날 수없는 항하사 겁 전에 부처님께서 세상에 출현하셨으니, 명호가 관세음불觀世音佛이시라. 제가 그 부처님께 보리마음을 내었더니, 그 부처님께서 저로 하여금 듣고(聞) 생각하고(思) 닦음(修)으로부터 삼마지三摩地에 들라 하시거늘, 처음에 듣는 성품에서 흐르는 데 들어가서 들을 바가 없어지고, 들을 바와 들어가는 것이 이미 고요하여지매 떠들고 조용한 두 가지가 조금도 나지 아니하며, 이와 같이 점점 더 나아가서 들음과 들을 바가 다 없어지고, 들음이 없어졌다는 것까지 남아 있지 아니하여서 깨달음과 깨달을 바가 함께 공하였으며, 공하였다는 각覺이 지극히 원만하여 공하였다는 것과 공한 바가 아주 없어지고, 나는 것과 없어지는 것이 이미 소멸하여지매 고요하고 멸滅한 것이 앞에 나타나더이다. 문득 세간과 출세간을 뛰어넘어 시방이 두렷하게 밝아지면서 두 가지 특별히 이상한 경계를 얻었으니, 하나는 위로 시방 부처님의 본래 묘한 각의 마음과 합하여 부처님네로 더불어 어여삐 여기는 힘이 같아지고, 둘째는 아래로 시방의 여섯 갈래 중생과 합하여 중생들로 더불어 슬피 사모함이 같아졌나이다.

세존이시여, 저는 관세음부처님께 공양하고, 저 부처님께서 일러 주시는 환술 같은 들어 쏘이며 들어 닦는 금강삼매를 입사와 부처님네로 더불어 어여삐 여기는 힘이 같아졌으므로 제 몸으로 서른두 가지 응신應身을 이루어 여러 국토에 들어가나이다.

세존이시여, 만일 보살菩薩들이 삼마지三摩地에 들어가서 무루無漏를 닦아 좋은 알음알이가 두렷이 나타나면, 제가 부처님 몸(佛身)을 나타내어 법문을 말하여 해탈케 하고, 만일 아직도 배우는 이(有學)들이 고요하고 묘하게 밝아 좋고 묘한 것이 두렷이 나타나면, 제가 그 앞에서 독각의 몸(獨覺身)을 나타내어 법문을 말하여 해탈케 하고, 만일 아직도 배우는 이들이 십이인연十二因緣을 끊어 인연이 끊어진 좋은 성품에 좋고 묘한 것이 두렷이 나타나면, 제가 그 앞에서 연각의 몸(緣覺身)을 나타내어 법문을 말하여 해탈케 하옵나이다. 만일 아직도 배우는 이들이 사제四諦가 공하여져서 도를 닦아 열반에 들려 할 적에 좋은 성품이 두렷이 나타나면, 제가 그 앞에서 성문의 몸(聲聞身)을 나타내어 법문을 말하여 해탈케 하옵나이다.

만일 중생들이 음욕 마음을 분명히 깨닫고, 음욕을 범치 아니하여 몸이 깨끗하여지려 하면, 제가 그 앞에서 범천왕의 몸(梵天王身)을 나타내어 법을 말하여 해탈케 하고, 만일 중생들이 제석천왕帝釋天王이 되어 여러 하늘을 거느리려 하면, 제가 그 앞에서 제석천왕의 몸(帝釋天王身)을 나타내어 법을 말하여 이루게 하고, 만일 중생들이 몸이 마음대로 되어 시방으로 다니려 하면, 제가 그 앞에서 자재천의 몸(自在身)을 나타내어 법을 말하여 이루게 하고, 만일 중생들이 몸이 마음대로 되어 허공에 날아다니려 하면, 제가 그 앞에서 대자재천의 몸(大自在天身)을 나타내어 법을 말하여 이루게 하옵나이다. 만일 중생들이 귀신을 거느리고 국토를 구호하려 하면, 제가 그 앞에서 천대장군天大將軍의 몸을 나타내어 법을 말하여 이루게 하고, 만일 중생들이 세계를 통솔하고 중생들을 보호하려 하면, 제가 그 앞에서 사천왕四天王의 몸을 나타내어 법을 말하여 이루게 하고, 만일 중생들이 천궁에 나서 귀신들을 부리려 하면, 제가 그 앞에서 사천왕국태자四天王國太子의 몸을 나타내어 법을 말하여 이루게 하옵나이다.

만일 중생들이 인간의 왕이 되려 하면, 제가 그 앞에서 임금의 몸을 나타내어 법을 말하여 이루게 하고, 만일 중생들이 양반 중에 으뜸이 되어 세상에서 받들어 주기를 좋아하면, 제가 그 앞에서 장자長者의 몸을 나타내어 법을 말하여 이루게 하고, 만일 중생들이 유명한 말을 하면서 고상하게 살려 하면, 제가 그 앞에서 거사居士의 몸을 나타내어 법을 말하여 이루게 하옵나이다. 만일 중생들이 나라를 다스리어 지방제도地方制度를 잘 마련하려 하면, 제가 그 앞에서 재상宰相의 몸을 나타내어 법을 말하여 이루게 하고, 만일 중생들이 도술道術과 의학醫學을 배워 몸을 조섭하고 생명을 보호하려 하면, 제가 그 앞에서 바라문婆羅門의 몸을 나타내어 법을 말하여 이루게 하옵나이다.

만일 어떤 남자가 배우기를 좋아하고 출가하여 계율을 잘 가지려 하면, 제가 그 앞에서 비구比丘의 몸을 나타내어 법을 말하여 이루게 하고, 만일 어떤 여자가 배우기를 좋아하고 출가하여 금계禁戒를 잘 가지려 하면, 제가 그 앞에서 비구니比丘尼의 몸을 나타내어 법을 말하여 이루게 하고, 만일 남자가 오계五戒를 가지려 하면, 제가 그 앞에서 우바새優婆塞의 몸을 나타내어 법을 말하여 이루게 하고, 만일 여자가 오계를 가지려 하면, 제가 그 앞에서 우바이優婆夷의 몸을 나타내어 법을 말하여 이루게 하옵나이다. 만일 어떤 여인이 안살림에 몸을 바쳐 집안이나 나라 일을 잘 닦으려 하면, 제가 그 앞에서 황후皇后나 왕비나 마님이나 여선생의 몸을 나타내어 법을 말하여 이루게 하고, 만일 어떤 중생이 남근男根을 잘 보전하려 하면, 제가 그 앞에서 동남童男의 몸을 나타내어 법을 말하여 이루게 하고, 만일 처녀가 처녀의 몸을 사랑하여 정조를 파하지 아니하려 하면, 제가 그 앞에서 동녀童女의 몸을 나타내어 법을 말하여 이루게 하옵나이다.

만일 하늘 사람(天人)들이 하늘 무리에서 벗어나기를 원하면, 제가 그 앞에서 하늘 사람의 몸을 나타내어 법을 말하여 이루게 하고, 만일 용龍들이 용의 무리에서 벗어나기를 원하면, 제가 그 앞에서 용의 몸을 나타내어 법을 말하여 이루게 하고, 만일 야차夜叉들이 야차의 무리에서 벗어나려 하면, 제가 그 앞에서 야차의 몸을 나타내어 법을 말하여 이루게 하고, 만일 건달바乾闥婆들이 그 무리에서 벗어나려 하면, 제가 그 앞에서 건달바의 몸을 나타내어 법을 말하여 이루게 하고, 만일 아수라阿修羅들이 그 무리에서 벗어나려 하면, 제가 그 앞에서 아수라의 몸을 나타내어 법을 말하여 이루게 하옵나이다. 만일 긴나라緊那羅들이 그 무리에서 벗어나려 하면, 제가 그 앞에서 긴나라의 몸을 나타내어 법을 말하여 이루게 하고, 만일 마후라가摩睺羅迦들이 그 무리에서 벗어나려 하면, 제가 그 앞에서 마후라가의 몸을 나타내어 법을 말하여 이루게 하옵나이다.

만일 어떤 중생이 사람을 좋아하여 사람 될 도道를 닦으면, 제가 그 앞에서 사람의 몸을 나타내어 법을 말하여 이루게 하고, 만일 사람 아닌 이(非人)로서 형상 있는 이나, 형상 없는 이나, 생각 있는 이나, 생각 없는 이들이 모두 그 무리에서 벗어나려 하면, 제가 그 앞에서 각각 그들의 몸을 나타내어 법을 말하여 이루게 하옵나이다.

이것이 여러 국토에 들어가는 서른두 가지 묘하고 깨끗한 몸(三十二應身)이오니, 이것이 모두 들어 쏘이며, 들어 닦는 삼매의 일부러 하지 않는 묘한 힘(無作妙力)으로 마음대로 되는 것이로소이다.

세존이시여, 저는 또 이 들어 쏘이며 들어 닦는 금강삼매의 일부러 하지 않는 묘한 힘(無作妙力)으로 시방삼세의 여섯 갈래 중생들과 슬피 사모함이 같은 탓으로, 중생들로 하여금 제 몸과 마음에서 열네 가지 두려울 것 없는 공덕(十四種無畏功德)을 얻게 하나이다.

첫째는 제가 소리를 관觀하지 아니하고 관하는 이를 관함으로 말미암아 시방에서 고통 받는 중생들로 하여금 제가 그 음성을 관하여 벗어나게 하는 것입니다.

둘째는 보는 것을 돌이켜 회복하였으므로 중생들로 하여금 큰 불에 들어가도 타지 않게 하는 것입니다.

셋째는 듣는 것을 돌이켜 회복하였으므로 중생들로 하여금 큰물에 휩쓸려도 빠지지 않게 하는 것입니다.

넷째는 허망한 생각을 끊어 버려 죽이려는 마음이 없어졌으므로 중생들로 하여금 귀신의 세계에 들어가도 귀신들이 해하지 못하게 하는 것입니다.

다섯째는 들음을 쏘여 익혀 옳게 들음을 이루고 육근六根이 녹아 회복되어 소리를 들음과 같으므로 중생들로 하여금 죽임을 당하게 되어도 칼이 조각조각 부서지며, 창이나 병장기가 마치 물을 베는 듯하고, 불을 부는 듯하여 성품의 변동이 없게 하는 것입니다.

여섯째는 들어 쏘임이 정미롭고 밝아 법계에 두루 비치어 어두운 성품이 완전하지 못하므로 중생들로 하여금 야차夜叉 · 나찰羅刹 · 구반다鳩槃茶 · 비사차毗舍遮 · 부단나富單那 들이 그 곁에 가더라도 그것들이 눈으로 보지 못하게 하는 것입니다.

일곱째는 소리의 성품이 스러지고 듣는 것이 되돌아 들어가 허망한 티끌을 여의었으므로 중생들로 하여금 얽는 것과 고랑과 칼과 오랏줄 같은 것이 몸에 붙지 못하게 하는 것입니다.

여덟째는 소리를 소멸하고 듣는 성품을 두렷하게 하여 모두 자비한 힘을 내게 하였으므로 중생들로 하여금 험난한 길을 지나가더라도 도적이 겁탈하지 못하게 하는 것입니다.

아홉째는 듣는 것을 익히고 티끌을 여의어 색色이 건드리지 못하므로 음심이 많은 중생들로 하여금 음욕을 멀리 여의게 하는 것입니다.

열째는 소리 들음이 순일하여 티끌이 없어지고 근根과 경계境界가 원융하여 서로 상대가 되지 아니하므로 분심이 많은 중생들로 하여금 성내는 마음이 없어지게 하는 것입니다.

열한째는 티끌을 없이 하고 밝음을 돌이켜 법계와 몸과 마음이 유리와 같이 환히 비치고 막힘이 없으므로 혼미하고 우둔하고 성품이 막힌 일천제一闡提들로 하여금 어리석음을 영원히 여의게 하는 것입니다.

열두째는 형상을 융통하고 듣는 성품을 회복하였으므로 도량에서 움직이지 아니하고 세계를 끌어들이되 세계를 손상하지 아니하며, 시방세계에 두루 퍼져 미진 같은 부처님께 공양하여 여러 부처님의 법왕자法王子가 되었으므로 법계의 아들 없는 중생들의 아들 낳기를 원하는 이로 하여금 복덕 있고 지혜로운 아들을 낳게 하는 것입니다.

열셋째는 육근六根이 원통하고 밝게 비침이 둘이 없어 시방세계를 포함하였으며, 대원경지大圓鏡智와 공여래장空如來藏을 세워 시방의 미진수 부처님을 받들어 섬기며, 비밀한 법문을 받잡고 잃어버리지 아니하였으므로 법계의 자식 없는 중생들의 딸 낳기를 원하는 이로 하여금 단정하고 복덕스럽고 유순하여 여러 사람의 사랑과 공경을 받을 만한 딸을 낳게 하는 것입니다.

열넷째는 이 삼천대천세계三千大天世界 백억 일월日月에 현재 세간에 있는 보살들이 62억 항하사가 되거든 법을 수행하고 규모를 세워 중생을 교화하되, 중생을 수순하는 방편과 지혜가 각각 같지 않거니와, 제가 얻은 원통한 본근本根이 귀에서 묘한 작용을 내었고, 몸과 마음이 미묘하게 삼키고 받아들여 법계에 두루하였으므로 제 이름을 외워 지니는 중생과 62억 항하사 보살의 이름을 온통 외워 지니는 중생과 두 사람의 복덕이 꼭 같아서 다르지 아니하나이다.

세존이시여, 저 한 사람의 이름이 저 여러 보살의 이름과 다르지 아니한 것은, 제가 참된 원통을 닦아 얻은 탓이오니, 이것이 열네 가지 두려울 것 없는 힘(十四無畏力)으로써 중생들에게 복을 주는 것이로소이다.

세존이시여, 저는 다시 이 원통圓通을 얻어 위없는 도를 닦고 증득한 탓으로, 또 네 가지 생각할 수 없고 말할 수 없는 저절로 되는 묘한 덕을 얻나이다.

첫째는 제가 처음에 묘하고도 묘한 듣는 마음을 얻으매 마음이 정미로워지고, 들음에서 벗어나 보고 듣고 깨닫고 아는 것이 새(分隔)를 막지 못하고, 원융하고 깨끗한 보배로운 각을 이루었으므로 여러 가지 얼굴을 나타내며, 한량없는 주문呪文을 말하나이다. 그 가운데서 혹 한 머리 · 세 머리 · 다섯 머리 · 일곱 머리 · 아홉 머리 · 열한 머리를 나타내며, 이와 같이 백여덟 머리 · 천 머리 · 만 머리 · 8만 4천 금강 같은 머리를 나타내기도 하고, 혹 두 팔 · 네 팔 · 여섯 팔 · 여덟 팔 · 열 팔 · 열두 팔 · 열네 팔 · 열여섯 팔 · 열여덟 팔 · 스무 팔 · 스물네 팔을 나타내며, 이와 같이 백여덟 팔 · 천 팔 · 만 팔 · 8만 4천 결인結印한 팔을 나타내기도 하고, 혹 두 눈 · 세 눈 · 네 눈 · 아홉 눈을 나타내며, 이와 같이 백여덟 눈 · 천 눈 · 만 눈 · 8만 4천 깨끗한 좋은 눈을 나타내기도 하되, 혹 자비하게, 혹 위엄 있게, 혹 선정禪定으로, 혹 지혜로 중생들을 구호하여 크게 자재함을 얻나이다.

둘째는 저의 듣고 생각함이 육진六塵을 벗어난 것이 마치 소리가 담을 넘되 막힘이 없는 듯하므로 제가 기묘하게 여러 가지 몸을 나타내고, 여러 가지 주문을 말하며, 그 몸과 그 주문들이 두려울 것 없는 것으로 중생들에게 베풀어 주시나니, 그러므로 시방의 여러 세계에서 모두 저를 가리켜서 '두려울 것 없는 것으로 보시 하는 이'라 하나이다.

셋째는 제가 본래 원통하고 묘하게 깨끗한 본근本根을 닦아 익힌 탓으로 여러 세계 가는 곳마다 중생들로 하여금 몸과 재물을 버려서 저의 어여삐 여김을 구하게 하나이다.

넷째는 제가 부처님의 마음에 계합하여 끝까지 증득하고, 여러 가지 보배로 시방 부처님께 공양하였으며, 곁(傍)으로 온 법계의 여섯 갈래 중생들에게 베풀었으므로 아내를 구하면 아내를 얻게 하고, 아들을 구하면 아들을 얻게 하고, 삼매를 구하면 삼매를 얻게 하고, 장수하기를 구하면 장수하게 하고, 이와 같이 대열반大涅槃을 구하면 대열반까지 얻게 하나이다,

부처님께서 원통을 물으시니, 저는 귀로 좇아 두렷이 비치는 삼매를 얻고, 인연을 따라 교화하는 마음이 자재하였기에 흐르는 모양(流相)에 들어가서 삼마지를 얻고, 보리를 성취하는 것이 제일이 되겠나이다.

세존이시여, 저 부처님께서 제가 원통한 법문을 얻었다 찬탄하시고, 대중 가운데서 저를 '관세음觀世音'이라고 수기하시었사오니, 저의 듣는 것이 시방에 원만하였으므로 관세음이라는 이름이 시방세계에 가득 하였나이다."

그때에 부처님께서 사자좌獅子座에 앉으사 다섯 활개로 광명을 놓으사 시방세계에 계시는 여러 부처님과 여러 법왕자法王子 보살의 정수리에 대시고, 저 여러 부처님도 역시 다섯 활개에서 한꺼번에 훌륭한 광명

을 놓으사 여러 곳으로부터 여기에 오셔서 부처님 정수리에 대시고 아울러 여러 보살과 아라한들에게 대시니, 숲과 나무와 못과 시내에서 모두 법문을 연설하며, 광명이 서로 엇사귀어 보배 실로 짠 그물과 같았고, 이 여러 대중이 처음 보는 즐거움을 느끼며, 한꺼번에 모두 금강삼매를 얻었다.

이때에 하늘에서 여러 가지 보배로운 연꽃을 내리 뿌려 푸르고 누르고 붉고 흰 것이 사이사이 섞이어 찬란하게 되었으며, 시방 허공이 칠보빛을 이루니, 이 사바세계의 땅과 산과 강물이 문득 나타나지 아니하고, 시방의 미진 같은 세계가 합하여 한 세계가 되었으며, 범패梵唄 하는 소리와 노래하는 곡조가 저절로 들리었다.

⑥ 문수보살文殊菩薩의 선택

이때에 부처님께서 문수사리법왕자文殊師利法王子에게 말씀하셨다.

"네가 이 이십오위二十五位의 무학無學 보살과 아라한들을 보라. 제각기 처음에 도를 이루던 방편을 말하면서 모두 진실한 원통을 닦았노라 하나니, 저희들이 수행하는 데는 참으로 낫고 못하고 앞서고 뒤서고 하는 차별이 없으려니와, 내가 지금 아난으로 하여금 깨닫게 하려면 이 이십오원통二十五圓通에서 어느 것이 그 근거에 적당하겠으며, 또 내가 열반한 뒤에 이 세계 중생들이 보살승에 들어가서 위없는 도를 구하려 하면 어느 방편문方便門으로 닦아야 쉽사리 성취할 수 있겠느냐?"

문수사리보살이 부처님의 자비하신 분부를 받잡고, 자리에서 일어나 부처님 발에 정례하고, 부처님의 위신威神을 받자와 게송으로 대답하였다.

각의 바다 그 성품 맑고 둥글어

둥글고 맑은 각이 원래 묘하네.
밝은 것이 비치어 밝힐 것 나고
밝힐 것이 난 뒤엔 비침이 없네.

아득한 무명으로 허공 생기고
허공을 의지하여 세계가 되니
망상이 가라앉아 국토가 되고
깨닫고 아는 것을 중생이라네.

크고 둥근 각에서 허공 생긴 것
넓고 넓은 바다에 거품 한 방울
났다가 없어지는 저 많은 세계
허공을 의지하여 생긴 것이니

물거품 없어지면 허공 없거니
하물며 저 삼계가 어데 있으랴.
근본으로 가는 길 둘 없으련만
방편으로 닦자니 여러 문일세.

성인의 성품으론 모두 다 원통
거슬림도 순함도 방편이언만
초학으로 삼매에 들어가는 덴
더디고 빠른 것이 딴판입니다.

색진色塵이란 망상妄想이 맺히어 된 것

마음으로 보아서 뚫지 못하니
뚫어 볼 수 없다는 색진으로써
어떻게 원통함을 얻사오리까.

음성音聲이란 여러 말 섞이어 된 것
낱말과 구절들과 뜻과 글자라
한 말이 여러 뜻을 못 가지거니
어떻게 원통함을 얻사오리까.

구린 냄새 향냄새 맡아야 알고
여의면 원래부터 없는 것이니
항상 있지 아니한 저 냄새로써
어떻게 원통함을 얻사오리까.

맛(味)이란 늘 있는 것 본래 아니요
혀로써 맛 볼 때만 있는 것이니
항상하지 아니한 저 맛으로써
어떻게 원통함을 얻사오리까.

촉觸이란 대 볼 것이 있어야 알고
대 볼 것이 없으면 촉도 없나니
대고 떼는 그 성품 일정치 않거니
어떻게 원통함을 얻사오리까.

법法이란 내진內塵이라 하는 것이니

진塵이라면 반드시 곳이 있어요,
곳 있다면 원만치 못하옵거늘
어떻게 원통함을 얻사오리까.

보는 성품 아무리 환하더라도
앞만 밝고 뒤로는 밝지 못하니
사방에서 하나 반半 못 보옵거늘
어떻게 원통함을 얻사오리까.

코로는 들이쉬고 내쉬지마는
들고 나는 중간엔 공덕이 없어
있다 없다 하는 것 원만찮거늘
어떻게 원통함을 얻사오리까.

맛보는 것 까닭이 없지 않아서
달고 쓴맛 있어야 알게 되나니
맛없으면 알음도 없어지거늘
어떻게 원통함을 얻사오리까.

몸이란 대 볼 것과 마치 한가지
둘이 다 깨달음이 원만치 못해
몸과 촉觸의 경계선 틀 수 없거늘
어떻게 원통함을 얻사오리까.

뜻으로 아는 것은 섞인 생각뿐

고요하고 맑은 건 볼 수 없나니
이 망상妄想을 벗어날 도리 없거늘
어떻게 원통함을 얻사오리까.

안식眼識으로 보는 것 세 가지 화합
근본을 따져 보면 제 모양 없어
자체부터 확실치 못한 것으로
어떻게 원통함을 얻사오리까.

마음으로 듣는 일 시방에 가득
크나큰 인행으로 생긴 힘이니
초학初學으론 들어갈 수가 없거늘
어떻게 원통함을 얻사오리까.

코끝을 보라신 것 본래가 방편
마음을 잡아들여 단속하는 법
단속하면 마음이 머물 것이니
어떻게 원통함을 얻사오리까.

설법이란 음성과 문자의 희롱
미리 깨달은 이나 할 수 있는 일
낱말이나 구절이 무루無漏 아니니
어떻게 원통함을 얻사오리까.

계율이란 이 몸을 단속하는 일

이 몸이 없는데야 단속도 빈말
원래가 온갖 법에 두루찮거늘
어떻게 원통함을 얻사오리까.

신통은 본래부터 전세前世의 인연
법진을 분별함관 관계가 없어
의식意識이란 경계를 못 여의거늘
어떻게 원통함을 얻사오리까.

지대地大의 성품으로 말을 하자면
굳고 막혀 본래가 큰 것 아니요
유위법有爲法은 성인의 성품 아니니
어떻게 원통함을 얻사오리까.

수대水大의 성품으로 말을 하자면
생각는 건 진실한 법이 아니요
진여眞如는 깨달아서 알 수 없거늘
어떻게 원통함을 얻사오리까.

화대火大의 성품으로 말을 하자면
싫어함은 참 여읨 원래 아니요
초학으로 행할 바 방편 아니니
어떻게 원통함을 얻사오리까.

바람의 성품으로 말을 하자면

움직이고 고요함 상대가 되니
상대라면 무상각無上覺 될 수 없거늘
어떻게 원통함을 얻사오리까.

허공의 성품으로 말을 하자면
어둡고 캄캄한 것 각覺이 아니니
각 아니면 보리와 같지 않거늘
어떻게 원통함을 얻사오리까.

식대識大의 성품으로 말을 하자면
관觀하는 유식唯識부터 항상치 못해
마음을 둔다는 것 허망하거늘
어떻게 원통함을 얻사오리까.

변천變遷하는 행법行法이 항상치 않고
염불하는 그 성품 원래가 생멸生滅
인因보다는 다르게 과果 얻었거늘
어떻게 원통함을 얻사오리까.

제가 지금 세존께 여쭈옵니다.
부처님 사바세계 나 계시오니
이곳서 가르치는 참말 교체敎體는
맑고도 깨끗하온 음성이외다.

누구나 삼마지를 얻고자 하면

소리 듣는 귀로야 들어갑니다.
모든 고생 여의고 해탈解脫 얻은 인
아마도 거룩하신 관세음보살.

맑은 겁劫 오래오래 지내오면서
미진수微塵數 불국토佛國土에 드나들면서
크나큰 자재력自在力과 무외력無畏力으로
마음대로 중생을 건져 주시네.

묘음妙音이신 관세음보살마하살
깨끗한 범음梵音이며 해조음海潮音으로
세간을 건져서는 안녕케 하고
출세간 하여서는 상주과常住果 얻네.

제가 지금 여래께 여쭈옵나니
관세음이 이르신 말씀과 같이
사람들이 조용히 쉬고 있을 때
시방에서 한꺼번에 북을 칩니다.

한꺼번에 울리는 저 북소리를
열 곳이건 스무 곳 서른 곳이건
한 귀로써 일시에 다 듣사오니
이를 일러 원진실圓眞實이라 합니다.

눈으론 막힌 데를 보지 못하며

입으로도 코로도 그러하듯이
몸으로는 물건이 닿아야 알고
생각은 어지러워 두서頭緖가 없네.

담과 벽을 넘어서 소리를 듣고
멀거나 가깝거나 모두 들으니
다섯 근根은 도저히 따를 수 없어
이것은 말하자면 통진실通眞實이오.

떠들고 조용한 건 소리의 성품
듣는 데는 있기도 없기도 하나
소리가 없다 하여 들음 없다나
듣는 성품 어찌해 참말 없으랴.

소리가 없을 적도 안 없어지고
소리가 있을 적도 나지 아니해
없어지고 나는 것 여의었으니
이를 일러 상진실常眞實이라 합니다.

아무리 꿈을 꾸는 속에서라도
생각지 않는다고 없지 아니해
본각本覺으로 듣는 일 생각 밖이니
마음과 몸으로는 못 미칩니다.

사바세계 이 나란 음성으로야

제 생각을 분명히 설명하나니
중생이 듣는 성품 잊어버리고
소리만 따르므로 헤매입니다.

아난이 제 아무리 총명하여도
잘못된 딴 생각에 떨어졌나니
생사에 안 빠질 수 없으랴마는
흐름만 돌이키면 그만입니다.

아난아, 잘 듣거라. 내가 오늘날
부처님 신력神力으로 금강왕金剛王이고
요술 같고 생각해 말할 수 없고
불모佛母이신 진삼매眞三昧 말하는 것을.

미진수微塵數 부처님이 말씀하옵신
비밀한 온갖 법문 다 들은 네가
번뇌를 미리부터 덜지 못하고
알기만 많이 하여 허물되느냐.

들음으로 부처님 불법만 갖고
어째서 듣는 성품 듣지 못하냐.
듣는 것이 저절로 생기지 않고
소리가 있어야만 듣는 것이니

듣는 성품 돌이켜 소리 여의면

여읜 것을 무어라 이름하리오.
한 근根만 근본으로 돌아간다면
여섯 근이 따라서 해탈하리라.

보는 것과 듣는 것 요술도 같고
허공에서 꽃 보는 눈과도 같고
삼계란 것 모두 다 허공의 헛꽃(空華)
어느 것이 허망치 안 할까 보냐.

듣는 성품 돌리고 허공 꽃 보는
눈병까지 깨끗이 맑아질 적엔
티끌은 스러지고 각이 깨끗해
끝까지 깨끗하면 빛이 환하리.

고요하고 비치고 허공을 삼켜
이럴 적에 세간에 돌아와 보면
세상일 온통으로 꿈속일지니
꿈꾸는 마등가가 너를 붙들랴.

요술쟁이 장난인 남자와 여자
손과 발 놀리지만 고동은 한 곳
고동만 쉬고 보면 고요한 것뿐
뛰놀던 여자 남자 어데 있으랴.

우리의 여섯 근根도 역시 그러해

본래는 한 정기가 나누어져서
화합한 여섯 근이 생기었으니
한 곳만 쉬게 되면 여섯 다 없네.

한 생각에 번뇌는 다 녹아지고
밝고 묘한 참 성품 나타나리니
무명이 남은 이는 아직도 유학有學
끝까지 깨끗해야 여래 되리라.

아난아 대중들아 잘못 듣는 귀
듣는 성품 돌이켜 자성自性 들으라.
자성으로 무상도無上道 성취하리니
진정한 원통이란 이러하니라.

이것이 부처님네 열반 가는 길
지나간 부처님도 지금 여래도
모두 다 이 문으로 성불하셨고
이 세상 보살들도 그러하리니

이 다음 학인學人들도 성불하려면
이 법으로 따라서 가야 할지요.
나 역시 이 문으로 들어갔노니
관세음보살만이 아니러니라.

세존이 나를 시켜 보리 얻기에

가장 쉬운 방편문 택하라심은
오는 세상 중생들 세간을 나와
성도하려는 이를 건지렴이니

위없는 열반심涅槃心을 이루는 데는
관세음 이근원통耳根圓通 제일이옵고
그 밖에 여러 가지 방편문들은
모두 다 부처님의 위신력威神力으로

제각기 당한 일에 마땅한 대로
번뇌를 버리도록 하심이언정
옅고 깊은 근기들 다 같이 닦을
오래 두고 배울 법 못 되느니라.

말로도 생각으로도 다할 수 없는
누漏 없는 여래장에 정례합니다.
오는 세상 중생들 가피加被하시사
이 문에서 의심이 없게 하소서.

이루기 쉬운 법문 좋은 방편문
아난을 가르치기엔 알맞은 법문
말법末法 중에 헤매는 여러 중생들
교화하기 적당한 법문이오니

누구나 이 근根으로 닦게 하소서.

스물네 방편보다 동뜨게 빠른
원통 중에 원통한 방편이오니
진실한 저의 마음 살피옵소서.

이에 아난과 대중이 몸과 마음이 분명하게 밝아 크게 열어 보이심을 받잡고 부처님의 보리와 열반을 보니, 마치 어떤 사람이 볼일이 있어 멀리 갔다가 아직 집에 돌아가지 못하였으나, 돌아갈 길을 분명하게 아는 것 같았고, 이 모인 가운데 하늘 사람과 용과 팔부八部와 아직도 배우는 이승二乘과 새로 발심한 보살들의 수효가 10항하사나 되는 이들이 모두 본각의 마음을 얻었고, 무명 번뇌를 여의어 법눈이 깨끗하여졌으며, 성性 비구니는 이 게송을 듣고 아라한을 이루었으며, 한량없는 중생들은 모두 같을 이 없으되 같은(無等等) 아뇩다라삼먁삼보리(三藐三菩提) 마음을 내었다.

3) 도량道場 차리고 수행하는 일

(1) 네 가지 계율戒律

아난이 옷을 바로 하고 합장하고 정례하면서, 참마음과 닦을 길(心跡)이 두렷하게 밝아져서 슬픔과 기쁨이 어울리었으며, 이 다음 세상의 중생들을 이익하게 하려고 부처님께 여쭈었다.

아난 "대자대비하옵신 세존이시여, 저는 이미 성불하는 법문을 깨달아 수행하는 길에 의심이 없사오나, 부처님께서 항상 말씀하시기를 '자기는 비록 제도를 얻지 못하였으나 먼저 남을 제도하려는 것은 보살의 발심이요, 자기의 깨달음이 원만하고서 남을 깨닫게 하려는 것은 여래가 세상에 나는 것이다'라고 하심을 들었기에 이제 저는 제도濟度를 얻지 못하였으나, 말세의 중생들을 제도하려 하나이다.

세존이시여, 이 중생들이 부처님을 떠난 것은 점점 멀어지고 사특한 무리들의 학설이 항하사같이 많을 적에 그 마음을 걷어 들여 삼마지에 들려 하오면 도량을 어떻게 차려야 마魔의 장난이 없어지고 보리를 구하려는 마음이 물러나지 않겠나이까?"

이때에 부처님께서 대중 가운데서 아난을 칭찬하시면서 법문을 계속하시었다.

부처님 "좋다, 좋다. 너의 물은 바와 같이 도장을 법답게 차려서 말세에 헤매는 중생을 구호할 방법을 네게 알려 주리니, 자세히 들어라."

아난과 대중이 "그러하겠나이다."라고 하고서 부처님의 설법을 기다리었다.

부처님 "아난아, 나의 율장律藏에 있는 수행하는 데 필요한 세 가지 결정한 이치를 너도 들었으리라. 마음을 잡드는(攝心) 것이 계율이요, 계율로 인하여 정定이 생기고, 정定으로 인하여 지혜가 나는 것이니, 이것이 세 가지 무루를 얻는 공부(無漏學)니라.

아난아, 어찌하여 마음 잡드는 것을 계율이라 하느냐. 만일 이 세계의 여섯 갈래 중생들이 마음이 음란하지 아니하면, 났다 죽었다 하는 일이 계속되지 아니하리라. 네가 삼매를 닦는 것은 번뇌를 벗어나려 함이나 음란한 마음을 끊지 아니하면, 번뇌에서 벗어나지 못하리라. 설사 지혜가 있어 선정禪定이 앞에 나타나더라도 음행을 끊지 아니하면, 반드시 마魔의 길에 떨어져서 으뜸은 마왕魔王이 되고, 중간은 마의 백성이 되고, 끝으로는 마의 계집이 되리니, 저 마들도 무리가 있어서 제각기 위없는 도를 얻었노라 하느니라.

내가 열반한 뒤 말법 시대에 이러한 마의 무리들이 세상에 많이 성행하여 음행을 하면서도 선지식善知識이로라 하여 중생들로 하여금 애욕과 사견邪見에 빠져 보리에 가는 길을 잃게 하리라.

네가 세상 사람들로 하여금 삼매를 닦게 하려거든 먼저 음욕을 끊게 할지니, 이것이 여래와 옛 부처님네의 첫째 결정인 맑고 깨끗한 가르침이니라.

그러므로 아난아, 음욕을 끊지 않고 선정을 닦는 것은 모래를 삶아서 밥을 만들려는 것과 같아서 백천 겁을 지나도 다만 뜨거운 모래일 것이니, 이것은 밥 될 장본이 아니라 모래인 까닭이니라. 음행하는 몸으로 불과佛果를 얻으려 하는 것은 아무리 묘하게 깨닫는다 하여도 모두 음욕의 근본인지라 근본이 음욕이므로 세 나쁜 갈래(三惡道)에서 바퀴 돌듯 하며 벗어나지 못하리니, 여래의 열반을 어떻게 닦아 증득하겠느냐. 음란한 뿌리까지 몸과 마음에서 아주 끊어 버리고 끊었다는 성품까지 없어져야만 부처님의 보리를 희망할 수 있느니라. 나와 같이 이렇게 하는 말은 부처님의 말씀이요, 이렇지 아니한 말은 파순波旬의 말이니라.

아난아, 또 이 세계의 여섯 갈래 중생들이 마음에 산 것을 죽이지 아니하면, 났다 죽었다 하는 일이 계속되지 아니하리라. 네가 삼매를 닦는 것은 번뇌를 벗어나려 함이나 죽일 마음을 끊지 아니하면, 번뇌에서 벗어나지 못하리라. 설사 지혜가 있어 선정이 앞에 나타날지라도 죽일 마음을 끊지 아니하면, 반드시 귀신의 길에 떨어져서 으뜸은 기운 센 귀신이 되고, 중간은 날아다니는 야차夜叉와 귀신의 장수가 되고, 끝으로는 땅에 다니는 나찰羅刹이 되리니, 저 귀신들도 무리가 있어서 제각기 위없는 도를 얻었노라 하느니라. 내가 열반한 뒤, 말법 시대에 이러한 귀신 무리들이 세상에 많이 성행하여 고기를 먹고도 보리에 이르는 길을 얻는다 하리라.

아난아, 내가 비구들에게 다섯 가지 깨끗한 고기(五淨肉)를 먹을 것을 허락하였으나, 이 고기는 나의 신력으로 변화하여 만든 것이어서 본래 생명이 없었느니라. 너희 바라문婆羅門들이 땅이 찌는 듯하고 습기가 많을뿐더러 모래와 돌이 많아서 푸성귀가 나지 못하므로 나의 자비와 신력으로 가피하여 고기라 이름하는 것을 너희가 먹었거니와, 여래가 열반한 뒤에 중생의 고기 먹는 사람을 어떻게 불제자라 하겠느냐. 이 고기 먹는 사람들은 설사 마음이 열리어 삼매를 얻는 듯하더라도 모두 나찰들이라, 과보가 끝나면 반드시 났다 죽었다 하는 고통 바다에 빠질 것이요, 불제자가 아니니, 이런 사람들은 서로 죽이고 서로 삼키고 서로 잡아먹기를 마지 아니하리니, 이 사람이 어떻게 삼계에서 뛰어나겠느냐.

네가 세상 사람들로 하여금 삼매를 닦게 하려거든 다음에 죽이는 일을 끊게 할지니, 이것이 여래와 먼저 부처님네의 둘째 결정인 맑고 깨끗한 가르침이니라. 그러므로 아난아, 산 것 죽이는 것을 끊지 않고 선정을 닦는 것은 제 귀를 막고 큰 소리를 치면서 남이 듣지 못하기를 원하는 것과 같아서 숨길수록 드러나는 것이다. 청정한 비구나 보살들이 길 다닐 적에 산 풀도 밟지 않는 것이어든, 하물며 제 손으로 뽑을까 보냐. 자비를 행한다면서 어찌 중생의 고기를 먹겠느냐.

만일 비구들이 동쪽 나라(東方)에 있는 명주실이나 풀솜이나 비단 등속과 이 지방에 나는 가죽신이나 가죽옷이나 털붙이를 입지 아니하며 짐승의 젖이나 젖으로 만든 음식을 먹지 아니하면, 이러한 비구는 세간에서 참으로 벗어나서 묵은 빚을 갚는 것이므로 삼계에 다시 나지 아니하리라. 어찌하여 그러하냐. 그들의 몸 붙이(身分)를 입거나 먹으면 모두 그들의 인연이 되나니, 마치 사람이 땅에서 나는 곡식을 먹고 발이 땅에서 떨어지지 못하는 것 같으니라. 반드시 몸과 마음으로 중생의 살이나 몸 붙이를 입거나 먹지 말지니, 이런 사람은 참으로 해탈한 사람이라 하느니라. 나와 같이 이렇게 하는 말은 부처님의 말씀이요, 이렇지 아니한 말은 파순의 말이니라.

아난아, 또 이 세계의 여섯 갈래 중생들이 마음으로 훔치지 아니하면, 났다 죽었다 하는 일이 계속되지 아니하리라. 네가 삼매를 닦는 것은 번뇌를 벗어나려 함이나 훔치는 마음을 끊지 아니하면, 번뇌에서 벗어나지 못하리라. 설사 지혜가 있어 선정이 앞에 나타날지라도 훔치는 마음을 끊지 아니하면, 반드시 사특한 길에 떨어져서 으뜸은 정령精靈이 되고, 중간은 도깨비가 되고, 끝으로는 사귀 들린 사람이 되리니, 저 요물들도 무리가 있어서 제각기 위없는 도를 얻었노라 하느니라.

내가 열반한 뒤 말법 시대에 이러한 요물들이 세상에 많이 성행하여 숨기고 기이고 속이는 것(潛匿姦欺)으로 선지식이로라 하며, 상인上人의 법을 얻었노라 하고, 무식한 사람들을 꾀어 의혹하고 두렵게 하며, 본마음을 잃게 하고, 가는 곳마다 그 집 살림을 없어지게 하리라.

내가 비구들로 하여금 밥을 빌게 한 것은 탐욕을 버리고 보리를 이루게 함이며, 비구들이 제 손으로 익혀 먹지도 않게 한 것은 살아 있는 동안 삼계에 나그네가 되어 한 번 다녀가고 다시 오지 아니할 것을 보임이어늘, 어찌하여 도적 사람들이 나의 옷을 빌려 입고서 여래를 팔아 가지가지 업業을 지으면서 모두 불법이라 말하고, 출가하여 계율 닦는 비구들을 도리어 소승小乘이라고 비방하여 그르게 여기며, 이리하여 한량없는 중생들을 그르치고 의혹케 하여 무간지옥에 떨어지게 하리라.

만일 내가 열반한 뒤에 어떤 비구가 삼마지 닦을 마음을 내고, 여래의 형상 앞에서 몸에 한 등잔을 켜거나, 한 손가락을 태우거나, 몸 위에 향 한 개를 사르면, 이 사람은 끝없는 묵은 빚을 한꺼번에 갚아 버리고, 영원히 이 세상을 하직하고, 모든 번뇌를 벗어 버렸다 하리니, 비록 그 자리에서 위없는 도를 깨닫지 못한다 하더라도, 이 사람은 벌써 보리마음이 결정되었다 하리라. 만일 이러한 몸을 버리는 작은 인연이라도 짓지 아니하면, 설사 하염 없는 도를 이루더라도 반드시 도로 인간에 돌아와서 묵은 빚을 갚되, 내가 말먹이 보리(馬麥)를 먹은 것과 같으리라.

네가 세상 사람들로 하여금 삼매를 닦게 하려거든 뒤에는 훔치는 일을 끊게 할지니, 이것이 여래와 먼저 부처님네의 셋째 결정인 맑고 깨끗한 가르침이니라. 그러므로 아난아, 만일 훔치는 일을 끊지 않고 선정을 닦는 것은, 마치 새는 그릇에 물을 부으면서 가득 차기를 바라는 것과 같아서 미진같이 많은 겁을 지내어도 가득하지 못하리라. 만일 비구들이 가사袈裟와 발우 밖에는 조그만 것도 남겨두지 아니하며, 빌어 온 밥을 남기어 주린 중생에게 주며, 여러 사람이 모인 곳에서 합장하고 예하며, 다른 이가 치거나 꾸짖더라도 칭찬하는 것같이 여기어서 몸과 마음에서 모두 버리고, 몸과 살과 뼈와 피를 중생들과 함께하며, 여래의 방편으로 한 말을 가져다가 제 뜻대로 해석하여 초학들을 그르치지 아니하면, 이런 사람은 진정한 삼매를 얻었다 하느니라. 나와 같이 이렇게 하는 말은 부처님의 말씀이요, 이렇지 아니한 말은 파순의 말이니라.

아난아, 또 이 세계의 여섯 갈래 중생들이 비록 몸과 마음에 죽이는 일과 훔치는 일과 음행하는 일이 없어서 세 가지 행실이 원만하더라도, 만일 큰 거짓말을 하면 삼마지가 깨끗하지 못하고, 애욕과 사견의 마가 되어 여래의 종자를 잃게 되리라. 큰 거짓말이란 것은 얻지 못한 것을 얻었노라 하고, 증득하지 못한 것을 증득하였노라 하는 것이니, 혹 이 세상에서 가장 높은 사람이 되고자 하여 다른 이에게 말하기를 '나는 이미 수다원과須陀洹果 · 사다함과斯陀含果 · 아나함과阿那含果 · 아라한도阿羅漢道 · 벽지불승辟支弗乘 · 십지十地 · 지전地前의 보살 지위地位를 얻었노라'라고 하여 그들의 예배를 구하고 그들의 공양을 구하면, 이런 일천제一闡提는 불종자佛種子가 소멸되어 마치 톱으로 다라나무(多羅樹)를 끊은 듯하리니, 이 사람은 영원이 선근이 없어지고, 다시 지견知見이 생기지 못하여 세 갈래 고통 바다에 빠져서 삼매를 이루지 못하리라.

내가 열반한 뒤에 보살이나 아라한들을 시켜 말법 시대에 화현化現하여 여러 가지 형상을 나타내어 바퀴 돌듯 헤매는 중생들을 제도하게 하되, 혹 사문沙門이나 거사居士나 임금이나 대관大官이나 동남童男이나 동녀童女나 혹 기생妓生이나 과부寡婦나 간사한 도적(姦偷)이나 백정의 몸을 나타내어 그들과 함께 일을 같이 하면서 불법을 칭찬하여 그들로 하여금 삼매에 들게 하더라도 끝끝내 '내가 보살이라, 아라한이라'라고 하여서 후학後學들에게 부처님의 비밀을 누설치 말게 하였으며, 다만 죽을 무렵에 은근히 유언할 수는 있다 하였거늘, 어찌하여 이 사람이 중생들을 의혹케 하는 큰 거짓말을 할까 보냐.

네가 세상 사람으로 하여금 삼매를 닦게 하려거든 끝으로 거짓말을 끊게 할지니, 이것이 여래와 먼저 부처님네의 넷째 결정인 맑고 깨끗한 가르침이니라. 그러므로 아난아, 만일 큰 거짓말을 끊지 않는 이는 마치 똥을 깎아 전단향栴檀香을 만드는 것과 같아서 향기 나기를 구하여도 될 수가 없느니라. 내가 비구들에게 말하기를 '곧은 마음이 도량이라'라고 하였나니, 다닐 때나 섰을 때나 앉았을 때나 누웠을 때나, 어느 때라도 거짓 꾸미는 일이 없게 하였거늘, 어떻게 상인上人이 되었노라 하겠느냐. 마치 거지가 임금이로라 하다가 사형을 받는 것과 같으리니, 하물며 법왕法王을 어떻게 감히 자칭하겠느냐. 인행因行 때가 곧지 못하면 굽은 과보를 받을 것이니, 비록 부처님의 보리를 구하려 하더라도 배꼽 씹는 사람과 같으리니, 어떻게 될 수 있겠느냐.

만일 비구의 마음이 활줄같이 곧으면, 온갖 일에 진실하여 삼매에 들어가되 영원히 마의 장난이 없어서 보살의 위없는 지각知覺을 이룰 것이라고 내가 인가認可하노라. 나와 같이 이렇게 하는 말은 부처님의 말씀이요, 이렇지 아니한 말은 파순波旬의 말이니라."

대불정여래밀인수증요의제보살만행수릉엄경

| 제7권 |

(2) 다라니陀羅尼 외우는 일

① 다라니陀羅尼 외우는 규모

"아난아, 네가 마음 걷어 들임을 묻기에 내가 먼저 삼마지에 들어가서 공부할 묘한 문을 말하였노니, 보살도菩薩道를 구하려거든 먼저 이 네 가지 계율을 얼음같이 깨끗하게 지니면 저절로 가지와 잎이 나지 못하여 마음으로 짓는 세 가지 업과 입으로 짓는 네 가지 업이 생길 인연이 없으리라. 아난아, 이 네 가지 계율을 잘못하지 아니하면, 마음으로 빛과 냄새와 맛과 촉觸도 반연하지 아니할 것이어늘, 여러 가지 마魔의 장난이 어떻게 생기겠느냐.

만일 예전의 버릇을 없앨 수 없거든, 네가 그 사람으로 하여금 부처님 정수리의 광명으로 외운 마하살달다반달라주摩訶薩怛多般怛囉呪를 일심으로 외우게 하라. 이것은 여래의 볼 수 없는 정수리의 하염 없는 마음 부처님이 정수리로 광명을 놓고, 보배 연꽃 위에 앉아서 말씀하신 주문이니라.

너와 마등가摩登伽는 오래전부터 여러 겁 동안 내려오는 인연이라 사랑의 습기習氣가 한 생이나 한 겁만이 아니지마는, 한 번 이 주문을 외우매 애욕에서 영원히 벗어나 아라한이 되었나니, 마등가는 음란한 여인으로서 수행할 마음이 없었건마는 주문呪文의 신력으로 무학無學을 증득하였거든, 하물며 너희들 성문으로서 가장 높은 법을 구하는 이야 결정코 부처를 이룰 것이라, 마치 순풍에 먼지를 날리는 듯하리니, 무슨 어려울 것이 있겠느냐.

만일 말세 중생이 도량道場에 앉으려 하거든 먼저 비구의 청정한 계율을 받아 가져야 하되, 반드시 계행이 청정한 제일가는 사문을 골라서 스승을 삼아야 하리니, 계율이 참으로 청정한 스님을 만나지 못하면 너의 계율은 성취되지 못하리라. 계율이 성취된 뒤에는 깨끗한 새 옷을 입고, 향을 피우고, 고요히 앉아서 이 마음 부처님께서 말씀하신 주문을 백팔 번 외운 연후에 결계지結界地를 정하여 도량을 차리고서 현재 시방에 계시는 부처님네가 대비광명大悲光明을 놓아 보내어 정수리에 대기를 구할지니라.

아난아, 이렇게 청정한 말세의 비구나 비구니나 백의白衣 단월들이 마음에 탐심과 욕심이 없어지고, 부처님의 계율을 깨끗이 가지며, 도량 안에서 보살원菩薩願을 발하고, 나고 들 적마다 반드시 목욕하고, 여섯 때로 도를 행하되 삼칠일(21일)을 자지 않고 지내면, 내가 그 사람 앞에 나타나서 정수리를 만져 위로하여 그로 하여금 마음이 열리어 깨닫게 하리라."

아난 "세존이시여, 저는 부처님의 자비하신 가르침을 입사와 마음이 열리었사오매 무학無學을 닦아 증득할 길을 알았삽거니와, 말법 시대에서 수행修行하려는 이가 도량을 차리려 하오면 어떻게 결계지結界地를 마련하여야 부처님의 청정한 규모에 맞겠나이까?"

부처님 "아난아, 만일 말세末世 중생이 도량을 차리려 하거든 먼저 설산雪山에서 비니 풀(肥尼草)을 먹은 흰 소를 구하여야 하나니, 이 소는 설산에서 맑은 물만을 먹었으므로 똥이 매우 깨끗하고 보드라우니라. 그 똥을 가져다가 전단향栴檀香을 섞어서 땅에 바를지니라. 만일 설산에 있는 흰 소가 아니면 똥이 구리고 더러워서 땅에 바를 수가 없으니, 특별히 따로 평지平地에서 겉흙을 다섯 자쯤 파 버리고, 그 속에서 황토黃土를 파오고, 상품上品 전단 · 침수향沈水香 · 소합향蘇合香 · 훈륙향熏陸香 · 울금향鬱金香 · 백교향白膠香 · 청목향靑木香 · 영릉향零陵香 · 감송향甘松香 · 계설향雞舌香 등 열 가지를 곱게 갈고, 보드랍게 채 쳐서 가루를 만들어서 그 황토와 반죽하여 도량 차릴 땅에 바르고, 모나고 둥글게 열여섯 자 되는 팔각단八角壇을 모을지니라.

단, 복판에는 금 · 은 · 구리 · 나무로 만든 연꽃을 놓고, 연꽃 속에는 발우를 놓고, 발우에는 8월 이슬을 담고, 이슬 물 가운데는 그때에 있는 꽃잎을 둘 것이며, 둥근 거울 여덟을 가져다가 각 모마다 놓되, 꽃과 발우를 둘러싸게 하고, 거울 밖에는 연꽃 열여섯과 향로 열여섯을 세워 놓되, 꽃과 향로를 간間 질러 놓으며, 향로를 곱게 고이고, 침수향沈水香만을 피우되, 불이 보이지 않게 할 것이니라.

또 흰 소 젖 열여섯 그릇을 놓고, 우유로 전병煎餠을 만들고, 사탕 · 유병油餠 · 젓죽(乳粥) · 소합蘇合 · 밀강蜜薑 · 순소純酥 · 순밀純蜜을 각각 열여섯 그릇씩 연꽃 밖에 둘러놓아 부처님과 보살들께 받들고, 낮때와 밤중에 꿀 반 되와 소酥 서 홉을 태우되, 단 앞에 작은 화로를 따로 놓고, 도루바향兜樓婆香 달인 물로 숯을 씻어서 매우 성하게 불을 피우고, 꿀과 소酥를 숯 피운 화로에 던져서 연기가 끝나도록 태워서 부처님과 보살께 받들어 올릴지니라.

바깥 사방에는 깃발과 꽃을 두루 달고, 단 있는 방안 네 벽에는 시방 여래와 보살네의 형상을 모시되, 정면正面에는 노사나불盧舍那佛과 석가모니불釋迦牟尼佛과 미륵불彌勒佛과 아촉불阿閦佛과 아미타불阿彌陀佛을 모시고, 여러 가지로 변화한 관세음보살觀世音菩薩과 금강장보살金剛藏菩薩의 형상을 좌우에 모시고, 제석帝釋과 범왕梵王과 오추슬마烏芻瑟摩와 람지가藍地迦와 군다리軍荼利와 비구지毗俱胝와 사천왕과 빈나頻那와 야가夜迦를 문 곁으로 좌우에 두고, 또 거울 여덟을 갖다가 허공에 엎어 달아서 단 위에 놓은 거울과 마주 대하게 하여 그 형상과 그림자가 겹겹으로 서로 비치게 할지니라.

첫 이레 동안에는 지성으로 시방 여래와 큰 보살들과 아라한들에게 정례하고, 여섯 때로 항상 주문을 외우면서 단을 돌아 지극한 마음으로 도를 행하되 한 시각에 백팔 번씩 행할 것이며, 둘째 이레 동안에는 한결같은 마음으로 보살원을 세우되, 마음이 잠깐도 끊어지지 말게 할지니, 나의 비내야毘奈耶(戒律) 가운데 가르친 원이 있느니라. 셋째 이레 동안에는 열두 시를 한결같이 반달라주문般怛羅呪文을 외울 것이니, 이레가 되는 날에는 시방 여래가 한꺼번에 나타나셔서 거울 빛이 어울린 곳에서 정수리를 만져 주심을 받자올 것이요, 즉시에 그 도량에서 삼마지를 닦을 것이니, 말세에 이렇게 수행하는 사람은 몸과 마음이 깨끗하여져서 마치 수정과 같으리라.

아난아, 이 비구의 본래 계를 받은 전계사傳戒師나 회중에 같이 있는 열 비구나 그중에서 한 사람이라도 깨끗하지 못한 이가 있으면, 이런 도량은 쉬이 성취되지 못하느니라. 삼칠일이 지난 후부터는 안거安居하고 단정하게 앉아 100일을 지내면, 근기가 영특한 이는 그 자리에서 일어나지 않고 수다원과須陀洹果를 증득할 것이며, 설사 성인의 과를 이루지 못한다 하더라도 결정코 성불할 것이 틀림없을 줄을 알 것이니, 네가 물은 도량 차리는 법이 이러하니라."

② 능엄다라니楞嚴陀羅尼

아난은 부처님 발에 정례하고, 부처님께 아뢰었다.

아난 "제가 출가한 후부터 부처님의 사랑만 믿삽고 많이 알기만 힘쓴 탓으로, 하염 없는 도를 증득하지 못하여 사비가라娑毘迦羅의 요술에 홀리었을 적에 마음으로는 분명하지마는 몸으로는 어찌할 수가 없삽더니, 다행히 문수보살을 만나 저를 벗어나게 해주었나이다. 비록 부처님의 불정신주佛頂神呪의 가피를 얻사와 그 신력神力을 입었사오나 몸소 듣잡지 못하였사오니, 원컨대 다시 말씀하시어 이 회중에서 수행하는 이들과 오는 말법 시대에서 헤매는 중생들을 불쌍히 여기사 부처님의 비밀한 말씀을 듣잡고 몸과 뜻이 해탈케 하소서."

이때에 회중에 있는 여러 대중들이 모두 예배하고, 부처님의 비밀한 주문을 조용히 듣잡았다.

그때에 부처님께서 살 상투(肉髻)로부터 보배로운 광명이 솟아오르고, 광명 가운데서 천 잎 연꽃(千葉蓮華)이 솟아나고, 연꽃 위에 화신부처님(化佛)이 앉으사 정수리로 열 줄기 훌륭한 광명을 놓으시니, 낱낱 광명에 열 항하사같이 많은 금강신金剛神들을 나타내어서 산山을 받들고, 금강저金剛杵를 쥐고 허공에 가득하였다. 대중들은 그것을 우러러보고 두려운 생각과 사랑하는 마음을 아울러 가지고 부처님께서 도와주시기를 기다리면서 부처님 정수리에서 광명을 놓으시는 여래如來께서 주문呪文 말씀하시는 것을 일심으로 듣잡고 있었다.

나모사다타소가다야 아라하뎨삼먁삼몯다야 나모
南牟薩怛他蘇伽哆耶歸命一切諸佛一阿囉訶帝三藐三菩陁耶歸命一切如來應正等覺二娜牟

살바몯다 몯디사다볘뱌 나모삽다남삼먁삼몯다구티남
薩婆勃陁敬礼一切諸佛三勃地薩哆吠弊歸命菩薩毗哪反四娜牟颯哆喃三藐三菩陁俱胝喃

사시라 바 가싱가남 나모로계아라아다남
敬礼正遍知五薩失囉引皤去迦僧伽喃敬礼辟支佛及四果人六娜牟嚧雞阿囉喝哆喃歸命羅漢等衆

나모소로다반나남 나모스가리 타 가 미남 나모로계
七娜牟蘇嚕哆半那喃八娜牟塞羯唎二合陁引伽輕去弥喃敬礼斯陁含阿那含衆九娜牟盧鷄

사먀가다남 나모사먀바라 디반나 남 나모뎨바리시남
三藐伽哆喃敬礼過去未來十娜牟三藐鉢囉二合底半那去喃十一娜牟提婆唎史喃敬礼三十三

나모미싣타야미 댜- 다라남 나모싣타미댜-
天及一切諸仙天等十二娜牟微悉陁耶微入聲呼地也二合陁囉喃敬礼呪仙十三娜牟悉陁微地也二

다라리시남 사바 나아라하사하마라다 남 나모바
合陁囉喋史喃敬礼持呪成就仙人十四舍波去拏揭囉訶娑訶摩囉陁二合喃攝惡作善十五娜牟皤

라 하마 니 나모인 다라 야 나모바가바뎨 로
囉二合訶摩二合涅歸命梵天十六娜牟因去陁囉二合耶歸命帝釋十七娜牟婆伽嚩帝歸命世尊十八嚕

다라 야 오마바디 사혜야야 나모바가발 뎨
陁囉二合引耶大自在天十九烏摩鉢底天后娑醯夜耶及眷屬等二十娜牟婆伽筏蒱末反帝世尊二十一

나라연나야 반자마하몯다라 나모스가리 다야 나
那囉延拏耶地祇衆二十二半遮摩訶沒陁囉大印二十三娜牟塞訖哩二合多耶頂礼世尊二十四娜

모바가 바뎨마하가라야 딜- 보라나가 라 비타라바나
牟婆伽上呼筏帝摩訶迦囉耶大黑天神二十五底哩二合補囉那伽上囉城二十六毗陁囉皤拏

가라야 아뎨목다가시마사나바싣니 마달- 가나
迦囉耶破壞二十七阿底目多迦尸摩舍那縛悉涅尸陁林中二十八摩怛唎二合伽拏鬼神衆二十九

나모스그리다야 나모바가바뎨 다타아다구라야 나모바다마
娜牟塞訖唎多耶三十娜牟婆伽筏帝舊怛他揭多俱囉耶如來族三十一娜牟鉢頭摩二合

구라야 나모바저라구라 야 나모마니구라
俱囉耶歸命蓮華族菩薩等三十二娜牟筏折囉俱囉半音用同下耶歸命金剛族三十三娜牟摩尼俱囉

야 나모가 자구라야 나모바가바뎨 딜- 다슈라헤
耶歸命寶族三十四娜牟伽上闍俱囉耶歸命衆族三十五娜牟婆伽筏帝三十六地唎二合茶輸囉哂

나 발- 하라나라 자야 다타아다야 나모바가
那三十七鉢囉二合訶囉拏囉引闍耶大猛將各持器仗入三十八怛他揭多耶如來三十九娜牟婆伽

바뎨 아미타 바 야 다타아다야 아라하뎨삼먁삼보다야
筏帝四十阿弥陁引婆引耶无量壽佛四十一怛他揭多耶四十二阿囉訶帝三藐三菩陁耶應等

나모바가바뎨 아추뱌- 다타아다야 아라하뎨삼먁
正覺四十三娜牟婆伽筏帝四十四阿芻鞞也阿閦如來四十五怛他揭多耶四十六阿羅訶帝三藐

삼몯다야 나모바가바뎨 비사자구로 볘유리리야 바라
三菩陁耶四十七娜牟婆伽筏帝四十八毗沙闍俱嚕二合吠琉璃唎耶藥師如來四十九鉢囉二

바라 자야 다타아다야 아라하뎨삼먁삼몯다야 나모바가바뎨
合婆囉引闍耶光王五十怛他揭多耶五十一阿囉訶帝三藐三菩陁耶五十二娜牟婆伽筏帝

사보스비다바라라 자야 다타아다야 아라하뎨삼먁삼몯
五十三三布瑟畢多娑囉囉引闍夜娑羅花王五十四怛他揭多耶五十五阿囉訶帝三藐三菩

다 야 나모바가바뎨 사갸- 모나예 다타아다야 아
陁引耶五十六娜牟婆伽筏帝五十七舍枳也二合母娜曳釋迦牟尼佛五十八怛他揭多耶五十九阿

라하뎨삼먁삼몯다 야 나모바가바뎨 라다나구소마 계도라 자
囉訶帝三藐三菩陁引耶六十娜牟婆伽筏帝六十一囉怛那俱蘇摩寶花六十二雞都囉引闍

야 다타아다야 아라하뎨삼먁삼몯다 야뎨뵤 나모스가리
耶寶幢王如來六十三怛他揭多耶六十四阿羅訶帝三藐三菩陁引耶帝瓢六十五娜牟塞訖哩

다바예마함바가바다 사다타아도오스니삼 싣다다 바다람
二合多皤翳摩含婆伽筏多六十六薩怛他揭都烏瑟尼衫如來佛頂六十七悉怛多引鉢怛嚂

나모아바 라지단 바라등 의 라 사바보다
二合華蓋六十八娜牟阿波引囉支單半音敬礼是辰勝六十九鉢羅登登甑反擬擬異反囉七十薩嚩部多

아라 하가라니 바라미 댜- 체 다 니 아가
揭囉二合訶迦囉尼一切神衆作罰七十一波囉微入地也二合掣車曳反陁輕呼你能斷他呪七十二阿哥

라 밀- 투 바리다라야 나가리 살바반타나목가사나가
引囉輕呼微哩入二合駐橫死七十三波唎怛囉耶引那揭唎救取七十四薩嚩畔陁那惛乞叉那迦

리 살바도-따 도사바나니바라니 자도라
唎一切縛禁解脫七十五薩嚩突瑟吒二合除一切惡七十六上突莎般那你縛囉尼惡夢七十七者都囉

싣디남 아라하사하사라 남 미타방사 나가리 아스
引室底喃八万四千衆神七十八揭囉訶娑訶娑囉引喃七十九微陁防娑引那羯哩打破八十阿瑟

타빙샤디남 낙샤다라남 바라 사 타나가리 아스타
吒氷設底喃去聲呼八十一呼皆同諾刹怛囉喃八十二鉢囉二合娑引陁那羯哩正行阿瑟吒二合

남 마하가라하남 미타방 사나가리 살바사도로 니바라
喃八十三摩訶揭囉訶喃辰八十四微陁防二合薩那羯哩打破八十五薩嚩舍都嚕二合你嚩囉

니 거 라남 도실핍 바나난차나사니 비사샤사다라
尼除一切惡八十六巨去囉喃八十七突室乏二合鉢那難遮那舍尼除却嚴惡八十八毗沙設薩怛囉

아기니 오다가라니 아바 라시다구라 마하바라젼
器仗八十九阿祁尼火九十烏陁迦囉尼水九十一阿波引囉視多具囉苻能勝嚴九十二摩訶跋囉戰

나 마하뎨다 마하뎨자 마하세미 다 지바
拏大力嗔怒九十三摩訶提哆火天九十四摩訶帝闍大滅九十五摩訶稅尾二合多太白九十六什伐二合

라 마하바라 반다라바 시니 아리야다라 빌-
囉光焰九十七摩訶跋囉大力九十八半茶囉嚩引悉你白拂九十九阿唎耶多囉聖者一百毗哩二合

구디제바비자야 바저라 마례디비슈로다 바답마가
俱知制嚩毗闍耶最勝菩薩百一筏折囉二合摩礼底毗輸嚕多摧碎金剛百二鉢踏罔迦降伏百三

바저라쳬 하바자 마라제바 바라시다 바저
跋折囉兒熾曳反訶縛者金剛力士百四摩囉制縛隨一逐百五般囉室多金剛神杵百六跋折時熱反上

라 단디 비사라마차 션다사비뎨바보시다소마로바
囉二合檀持金剛神杵百七毗舍羅摩遮天神力士百八扇多舍毗提嚩布室哆蘇摩嚕波參辰日月

마하 세미 다 아리야다라 마하 바라아바라
天子及二十八宿百九摩訶引稅尾二合多引太白星百十阿哩耶多羅百十一摩訶引跋囉阿波囉百十二

바저라 상갈라제바 다타 바저라구마리가 구람
跋折囉二合商羯囉制婆金剛連鏁百十三怛他天可反跋折囉俱摩唎迦金剛童女百十四俱囕盧

타리 바저라하사다자 미댜- 건차나마
紺反咃唎金剛童子百十五跋折囉訶薩哆者二合金剛手百十六微地也大明呪藏百十七乾遮那摩引

리가 구소바아라다라다나 비로차야나구리야 도담 야
唎迦四天王太子百十八俱蘇婆喝囉怛囉怛那百十九毗嚕遮耶那俱唎耶百二十韜淡吐炎夜

라오스니 사 비저람바마라차 바저라 가야가
囉烏瑟尼二合沙佛頂百二十一毗折藍婆摩邏遮羅刹神女百二十二跋折囉二合迦那迦金剛使者

발- 바기 차나 바저라 돈니차 세미다차가
百二十三鉢囉二合婆咤去遮那蓮華神衆百二十四跋折囉二合敦尼遮金剛擎山百二十五稅尾多遮迦

마 락 -사 사시바라 바예뎨이뎨 모 다라 니아라
摩引囉引乞叉二合百二十六舍施鉢囉二合婆翳帝夷帝如是等百二十七母引陁囉二合尼揭拏衆

사볘락-삼 구라반 도인누나마마 나샤
印可百二十八娑吠囉乞懺二合一切護我百二十九俱囉飯二合都印兔那麼麼某乙稱名那寫誦呪者但

오훔 몰- 스아 나 발- 사 사다
至此語皆自稱名百三十嗚吽二合牟哩二合瑟揭二合渠羯反皆同拏仙衆百三十一鉢囉二合舍引薩多善相

사다타아도 오스니사 호훔 도로훔 첨바
百三十二薩怛他揭都一切如來百三十三烏瑟尼沙百三十四呼吽二合咄嚕吽三合警惧百三十五瞻婆

나 호훔 도로훔 사탐바나 호훔 도로훔
那押領百三十六呼吽二合咄嚕吽三合百三十七薩耽婆那鎭守百三十八呼吽二合咄嚕吽三合百三十九

바라미댜-삼박-사나라 호훔 도로훔 살바보스타남 사
婆囉微地也三婆乞叉那囉百四十呼吽二合咄嚕吽三合百四十一薩婆部瑟吒喃百四十二塞

담바나가라 호훔 도로훔 살바약사 갈라 샤사
曇婆那羯囉喫却他呪百四十三呼吽二合咄嚕吽三合百四十四薩嚩藥叉勇猛百四十五喝囉引刹娑

아라하남 비타방사나가라 호훔 도로훔 자도라시디
揭囉訶喃百四十六毗陁防娑那羯囉打破百四十七呼吽二合咄嚕吽三合百四十八者都羅尸底

남 아라하사라남 비타방사나가라 호훔 도로훔
喃百四十九揭囉訶娑囉喃八万四千神王衆百五十毗陁防娑那羯囉百五十一呼吽二合咄嚕吽

아스타미 마사뎨남 나카 사다라남 바라마타나가
三合百五十二阿瑟吒微二合摩舍帝喃上百五十三那佉上沙怛囉喃上百五十四婆囉摩馱那伽

라 호훔 도로훔 라샤라샤 바가범
囉百五十五呼吽二合咄嚕吽三合百五十六囉刹囉刹護一切諸佛菩薩金剛天仙皆護百五十七薄伽梵佛

사다타아도오스니사 바라등의리 마하사하사라보아
百五十八薩怛他揭都烏瑟尼沙佛頂百五十九鉢囉登擬哩百六十摩訶薩訶薩囉部兒千臂大神

사하사라시리 구디사다사하사라녜다례 아볘댜-
百六十一娑訶薩囉室㘑千頭神百六十二俱胝舍多娑訶薩囉寧怛㘑百千眼神百六十三阿弊地也

지바리다나타가 마하바저로타 라 뎨리보바나 만
什嚩哩多那吒迦百六十四摩訶跋折嚕陁引囉大輪金剛百六十五帝哩菩嚩那三世百六十六曼

다라 오훔사신뎨 바바도 인누마마 라자바
茶囉檀場百六十七嗚吽莎悉底百六十八薄婆都與我平等百六十九印兎麽麽某乙百七十囉闍婆

야 주라바야 아기니바야 오타가바야 볘사
夜王難百七十一主囉婆夜賊難百七十二阿祇尼婆夜火難百七十三烏陁迦婆夜水難百七十四吠沙

바야 사사다라바야 바라자가라바야 도리사바야
婆夜毒難百七十五舍薩多囉婆夜刀仗難百七十六波囉斫羯囉婆夜兵難百七十七突嘌叉婆夜

아사니바야 아가라마릴 투바야 아다라니
穀貴飢饉難百七十八阿舍你婆夜雹難百七十九阿迦囉沒嘌利吉反駐婆夜掩死難百八十阿陁囉尼

보미검바 가바다바야 오라라가바다바야 라자
部弥劍波總持地動百八十一伽波哆婆夜險難百八十二烏囉囉迦波多婆夜道路難百八十三囉闍

단다바야 나 가바야 미디슈바야 소바릴니
彈茶婆夜王刑罰難百八十四那上伽婆夜龍怖難百八十五微地揄婆夜閃電難百八十六蘇跋嘌尼

바야 약사아라하 라샤사아라하 비리다아라 하
婆夜金翅鳥難百八十七藥叉揭囉訶百八十八羅刹娑揭囉訶百八十九畢唎哆揭囉二合訶餓鬼

비사 차아라하 보다알- 하 구반다아라하
難百九十毗舍上遮揭囉訶廁神百九十一部多揭囉二合訶神鬼衆百九十二鳩槃茶揭囉訶守宮婦女

보다나알- 하 가타보다나알- 하 스건타
鬼一百九十三布單那揭囉二合訶魄鬼百九十四羯吒布單那揭囉二合訶奇魄鬼一百九十五塞揵陁

아라하 아바사마라알- 하 오단마타알- 하
揭囉訶鳩摩羅童天子百九十六阿婆娑摩囉揭囉二合訶羊頭鬼百九十七烏檀摩陁揭囉二合訶熱鬼

차야알- 하 리바디아라하 자디하리니 가
百九十八車耶揭囉二合訶影鬼百九十九梨婆底揭囉訶陰謀鬼二百闍底訶哩泥食初産鬼二百一羯

라바하리니 로디라하리니 망사하리니 계타하리
囉婆訶哩涅食懷孕鬼二百二嚧地囉訶哩泥食血鬼二百三芒娑訶哩泥食肉鬼二百四計陁訶哩

니 마자하리 니 자다하리니 시베다하리니
泥食脂鬼二百五摩闍訶哩輕呼去聲泥食髓鬼二百六闍多訶哩泥食氣鬼二百七視吠哆訶哩泥食壽

바다하리니 바다하리남아슈차하리니 진다하리
命鬼二百八婆多訶哩泥食風鬼二百九皤多訶哩喃阿輸遮訶哩泥食不淨鬼二百一十質多訶哩

니 데삼살비삼 살바아라하남 비다-
泥食心鬼二百十一帝衫薩毗衫如是等衆二百十二薩嚩揭囉訶喃一切執祖鬼二百十三毗地也明呪藏

진타야미 기라야미 바리바라자가라 가리
二百十四嗔陁夜弥斬伐罪者二百十五枳囉夜弥二百十六波哩跋囉斫迦囉外道二百十七訖哩離枳

담미다- 진타야미 기라야미 다기니
反上擔微地也明呪藏二百十八嗔陁夜弥二百十九枳囉夜弥捕罰二百二十茶枳尼狐魅鬼二百二十一

가리담미다- 진타야미기라야미 마하바슈바디야 로
訖哩擔微地也明呪二百二十二嗔陁夜弥枳囉夜弥二百二十三摩訶鉢輸鉢底夜二百二十四嚕

타라 가리탐미댜- 진타라미기라야미 나라야
陁囉大自在天二百二十五訖哩耽微地也明呪二百二十六嗔陁夜弥枳囉夜弥二百二十七那囉耶

나야 가리탐미댜- 진타야미기라야미 다드바가
拏耶天神二百二十八訖哩耽微地也明呪二百二十九嗔陁夜弥枳囉夜弥二百三十怛怛嚩伽上

로다 가리참미댜- 진타야미기라야미 마하가라
嚕茶金翅鳥王二百三十一訖哩耽微地也二百三十二嗔陁夜弥枳囉夜弥二百三十三摩訶迦囉大

마다라가나가리 탐미댜- 진타야미기라야미
黑天神二百三十四摩怛囉伽拏訖哩離枳反上耽微地也二百三十五嗔陁夜弥枳囉夜弥二百三十六

가바리가 가리탐미댜- 진타야미기라야미 자야가
迦波哩迦髑髏外道二百三十七訖哩耽微地也二百三十八嗔陁夜弥枳囉夜弥二百三十九闍夜羯

라 만도가라 살바라타사다니 가리탐미댜-
囉二百四十曼度羯囉二百四十二薩婆囉他娑達你持一切物二百四十二訖哩耽微地也二百四十三

진타야미기라야미 자도릴 바기니 가리탐미댜-
嗔陁夜弥枳囉夜弥二百四十四者都嘌利吉反薄祁你姊妹神女二百四十五訖哩耽微地也二百四

진타야미 기라야미 빙 의리지 난니 계
十六嗔陁夜弥二百四十七枳囉夜弥二百四十八憑去儀哩知鬥戰勝神并器仗二百四十九難泥外道雞

수바라 가나바디 사혜야
首婆囉孔雀王器仗二百五十伽那鉢底毗那夜迦王二百五十一娑醯夜野叉王兄弟三人各領二十八万衆二百

가리탐미댜- 진타야미 기라야미 나연나실라 바나
五十二訖哩耽微地也二百五十三嗔陁夜弥二百五十四枳囉夜弥二百五十五那延那室囉引婆拏

가릴 탐미댜- 진타야미 기라야미
裸形外道二百五十六訖哩離吉反皆同耽微地也二百五十七嗔陁夜弥二百五十八枳囉夜弥二百五十九

아라하다 가리탐미댜- 진타야미 기라야미 미
阿囉訶多羅漢二百六十訖哩耽微地也二百六十一嗔陁夜弥二百六十二枳囉夜弥二百六十三微

다 라 가 가리탐미댜- 진타야미 기라야미
怛多音囉引迦起尸鬼二百六十四訖哩耽微地也二百六十五嗔陁夜弥二百六十六枳囉夜弥二百六

바저 라바니 바저라바 니 구혜야가
十七跋折時熱反囉波你執金剛神二百六十八跋折囉婆重呼尼二百六十九具醯夜迦密跡力士二百七十

디바디 가리탐미댜- 진타야미기라야미 라사라사망
地鉢底摠管二百七十一訖哩耽微地也二百七十二嗔陁夜弥枳羅夜弥二百七十三囉叉囉叉罔

바가범 인누나마마나샤 바가범
一切諸佛菩薩天仙龍神方護二百七十四薄伽梵佛二百七十五印兔那麼麼那寫某乙寫二百七十六婆伽梵

사다타아도오스니사 싣달다바다라 나무소 도 양
薩怛他揭都烏瑟尼沙二百七十七悉怛多鉢怛囉華蓋二百七十八南无㖤上都上羝頂礼二百七十

아싣다나 라 라가 바라바비사보타 비가싣달다
九阿悉多那引囉引囉迦白光分明二百八十鉢囉婆毗薩普吒二百八十一毗迦悉怛多二百八十二

바디리 지바라지바라 타라타라 빈타라빈타라
鉢底哩二百八十三什嚩囉什嚩囉光焰二百八十四陁囉陁囉二百八十五頻陁囉頻陁囉二百八十六

진타진타 함후함후 바바바 바타바타 사바하
嗔陁嗔陁二百八十七含吽含吽二百八十八泮泮泮二百八十九泮吒泮吒二百九十莎皤訶二百九十

혜혜바 아모가야바 아바라디하다바 바라발
一醯醯泮二百九十二阿牟伽耶泮不空大使二百九十三阿鉢囉底訶多泮无障礙二百九十四皤囉鉢

ㅡ 타바 아소라비타아바가바 살바뎨볘볘바
囉二合陁泮與願二百九十五阿素囉毗陁囉皤迦泮修羅破壞二百九十六薩皤提吠弊泮一切天神二

살바나나가볘바 살바약사볘바 살바건달바
百九十七薩皤那那伽弊泮一切龍衆二百九十八薩皤藥叉弊泮一切勇鬼神二百九十九薩皤乾闥婆

볘바 살바아소라볘바 살바아로다볘바 살바긴나라볘바
弊泮一切音樂神三百薩皤阿素囉弊泮三百一薩皤揭嚕茶弊泮三百二薩皤緊那羅弊泮三百

살바마호라가볘바 살바라샤사볘바 살바마노려볘바 살바아마
三薩皤摩護囉伽弊泮三百四薩皤囉刹莎弊泮三百五薩皤摩努囇弊泮三百六薩皤阿摩

노려볘바 살바보다나볘바 살바가타보다나볘바 살바도란기뎨볘
努囇弊泮三百七薩皤布單那弊泮三百八薩皤迦吒布丹那弊泮三百九薩皤突蘭枳帝弊

바 살바도스타비리가시뎨볘바 살바지바리볘바
泮一切難過三百十薩皤突瑟吒畢哩乞史帝弊泮一切難三百十一薩皤什皤梨弊泮一切癚壯熱三

살바아바살마려볘바 살바사라바나볘바 살바디리티
百十二薩皤阿波薩麼嚟弊泮一切外道出三百十三薩婆奢羅皤拏弊泮三百十四薩嚩底㗖耻

계볘바 살보다바뎨볘바 살바미댜ㅡ라서차려볘바
雞弊泮三百十五薩菩怛波提弊泮一切鬼惡三百十六薩皤微地也囉誓遮黎弊泮一切持呪博士等

자야가라마도가라 살바라타사타계볘바 미댜ㅡ차
三百十七闍耶羯囉摩度羯囉三百十八薩婆囉他娑陁雞弊泮一切物呪博士三百十九微地也遮

리예베바 자도라남바기니베바 바저라구마리가베바
唎曳弊泮三百二十者咄囉南薄祁你弊泮四姉妹神女三百二十一跋折囉俱摩唎迦弊泮金剛童

바저라구람타리반바 미댜－라 자베바 마하바라
子三百二十二跋折囉俱藍陁利弊泮三百二十三微地也囉引闍弊泮呪王等三百二十四摩訶鉢囉

등자려베바 바저라상갈라 야바 바라등기라라 자 야바
登者囉弊泮三百二十五跋折囉商羯囉引夜泮金剛連鏁三百二十六鉢囉登祁囉囉引闍引耶泮

마하아라야바 마하마달－ 가나야바 나모스
三百二十七摩訶揭囉耶泮大黑天神三百二十八摩訶摩怛哩二合伽拏耶泮鬼衆三百二十九娜牟塞

알－ 다야바 비슬나미예바 바라훔마니예바 아
揭哩二合多耶泮三百三十毗瑟拏尾曳泮毗紐天子三百三十一皤囉訡摩尼曳泮梵王三百三十二阿

기니예바 마하가리예바 가라다다예바
祁尼曳泮火天三百三十三摩訶迦哩曳泮大黑天女三百三十四迦囉檀特曳泮大鬼帥黑奧神三百三十五

예니리예바 차문지예바 로다리예바 가라 다
瞖泥哩曳泮帝釋三百三十六遮文遲曳泮怒神三百三十七嘮怛哩曳泮瞋怒神三百三十八迦囉引怛

리예바 가바려예바 아디모기다가시마사나바싣니예바 예
哩曳泮三百三十九迦波嚟曳泮三百四十阿地目抧多迦尸麼舍那皤悉你曳泮三百四十一曳

기자나사다사다바 도스타짇다 로특라짇다 오
髻者那薩怛薩怛皤若有衆生三百四十二突瑟吒質多惡心鬼三百四十三澇持囉質多三百四十四烏

자하라 아바하라 로디라하라 망사하라
闍訶囉食精氣鬼三百四十五揭婆訶囉食胎藏鬼三百四十六嘮地囉訶囉食血鬼三百四十七芒娑訶囉

마사하라 사다하라 시미다하라 바
食肉鬼三百四十八摩社訶囉食産鬼三百四十九社多訶囉三百五十視微多訶囉食壽命鬼三百五十一皤

략야하라 건타하라 보스바하라 바라하라
略耶訶囉食祭鬼三百五十二健陁訶囉食香鬼三百五十三布瑟波訶囉食花鬼三百五十四破囉訶囉食

사샤하라 바바짇다도스타 짇다
五果子鬼三百五十五薩寫訶囉食五穀種子鬼三百五十六波波質多突瑟吒知諫反質多惡心鬼三百五十七

로타라짇다 다라짇다약사아라하 라샤사아라하 베려
嘮陁羅質多瞋心鬼三百五十八陁囉質多藥叉揭囉訶三百五十九囉刹娑揭囉訶三百六十閉囇

다아라하비사차아라하 보다아라하 구반다아라하 스
多揭囉訶毗舍遮揭囉訶三百六十一部多揭囉訶神衆三百六十二鳩槃茶揭囉訶三百六十三塞

건타아라하 오다마타아라하 차야아라하 아바사마라
健陁揭囉訶三百六十四烏怛摩陁揭囉訶三百六十五車夜揭囉訶影鬼三百六十六阿波娑摩囉

아라하 타 가다기니아라하 리바디
揭囉訶羊嗔鬼鬼如野狐三百六十七侘坼阿反上長平呼迦茶祁尼揭囉訶魅鬼魅女鬼三百六十八唎婆底

아라하 자미가아라하 사구니아라하 만다
揭囉訶如狗惱小鬼三百六十九闍弭迦揭囉訶如烏鬼三百七十舍俱尼揭囉訶如馬三百七十一漫怛

라난뎨가아라하 아람바아라하 하노건도바니아라하
囉難提迦揭囉訶如貓兒三百七十二阿藍皤揭囉訶如蛇三百七十三訶奴建度波尼揭囉訶如雞

지 바라 예가혜가 덕베디가 뎨리뎨약가
三百七十四什入音皤囉壯熱瘧鬼翳迦醯迦一日一發德吠底迦二日一發三百七十五帝哩帝藥迦三日

저도리타가 니디야지바라 비사마지바라
一發折咄嘌他迦四日一發三百七十六眤底夜什皤囉常壯熱鬼三百七十七毗沙摩什皤囉壯熱三百七

바디가 배디가 실례스미가 사니바디가
十八皤底迦風病鬼背底迦黃病鬼三百七十九室禮瑟弥迦痰飮三百八十娑你波底迦痢病三百八十一

사바지바라 실로아라디 아라다바뎨 아가
薩皤什皤囉一切壯熱三百八十二室嚕喝囉底頭痛三百八十三阿羅陁皤帝半頭痛三百八十四阿乞

사로검 모카로감 가리도로감 가라하슈람咽喉
史嚧劍飢不食鬼三百八十五目佉嚧鉗口痛三百八十六羯唎突嚧鉗愁鬼三百八十七羯囉訶輸藍咽喉

가나슈람 단다슈람 길리타야슈람 마마슈
痛三百八十八羯拏輸藍耳痛三百八十九檀多輸藍齒痛三百九十頡哩馱耶輸藍心痛三百九十一末摩輸

람 바라시바슈람 배리스타슈람 오타라슈람
藍盧鉗反三百九十二跋囉喀婆輸藍肋痛三百九十二背哩瑟吒輸藍背痛三百九十四烏馱囉輸藍盧

단지슈람 바신뎨슈람 오 로슈람
鉗反腹痛三百九十五羶知輸藍腰痛三百九十六跛悉帝輸藍裸骨痛三百九十七鄔上嚧輸藍腿胜痛三百九

상가슈람 아사다슈람 바다슈람 안가바라등슈람
十八常伽輸藍腕痛三百九十九喝薩多輸藍手痛四百波陁輸藍脚痛四百一頞伽鉢囉登輸藍四支

보다베다다 다기 니 스바라타도로건추 기디
節痛四百二部多吠怛茶起尸鬼四百三茶枳呼哽反上尼魅鬼四百四什皤囉陁突盧建紐四百五吉知

바로다 볘사라바로하 릉 가 슈사다 라사나가라비사
蜘蛛婆路多丁瘡四百六吠薩囉波嚕訶侵淫瘡凌里孕反伽赤瘡四百七輸沙多引囉娑那迦囉毗沙

슈가 아기니 오타가 마라베라건다라 아가라밀- 투 다

喻迦上坎四百八阿祁尼火烏陁迦水摩囉吠囉建多囉四百九阿迦囉蜜嘌二合駐橫死四百十怛

려보가디리라타비실지가 사라바 나구라 싱 가

囇部迦地哩囉吒毗失脂迦蝎四百十一薩囉波蛇四百十二那俱囉虎狼四百十三僧思孕反伽師子四

뱌-아라 닥가사 다락가사마라 시바뎨삼 살

百十四吠也揭囉大虫四百十五怛乞叉豬熊四百十六怛囉乞叉末囉馬熊視皤帝衫此等四百十七薩

비삼살비삼 싣달다바다라 마하바저로 스니

毗衫薩毗衫一切此說者四百十八悉怛多鉢怛囉花蓋四百十九摩訶跋折嚕大金剛藏四百二十瑟尼

삼마하바라등기람 야바수타사수사나 편다려나비

衫摩訶鉢囉登祁藍四百二十一夜婆埵陁舍喻社那乃至十二由旬成界地四百二十二便怛囇拏毗

디야반타가로미 뎨수반타가 로미

入聲地夜畔馱迦嚧弥云我大明呪十二由旬結界禁縛莫入四百二十三帝殊畔陁迦居那反嚧弥佛頂光聚縛

바라미댜- 반타가로미 다디타

結不得入界四百二十四波囉微地也途迦反畔陁迦嚧弥能縛一切惡神鬼四百二十五怛地他即說呪曰四百

옴 아나례비사뎨 비라 바저라 아리반타

二十六唵四百二十七阿那𡅏毗舍提四百二十八鞞囉四百二十九跋折囉四百三十阿唎畔陁四百三十

비타니 바저라바니바 호훔 도로훔 사바하

一毗陁你四百三十二跋折囉波尼泮四百三十三呼吽四百三十四咄嚕吽三合四百三十五莎皤訶四百

옴훔 비로뎨 사바하

三十六唵吽四百三十七毗嚕提四百三十八莎皤訶四百三十九

③ 능엄다라니楞嚴陀羅尼의 공덕

부처님 “아난아, 이 부처의 정수리 광명이 모여서 된 실달다반달라悉達多般達羅 비밀한 가타伽陀 미묘한 글발(微妙章句)은 시방의 온갖 부처님을 내는 근원이니, 시방 여래가 이 주문呪文으로 인하여 위없는 삼먁삼보리三藐三菩提를 이루시는 것이며, 시방 여래가 이 주문을 듣고 모든 마魔를 항복시키시고 외도들을 이기시는 것이며, 시방 여래가 이 주문을 타시고 보배 연꽃에 앉아 미진 같은 세계에 들어가시며, 시방 여래가 이 주문을 머금으시고 미진 같은 세계에서 법륜法輪을 굴리시며, 시방 여래가 이 주문을 가지고 시방세계에서 정수리를 만져 수기授記를 주시며, 자기의 과果를 이루지 못하였거든 시방 부처님의 수기를 받으시니라. 시방 여래가 이 주문을 의지하여 시방세계에서 여러 고생하는 이를 제도하시나니, 지옥고地獄苦와 아귀고와 축생고와 눈먼 고와 귀먹은 고와 벙어리 고와 말더듬이 고와 미운 원수를 만나는 고와 사랑하는 이를 여의는 고와 구하는 것을 얻지 못하는 고와 오음五陰이 지나치게 왕성한 고와 큰 횡액 작은 횡액을 한꺼번에 벗어 버리며, 도적과 난리와 법에 걸리는 것과 옥에 갇히는 것과 풍재 · 화재 · 수재와 배고픈 고와 목마른 고와 가난한 고들이 한 생각에 소멸하느니라.

시방 여래가 이 주문을 따라 시방 국토에서 선지식을 섬기어 앉을 때, 누울 때, 갈 때, 섰을 때에 마음대로 공양하시며, 항하사 여래의 법왕자法王子가 되시며, 시방 여래가 이 주문을 행하여 시방에서 친한 이와 인연 있는 이를 붙들어 주시며, 소승들로 하여금 비밀한 법문을 듣고도 놀라지 않게 하시며, 시방 여래가 이 주문을 외우사 위없는 정각을 이루시어 보리나무 아래 앉으시고 대열반에 드시며, 시방 여래가 이 주문을 전하시어 열반하신 뒤에 불법을 유촉하여 나중까지 머물러 있게 하시며, 계율을 엄정하게 가지고 청정하게 하시느니라.

내가 만일 이 부처님 정수리의 광명이 모이어 된 반달라주의 공덕을 다 말하자면, 아침부터 저녁까지 음성이 끊이지 않고 중간에 곱하는 말이 없게 하기를 항하사 겁이 지나도록 하여도 다 말할 수 없느니라. 이 주문을 '여래의 정수리'라고도 이름하나니, 너희 배우는 사람들이 바퀴 돌듯 함(輪廻)을 끝내지 못하고서 지극한 마음으로 아라한을 이루고자 하면서도, 이 주문을 외우지 아니하고 도량에 앉아서 몸과 마음에 마의 장난이 없기를 희망하는 것은 옳지 아니하니라.

아난아, 만일 여러 세계 여러 나라에 사는 중생들이 그 나라에서 나는 벗나무 껍질이나, 다라나무 잎새나, 종이나, 천이나, 전氈에 이 주문을 써서 향낭에 간직할 것이며, 이 사람이 총명이 부실하여 외울 수 없거든, 몸에 차거나 방 안에 써 두기만 하여도, 이 사람은 일생 동안에 어떠한 독으로도 해하지 못하느니라.

아난아, 내 다시 이 주문이 세상 중생들을 구호하여 두려움이 없게 하며, 여러 중생들로 하여금 세간에서 뛰어나는 지혜를 이루게 하는 일을 말하리라. 내가 열반한 뒤에 말세 중생들이 제가 이 주문을 외우거나 남을 시켜 외우게 하면, 이 중생들은 불이 태우지 못하며, 물이 빠뜨리지 못하며, 크게 독한 것이나 조금 독한 것이 해치지 못하며, 용이나 하늘 사람이나 귀신이나 구며우(精氣)나 도깨비나 마귀의 나쁜 주문들이 건드리지 못하고, 마음에 삼매를 얻어서 온갖 방자와 양밥(厭蠱)과 독한 약과 금 독과 은 독과 초목의 독과 벌레의 독과 뱀의 독과 만물의 독기가 이 사람의 입에 들어가면 곧 감로甘露로 변하며, 온갖 나쁜 별이나 귀신들이나 악독한 마음으로 남을 해롭게 하는 것들이라도 이 사람에게는 감히 나쁜 짓을 하지 못하며, 빈나頻那와 야가夜迦와 악귀의 왕과 그 권속들이 모두 큰 은혜를 입었으므로 항상 이 사람을 보호하느니라.

아난아, 이 주문은 8만 4천 나유타 항하사 구지俱胝 되는 금강장왕金剛藏王보살의 종족들이 제각기 여러 금강金剛 신중神衆으로 권속을 삼아 밤낮으로 따라다니면서 보호하니, 설사 어떤 중생이 삼매가 아닌 산란한 때에라도 마음으로 생각하고 입으로 외우면, 이러한 금강왕金剛王들이 항상 이 좋은 사람을 따라다니면서 보호할 것이어든, 하물며 보리마음을 결정한 사람일까 보냐. 이 모든 금강장왕보살들의 마음 정기가 빨리 통하여 이 사람의 정신을 새롭게 하여 이 사람으로 하여금 즉시에 8만 4천 항하사 겁 일을 분명하게 기억하며 온통으로 알게 되어 조금도 의혹이 없게 하리라.

보리마음을 내던 첫 겁으로부터 마지막 몸에 이르기까지 세세생생世世生生 야차夜叉나 나찰羅刹이나 부단나富單那나 가타부단나迦吒富單那나 구반다鳩槃茶나 비사차毘舍遮들이나 악귀들이나 형상 있는 것이나 형상 없는 것이나 생각 있는 것이나 생각 없는 것이나 그러한 나쁜 곳에 태어나지 아니하며, 이 좋은 남자가 이 주문을 읽거나 외우거나 그리거나 차거나 간직하거나 가지각색으로 공양하면, 날 적마다 가난하고 궁하고 낮고 천하고 좋지 못한 곳에 태어나지 아니하느니라. 이 중생들이 설사 제 몸으로 복을 짓지 못하였더라도 시방 여래가 가진 공덕을 모두 이 사람에게 주시므로 항하사 아승지 불가설불가설겁不可說不可說劫 동안을 항상 부처님네와 한곳에 태어나며, 한량없는 공덕이 악차 모이듯 하여 부처님네와 한곳에서 함께 수행하여 영원토록 나누어지지 아니하느니라.

그리하여 계율을 파한 사람으로는 계율이 청정토록 하며, 계를 얻지 못한 이는 계를 얻게 하며, 정진하지 못하는 이는 정진하게 하며, 지혜가 없는 이는 지혜를 얻게 하며, 청정하지 못한 이는 빨리 청정하여지게 하며, 재계를 가지지 못하는 이는 저절로 재계를 이루게 하느니라.

아난아, 이 좋은 남자가 이 주문을 지니면, 설사 그 전에 금계禁戒를 범하였더라도 주문을 지닌 뒤부터는 여러 가지 파계破戒한 죄가 가벼운 것이나 무거운 것 할 것 없이 소멸할 것이며, 가령 술을 먹었거나 다섯 가지 매운 채소(五辛菜)와 가지가지 부정한 것을 먹었더라도 여러 부처님네나 보살들이나 금강신이나 하늘 사람이나 신선이나 귀신들이 모두 허물하지 아니할 것이며, 설사 부정한 헌 옷을 입었더라도 가거나 섰거나 간에 모두 깨끗한 것과 같을 것이니라. 비록 단을 차리지 않고, 도량에 들어가지 않고, 도를 행하지 않았더라도, 이 주문을 외우면 단에 들어가 도를 행한 공덕과 다름이 없을 것이며, 만일 무간지옥에 들어갈 다섯 가지 역적죄(五逆)나 비구의 네 가지 바라이죄나 비구니의 여덟 가지 바라이죄를 지었더라도, 이 주문을 외운 뒤에는 이러한 중대한 죄업이 마치 맹렬한 바람에 모래가 날리듯이 모두 없어져 조금도 남지 아니하리라.

아난아, 어떤 중생이 한량없는 옛적으로부터 지은 가볍고 무거운 죄업을 지난 세상에 한 번도 참회하지 못하였더라도, 이 주문을 읽거나 외우거나 쓰거나 그려서 몸에 차거나 거처하는 방과 뜰 안과 관사館舍에 두면, 이렇게 많은 죄업이라도 끓는 물에 눈이 녹듯 없어질 것이며, 오래지 않아서 무생법인無生法忍을 얻게 되느니라.

또 아난아, 만일 어떤 여인이 아들딸을 낳지 못하여 아기 배기를 원하는 이가 지극한 정성으로 이 주문을 외우거나 몸에 차거나 하면, 복스럽고 덕 있고 슬기로운 아들과 딸을 낳을 것이며, 장수하기를 원하면 장수하고, 과보果報가 빨리 원만하여지기를 원하면 곧 원만하여지며, 그와 같이 몸이나 생명이나 빛깔이나 정력도 역시 그러할 것이니라. 목숨을 마친 뒤에는 소원대로 시방세계에 왕생할 것이니, 결정코 변방에나 낮고 천한 데에 나지 아니할 것이어든, 하물며 사람이 아닌 잡류雜類의 몸을 받을까 보냐.

아난아, 만일 어떤 나라나 도道나 군郡이나 도시나 촌 중에 흉년이 들거나 병이 들거나 난리가 나거나 도적이 일어나거나 싸움박질이 생기거나 그 외에 여러 가지 액난이 있는 지방이라도, 이 주문을 쓰거나 복사해서 사방 성문에나 정갈한 곳(支提)이나 깃대(幢竿) 같은 데 모시거나, 그 지방에 사는 중생들로 하여금 이 주문을 받들어 모시고 공경하고 예배하거나, 그 백성들로 하여금 몸에 차거나 집에 모시게 하면, 온갖 재앙이 모두 소멸하느니라.

아난아, 가는 곳마다 어느 국토나 어느 중생이나, 이 주문이 있는 데는 천상 사람과 용이 기뻐하며, 비가 고루 오고 바람이 순하게 불어 오곡

이 풍년 들고 만민이 안락할 것이며, 또 나쁜 별들(惡星)이 각처에서 일으키는 변괴를 소멸하여 재앙이 일어나지 아니할 것이며, 사람들은 횡액이나 요사夭死하는 일이 없고, 오랏줄이나 칼이나 고랑 같은 것이 몸을 얽매지 못하며, 밤과 낮으로 편안히 잠을 자되 항상 나쁜 꿈이 없으리라.

아난아, 이 사바세계에 8만 4천 가지 재변을 일으키는 나쁜 별이 있는 가운데 28개의 나쁜 별이 으뜸이 되고, 다시 여덟 개의 큰 나쁜 별이 괴수가 되어 여러 가지 모양으로 세상에 나타날 적에 중생들에게 여러 가지 재앙을 내더라도, 이 주문이 있는 곳에는 모두 소멸되고, 12유순 이내가 결계結界한 곳이 되어 온갖 나쁜 재변이 영영 들어오지 못하리라.

그러므로 여래가 이 주문을 일러 주어 이 다음 세상까지 전하면서 처음으로 마음을 낸 여러 수행하는 이들을 보호하여 삼매에 들게 하며, 몸과 마음이 태평하여 안락케 하고, 다시 마의 장난과 귀신의 희작과 전세前世의 원수와 횡액과 재앙이 없게 하며, 예전 업장과 묵은 빚이 따라다니면서 시끄럽게 하는 일이 없게 하느니라. 너와 이 회상에 있는 처음 배우는 이들이나 이 다음 세상에서 수행하는 이들은, 이 규모대로 단을 모으고 도량을 차리고 법답게 계율을 가지며 계를 일러 주는 전계사傳戒師도 청정한 이를 만났고, 이 주문에 의심을 내지 아니하고서도 이러한 좋은 사람이 부모가 낳아 준 이 육신肉身으로 도를 통함을 얻지 못한다면, 시방 여래가 모두 거짓말이 될 것이니라."

④ 신장神將들이 보호함

이렇게 법문을 마치시니, 회중에 있던 한량없는 백천 금강신金剛神들이 일시에 부처님 앞에 합장 정례하고 부처님께 아뢰었다.

"부처님의 말씀과 같이 저희들이 지극한 성심으로 이렇게 보리를 닦는 이를 보호하겠나이다."

이때에 범천왕梵天王과 제석천왕帝釋天王과 사천왕四天王들이 일시에 부처님 앞에 정례하고 부처님께 아뢰었다.

"과연 이렇게 수행하는 좋은 사람이 있사오면, 저희들도 지극한 마음으로 이 사람을 보호하여 그의 일생에 하려는 일이 소원대로 되게 하겠나이다."

또 한량없는 야차대장夜叉大將과 나찰왕羅刹王과 부단나왕富單那王과 구반다왕鳩槃茶王과 비사차왕毘舍遮王과 빈나頻那와 야가夜迦와 그 밖의 여러 귀왕과 귀신 장수들이 역시 부처님 앞에 합장 정례하고 아뢰었다.

"저희들도 서원하고 이 사람을 보호하여 보리마음이 빨리 원만하도록 하겠나이다."

또 한량없는 일천자日天子와 월천자月天子와 바람차지(風師)와 비차지(雨師)와 구름차지(風師)와 우레차지(雷師)와 번개차지(電伯)와 해차지와 여러 별들이 역시 부처님 발에 정례하고 아뢰었다.

"저희들도 이렇게 수행하는 사람을 보호하여 도량을 차리는 데 두려움이 없게 하겠나이다."

다시 한량없는 산신山神과 해신海神과 토지신土地神들과, 물과 육지와 허공에 다니는 만물의 정기精祇와, 풍신왕風神王과 무색계천無色界天들이 부처님 앞에서 한꺼번에 머리를 조아리고 부처님께 아뢰었다.

"저희들도 이렇게 수행하는 사람을 보호하여 보리를 이루게 하며, 영원히 마의 장난이 없게 하겠나이다."

이때에 8만 4천 나유타 항하사 구지 금강장왕金剛藏王보살들이 회중에 있다가 자리에서 일어나 부처님 발에 정례하고 부처님께 아뢰었다.

"세존이시여, 저희들의 닦은 공덕은 벌써 보리를 이루었으련마는 열반을 취하지 아니하고 항상 이 주문을 따라다니면서 말세에서 삼마제를 닦아 올바르게 수행하는 이를 구호하나이다.

세존이시여, 이렇게 마음을 닦아 삼매를 얻으려는 사람이 도량에 있거나 경행經行을 하거나 예사 마음으로 동네에서 다닐 적이라도 저희들이 항상 이 사람을 따라다니면서 구호하오며, 설사 마왕이나 대자재천大自在天이 짬을 타려 하더라도 그리하지 못하게 하오며, 조그만 귀신들은 이 좋은 사람에게서 10유순 밖으로 떠나가게 하오며, 다만 그들로서 발심하여 선정禪定 닦기를 좋아하는 무리들은 그렇게까지 하지 않나이다.

세존이시여, 이러한 악마惡魔나 마의 권속들이 와서 이 좋은 사람들을 침노하려 하는 것이 있사오면, 제가 금강저金剛杵로 그 머리를 바수어 가루가 되게 하오며, 항상 이 사람으로 하여금 하는 일이 소원대로 되게 하겠나이다."

4) 선나禪那를 말하여 수행하는 차례를 보이다

(1) 열두 종류 중생의 생기는 이야기

아난이 자리에서 일어나 부처님 발에 정례하고 부처님께 여쭈었다.

"제가 어리석어 많이 알기만 좋아하고, 번뇌에서 벗어나기를 구하지 아니하였삽더니, 이제 부처님의 자비로운 가르치심을 받자와 옳게 닦는 법을 얻삽고, 몸과 마음이 시원하여 큰 이익을 얻었나이다. 세존이시여, 이렇게 삼마제를 닦아서 증득하올 적에 열반에 채 이르지 못하여서 어떤 것을 간혜지乾慧地라, 사십사심四十四心이라 하오며, 어느 점차漸次까지 이르러야 수행하는 명목名目을 얻사오며, 어디까지 나아가야 지地 중에 들었다 하오며, 어떤 데를 등각等覺 보살이라 하나이까?"

이렇게 말하고 다섯 활개를 땅에 대고 대중들과 함께 한결같은 마음으로 부처님 말씀을 기다리면서 눈을 바로 뜨고 우러러 뵈옵고 있었다.

이때에 부처님께서 아난을 칭찬하시면서 말씀하셨다.

"좋다, 좋다. 네가 이 대중들과 말법 시대의 중생들을 위하여 삼마지를 닦아 대승법을 구할 적에 범부의 자리로부터 열반에 이르기까지의 수행하는 길을 미리 보여 주기를 원하니, 자세히 들으라. 너에게 말해 주리라."

아난과 대중이 합장하고 마음을 깨끗이 하고 듣잡고 있었다.

부처님 "아난아, 묘한 성품이 두렷하고 밝아 이름도 모양도 여의어서 본래 세계와 중생이 없건마는, 허망함으로 인하여 나게 되었고, 나는 것으로 인하여 없어지거든, 났다 없어졌다 하는 것은 허망한 것이라 하고, 허망한 것이 없어지는 것을 참된 것이라 하나니, 이것이 이른바 여래의 위없는 보리(無上菩提)와 대열반大涅槃이라 하는, 두 가지 옮겨서 의지하는 것(二轉依號)이라 하느니라.

아난아, 네가 이제 진정한 삼마지를 닦아서 여래의 열반에 바로 나아가려 하거든 먼저 이 중생과 세계의 두 가지 뒤바뀐 원인을 알아야 하나니, 뒤바뀐 것이 생기지 아니하면 이것을 여래의 진정한 삼마지라 하느니라.

아난아, 어떤 것을 중생의 뒤바뀜(衆生顚倒)이라 하느냐. 아난아, 자성의 밝은 마음의 성품이 밝고 두렷한 탓으로, 허망하게 밝음으로 인하여 허망한 업식業識의 성품이 생기고, 허망한 업식으로 인하여 허망한 소견이 생기나니, 그러므로 끝내 없던 데서 필경 있는 업을 이루느니라. 이 있게 하는 소견(能有見)과 있어지는 업(所有業)이 인하는 것(能因)도 아니요 인 되는 것(所因)도 아니어서 머물러 있는 것(能住)과 머물게 하는 것(所住)이 아주 근본이 없는 것이니, 이 의지할 데 없는 것을 근본으로 삼아 세계와 중생이 생기었느니라.

본래 두렷하고 밝은 본체를 미혹하여 허망함이 생겼으며 허망한 성품이 자체가 없어서 의지할 바가 없느니라. 장차 진정한 데로 돌아가서 진정하여지려 하여도 벌써 참된 진여의 성품은 아니어늘, 진정하지 아니한 데에서 돌아가기를 구하면 완연하게 잘못된 모양을 이루어서 잘못되게 나는 것과 잘못되게 머무는 것과, 잘못된 마음과 잘못된 법이 차츰차츰 생겨나고, 생기는 힘이 발생하여서는 익혀져서 업을 이루거든 같은 업으로 서로 받게 되며, 받게 되는 업이 있음으로 인하여 서로 없애고 서로 내나니, 이리하여 중생의 뒤바뀜이 있느니라.

아난아, 어떤 것을 세계의 뒤바뀜(世界顚倒)이라 하느냐. 이 있게 하는 번뇌와 업과 있어지는 정보正報로 말미암아 분단생사分段生死가 허망하게 생기나니, 이것으로 인하여 계界가 성립되고, 인하는 것도 아니요 인이 되는 것도 아닌 것이 머물러 있는 것도 없고 머물게 하는 것도 없어서 옮아 흘러서 머물러 있지 아니하기에 이것으로 인하여 세世가 성립되어 삼세와 사방이 화합하여 서로 포개어져서 변화하는 중생이 열두 종류가 되느니라.

이러므로 세계가 움직임으로 인하여 소리가 있고, 소리로 인하여 빛이 있고, 빛으로 인하여 냄새가 있고, 냄새로 인하여 촉觸이 있고, 촉으로 인하여 맛이 있고, 맛으로 인하여 법진法塵을 아나니, 여섯 가지 어지러운 망상이 업의 성품을 이루므로 열두 구분區分이 이로 말미암아 바퀴 돌듯 하며, 이리하여 소리와 냄새와 맛과 촉이 열두 변화를 일으켜 한 바퀴 휘돌아 치느니라.

이렇게 바퀴 돌듯 하는 뒤바뀜(輪顚倒)을 의지함으로 말미암아 세계에 알로 낳고(卵生), 태로 낳고(胎生), 습기로 나고(濕生), 변화하여 나는 것(化生)과, 빛깔 있는 것(有色), 빛깔 없는 것(無色)과, 생각 있는 것(有想), 생각 없는 것(無想)과, 빛깔 있지 않은 것(非有色), 빛깔 없지 않은 것(非無色)과, 생각 있지 않은 것(非有想), 생각 없지 않은 것(非無想)들이 있느니라.

아난아, 세계에 허망하게 바퀴 돌듯(虛妄輪廻) 하는 움직임의 뒤바뀜(動

顚倒)을 말미암는 탓으로 기운(氣)과 화합하여 8만 4천 가지 날며 잠기는 어지러운 생각(飛沈亂想)을 이루나니, 그리하여 알로 낳는 갈라람(卵生羯羅藍)이 국토에 흘러 다녀 고기와 새와 거북과 뱀 같은 종류가 가득 차느니라.

세계에 추잡함으로 바퀴 돌듯(雜染輪廻) 하는 욕애의 뒤바뀜(欲顚倒)을 말미암는 탓으로 물끼(滋)와 화합하여 8만 4천 가지 서서 다니고 기어 다니는 어지러운 생각(橫竪亂想)을 이루나니, 그리하여 태로 낳는 알포담(胎生遏蒲曇)이 국토에 흘러 다녀 사람과 짐승과 용과 신선 같은 종류가 가득 차느니라.

세계에 집착으로 바퀴 돌듯(執着輪廻) 하는, 가서 붙는 뒤바뀜(趣顚倒)을 말미암는 탓으로 따뜻함(煖)과 화합하여 8만 4천 가지 엎어지며 자빠지는 어지러운 생각(飜覆亂想)을 이루나니, 그리하여 습기로 나는 폐시(濕生閉尸)가 국토에 흘러 다녀 우물거리며 쭈물거리며 굼틀거리는 종류가 가득 차느니라.

세계에 변해 바뀌어 바퀴 돌듯(變易輪廻) 하는, 의지하는 뒤바뀜(假顚倒)을 말미암는 탓으로 건드림(觸)과 화합하여 8만 4천 가지 새로움과 낡은 어지러운 생각(新故亂想)을 이루나니, 그리하여 변화하여 나는 갈남(化生羯南)이 국토에 흘러 다녀 허물 벗으며 날아다니는 종류가 가득 차느니라.

세계에 걸림으로 바퀴 돌듯(留礙輪廻) 하는, 막히는 뒤바뀜(障顚倒)을 말미암는 탓으로 나타남(著)과 화합하여 8만 4천 가지 정미롭고 반짝거리는 어지러운 생각(精耀亂想)을 이루나니, 그리하여 빛깔 있는 갈남(有色羯南)이 국토에 흘러 다녀 좋고 나쁜 정미롭고 밝은 종류가 가득 차느니라.

세계에 흩어지고 스러져 바퀴 돌듯(消散輪廻) 하는, 의혹하는 뒤바뀜(惑顚倒)을 말미암는 탓으로 어두움(暗)과 화합하여 8만 4천 가지 가만히 숨는 어지러운 생각(陰隱亂想)을 이루나니, 그리하여 빛깔 없는 갈남(無色羯南)이 국토에 흘러 다녀 허공에 흩어지며 스러져 숨는 종류(土木空山)가 가득 차느니라.

세계에 헛꼴로 바퀴 돌듯(罔象輪廻) 하는 그림자 뒤바뀜(影顚倒)을 말미암는 탓으로 생각함(憶)과 화합하여 8만 4천 가지 가만히 엉키려는 어지러운 생각(潛結亂想)을 이루나니, 그리하여 생각 있는 갈남(有想羯南)이 국토에 흘러 다녀 귀신과 허깨비와 정령精靈의 종류가 가득 차느니라.

세계에 우둔하게 바퀴 돌듯(愚鈍輪廻) 하는, 어리석게 뒤바뀜(癡顚倒)을 말미암는 탓으로 미욱함(頑)과 화합하여 8만 4천 가지 마르고 빳빳한 생각(枯槁亂想)을 이루나니, 그리하여 생각 없는 갈남(無想羯南)이 국토에 흘러 다녀 정신이 변화하여 흙이 되며 나무가 되며 쇠가 되며 돌이 되는 종류가 가득 차느니라.

세계에 기대어 바퀴 돌듯(相待輪廻) 하는 거짓된 뒤바뀜(僞顚倒)을 말미암는 탓으로 지저분함(染)과 화합하여 8만 4천 가지 의지하며 기대는 어지러운 생각(因依亂想)을 이루나니, 그리하여 빛깔 없는 것은 아니지만 빛깔 있는 갈남(非有色非無色羯南)이 국토에 흘러 다녀 해파리(水母) 같은 것이 새우의 눈을 빌려 보는 종류가 가득 차느니라.

세계에 끌어내어 바퀴 돌듯(相引輪廻) 하는 성품의 뒤바뀜(性顚倒)을 말미암는 탓으로 주문(呪)과 화합하여 8만 4천 가지 불러내는 어지러운 생각(呼召亂想)을 이루나니, 그리하여 빛깔 없는 것 아니지만 빛깔 없는 갈남(非無色想無色羯南)이 국토에 흘러 다녀 주문(呪詛)과 방자(厭)로 생겨나는 종류가 가득 차느니라.

세계에 허망하게 만내어 바퀴 돌듯(合妄輪廻) 하는, 아득한 뒤바뀜(罔顚倒)을 말미암는 탓으로 다른 종류와 화합하여 8만 4천 가지 돌려 바뀌는 어지러운 생각(廻互亂想)을 이루나니, 그리하여 생각 있는 것 아니지만 생각 있는 갈남(非有想有想羯南)이 국토에 흘러 다녀 같은 것들이 딴 것으로 변화시키는 종류가 가득 차느니라.

세계에 원험으로 바퀴 돌듯(冤害輪廻) 하는 죽이는 뒤바뀜(殺顚倒)을 말미암는 탓으로 괴상함(怪)과 화합하여 8만 4천 가지 어미 아비 잡아먹는 어지러운 생각(食父母想)을 이루나니, 그리하여 생각 없는 것 아니지만 생각 없는 갈남(非無想無想羯南)이 국토에 흘러 다녀 마치 올빼미(土梟)가 흙덩이를 붙안아 새끼를 만들며 파경이(破鏡)가 독한 나무 열매를 품어 새끼를 까는 것같이 새끼가 자라서는 어미나 아비를 잡아먹는 종류가 가득 차느니라.

이것이 열두 종류의 중생이니라."

대불정여래밀인수증요의제보살만행수릉엄경
| 제8권 |

⑵ 보살의 수행하는 계단과 이 경의 이름

"아난아, 이러한 중생들의 낱낱 종류 가운데 제각기 열두 가지 뒤바뀜을 갖추었으니, 마치 눈을 비비면 헛꽃이 나타나듯이 묘하고 둥글고 참되고 깨끗한 밝은 마음을 뒤바꾸어서 이렇게 허망하고 어지러운 생각을 갖추었느니라.

네가 지금 삼마지를 닦아 증득하려거든, 그 근본 원인이 되는 어지러운 생각에 세 가지 차례를 세우고 닦아야 없앨 수 있나니, 마치 깨끗한 그릇에 있는 독한 진액을 씻어 버리려고 끓는 물과 재와 향수로 여러 번 씻고 우려내어 그릇이 깨끗해진 뒤에야 감로수를 담을 수 있는 것 같으니라.

무엇을 세 가지 차례라 하느냐. 첫째는 닦아 익힘(修習)이니, 돕는 원인을 덜어 버리는 것(除其助因)이요, 둘째는 참으로 닦음(正修)이니, 그 근본 성품을 깎아 버리는 것(刳其正性)이요, 셋째는 더욱 나아감이니, 현재의 업을 짓지 않는 것(違其現業)이니라.

어떤 것을 돕는 원인이라 하느냐. 아난아, 이 세계의 열두 종류 중생이 그냥으로는 살지 못하고, 네 가지 먹는 것을 의지하여야 부지할 수 있나니, 네 가지란 것은 뭉기뭉기 잘라 먹는 것(段食)과 흠향하여 먹는 것(觸食)과 생각으로 먹는 것(思食)과 인식으로 먹는 것(識食)이라. 그러므로 부처님이 말하기를 '온갖 중생들이 모두 먹는 것으로 부지한다'라고 하느니라.

아난아, 온갖 중생들이 단것을 먹으면 살고 독한 것을 먹으면 죽는 것이니, 중생들이 삼마지를 구하려거든 세간에 있는 다섯 가지 매운 채소(五辛菜)를 끊어야 하느니라. 이 다섯 가지 매운 채소는 익혀 먹으면 음란한 마음을 돕고, 날로 먹으면 성내는 마음을 돕느니라. 이 세상에서 다섯 가지 매운 채소 먹는 사람이 아무리 12부경을 말하더라도 시방의 천상 사람이나 신선들은 그 냄새를 싫어하여 멀리 떠나며, 아귀들은 그 사람이 밥 먹을 적에 입술을 핥아먹으므로 항상 귀신들과 함께 있게 되어 복덕이 날로 감해지고, 길이길이 이익될 것이 없느니라. 이 매운 채소 먹는 사람은 아무리 삼마지를 닦더라도 보살이나 천상 사람이나 신선이나 착한 귀신들이 와서 보호하지 아니하므로 마왕이 그 짬을 타서 부처님 모양을 나타내고 와서 법을 말하면서 계율은 나쁘다 훼방하고, 음행이나 성내는 것이나 우치한 것이 좋은 것이라고 찬탄하나니, 이 사람이 죽어서는 마왕의 권속이 되었다가 마의 복을 다 받은 뒤에는 무간지옥에 떨어지느니라.

아난아, 보리를 닦는 사람은 영원히 다섯 가지 매운 채소를 먹지 말아야 하나니, 이것이 첫째 수행하여 나아가는 차례니라.

어떤 것을 근본 성품이라 하느냐. 아난아, 이러한 중생이 삼마지에 들려면 먼저 계율을 깨끗하게 지녀야 하나니, 음행할 마음을 영원히 끊어 버리고, 고기와 술을 먹지 말며, 불로 음식을 깨끗하게 하고 날것을 먹지 말아야 하느니라. 아난아, 수행하는 사람으로서 음행과 살생을 끊지 않고서는 삼계에서 벗어날 수 없는 것이니, 음욕이 독사毒蛇와 같고 원수와 같은 줄로 여기며, 먼저 성문의 네 가지 바라이계와 여덟 가지 바라이계를 지니어 몸을 단속하여 움직이지 않게 하고, 뒤에 보살의 청정한 계율을 행하여서 마음을 단속하여 일어나지 말게 할지니라.

이 계율이 이루어지면 이 세상에서 서로 낳고 서로 죽이는 일이 없어질 것이요, 훔치는 일을 하지 아니하면 이 세상에서 묵은 빚을 갚지 아니할 것이니라. 이렇게 깨끗한 사람이 삼마지를 닦으면, 부모가 낳아 준 육신으로 천안통天眼通을 얻지 않고도 저절로 시방세계를 볼 것이며, 부처님네를 뵈옵고 법문을 들어 부처님의 거룩한 말씀을 받자올 것이며, 큰 신통을 얻어 시방세계에 마음대로 다닐 것이며, 숙명통宿命通이 깨끗하여져서 어렵고 험난한 일이 없어지리니, 이것이 둘째 수행하여 나아가는 차례니라.

어떤 것을 현재의 업(現業)이라 하느냐. 아난아, 이렇게 깨끗하게 계율을 가지는 사람은 마음에 음탐이 없어져서 밖으로 육진六塵에 끌리는 일이 적을 것이며, 육진에 끌리지 아니하므로 근본 성품으로 돌아갈 것이요, 앞의 것을 반연치 아니하므로 육근六根이 짝할 것이 없어지고, 밖으로 흘러가던 것을 돌리어 하나인 성품에 합하면, 여섯 군데 작용이 일어나지 아니하리라. 그리하여 시방 국토가 밝고 깨끗함이 마치 수정 속에 밝은 달을 달아 놓은 듯하며, 몸과 마음이 상쾌하여 묘하고 두렷하고 평등하여 크게 편안함을 얻게 되면, 온갖 부처님의 비밀하고 두렷하고 깨끗하고 묘한 이치가 모두 이 가운데 나타날 것이며, 이 사람이 빨리 무생법인을 얻게 되고 이로부터 점차로 닦아 나아가며, 가는 곳마다 수행하여 성인의 자리에 밟아 이르게 될 것이니, 이것이 셋째 수행하여 나아가는 차례니라.

아난아, 이 좋은 남자가 욕심과 애정이 말라 버리고 근根과 앞의 것이 짝하지 아니하므로 지금에 남아 있는 이 몸이 다시는 나지 않게 되며, 고집하던 마음이 훤칠하게 밝아져서 순전한 지혜뿐이며, 지혜의 체성體性이 밝고 두렷하여 시방세계가 환하게 맑아서 마른 지혜만 있게 되는 것이 간혜지乾慧智라 하나니, 욕애의 습기가 처음 말라서 여래의 법으로 흐르는 물(法水)과 어울리지 못하기 때문이니라.

이 마음으로써 가운데로 가운데로 점점 들어가서 두렷하고 미묘한 것이 비로소 열리고, 참되게 묘하고 두렷한 데서 더욱 참되게 미묘한 것을 발생하여 묘한 신심信心이 항상 머물러 있고 온갖 허망한 생각은 아주 없어져서 중도中道의 이치가 순전하고 참된 것을 신심주信心住라 하느니라.

참된 신심이 분명하여서 온갖 것이 원통하여지고, 오음五陰과 십이처十二處와 십팔계十八界가 다시 장애되지 아니하여서 지나간 세상, 오는 세상, 수없는 겁 동안에 몸을 버리고 몸을 받던 온갖 습기가 모두 앞에 나타나거든, 이 사람이 온통으로 기억하여 하나도 잊어버리지 않는 것을 염심주念心住라 하느니라.

묘하고 두렷한 것이 순전히 참되어졌고, 참된 정기가 변화하는 힘을 내어 예전 습기가 한결같이 정미롭고 밝아졌거든, 이 정미롭고 밝은 것으로써 참되고 깨끗한 데로 나아가는 것을 정진심精進心이라 하느니라.

정미로운 마음이 앞에 나타나서 순전한 지혜뿐인 것을 혜심주慧心住라 하느니라.

지혜의 밝음을 그냥 유지維持하여 두루하고 고요하거든, 고요하고 묘한 것이 항상 엉기어 있는 것을 정심주定心住라 하느니라.

정심의 빛이 밝아지고, 밝은 성품이 깊이 들어갔거든, 그대로 나아가기만 하고 물러나지 않는 것을 불퇴심不退心이라 하느니라.

마음으로 정진하는 것이 편안하여지거든, 보전하여 가지고 잃어버리지 아니하여 시방 여래의 기분과 서로 어울리는 것을 호법심護法心이라 하느니라.

각覺의 밝은 것을 보전하여 가졌거든, 묘한 지혜의 힘으로써 부처님의 자비한 광명을 돌이켜서 부처님을 향하여 편안히 머무는 것이 마치 두 거울의 밝은 빛이 서로 대對하매 그 가운데 묘한 그림자가 거듭거듭 서로 비치는 것과 같은 것을 회향심迴向心이라 하느니라.

마음 빛이 가만히 회향하여 부처님의 항상 엉김과 위없는 묘하고 깨끗함을 얻고는, 하염 없는 도에 편안히 머물러서 잃어버리지 아니함을 계심주戒心住라 하느니라.

계심에 머물러서 자재自在하여지고, 시방으로 다니되 소원대로 가게 되는 것을 원심주願心住라 하느니라.

아난아, 이 좋은 남자가 진여眞如의 방편으로 이 열 가지 마음을 내었거든 마음의 정기가 빛을 내어 열 가지 작용을 걷어 들여 한마음을 원만하게 이루는 것을 발심주發心住라 하느니라.

마음 가운데서 밝음을 내는 것이 마치 깨끗한 수정 속에 순금을 담은 것 같아서 앞의 묘한 마음으로 다져서 지정地釘을 다지는 것을 치지주治地住라 하느니라.

마음과 지정이 서로 알아서 함께 밝아지고 시방으로 다니되 조금도 거리낌이 없는 것을 수행주修行住라 하느니라.

수행하는 것이 부처님과 같아져서 부처님의 기분을 받는 것이 마치 중음신中陰身이 부모 될 이를 구할 적에 그윽한 기별이 가만히 통하는 듯이 여래의 종성種性에 들어가는 것을 생귀주生貴住라 하느니라.

불도의 태胎 속에 노닐면서 부처님의 지혜를 받자와 불자佛子 되는 것이 마치 태 속에서 자라는 아기가 사람의 모양을 갖춘 것 같은 것을 방편구족주方便具足住라 하느니라.

용모가 부처님과 같고 마음도 같은 것을 정심주正心住라 하느니라.

몸과 마음이 함께 이루어져서 날마다 점점 자라는 것을 불퇴주不退住라 하느니라.

십신十身의 영특한 모양을 한꺼번에 갖추는 것을 동진주童眞住라 하느니라.

형상이 이루어져서 태胎에서 나와 친히 부처님의 아들이 되는 것을 법왕자주法王子住라 하느니라.

어른이 되었다고 표시하되, 마치 임금이 나라 정사를 태자에게 맡기며, 찰제리왕이 세자世子가 자라거든 관정식灌頂式을 하는 것같이 함을 관정주灌頂住라 하느니라.

아난아, 이 좋은 남자가 부처님의 아들이 되고는 여래의 한량없는 묘한 공덕을 갖추어 시방으로 다니면서 수순隨順하는 것을 환희행歡喜行이라 하느니라.

온갖 중생들을 잘 이익케 하는 것을 요익행饒益行이라 하느니라.

제가 깨닫고 남을 깨닫게 하는 일에 조금도 거슬리지 아니하는 것을 무진한행無瞋恨行이라 하느니라.

여러 종류들을 다 벗어나게 하되, 오는 세상의 끝까지 하여 삼세三世가 평등하고 시방에 통달하는 것을 무진행無盡行이라 하느니라.

온갖 것이 합하여 같아지는 종종 법문에 잘못되지 않는 것을 이치란행離癡亂行이라 하느니라.

같은 가운데 여러 가지 다른 것을 나타내고, 낱낱 다른 데서 제각기 같음을 보는 것을 선현행善現行이라 하느니라.

이리하여 시방 허공에 티끌을 채우고 낱낱 티끌 속에 시방세계를 나타내어 티끌을 나타내거나 세계를 나타내는 데 서로 거리끼지 아니함을 무착행無着行이라 하느니라.

가지가지가 앞에 나타나되, 모두 제일바라밀다인 것을 존중행尊重行이라 하느니라.

이렇게 원융하여져서 시방 부처님의 규모를 이루는 것을 선법행善法行이라 하느니라.

낱낱 것이 모두 청정하여 누漏가 없어지고, 한결같이 참되고 하염이 없어 본래 그러한 성품인 것을 진실행眞實行이라 하느니라.

아난아, 이 좋은 남자가 신통을 만족하며 불사를 성취하였으며, 순전하게 깨끗하고 정미롭고 참되어, 모든 거리낌을 멀리 여의었거든, 당연히 중생을 제도하되 제도한다는 상相이 없어졌고, 하염 없는 마음을 돌이켜 열반 길로 향하는 것을, 온갖 중생을 제도하면서도 중생이라는 상相을 여읜 회향廻向이라 하느니라.

부술 것을 모두 부수고 여러 가지 여읜 것을 멀리 여읜 것을 불괴회향不壞廻向이라 하느니라.

본래의 각이 고요하고 맑아 깨달은 것이 부처님의 깨달음과 같은 것을 등일체불회향等一切佛廻向이라 하느니라.

정미롭고 참된 것이 밝은 빛을 내어 경지境地가 부처님의 경지와 같은 것을 지일체처회향至一切處廻向이라 하느니라.

세계와 여래가 서로서로 들어가되 걸림이 없는 것을 무진공덕장회향無盡功德藏廻向이라 하느니라.

부처님 경지와 같은 경지마다 제각기 청정한 인因을 내고, 그 인을 의지하여 빛을 드러내어서 열반 길을 취하는 것을 수순평등선근회향隨順平等善根廻向이라 하느니라.

진정한 선근善根이 이루어졌거든 시방 중생이 모두 나의 본 성품이며, 성품이 원융하게 성취하면서도 중생을 잃지 않는 것을 수순등관일체중생회향隨順等觀一切衆生廻向이라 하느니라.

온갖 법에 즉卽하면서 온갖 상相을 여의어서 즉하는 것이나 여의는 것이나 두 가지에 모두 집착하지 않는 것을 진여상회향眞如相廻向이라 하느니라.

참으로 같은 이치를 얻어서 시방에 거리낌이 없는 것을 무박해탈회향無縛解脫廻向이라 하느니라.

성품인 공덕이 원만하게 성취되어 법계의 한량이 없어진 것을 법계무량회향法界無量廻向이라 하느니라.

아난아, 이 좋은 남자가 이 청정한 사십일심四十一心을 끝까지 닦고는, 다음에는 네 가지 묘하고 두렷한 가행加行을 이루느니라.

부처님의 각覺으로써 내 마음을 삼았으나 날듯 날듯 하면서도 나지 않는 것이 마치 나무(木燧)를 비벼 불을 낼 적에 나무를 태울 듯이 하는 것과 같은 것을 난지煖地라 하느니라.

또 자기의 마음으로 부처님의 밟으시던 바를 이루었으나, 의지한 듯하면서도 의지한 것 아닌 것이 마치 높은 산에 올라가서 몸이 허공에 들어갔으나 아래는 조금 걸림이 있는 듯한 것을 정지頂地라 하느니라.

마음과 부처님이 둘이 같아서 중도中道를 얻은 것이 마치 일을 참는 사람이 품어 두는 것도 아니요, 내어 버리는 것도 아닌 것 같은 것을 인지忍地라 하느니라.

셈으로 요량하는 것이 소멸하여져서 아득한 중도나 깨달은 중도中道나 둘에 지목할 바가 없는 것을 세제일지世第一地라 하느니라.

아난아, 이 좋은 남자가 큰 보리를 잘 통달하되 깨달음이 여래와 융통하여 부처님의 경계를 극진한 것을 환희지歡喜地라 하느니라.

다른 성품이 같게 되고, 같은 성품까지 없어진 것을 이구지離垢地라 하느니라.

깨끗한 것이 지극하여 밝은 빛이 나는 것을 발광지發光地라 하느니라.

밝은 것이 지극하여 각이 원만한 것을 염혜지焰慧地라 하느니라.

일체一切의 같다 다르다 하는 것으로 미칠 수 없는 것을 난승지難勝地라 하느니라.

하염 없는 진여眞如의 성품이 밝고 깨끗하게 드러나는 것을 현전지現前地라 하느니라.

진여眞如의 끝까지 다한 것을 원행지遠行地라 하느니라.

한결같이 진여의 마음뿐인 것을 부동지不動地라 하느니라.

진여의 작용을 내는 것을 선혜지善慧地라 하느니라.

아난아, 이 보살들이 이제부터는 닦는 공부를 마치고 공덕이 원만圓滿하였으므로 여기까지를 수습하는 자리(修習位)라 하느니라.

자비한 그늘과 묘한 구름이 열반 바다에 덮인 것을 법운지法雲地라 하느니라.

여래는 흐르는 것을 거슬러 올라오거든, 이 보살은 흐름을 따라 내려가서 각의 경계선에 들어가 어울린 것을 등각等覺이라 하느니라.

아난아, 간혜지乾慧地로부터 등각等覺까지 이르러서는 이 각覺이 비로소 금강심金剛心 가운데의 초간혜지初乾慧地를 얻나니, 이렇게 홑으로 겹으로 열두 번을 거듭하여야 비로소 묘각妙覺이 극진하여 위없는 도를 이루느니라.

이 여러 가지 지위는 모두 환술 같은 열 가지로 비유하는, 금강같이 관찰하는 사마타奢摩他 가운데서 여래의 비바사나毘婆舍那로써 깨끗하게 닦아 증득하여 차례차례로 깊이 들어가는 것이니라.

아난아, 이것들은 모두 세 가지 차례(三漸次)로 닦아 나가는 것으로 말미암아 오십오위五十五位의 참된 보리 길(菩提路)을 성취한 것이니, 이렇게 보는 것은 올바른 관觀이라 하고, 다르게 보는 것은 잘못된 관이라 하느니라."

그때에 문수사리법왕자가 대중 가운데서 일어나 부처님 발에 정례하고 부처님께 여쭈었다.

문수 "이 경 이름을 무엇이라 하오며, 저와 중생들이 어떻게 받자와 지니오리까?"

부처님 "이 경 이름은 '크고 부처 정수리 같은 실달다반달라悉達多般達羅이고, 위없는 보배로운 인(無上寶印)이요, 시방 여래의 맑고 깨끗한 바다 같은 눈(十方如來淸淨海眼)'이라 하며, 또 '친척과 인연 있는 이를 구원하며, 아난과 이 회중에 있는 성 비구니를 제도하여 보리의 마음을 얻어 두루 아는 바다에 들어가게 함(救護親因度脫阿難及此會中性比丘尼得菩提心入遍知海)'이라고도 하며, 또 '여래의 비밀한 인이며, 닦아 증득할 요의(如來密印修證了義)'라고도 하며, 또 '크고 방정하고 넓고 묘한 연꽃 왕이요, 시방 부처님 어머니인 다라니 주(大方廣妙蓮華王十方佛母陀羅尼呪)'라고도 하며, 또 '관정하는 글발이며, 보살들의 온갖 수행인 수릉엄(灌頂章句諸菩薩萬行首楞嚴)'이라고도 하나니, 너희들이 이렇게 받아 지닐지니라."

3. 처음 배우는 이의 필요한 일을 말하다

1) 일곱 갈래를 여의라

(1) 일곱 갈래가 벌어지는 까닭

이 법문을 마치시니, 아난과 대중이 부처님께서 일러 주시는 비밀한 인印인 반달라주般怛羅呪의 뜻을 받자왔으며, 이 경의 이름을 듣잡고 선나禪那를 닦아 성인의 지위에 나아가는 수승한 이치를 깨달았으므로 마음이 훤칠하게 고요하여졌고, 삼계의 도를 닦는 자리에서 끊을 미세한 육품번뇌(三界修心六品微細煩惱)를 끊어 버렸다. 그리하여 자리에서 일어나 부처님 발에 정례하고 합장하고 공경스럽게 부처님께 아뢰었다.

"큰 위덕을 갖추신 세존이시여, 자비하신 말씀으로 중생들의 미세한 의혹을 잘 열어 주시오매, 저희들의 몸과 마음이 통쾌하여 큰 이익을 얻었나이다.

세존이시여, 만일 이 묘하고 밝고 참되고 깨끗한 마음이 본래 원만하였사오며, 그리하여 땅과 풀과 나무와 구물거리고 굼틀거리는 벌레들까지라도 곧 여래의 근본인 진여이며, 성불하신 본체일진대 부처님의 본체가 진실하옵거늘, 어찌하여 지옥과 아귀와 축생과 아수라와 인간과 천상의 여러 가지 갈래가 있나이까? 세존이시여, 이 여러 갈래는 본래부터 있는 것이오니까, 중생들의 허망한 습기로 생기는 것이오니까?

세존이시여, 보련향寶蓮香 비구니는 보살계를 지니다가 남몰래 음행을 하고는 '음행이 살생도 아니고 훔치는 것도 아니므로 업보業報가 없다'라고 허망한 말을 하더니, 말을 마치자마자 먼저 여근女根에서 맹렬한 불이 일어나고, 나중에는 마디마디마다 불이 타면서 무간지옥無間地獄에 들어갔으며, 유리왕琉璃王은 구담 종족(瞿曇族)을 모두 죽였고, 선성善性 비구는 '온갖 법이 공하다'라고 허망한 말을 하다가 산 채로 아비지옥阿鼻地獄에 빠졌사오니, 이런 지옥들은 일정한 곳이 있나이까, 혹은 제각기 업을 지어 제각기 받는 것이오니까? 바라건대 자비하신 마음으로 어리석은 소견을 열어 주시며, 계행을 지니는 여러 중생들로 하여금 결정적인 이 이치를 듣삽고 기쁘게 받자와 범하는 일이 없게 하소서."

부처님 "통쾌하다. 이 묻는 말이 여러 중생들로 하여금 사특한 소견에 끌리지 않게 하리니, 자세히 들어라. 너에게 일러 주리라.

아난아, 온갖 중생들이 실로는 본래 참되고 깨끗하건마는 허망한 소견으로 인하여 허망한 버릇이 생기고, 이로 말미암아 제 자격 안의 일(分

內)과 자격 밖의 일(分外)이 갈리었느니라.

아난아, 제 자격 안의 일이란 것은 중생의 분수 안의 것을 말하는 것이니, 지저분한 애욕으로 인하여 허망한 애정이 생기고, 정이 쌓여 쉬지 아니하면 애욕의 물을 내게 되느니라. 그러므로 중생들이 맛난 음식을 생각하면 입에서 침이 생기고, 앞의 사람을 생각하되 사랑하거나 원망하거나 하면 눈에 눈물이 고이고, 재물에 탐을 내어 속으로 침을 흘리면 온몸에 기름이 돌고, 마음으로 음행할 것을 생각하면 남근과 여근에 물이 흐르나니, 아난아, 여러 가지 애정이 다르지마는 물이 흘러 맺히는 것은 마찬가지라, 축축하고 젖어서 올라갈 수 없으므로 자연히 떨어지게 되나니, 이것을 자격 안의 일이라 하느니라.

아난아, 자격 밖의 일이란 것은 중생의 분수 밖의 것을 말하는 것이니, 우러러 사모함으로 인하여 빈 생각이 생기고, 생각이 쌓여 쉬지 아니하면 수승한 기운을 내게 되느니라. 그러므로 중생들이 마음으로 계율을 가지면 몸이 가볍고 맑아지며, 주문呪文을 외우거나 결인結印을 익히면 눈띠(顧眄)가 씩씩하고, 마음으로 천상에 나기를 원하면 꿈에 날아다니고, 마음을 불세계佛世界에 두면 성스러운 경계가 나타나고, 선지식善知識을 섬기면 목숨을 가벼이 여기나니, 아난아, 여러 가지 생각이 다르지마는 가벼워 뜨는 것은 마찬가지라, 날아 뜨고 잠기지 아니하므로 자연히 뛰어나게 되나니, 이것을 자격 밖의 일이라 하느니라.

아난아, 온갖 세간의 나고 죽는 것이 서로 계속되거니와, 나는 것은 순한 버릇을 따라서 있게 되는 것이요, 죽는 것은 거슬린 버릇을 따라 변하여 가는 것이니, 목숨이 떨어지려 할 적에 따뜻한 기운이 식지 않아서 거슬린 버릇과 순한 버릇이 서로 어울리면서 일생에 지은 착한 짓과 나쁜 짓이 한꺼번에 나타나느니라.

순전한 생각만 가진 이는 날아올라 천상에 나게 되거니와, 만일 나는 마음에 복과 지혜와 깨끗한 서원까지 겸하였으면 저절로 마음이 열리어서 시방 부처님을 뵈어 여러 정토에 소원대로 가서 나게 되느니라.

애정은 적고 생각이 많은 이는 날아오르는 것이 멀지 못하여 날아다니는 신선神仙이나, 기운 센 귀왕鬼王이나, 날아다니는 야차夜叉나, 땅에 다니는 나찰羅刹이 되어서 사천四天으로 다니어 거리낌이 없으려니와, 그 가운데 만일 좋은 원력과 좋은 마음으로 불법을 보호하거나, 계율을 보호하고, 계행 지니는 이를 따랐거나, 주문呪文을 보호하고, 주문 가지는 이를 따라다녔거나, 선정 닦는 이를 보호하여 법인法忍을 안보하였으면, 이런 이는 부처님의 자리 앞에 나게 되느니라.

애정과 생각이 평균한 이는 날지도 않고 떨어지지도 아니하여 인간에 나거니와, 생각은 밝으므로 총명하게 되고, 애정은 어두우므로 혼둔하게 되느니라.

정이 많고 생각이 적은 이는 축생에 들어가되, 중重하면 기는 짐승이 되고, 경輕하면 나는 짐승이 되느니라.

정이 7푼이요 생각이 3푼이면, 수륜水輪을 지나 내려가서 화륜火輪의 갓에 나게 되나니, 맹렬한 불기운을 받아서 아귀餓鬼가 되므로 몸에는 항상 불이 타고, 물도 몸에 해롭게 하여 먹지도 못하고 마시지도 못하면서 백천百千 겁을 지내느니라.

정이 9푼이요 생각이 1푼이면, 화륜火輪을 뚫고 내려가서 풍륜風輪과 화륜火輪이 맞닿은 데까지 들어가되, 경하면 유간지옥有間地獄에 나고, 중하면 무간지옥無間地獄에 나느니라.

순전한 애정만인 이는 아비지옥阿鼻地獄에 떨어지거니와, 떨어지는 마음에 대승大乘을 비방하였거나, 부처님의 계율을 파하였거나, 거짓말로 법문을 연설하였거나, 신도의 보시를 헛되게 탐하였거나, 덕이 없이 공경을 받았거나, 오역죄五逆罪와 십중죄十重罪를 지었으면 다시 시방 지옥으로 가서 나느니라.

나쁜 업을 지은 대로 제가 받는 것이지마는, 여러 사람들이 같이 받으므로 일정한 곳이 있는 것이니라."

⑵ 지옥

"아난아, 이런 것들은 모두 저 중생들이 제가 지은 업으로 받는 것이니, 열 가지 익힌 버릇(十習因)이 원인이 되어 여섯 가지 두루 어울리는 과보(六交報)를 받느니라.

무엇을 열 가지 원인이라 하느냐. 아난아, 첫째는 음행하는 버릇(婬習)으로 마주 붙음이 서로 비비는 데서 비롯하나니, 비비기를 쉬지 아니하기에 맹렬한 큰 불길이 그 가운데서 일어나는 것이 마치 사람이 두 손을 서로 비비면 따뜻한 기운이 나는 것과 같으니라. 두 버릇이 서로 태우는 탓으로 무쇠 평상과 구리 기둥과 그러한 여러 가지가 있나니, 그러므로 시방의 여래께서 음행하는 것을 이름하여 '애욕의 불구덩이'라고 하시고, 보살들은 음욕을 보기를 불구덩이를 피하듯 하느니라.

둘째는 탐심 내는 버릇(貪習)으로 마주 고집함이 서로 빨아들이는 데서 비롯하나니, 빨아들이기를 쉬지 아니하기에 혹독한 추움과 굳은 얼음이 그 가운데서 꽁꽁 어는 것이 마치 사람이 입으로 바람을 빨아들이면 찬 기운이 생기는 것과 같으니라. 두 버릇이 서로 침노하는 탓으로 어허, 으흐, 호호 하는 지옥과 푸른 연꽃, 붉은 연꽃, 흰 연꽃 같은 지옥과 찬 얼음지옥과 그러한 여러 가지가 있나니, 그러므로 시방의 여래께서 탐심 내는 것을 이름하여 '탐욕물'이라 하시고, 보살들은 탐욕을 보기를 토질 있는 바닷물(瘴海)을 피하듯 하느니라.

셋째는 교만한 버릇(慢習)으로 마주 업신여김이 서로 자세(相恃)하는 데서 비롯되나니, 거슬려 흐르기를 쉬지 아니하기에 솟구치며 뛰넘는 파도가 쌓여 물결이 되는 것이 마치 사람이 입과 혀를 서로 빨면 침이 나는 것과 같으니라. 두 버릇이 서로 닥치는 탓으로 피바다(血海)와 잿물 강(灰河)과 뜨거운 모래와 독한 바다와 구리 녹은 물(融銅)을 목구멍에 붓는 여러 가지 짓이 있나니, 그러므로 시방의 여래께서 아만我慢 부리는 것을 이름하여 '어리석은 물을 마시는 짓'이라 하시고, 보살들은 아만 보기를 큰 수렁을 피하듯 하느니라.

넷째는 성내는 버릇(嗔習)으로 마주 충돌함이 서로 거슬리는 데서 비롯하나니, 거슬리기를 쉬지 아니하면 속이 타서 화를 내고 기운을 녹여 쇠가 되므로, 칼산과 쇠곤장과 칼나무와 칼바퀴와 도끼와 작두와 창과 톱이 있는 것이 마치 사람이 원한을 품으면 살기가 뻗치는 것과 같으니라. 두 버릇이 서로 마주치는 탓으로 붙이고 가르고 베고 찍고 썰고 찌르고 바수고 치는 여러 가지 짓이 있나니, 그러므로 시방의 여래께서 성내는 것을 이름하여 '잘 드는 칼'이라 하시고, 보살들은 성내는 것 보기를 목 찍는 것을 피하듯 하느니라.

다섯째는 간사한 버릇(詐習)으로 마주 달램이 서로 꾀는 데서 비롯하나니, 꾀고 끌어내기를 쉬지 아니하기에 오랏줄로 옭고 주리로 틀고 차꼬(着錮: 칼)로 채우는 것이 마치 밭에 물을 대면 초목이 자라는 것과 같으니라. 두 버릇이 서로 끄는 탓으로 고랑(錮)과 수갑과 칼과 족쇄와 채찍과 곤장과 초달(撾棒) 등 여러 가지 짓이 있나니, 그러므로 시방의 여래께서 간사함을 이름하여 '참소讒訴하는 도적'이라 하시고, 보살들은 간사한 것 보기를 늑대와 이리를 두려워하듯 하느니라.

여섯째는 허망한 버릇으로 마주 속임이 서로 거짓말 하는 데서 비롯하나니, 속여 넘기기를 쉬지 아니하고 간사한 마음으로 꾀를 내기에 티끌과 먼지와 똥과 오줌과 더럽고 부정한 것들이 있게 되는 것이 마치 티끌을 바람에 날리면 아무것도 보이지 않는 것과 같으니라. 두 버릇이 서로 더치는(加) 탓으로 빠져 가라앉는 것과 차올리는 것과 날렸다 떨어지는 것과 빠져 흐르는 여러 가지 짓이 있나니, 그러므로 시방의 여래께서 속임을 이름하여 '겁살劫殺'이라 하시고, 보살들은 속이는 것 보기를 뱀을 밟는 듯이 여기느니라.

일곱째는 원통케 하는 버릇(寃習)으로 마주 미워함이 원한 품은 데서 비롯하나니, 그리하여 돌을 던지고 바위를 굴리고 뒤주에 가두고 함거(車檻)에 싣고 독에 넣고 부대에 넣어지는 것이 마치 몰래 해하려는 사람이 악독한 마음을 품는 것과 같으니라. 두 버릇이 서로 없애려는 탓으로 던지며 차고 붙들며 사로잡으며 치며 쏘며 내버리며 움켜쥐는 등 여러 가지 짓이 있나니, 그러므로 시방의 여래께서 원수를 이름하여 '위해귀違害鬼'라 하고, 보살들은 원수 보기를 사약死藥 먹는 것과 같이 여기느니라.

여덟째는 나쁜 소견으로 마주 변명하는 신견身見(薩迦耶見)과 견취見取와 계금취戒禁取와 사견邪見들이 서로 거슬리고 서로 반항하는 데서 비롯하나니, 그리하여 재판하는 이나 문초하는 이들이 증거를 들고 증인을 세우고 증거 문서를 내는 것이 마치 길가는 사람들이 가고 오고 하면서 서로 만나는 것과 같으니라. 두 버릇이 서로 마주 대는 탓으로 심문하는 것과 넘겨짚는 것과 고문하는 것과 조사하는 것과 들춰내는 것과 증거 대는 것과 선동자善童子와 악동자惡童子가 문서를 들고 증명하는 여러 가지 짓이 있나니, 그러므로 시방의 여래께서 나쁜 소견을 이름하여 '사견구렁(邪見坑)'이라 하고, 보살들은 허망하고 국집局執한 소견 보기를 독한 구렁에 가는 것같이 여기느니라.

아홉째는 억울케 하는 버릇(枉習)으로 마주 덮어씌움이 서로 얽어 넘기는(誣謗) 데서 비롯하나니, 그리하여 산으로 깔고, 돌로 누르고, 연자로 틀고, 맷돌로 갈고, 보습으로 째는 것이 마치 남을 모함하는 사람이 선량善良한 사람을 얽어 세우는 것과 같으니라. 두 버릇이 서로 미는 탓으로 누르며 주무르며 두들기며 밀며 차며 거르며 달아매며 뽑아내는 여러 가지 짓이 있나니, 그리므로 시방의 여래께서 얽어 넣는 것을 이름하여 참소하는 범(讒虎)이라 하시고, 보살들은 억울한 것 보기를 벼락 맞는 것같이 여기느니라.

열째는 들추어내는 버릇(訟習)으로 마주 드러내는 것이 감추어 덮는 데서 비롯하나니, 그리하여 거울로 비추며 촛불로 밝히는 것이 마치 햇볕 아래서 그림자를 감출 수 없는 것과 같으니라. 두 버릇이 서로 고발하는 탓으로 나쁜 동무와 업경業鏡과 불구슬들이 옛 죄를 들춰내고 묵은 업을 증거 대는 여러 가지 짓이 있나니, 그러므로 시방의 여래께서 감추는 것을 이름하여 '숨은 도적'이라 하시고, 보살들은 덮는 것 보기를 높은 산을 이고 깊은 바다에 들어가는 듯이 여기느니라.

무엇을 여섯 가지 두루 어울리는 과보(六交報)라 하느냐. 아난아, 온갖 중생들이 육식六識으로 업을 지었으므로 불러오는 나쁜 과보가 육근六根으로부터 나게 되느니라.

어찌하여 나쁜 과보가 육근六根으로부터 난다 하느냐. 첫째는 보는 업보(見報)로 나쁜 결과를 불러내는 것이니, 이 보는 업이 어울리면 죽을 때에 먼저 맹렬한 불이 시방세계에 가득함을 보게 되어 죽는 이의 정신이 날았다가 떨어지면서 연기를 타고 무간지옥無間地獄에 들어가서 두 가지 모양을 발견하나니, 하나는 밝게 보는 것(明見)이니, 여러 가지 나쁜 것을 보고 한량없는 무서움을 내는 것이요, 둘째는 어둡게 보는 것(暗見)이니, 까맣게 보이지 아니하여 한량없는 두려움을 내는 것이니라. 이러한 보는 불길이 듣는 데 타면 끓는 솥과 구리물이 되고, 숨에 타면 검은 연기와 검은 불꽃이 되고, 맛에 타면 볶은 탄환과 무쇠 죽이 되고, 촉觸에 타면 뜨거운 재와 이글이글하는 숯불이 되고, 뜻에 타면 별 같은 불이 쏟아지듯 뿌려 허공에 흩어지느니라.

둘째는 듣는 업보로 나쁜 결과를 불러내는 것이니, 이 듣는 업이 어울리면 죽을 때에 먼저 파도가 천지에 뒤덮임을 보게 되어 죽는 이의 정신이 빠져 내려가면서 물결을 타고 무간지옥無間地獄에 들어가서 두 가지 모양을 발견하느니라. 하나는 귀가 열리는 것이니, 여러 가지 떠드는 것을 듣고 정신이 어지러워지는 것이요, 둘째는 귀가 막히는 것이니, 적막하게 들림이 없이 넋이 가라앉는 것이니라. 이러한 듣는 물결이 듣는 데 대면 꾸짖는 것과 힐문하는 것이 되고, 보는 데 대면 우레와 영각함과 악독한 기운이 되고, 숨에 대면 비와 안개가 되며 여러 가지 독한 벌레를 뿌려 온몸에 가득하게 되고, 맛에 대면 고름과 피와 여러 가지 더러운 것이 되고, 촉에 대면 짐승과 귀신과 똥과 오줌이 되고, 뜻에 대면 번개와 우박이 되어 마음과 넋을 부수느니라.

셋째는 맡는 업보로 나쁜 결과를 불러내는 것이니, 이 맡는 업이 어울리면 죽을 때에 먼저 독한 기운이 먼 데와 가까운 데 가득함을 보게 되어 죽는 이의 정신이 땅 속에서 솟아나와 무간지옥에 들어가서 두 가지 모양을 발견하느니라. 하나는 코가 열리는 것이니, 여러 가지 나쁜 냄새를 맡고, 마음이 소란하여지는 것이요, 둘째는 코가 막히는 것이니, 숨이 통하지 못하여 기절하는 것이니라. 이러한 맡는 기운이 숨에 쏘이면 막히는 것과 통하는 것이 되고, 보는 데 쏘이면 불과 횃불이 되고, 듣는 데 쏘이면 빠지는 것과 솟아오르는 것과 넘치는 것과 끓는 것이 되고, 맛에 쏘이면 썩는 것과 쉬는 것이 되고, 촉에 쏘이면 터지는 것과 는적거리는 것(爛)이 되며 큰 살덩이가 되어 백천 구멍이 생기어 한량없는 것들이 빨아먹고, 생각에 쏘이면 재와 장기瘴氣가 되며, 모래와 자갈을 날려 온몸에 뿌려 바수느니라.

넷째는 맛보는 업보로 나쁜 결과를 불러내는 것이니, 이 맛보는 업이 어울리면 죽을 때에 먼저 쇠 그물에 맹렬한 불이 붙어 세계에 뒤덮임을 보게 되어 죽는 이의 정신이 그물에 걸려 거꾸로 매달려 무간지옥에 들어가서 두 가지 모양을 발견하느니라. 하나는 빨아들임이니, 찬 얼음이 맺혀 몸과 살을 얼려 터뜨리는 것이요, 둘째는 내뿜는 것이니, 맹렬한 불을 날려 살과 뼈를 태우는 것이니라. 이러한 맛보는 것이 맛에 닿으면 받아들이는 것과 참는 소리가 되고, 보는 데 닿으면 타는 쇠와 녹는 돌이 되고, 듣는 데 닿으면 날카로운 칼과 병장기가 되고, 숨에 닿으면 큰 철망이 되어 국토에 가득히 덮이고, 촉에 닿으면 활과 살과 쇠뇌(弩)와 쏘는 것이 되고, 생각에 닿으면 뜨거운 쇠를 날려 공중에서 쏟아져 내리느니라.

다섯째는 촉觸하는 업보로 나쁜 결과를 불러내는 것이니, 이 촉하는 업이 어울리면 죽을 때에 먼저 큰 산이 사방으로부터 와서 마주치매 나갈 길이 없음을 보게 되어 죽는 이의 정신이 무쇠 성城에 불뱀과 불개와 호랑이와 사자가 있음을 보고, 우두옥졸牛頭獄卒과 마두나찰馬頭羅刹이 창(矟)을 들고 성문으로 몰아넣어 무간지옥에 들어가서 두 가지 모양을 발견하리라. 하나는 누르는 촉이니, 산이 합하여 몸을 옥죄매 뼈와 살과 피가 터져 나오는 것이요, 둘째는 떼어내는 촉이니, 칼로 몸을 찢어 염통과 간을 오려내는 것이니라. 이러한 누르는 촉이 촉에 닿으면 길과 삼문(觀)과 관청과 문초하는 곳이 되고, 보는 데 닿으면 태우는 것과 자르는 것이 되고, 듣는 데 닿으면 두들기는 것과 치는 것과 칼로 쑤시는 것과 활로 쏘는 것이 되고, 숨에 닿으면 훌치는 것과 고문하는 것과 결박하는 것이 되고, 맛에 닿으면 보습으로 가는 것과 재갈 물리는 것과 찍는 것과 끊는 것이 되고, 생각에 닿으면 떨어지고 날리고 볶고 굽는 것이 되느니라.

여섯째는 생각하는 업보로 나쁜 결과를 불러내는 것이니, 이 생각하는 업이 어울리면 죽을 때에 먼저 나쁜 바람이 불어 세계를 부수는 것을 보게 되어 죽는 이의 정신이 바람에 날려 공중에 올라갔다가 다시 떨어지면서 바람에 불려 무간지옥에 들어가서 두 가지 모양을 발견하느니라. 하나는 깨닫지 못함이니, 매우 아득하고 갑갑하여 함부로 헤매는 것(流轉)이요, 둘째는 아득하지 아니함이니, 분명하게 아는 것이 괴로워서 한량없이 지지고 볶는 것을 참을 수 없는 것이니라. 이러한 나쁜 생각이 뜻에 맺히면 형벌 받는 지방과 장소가 되고, 보는 데 맺히면 거울과 증거하는 것이 되고, 듣는 데 맺히면 마주치는 큰 돌과 얼음과 서리와 먼지와 안개가 되고, 숨에 맺히면 불 수레와 불 배와 불 함거가 되고, 맛에 맺히면 크게 외치는 것과 뉘우치는 것과 우는 것이 되고, 촉에 닿으면 커지고 작아지고 하루 동안에 만 번 살고 만 번 죽고 엎어지고 자빠지는 것이 되느니라.

아난아, 이것이 열 가지 원인과 여섯 가지 과보니, 모두 중생들이 아득하고 허망함으로 짓는 것이니라.

만일 중생들이 악한 업을 두루 지었으면 아비지옥에 들어가서 한량없는 고통을 받으면서 한량없는 겁을 지내느니라. 육근六根으로 각각 지었으며, 짓는 것이 경계를 겸하고 근을 겸하였으면, 이 사람은 여덟 가지 무간지옥에 들어가느니라. 몸과 입과 뜻, 셋으로 살생하는 것과 훔치는 것과 음행하는 것을 지었으면, 이 사람은 십팔지옥十八地獄에 들어가느니라. 삼업三業을 겸하지 아니하였고 중간에 살생이나 훔치는 것 한 가지를 지었으면, 이 사람은 삼십육三十六지옥에 들어가느니라. 만일 보는 것이나 보이는 것이나 한 근根으로 한 가지 업만 지었으면, 이 사람은 백팔지옥에 들어가느니라.

이 중생들이 제각기 따로 지었지마는 온 세계에서 같은 죄로 같은 곳에 가게 되는 것이나, 허망한 생각으로 생기는 것이요, 본래부터 있는 것은 아니니라."

⑶ 아귀 · 축생 · 인간 · 신선

"또 아난아, 이 중생들이 계율戒律을 그르다 하여 파하였거나, 보살계를 범하였거나, 부처님의 열반법을 훼방하였거나, 그 밖에 여러 가지 업으로 여러 겁 동안 불타는 고생을 겪다가 죄 받는 일이 끝나면, 귀신의 보를 받느니라.

만일 업인業因을 지을 적에 물건을 탐하여 죄를 지었던 이가 죄를 마치고 물건을 만나서 형상을 이루면, 이름이 괴귀怪鬼니라. 색色을 탐하여 죄를 지었던 이가 죄를 마치고 바람을 만나서 형상을 이루면, 이름이 발귀魃鬼니라. 의혹疑惑을 탐하여 죄를 지었던 이가 죄를 마치고 짐승을 만나서 형상을 이루면, 이름이 매귀魅鬼니라. 원한을 탐하여 죄를 지었던 이가 죄를 마치고 벌레를 만나서 형상을 이루면, 이름이 고독귀蠱毒鬼니라. 기억을 탐하여 죄를 지었던 이가 죄를 마치고 쇠운衰運 드는 데를 만나서 형상을 이루면, 이름이 여귀癘鬼니라.

교만을 탐하여 죄를 지었던 이가 죄를 마치고 기운을 만나서 형상을 이루면, 이름이 아귀餓鬼니라. 거짓을 탐하여 죄를 지었던 이가 죄를 마치고 으늑함(편안하고 조용한 느낌)을 만나서 형상을 이루면, 이름이 염귀魘鬼니라. 밝은 것을 탐하여 죄를 지었던 이가 죄를 마치고 정령精靈을 만나서 형상을 이루면, 이름이 망량귀魍魎鬼니라. 이루어짐을 탐하여 죄를 지었던 이가 죄를 마치고 밝음을 만나서 형상을 이루면, 이름이 역사귀役使鬼니라. 당파를 탐하여 죄를 지었던 이가 죄를 마치고 사람을 만나서 형상을 이루면, 이름이 전송귀傳送鬼니라.

아난아, 이 사람들은 모두 순전한 애정으로 지옥에 떨어졌다가 업화業火로 타서 없어지고 올라와서 귀신이 된 것이니, 모두 제 망상으로 지은 업보로 불러온 것이므로 보리를 깨달으면 묘하고 두렷하고 밝아서 본래 있는 것이 아니니라.

또 아난아, 귀신의 업보가 끝나면 애정과 생각이 함께 공하게 되어 바야흐로 세간에서 빚졌던 사람과 원수끼리 만나면서 축생이 되어 묵은 빚을 갚게 되느니라.

물건에 붙었던 괴귀怪鬼가 물건이 스러지고 과보가 끝나면, 세간에 나서 흔히 올빼미 종류가 되느니라. 바람에 어울렸던 발귀魃鬼가 바람이 스러지고 과보가 끝나면, 세간에 나서 흔히 나쁜 일을 미리 알려 주는 종류가 되느니라. 여러 가지 축생에 붙었던 매귀魅鬼가 축생이 죽고 과보가 끝나면, 세간에 나서 흔히 여우 종류가 되느니라. 벌레에 붙었던 고독귀蠱毒鬼가 벌레가 없어지고 과보가 끝나면, 세간에 나서 흔히 독한 종류가 되느니라. 쇠운을 만났던 여귀癘鬼가 쇠운이 다하고 과보가 끝나면, 세간에 나서 흔히 회충의 종류가 되느니라.

기운을 받았던 아귀餓鬼가 기운이 스러지고 과보가 끝나면, 세간에 나서 흔히 잡아먹히는 종류가 되느니라. 으늑함을 만났던 염귀魘鬼가 으늑한 것이 없어지고 과보가 끝나면, 세간에 나서 흔히 사람에게 복종하는 종류가 되느니라. 정령精靈과 어울렸던 망량귀魍魎鬼가 어울렸던 것이 스러지고 과보가 끝나면, 세간에 나서 흔히 시절을 찾아다니는 종류가 되느니라. 밝음과 어울렸던 역사귀役使鬼가 밝은 것이 스러지고 과보가 끝나면, 세간에 나서 흔히 상서로운 종류가 되느니라. 여러 가지 사람을 만났던 전송귀傳送鬼가 사람이 죽고 과보가 끝나면, 세간에 나서 흔히 순종하는 종류가 되느니라.

아난아, 이런 것들은 모두 업화業火가 말라 버려서 묵은 빚을 갚느라고 축생이 된 것이니, 이것들도 역시 자기의 허망한 업으로 불러온 것이므로 보리를 깨달으면 이 허망한 인연이 본래 있는 것이 아니니라. 네 말과 같이 보련향 비구니나 유리왕이나 선성 비구의 그런 나쁜 업이 본래 제가 발명한 것이라, 하늘에서 내려온 것도 아니요, 땅에서 솟는 것도 아니요, 다른 사람이 준 것도 아니요, 오직 자기의 망상으로 부른 것을 제가 도로 받는 것이거니와, 보리마음에서는 모두 허무한 망상으로 맺힌 것이니라.

또 아난아, 이런 중생들이 묵은 빚을 갚을 적에, 만일 받는 이가 지나치게 받으면 그 중생이 다시 사람이 되어서 더 간 것을 도로 찾느니라. 저 도로 갚아 줄 사람이 힘이 있고 복과 덕까지 겸하여 있으면 인간에게서 사람의 몸을 버리지 아니하고 그 더 받은 힘을 갚아 주려니와, 만일 복덕이 없으면 도리어 축생이 되어 그 더 받았던 것을 갚게 되느니라.

아난아, 만일에 돈이나 재물을 썼거나 그 힘을 부렸던 것은 갚을 만치 갚으면 자연히 그치게 되려니와, 혹 중간에 그의 목숨을 죽이었거나 그의 고기를 먹었으면 이런 것은 미진微塵같이 많은 겁을 지나면서 서로 잡아먹고 서로 죽이게 되는 것이 마치 굴러가는 수레바퀴와 같이 오르락내리락하면서 그치지 아니하리니, 사마타를 닦거나 부처님의 출세하심을 만나지 않고서는 그칠 수 없느니라.

너는 알아라. 저 올빼미 종류가 갚을 만치 갚고 형상을 회복하여 사람이 되면, 우악한 무리에 참여하느니라. 저 나쁜 일을 미리 알려 주는 종류가 갚을 만치 갚고 형상을 회복하여 사람이 되면, 괴이한 무리에 참여하느니라. 저 여우 종류가 갚을 만치 갚고 형상을 회복하여 사람이 되면, 용렬한 무리에 참여하느니라. 저 독한 종류가 갚을 만치 갚고 형상을 회복하여 사람이 되면, 심술궂은 무리에 참여하느니라. 저 회충의 종류가 갚을 만치 갚고 형상을 회복하여 사람이 되면, 미천한 무리에 참여하느니라.

저 잡아먹히는 종류가 갚을 만치 갚고 형상을 회복하여 사람이 되면, 겁약한 무리에 참여하느니라. 저 복종하는 종류가 갚을 만치 갚고 형상을 회복하여 사람이 되면, 노동하는 무리에 참여하느니라. 저 시절을 찾아다니는 종류가 갚을 만치 갚고 형상을 회복하여 사람이 되면, 글자 아는 무리에 참여하느니라. 저 상서로운 종류가 갚을 만치 갚고 형상을 회복하여 사람이 되면, 총명한 무리에 참여하느니라. 저 순종하는 종류가 갚을 만치 갚고 형상을 회복하여 사람이 되면, 통달한 무리에 참여하느니라.

아난아, 이런 이들은 모두 묵은 빚을 갚고 사람으로 태어났으나, 모두 끝없는 옛적부터 업보에 얽혀 뒤바뀐 탓으로, 서로 낳고 서로 죽이나니, 부처님을 만나지 못하며, 옳은 법을 듣지 못하고, 번뇌 속에서 바퀴 돌듯 하므로 이런 무리들을 불쌍하고 가련하다고 하느니라.

아난아, 또 사람으로서 정각正覺을 의지하여 삼마지를 닦지 아니하고, 따로 허망한 마음으로 수행하여 생각을 보존하고 몸을 굳히어 사람이 갈 수 없는 산과 숲 사이로 다니는 열 가지 신선이 있느니라.

아난아, 저 중생들이 약 먹는 것을 견고하게 하고 쉬지 아니하여 먹는 도道를 원만하게 성취한 이는, 지행선地行仙이라 하느니라. 풀과 나무 먹는 것을 견고하게 하고 쉬지 아니하여 약 먹는 도를 원만하게 성취한 이는, 비행선飛行仙이라 하느니라. 쇠나 돌을 견고하게 하고 쉬지 아니하여 변화하는 도를 원만하게 성취한 이는, 유행선遊行仙이라 하느니라. 움직이고 그치는 것을 견고하게 하고 쉬지 아니하여 기운과 정기를 원만하게 성취한 이는, 공행선空行仙이라 하느니라. 진액津液을 견고하게 하고 쉬지 아니하여 윤택潤澤한 덕을 원만하게 성취한 이는, 천행선天行仙이라 하느니라.

정기와 빛을 견고하게 하고 쉬지 아니하여 정수精粹를 빨아들이는 것을 원만하게 성취한 이는, 통행선通行仙이라 하느니라. 주문과 금계禁戒를 견고하게 하고 쉬지 아니하여 술법을 원만하게 성취한 이는, 도행선道行仙이라 하느니라. 생각하는 마음을 견고하게 하고 쉬지 아니하여 생각하는 정신을 원만하게 성취한 이는, 조행선照行仙이라 하느니라. 만나서 어울림을 견고하게 하고 쉬지 아니하여 감하고 응하는 것(感應)을 원만하게 성취한 이는, 정행선精行仙이라 하느니라. 변화하는 도를 견고하게 하고 쉬지 아니하여 깨닫는 이치를 원만하게 성취한 이는, 절행선絕行仙이라 하느니라.

아난아, 이런 이들은 모두 사람으로서 마음을 연단鍊鍛하되, 정각을 닦지 아니하였으므로 따로 오래 사는 이치를 얻어서 천년이나 만년을 살면서 깊은 산중에나 바다의 섬에나 다른 사람들이 살지 않는 곳에서 살거니와, 이들도 역시 바퀴 돌듯 하는 망상으로 흘러 다니는 것이요, 삼매를 닦지 아니하였으므로 과보가 끝나면 도로 와서 여러 갈래로 들어가느니라."

⑷ 천상 · 아수라

"아난아, 세상 사람들이 항상 머물러 있기를 구하지 아니하므로 아내나 첩의 애정을 버리지는 못하나 정당하지 못한 음행에 마음이 흘러가지 아니하여 고요하고 맑아져서 밝은 빛이 나는 이는, 목숨을 마친 뒤에 해와 달에 이웃하게 되나니, 이런 무리들을 사천왕천四天王天이라 하느니라. 자기 아내에게도 애욕이 엷어졌으나 깨끗하게 있을 적에 온전한 맛을 얻지 못하는 이는, 목숨을 마친 뒤에 일월의 밝은 데를 지나가서 인간의 꼭대기에 나게 되나니, 이런 무리들을 도리천忉利天이라 하느니라. 음욕의 경계를 만나면 잠깐 어울리나 떠나면 생각이 없어져서 인간 세상에서 흔들릴 적이 적고 고요할 적이 많은 이는, 목숨을 마친 뒤에 허공에 명랑하게 머물러 있거든, 해와 달빛이 올려 비치지 못하므로 이 사람들은 제각기 광명이 있나니, 이런 무리들을 수염마천須燄摩天이라 하느니라.

언제나 항상 고요하다가도 어울리려는 것이 오면 거절하지 못하는 이는, 목숨을 마친 뒤에 정미로운 데로 올라가서 아래 있는 인간이나 천상과는 접촉하지 아니하며, 망가지는 겁(壞劫)을 만나도 삼재三災가 미치지 못하나니, 이런 무리들을 도솔타천兜率陀天이라 하느니라. 나는 생각이 없지마는 너를 응하여 일을 행하거니와 할 수 없이 만날 때에도 맛이 밀(蠟)을 씹는 것과 같은 이는, 목숨을 마친 뒤에 변화하는 하늘(越化地)에 나게 되나니, 이런 무리들을 낙변화천樂變化天이라 하느니라. 세간의 마음이 없으면서도 세간과 같이 일을 하거니와 어울리는 일에는 아주 초월한 이는, 목숨을 마친 뒤에 변화 있고 변화 없는 지경(化無化境)에서 뛰어나나니, 이런 무리들을 타화자재천他化自在天이라 하느니라.

아난아, 이러한 여섯 하늘이 형상으로는 흔들리는 데서 뛰어났거니와 마음과 자취로는 아직도 어울리므로 여기까지를 욕계欲界라 하느니라."

대불정여래밀인수증요의제보살만행수릉엄경

| 제9권 |

"아난아, 이 세상에서 마음 닦는 사람들이 선나禪那를 의지하지 아니하였으므로 지혜가 없으나, 몸을 단속하여 음욕을 행하지 아니하고, 다니거나 앉거나 할 적에 생각까지 전혀 없어져서 애욕이 생기지 아니하고, 욕계欲界에 머물고자 아니하면, 이 사람은 즉시 범천梵天에 나게 되나니, 이런 무리를 범중천梵衆天이라 하느니라. 욕계의 버릇이 없어지고, 욕심을 여읜 마음이 현저하게 나타나서 여러 가지 계율을 따라서 좋아하면, 이 사람은 그때부터 범천의 덕을 행하나니, 이런 무리를 범보천梵輔天이라 하느니라. 몸과 마음이 묘하고 원만하여서 위의威儀가 이지러지지 아니하고, 계행을 깨끗이 가지며, 밝게 깨닫기까지 하면, 이 사람은 그때부터 범천 대중을 통솔하여 대범왕大梵王이 되나니, 이런 무리를 대범천大梵天이라 하느니라.

아난아, 이 세 가지 수승한 무리는 온갖 고통과 번뇌가 침노하지 못하나니, 비록 진정한 삼마지三摩地를 닦은 것은 아니나 청정한 마음에 모든 번뇌가 일어나지 아니하므로 초선천初禪天이라 하느니라.

아난아, 그 다음 범천은 범천 사람들을 거느리고 범천의 행을 원만히 하였으며, 깨끗한 마음이 흔들리지 아니하고, 고요하고 맑아서 광명이 나나니, 이런 무리를 소광천少光天이라 하느니라. 광명과 광명이 서로 쏘이어 밝게 비침이 끝이 없고, 시방세계가 수정같이 비치나니, 이런 무리를 무량광천無量光天이라 하느니라. 두렷한 광명을 빨아들여 교화하는 자체를 이루고, 청정한 교화를 행하되 응하여 작용하는 것이 다함이 없나니, 이런 무리를 광음천光音天이라 하느니라.

아난아, 이 세 가지 수승한 무리는 온갖 걱정이 침노하지 못하나니, 비록 진정한 삼마지를 닦는 것은 아니나 청정한 마음에 거친 번뇌를 굴복시켰으므로 이선천二禪天이라 하느니라.

아난아, 이 하늘 사람들이 두렷한 광명이 음성이 되고 소리를 내어 묘한 이치를 드러내며, 정미로운 행을 이루어 적멸寂滅한 즐거움과 통하나니, 이런 무리를 소정천少淨天이라 하느니라. 깨끗하고 공한 것이 앞에 나타나고는 끝없이 끌어내며, 몸과 마음이 경쾌하고 편안하여 적멸한 즐거움을 이루나니, 이런 무리를 무량정천無量淨天이라 하느니라. 세계와 몸과 마음이 모두 깨끗하여지고, 깨끗한 덕을 성취하였거든 의탁할 만한 좋은 경계가 앞에 나타나서 적멸한 즐거움에 돌아가나니, 이런 무리를 변정천遍淨天이라 하느니라.

아난아, 이 세 가지 수승한 무리는 크게 수순隨順하여짐을 얻었고, 몸과 마음이 편안하여 한량없이 즐거움을 얻나니, 비록 진정한 삼마지를 얻은 것은 아니나 편안한 마음에 환희한 기쁨을 갖추었으므로 삼선천三禪天이라 하느니라.

아난아, 또 이 하늘 사람들이 몸과 마음에 침노함이 없어 괴로운 원인이 없어졌으나, 즐거움도 항상 있는 것이 아니매 오래되면 망가질 것이니, 괴롭고 즐거운 두 마음을 한꺼번에 버리어 거친 모양이 없어지고 깨끗한 복의 성품이 나나니, 이런 무리를 복생천福生天이라 하느니라. 괴로움도 즐거움도 아닌 마음이 원융하여서 수승한 알음알이가 깨끗하여지고 복이 한정이 없는 데서 묘하게 수순함을 얻어 오는 세상까지 이르나니, 이런 무리를 복애천福愛天이라 하느니라. 아난아, 이 하늘에서 두 갈래 길이 있으니, 만일 먼저 마음(先心)에서 깨끗한 빛이 한량이 없고, 복과 덕이 두렷하고 밝아져서 닦아 증한 이는 이런 무리를 광과천廣果天이라 하느니라. 그리고 만일 먼저 마음(先心)에서 괴로움과 즐거움을 모두 싫어하고, 고도 낙도 아닌 마음을 정밀하게 연구하기를 간단함이 없이 하여 고도 낙도 아닌 도를 원만하게 궁구하면, 몸과 마음이 함께 없어지면서 생각이 재와 같이 되어 5백 겁을 지내거니와, 이 사람이 났다 없어졌다 하는 마음으로 근본인根本因을 삼았으므로 나지도 않고 없어지지도 않는 성품을 발명하지 못하여서 첫 반 겁 동안(初半劫)에는 없어지고, 나중 반 겁 동안(半劫)에는 도로 나나니, 이런 무리를 무상천無想天이라 하느니라.

아난아, 이 네 가지 수승한 무리는 온갖 세간의 괴로움과 즐거움으로는 움직일 수 없나니, 비록 하염 없는 진정한 움직이지 않는 경지는 아닐지라도 얻는다는 마음에는 공부의 작용이 잘 익어졌으므로 사선천四禪天이라 하느니라.

아난아, 이 가운데 또 아나함阿那含들이 모여 사는 다섯 불환천不還天이 있나니, 욕계의 구품습기九品習氣를 함께 끊어 버리고, 괴로움과 즐거움을 모두 잊어버려서 아래에는 있을 데가 없으므로 고도 낙도 아닌 마음이 다 같은 가운데서 있을 곳을 마련한 것이니라.

아난아, 괴로움과 즐거움, 둘이 모두 없어져서 싸우는 마음이 일어나지 않는 이는 이런 무리를 무번천無煩天이라 하느니라. 고도 낙도 아닌 마음이 일어나는 듯 꺼지는 듯하면서 시새울 여지조차 없는 이는, 이런 무리를 무열천無熱天이라 하느니라. 시방세계를 묘하게 보는 것이 두렷이 맑아지고, 앞의 경계와 걸리는 생각까지 아주 없어진 이는, 이런 무리를 선견천善見天이라 하느니라. 정미로운 견見이 앞에 나타났거든 온갖 작용이 마음대로 되어 걸림이 없는 이는, 이런 무리를 선현천善現天이라 하느니라. 모든 기미를 끝까지 다하고 색성色性의 성품까지 다하여 비어 없는 갓(邊際)에까지 들어간 이는, 이런 무리를 색구경천色究竟天이라 하느니라.

아난아, 이 다섯 불환천(五不還天)은, 저 사선四禪의 네 천왕들도 듣기만 하고 부러워만 할 뿐이요, 보지도 알지도 못하나니, 마치 이 세상의 깊은 산과 넓은 들의 거룩한 도량이 모두 아라한들이 있는 데이므로 세상 사람들은 보지 못하는 것과 같으니라.

아난아, 십팔천十八天은 홀로 다니면서 어울림이 없거니와 형상의 얽힘이 끝나지 못하였으므로 여기까지를 색계色界라 하느니라.

또 아난아, 이 색구경천色究竟天인 색계의 끝에서부터 두 갈래 길이 있으니, 만일 고苦도 낙樂도 아닌 마음에서 지혜를 발명하여 지혜의 광명이 원통하여지면, 티끌 세상에서 뛰어나서 아라한阿羅漢을 이루어 보살승菩薩乘에 들어가나니, 이런 무리들은 마음을 돌이킨 큰 아라한(廻心阿羅漢)이라 하느니라. 만일 고도 낙도 아닌 마음에서 그것까지 싫어하는 생각을 이루고, 몸까지도 장애되는 줄을 깨달아서 장애를 소멸하고 공한 데 들어가면, 이런 무리는 공처천空處天이라 하느니라.

모든 장애가 소멸되고 장애가 없어졌다는 것까지 없어지면 그 가운데는 아뢰야식阿賴耶識과 말나식末那識의 미세한 반분半分만이 남게 되나니, 이런 무리는 식처천識處天이라 하느니라.

공空과 색色이 모두 없어지고 식識의 마음까지도 없어져서 시방이 고요하게 되어 휜칠하게 갈 데가 없어진 이런 무리는, 무소유처천無所有處

天이라 하느니라.

식의 성품이 움직일 수 없거든 멸滅하는 것으로써 끝까지 궁구하되 다함이 없는 데서 다한다는 성품을 발명하여 있는 듯하면서도 있는 것 아니요, 다한 듯하면서도 다한 것이 아니니, 이런 무리를 비상비비상처천非想非非想處天이라 하느니라.

이런 무리들은 공함을 궁구하였으나, 공한 이치를 다하지 못하였나니, 불환천不還天으로부터 성인의 도가 끝난 이로서, 이런 무리들은 마음을 돌이키지 못한 둔근 아라한鈍根阿羅漢이라 하고, 만일 무상천無想天으로부터 오는 외도천外道天들은 공함을 다하였으나 돌아가지 못하는 이는, 누漏 있는 것을 잘못 알았고 들은 것이 없으므로 문득 바퀴 돌듯 하는 데 들어가느니라.

아난아, 이 여러 천상의 하늘 사람들은 범부의 업보로 받은 것이므로 과보가 끝나면 바퀴 돌듯 하는 데 들어가거니와, 저 천왕天王들은 삼마지에 다니는 보살로서 점점 닦아 나아가서 성인의 무리로 향하여 가는 수행하는 길이니라.

아난아, 이 사공천四空天은 몸과 마음이 다하여 없어지고, 선정의 성품이 앞에 나타나서 업과業果의 색이 없어졌으므로 이로부터 끝까지를 무색계無色界라 하느니라.

이런 이들은 모두 묘한 각의 밝은 마음을 알지 못하고, 허망한 집착으로 발생하는 탓으로 삼계三界가 있게 되었으며, 그 중간에서 허망하게 일곱 갈래(七趣)를 따라다니면서 헤매는 것이므로 보특가라補特伽羅들이 제각기 그 종류를 따르게 되었느니라.

아난아, 이 삼계三界 안에 또 네 가지 아수라阿修羅가 있느니라. 만일 귀신 갈래(鬼趣)에서 불법을 보호한 힘으로 신통을 얻어서 허공에 들어가는 것이 있나니, 이런 아수라는 알로 낳는 것(卵生)으로, 귀신 갈래(鬼趣)

에 잡히느니라. 만일 천상 갈래(天趣)에서 덕이 모자라서 떨어진 것은 그 있는 데가 해와 달에 이웃하였나니, 이런 아수라는 태로 낳는 것(胎生)으로, 인간 갈래(人趣)에 잡히느니라. 어떤 아수라는 세계를 붙들고 있으며 기운이 세고 두려움이 없으므로 범천왕과 제석천왕과 사천왕들로 더불어 권리를 다투나니, 이런 아수라는 변화하여 나는 것(化生)이므로 천상 갈래(天趣)에 잡히느니라. 아난아, 따로 한 종류의 못난 아수라가 있어서 바다 속에서 생겨나서 물 구멍(水穴口)에 잠겨 있으면서 아침에는 허공으로 돌아다니다가 저녁에는 물에 돌아와서 자나니, 이런 아수라는 습기로 나는 것(濕生)으로 축생 갈래(畜生趣)에 잡히느니라."

(5) 통틀어 맺는 말

"아난아, 이 지옥과 아귀와 축생과 인간과 신선과 천상과 아수라 등 일곱 갈래를 자세히 연구하건대, 모두 어둡고 캄캄한 하염 있는 모양(有爲相)이라 허망한 생각으로 몸을 받아 나고 허망한 생각으로 업보를 따르는 것이거니와, 묘하고 두렷하고 밝은 하염이 없는 본마음에는 모두 허공의 꽃과 같아서 원래 집착할 것이 없나니, 한결같이 허망한 것뿐이요, 아무 근거도 없느니라.

아난아, 이 중생들이 근본 마음을 알지 못하여 바퀴 돌듯 하면서 한량없는 겁을 지나도 참되고 깨끗한 본 성품을 얻지 못하는 것은, 모두 살생과 훔치는 것과 음행하는 짓을 따르는 탓이니라. 만일 이 세 가지를 뒤치면 다시 살생과 훔치는 짓과 음행하는 짓이 없는 데 나게 되나니, 세 가지가 있는 데는 귀신 갈래요, 없는 데는 천상 갈래라, 있는 데와 없는 데로 오르락내리락하면서 바퀴 돌듯 하게 되는 것이니라.

만일 묘하게 삼마지를 닦아 얻은 이는 즉시에 묘하고 항상하고 고요하여 있는 데와 없는 데가 모두 없어지고 없어졌다는 것까지도 없어져서 살생하지 않고 훔치지 않고 음행하지 않는 것도 없거든, 살생하고 훔치고 음행하는 일을 어찌 따르겠느냐.

아난아, 세 가지 업을 끊지 못하여서 제각기 따로 짓는 일이 있게 되고, 제각기 따로 지음으로 인하여 여러 사람의 따로 짓는 일로 한데 모이게 되므로 일정한 곳이 없지 않거니와, 자기의 허망한 생각으로 생기는 것이며, 허망한 것을 내는 원인이 없으므로 어떻다고 따질 수 없느니라.

네가 이제 행을 닦아 보리를 얻으려거든 세 가지 의혹(三惑)을 끊어야 할지니, 세 가지 의혹을 끊지 못하면 설사 신통을 얻더라도 모두 세상의 하염 있는 공용功用이라 습기가 없어지지 아니하였으므로 마의 길에 떨어지느니라. 아무리 허망함을 끊으려 하여도 거짓 일만 더하게 되는 것이므로 여래가 가엾은 사람이라 하는 것이니, 너의 허망으로 스스로 짓는 것이라 보리의 허물이 아니니라. 이렇게 하는 말은 올바른 말이라 하고, 다르게 하는 말은 마왕의 말이라 하느니라."

2) 오십 가지 마魔를 경계하라

(1) 마魔가 생기는 까닭

그때에 부처님께서 법회를 마치려 하시다가 사자좌獅子座에서 칠보 안석을 잡아당기시어 금산 같은 몸(紫金山)을 돌려 다시 기대앉으시고, 대중과 아난에게 말씀하셨다.

"너희들 배우고 있는 연각緣覺과 성문聲聞들이, 마음을 돌려 위없는 보리(無上菩提), 묘각妙覺 자리에 나아가려 하기에 내가 이미 진정하게 수행하는 법을 말하였거니와, 사마타奢摩他와 비바사나毘婆舍那를 닦을 적에 미세한 마魔의 장난이 생기는 것은 너희들이 아직 알지 못하나니, 마의 경계가 앞에 나타날 적에 너희들이 알지 못하면 마음을 옳게 가지지 못하므로 나쁜 소견에 떨어지게 되느니라.

너의 오음五陰에서 생기는 마거나 하늘에서 오는 마거나 혹 귀신이 붙거나 혹 도깨비를 만날 적에 마음으로 분명하게 알지 못하여 도적을 아들인 양 여기기도 하며, 또는 그 가운데서 조그만큼 얻고 만족하게 여기면, 마치 사선천四禪天의 알지 못하는 비구(無聞比丘)가 성과聖果를 얻었노라고 허망하게 말하다가 천상 과보가 다하여 쇠잔해 가는 모양이 나타남을 보고, 아라한도 다시 몸을 받는다고 비방하고서 아비지옥阿鼻地獄에 떨어진 것과 같게 되리니, 너는 자세히 들어라. 너를 위하여 말하리라."

아난이 일어나서 회중에 있는 배우는 이들(有學)과 함께 기뻐하며 정례하고, 부처님의 자비하신 법문을 듣잡고 있었다.

부처님께서 아난과 대중에게 이렇게 말씀하셨다.

"이 났다 없어졌다 하는 세계에 있는 열두 가지 중생들의 묘하고 밝고 두렷한 본각 마음의 본체는 시방의 부처님과 같아서 둘이 없고 다르지 않건마는, 너의 허망한 생각으로 진리를 모르는 것이 허물이 되어 어리석음과 애욕이 생겨나고, 생겨나서 두루 혼미한 탓으로 허공이 생기었으며, 혼미하여 변화하는 것이 쉬지 아니하므로 세계가 생겼나니, 이 시방의 티끌 수 같은 누가 있는 국토(有漏國土)들은 모두 이러한 허망한 생각으로 생겨진 것이니라.

저 허공이 너의 마음에서 생긴 것이 마치 한 조각 구름이 맑은 허공에서 일어난 것 같거든, 하물며 허공을 의지하여 있는 여러 세계일까 보냐. 너희들 한 사람이 참된 성품을 발명하여 근본으로 돌아가면 시방 허공이 온통 부서질 것이니, 허공을 의지하여 있는 국토들이 어찌 깨어지지 않겠느냐.

너희들이 선나禪那를 닦아서 삼마지를 장엄하여 시방의 보살이나 번뇌가 없어진 아라한들과 더불어 마음 정기(心精)가 통하여 어울려서 그 자리에서 고요하게 맑아지면, 여러 마왕魔王들과 귀신鬼神과 범부천凡夫天들이 그 궁전이 까닭 없이 무너짐을 볼 것이며, 땅이 진동하고 깨어져서 물에 사는 것, 육지에 사는 것, 날아다니는 것들이 놀라지 않는 이가 없으리니, 범부들은 혼미하여 변천되는 줄을 모르거니와 저 천마天魔들은 모두 오신통五神通을 얻었고 누진통漏盡通만 얻지 못하였으므로 티끌세상을 사랑하는 터이거늘, 어찌 네가 그들의 처소를 부수는 것을 그냥 두겠느냐. 그러므로 저 귀신과 천마와 도깨비와 요정妖精들이 몰려와서 너의 삼마지를 시끄럽게 하느니라.

그러나 저 마와 귀신들이 아무리 성을 내더라도 저들은 티끌번뇌 속에 있는 것이요, 너는 묘각妙覺 가운데 있는 것이므로 바람이 광명을 부는 것과 같으며, 칼로 물을 베는 것과 같아서 조금도 건드리지 못할 것이며, 너는 끓는 물과 같고 저것들은 굳은 얼음과 같아서 더운 기운이 가까워지면 곧 녹아 버릴 것이니, 저들이 비록 신통력을 믿거니와 다만 객客일 따름이라 이루어지거나 망가지는 것은 네 마음속에 있는 오음五陰 주인에게 달렸나니, 주인이 혼미하여 어쩔 줄 모르면 객이 그 틈을 타서 제멋대로 하려니와, 그 자리에서 선나가 견고하여 깨닫고 의혹하지 아니하면 저 마의 장난이 너를 어찌하지 못하리라. 오음이 스러지고 밝은 데로 들어가면, 저 사귀邪鬼와 마들은 모두 어두운 기운으로 된 것들이니, 밝은 것은 어두운 것을 파멸하는 터이므로 가까이 가면 저절로 소멸할 것이어늘, 어떻게 머물러 있으면서 너의 선정을 시끄럽게 하겠느냐.

만일 분명하게 알지 못하고 저들에게 홀리면, 너 아난이 마왕의 자식이 되어 마의 무리가 되고 말리라. 저 마등가는 보잘것없는 미천한 것이언마는 오히려 주문으로 너를 홀려서 부처님의 계율을 파하게 하되, 8만 세행細行 중에서 한 가지만 파하려 하는 것을 마음이 청정한 탓으로 마침내 빠지지 아니하였거니와, 이 마魔들은 너의 보배로운 각의 전체를 망가

뜨릴 것이니, 마치 재상 집에서 적몰籍沒을 당한 것 같아서 완연히 낭패되어 구하여 줄 수 없으리라."

(2) 마魔의 종류

① 색음色陰의 마

"아난아, 네가 도량에 앉아서 모든 생각을 녹여 버리되 그 생각이 다하여지면, 그 생각을 여읜 경계에 온갖 것이 정미롭고 밝아지며, 움직이고 고요한 데 변동되지 아니하고, 기억하고 잊는 것이 한결같거든, 이러한 처지에 있어서 삼마지에 들어가면 마치 눈뜬 사람이 캄캄한 속에 있는 듯하여 정미로운 성품이 묘하고 깨끗하나 마음이 빛을 내지 못하리니, 이것을 색음色陰의 움 속(區宇)이라 하느니라.

만일 눈이 밝아지고 시방이 환하게 통하여 캄캄하던 것이 없어지면, 이것은 색음이 끝난 것이라, 이 사람이 즉시에 겁의 흐림(劫濁)을 뛰어나리니, 그 이유를 살펴보건댄 견고堅固한 망상妄想이 근본이 되었던 까닭이니라.

아난아, 이 가운데서 묘하고 밝은 성품을 정미롭게 연구하여 사대四大가 얽히지 아니하면, 잠깐 동안에 이 몸이 장애되는 데서 벗어나리니, 이것은 정미롭고 밝은 것이 앞의 것에 넘치는 것이라. 이런 것은 공부의 힘으로 잠깐 동안 이렇게 됨이언정 성인의 증證하는 경계가 아니니, 성인의 경계라는 마음을 내지 아니하면 좋은 경계라 하려니와, 만일 성인의 경계라는 생각을 지으면 곧 여러 가지 사마邪魔의 홀림을 받으리라.

아난아, 다시 이 마음으로 묘하고 밝은 성품을 정미롭게 연구하여 몸이 속으로 밝아지면, 이 사람이 갑자기 몸속에서 회충 같은 것을 집어내어도 몸이 조금도 상하지 아니하리니, 이것은 정미롭고 밝은 것이 몸 안에 넘치는 것이라. 이런 것은 정진하는 수행으로 잠깐 동안 이렇게 됨이언정 성인의 증하는 경계가 아니니, 성인의 경계라는 마음을 내지 아니하면 좋은 경계라 하려니와, 만일 성인의 경계라는 생각을 지으면 곧 여러 가지 사마邪魔의 홀림을 받으리라.

또 이 마음으로 안과 밖으로 정미롭게 연구하여 그때에 혼과 넋과 마음과 뜻과 정신이 잡아들이는 몸(執受身: 第八識)만 빼고는 모두 다 번갈아 걷어 들여 손인 양, 주인인 양 하면 문득 허공에서 법문 말하는 소리를 듣기도 하며, 혹은 시방에서 비밀한 이치를 말하는 것을 듣게 되리니, 이것은 정신과 넋이 여읠락 합할락 하면서 착한 종자를 이루므로 잠깐 동안 이렇게 됨이언정 성인의 증하는 경계가 아니니, 성인의 경계라는 마음을 내지 아니하면 좋은 경계라 하려니와, 만일 성인의 경계라는 생각을 지으면 곧 여러 가지 사마의 홀림을 받으리라.

또 이 마음으로 맑게 드러나고 밝게 사무치어 속으로 빛이 밝아지면, 시방이 모두 염부단금閻浮檀金 빛이 되며, 온갖 종류가 여래로 변화하여 문득 비로자나불毘盧遮那佛이 천광대天光臺에 앉으셨거든 천불千佛이 모시고 계시며, 백억 국토와 연꽃이 함께 나타남을 보게 되리니, 이것은 마음이 신령스럽게 알았다는 데 물든 것이니, 마음 빛이 밝아져서 세계에 비치므로 잠깐 동안 이렇게 됨이언정 성인의 증하는 경계가 아니니, 성인의 경계라는 마음을 내지 아니하면 좋은 경계라 하려니와, 만일 성인의 경계라는 생각을 지으면 곧 여러 가지 사마의 홀림을 받으리라.

또 이 마음으로 묘하고 밝은 성품을 정미롭게 연구하되, 관찰하기를 쉬지 아니하여 억누르며 항복하며 제어하여 그치게 함이 지나치면, 문득 시방 허공이 칠보 빛이 되기도 하고, 백 가지 보배 빛이 되기도 하여 한꺼번에 두루 가득하되 서로 구애되지 아니하고, 푸른빛 · 누른빛 · 붉은빛 · 흰빛이 제각기 순전하게 나타나리니, 이것은 억누르는 공부가 너무 지나치므로 잠깐 동안 이렇게 됨이언정 성인의 증하는 경계가 아니니,

성인의 경계라는 마음을 내지 아니하면 좋은 경계라 하려니와, 만일 성인의 경계라는 생각을 지으면 곧 여러 가지 사마의 홀림을 받으리라.

또 이 마음으로 연구하는 것이 맑게 사무치어 정신의 빛이 혼란하지 아니하면, 문득 밤중에 어두운 방 안에서 여러 가지 이상한 물건을 보는 것이 밝은 낮과 다르지 아니하고, 방 안에 있던 물건도 없어지지 아니하리니, 이것은 마음이 너무 세밀하고 보는 것이 고요하게 맑아져서 어두움을 뚫어보게 되므로 잠깐 동안 이렇게 됨이언정 성인의 증하는 경계가 아니니, 성인의 경계라는 마음을 내지 아니하면 좋은 경계라 하려니와, 만일 성인의 경계라는 생각을 지으면 곧 여러 가지 사마의 홀림을 받으리라.

또 이 마음으로 비고 융통한 데 들어가면 팔다리가 갑자기 초목과 같아져서 불로 태우고 칼로 깎아도 조금도 아프지 아니하거나 또는 불이 태우지 못하고, 살을 베어도 나무 깎는 것 같게 되나니, 이것은 오진五塵이 어울리어 스러지고, 사대四大의 성품을 밀어 보내어서 한결같이 순전한 데 들어가므로 잠깐 동안 이렇게 됨이언정 성인의 증하는 경계가 아니니, 성인의 경계라는 마음을 내지 아니하면 좋은 경계라 하려니와, 만일 성인의 경계라는 생각을 지으면 곧 여러 가지 사마의 홀림을 받으리라.

또 이 마음으로 맑고 깨끗함을 성취하되 마음을 깨끗이 하는 공부가 지극하여지면, 문득 시방 국토의 산과 강들이 불국 세계를 이루어 칠보가 구족하고 광명이 가득함을 볼 것이며, 항하사같이 많은 부처님네가 허공에 가득하고 누각과 궁전이 화려함을 볼 것이요, 아래로는 지옥을 보고 위로는 천궁을 보는 것이 조금도 막힘이 없으리니, 이것은 좋아하고 싫어하는 생각이 날로 간절하여지다가 그 생각이 점점 오래되어 변화하여 되는 것이언정 성인의 증하는 경계가 아니니, 성인의 경계라는 마음을 내지 아니하면 좋은 경계라 하려니와, 만일 성인의 경계라는 생각을 지으면 곧 여러 가지 사마의 홀림을 받으리라.

또 이 마음으로 연구하기를 깊이 하면, 홀연히 밤중에 멀리 있는 도시나 촌락이나 친척과 권속을 보기도 하고, 그 말을 듣기도 하리니, 이것은 마음을 지나치게 핍박하여 마음광명이 날려 나온 탓으로 막힌 밖의 것을 보는 것일지언정 성인의 증하는 경계가 아니니, 성인의 경계라는 마음을 내지 아니하면 좋은 경계라 하려니와, 만일 성인의 경계라는 생각을 지으면 곧 여러 가지 사마의 홀림을 받으리라.

또 이 마음으로 정밀하게 연구하기를 지극히 하면, 문득 선지식善知識의 모양이 금방 금방 달라지며 잠깐 동안에 여러 가지로 변천하는 것을 보리니, 이것은 사특한 마음으로 도깨비가 들렸거나, 혹 천마天魔가 뱃속에 들어간 것이어서 까닭 없이 법문을 말하며, 묘한 이치를 통달하게 됨이언정 성인의 증하는 경계가 아니니, 성인의 경계라는 마음을 내지 아니하면 마의 장난이 소멸하려니와, 만일 성인의 경계라는 생각을 지으면 곧 여러 가지 사마의 홀림을 받으리라.

아난아, 이 열 가지 선나의 경계가 나타나는 것은 모두 색음色陰에 대하여 마음의 작용이 번갈아 시새므로 이런 일이 나타나는 것이어늘, 중생들이 혼미하여 요량하지 못하므로 이런 인연을 만날 적에 아득하여 알지 못하고 성인의 경계에 올랐노라 하면, 큰 거짓말이 되어 무간지옥에 떨어지느니라. 너희들은 이 말을 의지하여 여래가 열반한 뒤 말법 세상에서 이 뜻을 널리 선전하여 천마天魔들로 하여금 짬을 얻지 못하게 하고, 잘 안보하고 두호하여 위없는 도를 이루게 하라."

② 수음受陰의 마

"아난아, 저 좋은 남자가 삼마제三摩提와 사마타奢摩他를 닦는 가운데서 색음色陰이 다한 이는, 부처님 마음 보는 것이 거울 가운데 그림자가 나타나는 것과 같아서 얻은 것이 있는 듯하나 쓸 수가 없는 것이 마치 가위눌린 사람이 손과 발이 온전하고 보고 듣는 것이 분명하지마는, 가위에 눌리어서 마음대로 움직이지 못하는 것과 같으리니, 이것을 수음受陰의 움 속(區宇)이라 하느니라. 만일 가위눌린 증세(魘咎)가 없어지고, 마음이 몸에서 떠나서 제 얼굴을 보게 되며, 가고 머무는 것이 자유로워서 조금도 거리낌이 없어지면, 이것은 수음受陰이 끝난 것이라. 이 사람이 즉시에 소견의 흐림(見濁)을 뛰어나리니, 그 이유를 살펴보건대 비고 밝은 망상(虛明妄想)이 근본이 되었던 까닭이니라.

아난아, 저 좋은 남자가 이 가운데 있어서 큰 빛이 환하게 비침을 얻고, 마음에 밝은 이치를 깨달아 속으로 책망하기를 분에 넘게 하면, 문득 그 자리에서 한량없는 슬픈 마음을 내게 되어 모기나 등에를 보고도 어린아이같이 여기며, 가엾은 마음을 내어 눈물을 흘리리니, 이것은 공부하는 작용으로 지나치게 억누른 탓이라, 깨달으면 허물이 없으려니와 성인의 증하는 경계가 아니니, 알아차리고 속지 아니하여 오래되면 저절로 없어질 것이요, 만일 성인의 경계라는 마음을 내면 슬픈 마(悲魔)가 마음 속에 들어가서 사람만 보면 슬피 울기를 한량없이 하리니, 삼매를 잃어버렸으므로 반드시 타락하게 되리라.

아난아, 또 저 선정 가운데 좋은 남자가 색음色陰이 스러지고 수음受陰이 분명하여 수승한 모양이 앞에 나타남을 보고 감격하기를 분에 넘게 하면, 문득 그 가운데서 한량없는 용맹한 마음을 내게 되어 마음이 날카롭고 뜻이 부처님과 같은 듯하여 3아승지겁을 한 생각에 뛰어넘으리라 하리니, 이것은 공부하는 작용으로 지나치게 업신여기는 탓이라, 깨달으면 허물이 없으려니와 성인의 증하는 경계가 아니니, 알아차리고 속지 아니하여 오래되면 저절로 없어질 것이요, 만일 성인의 경계라는 마음을 내면 미친 마(狂魔)가 마음속에 들어가서 사람만 보면 자랑하며, 아만이 비길 데 없어 위로 부처님도 보이지 않고 아래로 사람도 보이지 아니하리니, 삼매를 잃어버렸으므로 반드시 타락하게 되리라.

또 저 선정 가운데 좋은 남자가 색음이 스러지고 수음이 분명하여 앞으로는 새로 증한 것이 없으며, 돌아서선 예전 있던 데가 없어졌음을 보고, 지혜가 쇠잔하여 중간이 망가진 경지(中隳地)에 들어가서 보이는 것이 없으면, 문득 마음에 말라붙은 생각을 내어 밤낮으로 침울한 생각이 흩어지지 아니하거든 이것으로 부지런히 정진하는 것인 줄 여기리니, 이것은 마음을 닦다가 지혜가 없어 방편을 잃은 탓이라, 깨달으면 허물이 없으려니와 성인의 증證하는 경계가 아니니, 만일 성인의 경계라는 마음을 내면 곧 생각하는 마(憶魔)가 마음속에 들어가서 아침저녁으로 마음을 거머쥐고 한곳에 매달리게 되리니, 삼매를 잃어버렸으므로 반드시 타락하게 되리라.

또 저 선정 가운데 좋은 남자가 색음이 스러지고 수음이 분명함을 보고, 지혜의 힘이 선정력보다 지나쳐서 너무 날카롭게 되어 수승하다는 생각을 마음속에 품게 되면, 스스로 생각하기를 '내가 노사나불盧舍那佛이로다'라고 하여 조그만큼 얻고 만족하게 여기리니, 이것은 마음을 쓰다가 자세하게 살피지 못하고 잘못 믿는 소견에 빠진 탓이라. 깨달으면 허물이 없으려니와 성인의 증하는 경계가 아니니, 만일 성인의 경계라는 마음을 내면 '이만하면 넉넉하겠구나'라고 하는 못난이 마(下劣易知足魔)가 마음속에 들어가서 사람만 보면 말하기를 '내가 위없는 제일의제를 얻었노라'라고 하리니, 삼매를 잃어버렸으므로 반드시 타락하게 되리라.

또 저 선정 가운데 좋은 남자가 색음이 스러지고 수음이 분명하여 새로 증한 것은 없는데 예전 마음은 이미 없어졌음을 보고, 앞뒤를 두루 살펴보고 스스로 어려운 생각을 내면, 그 마음에 홀연히 끝없는 근심이 생기어 쇠 평상(鐵床)에 앉은 것 같고, 독약을 먹은 것 같아 살고 싶은 생각이 없어서 사람을 만나는 대로 조르기를 '나를 죽여 주면, 빨리 해탈을 얻겠노라'라고 하리니, 이것은 행을 닦다가 방편을 잃은 탓이라, 깨달으면 허물이 없으려니와 성인의 증하는 경계가 아니니, 만일 성인의 경계라는 마음을 내면 항상 근심하는 마(常憂愁魔)가 마음속에 들어가서 손에 칼을 쥐고 제 살을 깎으면서 죽기를 좋아하기도 하고, 혹은 항상 근심하면서 산림 속으로 달려 들어가 사람 보기를 싫어하리니, 삼매를 잃어버렸으므로 반드시 타락하게 되리라.

또 저 선정 가운데 좋은 남자가 색음이 스러지고 수음이 분명함을 보고, 맑고 깨끗한 가운데 있으면서 마음이 편안하여지면, 문득 스스로 한량없는 기쁨이 생기어 마음으로 즐거움을 금치 못하리니, 이것은 가볍고 편안함을 참을 지혜가 없는 탓이라. 깨달으면 허물이 없으려니와 성인의 증하는 경계가 아니니, 만일 성인의 경계라는 마음을 내면 한편 기뻐하기를 좋아하는 마(一分好喜樂魔)가 마음속에 들어가서 사람을 보기만 하면 웃으면서 길거리에서 노래하고 춤추고, 스스로 말하기를 '구애할 것 없는 해탈을 얻었노라'라고 하리니, 삼매를 잃어버린 탓으로 반드시 타락하게 되리라.

또 저 선정 가운데 좋은 남자가 색음이 스러지고 수음이 분명함을 보고, 이만하면 만족하다고 여기면, 문득 까닭 없이 큰 아만이 생기어 교만(慢)과 지나친 교만(過慢)과 교만보다 지나친 교만(慢過慢)과 더 낫다는 교만(增上慢)과 못난이로 자처하는 교만(卑劣慢)들이 한꺼번에 일어나서 마음으로 시방 여래도 우습게 여기거든, 하물며 그 밑에 있는 성문이나 연각일까 보냐. 이것은 소견이 수승한 것을 스스로 구원할 지혜가 없는 탓이라. 깨달으면 허물이 없으려니와 성인의 증하는 경계가 아니니, 만일 성인의 경계라는 마음을 내면 곧 한편 큰 아만을 가진 마가 마음속에 들어가서 탑이나 불상 앞에 예배하지 아니하고, 단월檀越에게 말하기를 '이것은 금이요, 이것은 구리요, 이것은 흙이요, 이것은 나무다'라고 하며, '경이란 것은 나무 잎새요, 헝겊이라, 육신이 참된 것이어늘 이것은 공경하지 않고, 도리어 흙과 나무를 숭배하는 것은 참으로 잘못된 소견이니라'라고 하거든, 그 신심이 있던 이들도 그가 하는 대로 파괴하여 땅속에 묻게 되어 중생들을 그르쳐서 무간지옥無間地獄에 들어가게 하리니, 삼매를 잃어버린 탓으로 반드시 타락하게 되리라.

또 저 선정 가운데 좋은 남자가 색음이 스러지고 수음이 분명함을 보고, 정미롭고 밝은 가운데서 정미로운 이치를 원만하게 깨달아 크게 수순함을 얻게 되면, 문득 한량없는 편안한 마음이 생기어 '이제 성인이 되어 자재함을 얻었노라'라고 하리니, 이것은 지혜로 말미암아 경쾌하게 된 탓이라. 깨달으면 허물이 없으려니와 성인의 증하는 경계가 아니니, 만일 성인의 경계라는 마음을 내면 한편 경쾌한 것을 좋아하는 마(好輕淸魔)가 마음속에 들어가서 '이만하면 만족하다'라고 하고, 다시 나아가기를 구하지 않게 되어서 이런 무리는 흔히 아는 것 없는 비구가 되어 중생들을 그르쳐서 아비지옥에 떨어지게 하리니, 삼매를 잃어버린 탓으로 반드시 타락하게 되리라.

또 저 선정 가운데 좋은 남자가 색음이 스러지고 수음이 분명함을 보고 밝게 깨달은 데서 비고 밝은 성품을 얻으면, 그 가운데서 홀연히 아주 없어진다는 데로 들어가게 되어 '원인도 없고, 과보도 없다'라고 하고, 한결같이 공하다는 데 빠져서 공한 마음이 앞에 나타나거든 '영원히 아무것도 없는 것이다'라는 생각을 내게 되리라. 깨달으면 허물이 없으려니와 성인의 증하는 경계가 아니니, 만일 성인의 경계라는 마음을 내면 곧 공한 마가 마음속에 들어가서 계행 가지는 이를 소승小乘이라고 비방하고, '보살은 공한 이치를 깨달았거니 어찌 계를 가지고 범함이 있으리오'라고 하면서 신심 있는 단월을 대하여 항상 술 먹고 고기 먹고 음행을 하되,

마의 힘으로 말미암는 탓으로 앞의 사람들로 하여금 의심하거나 비방하지 않게 하며, 귀신의 마음이 들렸으므로 혹시 똥이나 오줌을 먹으면서도 술이나 고기같이 여기고, '온갖 것이 모두 공한 것이다'라고 하여 부처님의 계율을 파하고, 사람들을 그르쳐 죄에 빠지게 하리니, 삼매를 잃어버렸으므로 반드시 타락하게 되리라.

또 저 선정 가운데 좋은 남자가 색음이 스러지고 수음이 분명함을 보고, 그 비고 밝은 데 맛 들여 뼛속까지 깊이 들어가면, 문득 한량없는 애착을 내고 애착이 지극하여서는 발광을 하여 애욕이 되나니, 이것은 삼매 중에서 포근한 경계가 마음에 드는 것을 스스로 유지維持할 지혜가 없어서 잘못되어 애욕으로 들어간 탓이라. 깨달으면 허물이 없으려니와 성인의 증하는 경계가 아니니, 만일 성인의 경계라는 마음을 내면 곧 애욕의 마가 마음속에 들어가서 일향에 음욕을 말하며 보리도라 하고, 흰옷 입은 이들로 더불어 평등하게 음욕을 행하면서 그 음행한 사람을 가리켜 법자法子를 가지는 것이라 하되, 귀신의 힘인 탓으로 말세末世에서 어리석은 범부들을 모아들이는 것이 그 수효가 백도 되고, 2백도 되고, 5백, 6백이 되기도 하며, 많으면 천도 되고 만도 되리라. 그러다가 마가 싫은 마음이 나서 그 사람의 몸에서 떠나면 위덕이 없어져서 왕난王難에 빠질 것이며, 여러 중생들을 그르쳐서 무간지옥에 들어가게 하리니, 삼매를 잃어버린 탓으로 반드시 타락하게 되리라.

아난아, 이 열 가지 선나의 경계가 나타나는 것은 모두 수음에 대하여 마음의 작용이 번갈아 시새므로 이런 일이 나타나는 것이어늘, 중생들이 혼미하여 요량하지 못하므로 이런 인연을 만날 적에 아득하여 알지 못하고, 성인의 경계에 올랐노라 하면 큰 거짓말이 되어 무간지옥에 떨어지느니라. 너희들은 여래의 말을 가져다가 내가 열반한 뒤 말법 세상에 전하여서 중생들로 하여금 이런 이치를 알게 하며, 천마들로 하여금 짬을 얻지 못하게 하고, 잘 안보하고 두호하여 위없는 도를 이루게 하라."

③ 상음想陰의 마

"아난아, 저 좋은 남자(善男子)가 삼마지三摩地를 닦아서 수음受陰이 다한 이는, 누漏는 비록 다하지 못하였으나 마음은 형체에서 떠난 것이 마치 새가 장에서 벗어난 듯하여 범부의 몸으로부터 위로 보살의 육십 가지 성인의 지위를 지내가는 것을 성취하고, 뜻대로 가서 나는 몸(意生身)을 얻어 가는 곳마다 거리낄 것이 없으리라. 비유컨댄 어떤 사람이 잠꼬대를 할 적에 이 사람이 비록 알지는 못하나 어음語音이 분명하고 차례가 있어서 자지 않는 이는 잘 알아듣는 것과 같으리니, 이것을 상음想陰의 움 속(區宇)이라 하느니라. 만일 움직이던 생각이 다하고, 뜬생각이 소멸되어 각의 밝은 마음이 티끌을 씻어 버린 듯하여지면 한결같은 났다 죽었다 하는 처음과 나중을 두렷이 알게 되리니, 이것은 상음이 끝난 것이라. 이 사람이 즉시에 번뇌의 흐림(煩惱濁)을 뛰어나리니, 그 이유를 살펴보건댄 융통한 망상(融通妄想)이 근본이 되었던 까닭이니라.

아난아, 저 좋은 남자가 수음受陰이 비어 묘하여지고, 잘못된 생각을 만나지 아니하여 두렷한 선정이 밝음을 낼 적에 삼마지 가운데서 두렷하게 밝은 것을 좋아하고, 정미로운 생각을 날카롭게 하여 공교로운 것을 탐내어 구하면, 그때에 천마天魔가 그 짬을 타서 정령精靈을 날려 사람에게 붙게 하여 입으로 경법經法을 말하게 되거든, 그 사람이 마가 지핀 줄은 알지 못하고 '위없는 열반을 얻었노라'라고 하면서 공교함을 구하는 좋은 남자에게 와서 자리를 펴고 법문을 말할 적에 그 형상이 잠깐 동안에 비구가 되어 이 사람으로 하여금 보게 하기도 하고, 제석천왕帝釋天王이 되기도 하고, 여자가 되기도 하고, 비구니가 되기도 하며, 어두운 방안에서 잘 적에 몸에 광명이 있기도 하거든, 이 사람이 어리석고 의혹하여 참으로 보살인 줄 여기며, 그 가르치는 말을 믿고 마음이 방탕하게 되어 부처님의 계율을 파하고 가만히 탐욕을 행하리라.

입으로 재앙과 상서와 변괴變怪를 말하기를 좋아하여 여래께서 어느 곳에 출현하셨다 하기도 하며, 겁화劫火가 일어난다고도 하고, 도병겁刀兵劫이 생긴다고도 하여 사람들을 공포하게 하며, 그 집 재산이 까닭 없이 흩어지게 하리니, 이것은 괴귀怪鬼가 나이 늙어 마魔가 된 것이라. 이 사람을 시끄럽게 하다가 싫은 생각이 나서 그 사람의 몸에서 떠나면 제자와 스승이 함께 왕난王難에 걸리리니, 네가 먼저 깨달으면 바퀴 돌듯 하는 데 들어가지 아니하려니와, 미혹하여 알지 못하면 무간지옥에 떨어지리라.

아난아, 또 좋은 남자가 수음이 비어 묘하여지고, 잘못된 생각을 만나지 아니하여 두렷한 선정이 밝음을 낼 적에 삼마지 가운데서 이리저리 노닐기를 좋아하고, 정미로운 생각을 떨치어 여러 곳으로 다니는 것을 탐내어 구하면, 그때에 천마가 그 짬을 타서 정령精靈을 날려 사람에게 붙게 하여 입으로 경법을 말하게 되거든, 그 사람이 역시 마가 지핀 줄은 알지 못하고 '위없는 열반을 얻었노라'라고 하면서 다니기를 구하는 좋은 남자에게 와서 자리를 차리고 법문을 말할 적에 그의 형상은 변하지 않으나 법을 듣는 사람이 문득 그 몸이 훌륭한 연꽃 위에 앉아 전신이 금빛 덩어리가 된 것을 보았으며, 여러 듣는 사람들도 제각기 그러하여 처음 보는 일이 되거든, 이 사람이 어리석고 의혹하여 참으로 보살인 줄 여기며, 마음이 음탕하게 되어 부처님의 계율을 파하고 가만히 탐욕을 행하리라.

입으로 부처님께서 세상에 나셨다는 것을 말하기를 좋아하며, 어느 곳 아무는 아무 부처님의 화신化身으로 이 세상에 오신 것이며, 아무는 어느 보살의 화신으로 인간에 온 것이라 하거든 이 사람이 분명히 보는 탓으로 갈앙渴仰하는 마음을 내고, 사특한 소견이 그윽이 일어나서 옳은 지혜가 소멸하리니, 이것은 발귀魃鬼가 나이 늙어 마가 된 것이라. 이 사람을 시끄럽게 하다가 싫은 생각이 나서 그 사람의 몸에서 떠나면 제자와 스승이 함께 왕난에 걸리리니, 네가 먼저 깨달으면 바퀴 돌듯 하는 데에 들어가지 아니하려니와, 미혹하여 알지 못하면 무간지옥에 떨어지리라.

또 저 좋은 남자가 수음이 비어 묘하여지고, 잘못된 생각을 만나지 아니하여 두렷한 선정이 밝음을 낼 적에 삼마지 가운데서 그윽이 계합契合되기를 좋아하고, 정미로운 생각을 맑히어 틀림없이 맞기를 탐내어 구하면, 그때에 천마가 그 짬을 타서 정령을 날려 사람에게 붙게 하여 입으로 경법經法을 말하게 되거든, 그 사람이 실로 마魔가 지핀 줄은 알지 못하고 '위없는 열반을 얻었노라'라고 하면서 틀림없이 맞기를 구하는 좋은 남자에게 와서 자리를 차리고 법문을 말할 적에 그의 형상이나 법문 듣는 사람들이 겉으로는 변천함이 없으나 듣는 이가 법을 듣기도 전에 마음이 열리어 자주자주 달라지되 숙명통宿命通을 얻기도 하고, 타심통他心通을 얻기도 하고, 지옥을 보기도 하고, 인간의 좋고 나쁜 일을 알기도 하며, 혹 입으로 게송偈頌을 읊기도 하고, 경전을 외우기도 하면서 제각기 환희하여 처음 보는 일을 얻은 듯하거든, 이 사람이 어리석고 의혹하여 참으로 보살인 줄 여기며 마음으로 애착하게 되어 부처님의 계율을 파하고, 가만히 탐욕을 행하리라.

입으로 즐기어 말하기를 부처님도 큰 부처님과 작은 부처님이 있으며, 아무 부처님은 맏 부처님이요, 아무 부처님은 끝째 부처님이며, 또 진짜 부처님과 가짜 부처님, 남자 부처님과 여자 부처님이 있으며, 보살들도 그러하다 하거든 이 사람이 분명히 보는 탓으로 본마음을 씻어 버리고, 사특한 소견에 쉽사리 들어가리니, 이것은 매귀魅鬼가 나이 늙어 마가 된 것이라, 이 사람을 시끄럽게 하다가 싫은 생각이 나서 그 사람의 몸에서 떠나면 제자와 스승이 함께 왕난王難에 걸리리니, 네가 먼저 깨달으면 바퀴 돌듯 하는 데 들어가지 아니하려니와, 미혹하여 알지 못하면 무간지옥에 떨어지리라.

또 저 좋은 남자가 수음이 비어 묘하여지고, 잘못된 생각을 만나지 아니하여 두렷한 선정이 밝음을 낼 적에 삼마지 가운데서 근본을 사랑하여 물건이 변화하는 성품의 처음과 나중을 궁구하려 하고, 마음을 가다듬어 밝게 분석하기를 탐내어 구하면, 그때에 천마가 그 짬을 타서 정령을 날려 사람에게 붙게 하여 입으로 경법을 말하게 되거든, 그 사람이 애초부터 마가 지핀 줄은 알지 못하고 '위없는 열반을 얻었노라'라고 하면서 근본을 구하는 좋은 남자에게 와서 자리를 차리고 법문을 말할 적에 먼저 위신으로 근본 구하는 이를 굴복시켜 그 자리에서 법을 듣기도 전에 저절로 진심으로 복종하게 하고, 그 여러 사람들이 부처님의 열반과 보리와 법신이 곧 나의 육신을 말하는 것이라 하며, 아비와 아들이 대대로 서로 낳는 것이 곧 법신이 항상하여 끊어지지 않는 것이라 하여 오로지 현재를 가리켜 부처님 국토라 하는 것이요, 정토나 금빛 몸이 따로 있는 것이 아니라 하거든, 이 사람이 그대로 믿어 먼저 마음을 잃어버리고, 목숨으로 귀의하여 처음 보는 일이라 하며, 이들이 어리석고 의혹하여 참으로 보살인 줄 여기고, 그 마음을 추측하여 부처님의 계율을 파하고, 가만히 탐욕을 행하리라.

입으로 즐기어 말하기를 눈과 귀와 코와 혀가 모두 정토며, 남근男根과 여근女根이 보리와 열반의 참된 곳이라 하는 것을 저 무지한 사람들이 이 더러운 말을 그대로 믿으리니, 이것은 고독귀蠱毒鬼나 염승귀魘勝鬼가 나이 늙어 마가 된 것이라, 이 사람을 시끄럽게 하다가 싫은 생각이 나서 그 사람의 몸에서 떠나면 제자와 스승이 함께 왕난에 걸리리니, 네가 먼저 깨달으면 바퀴 돌듯 하는 데 들어가지 아니하려니와, 미혹하여 알지 못하면 무간지옥에 떨어지리라.

또 저 좋은 남자가 수음이 비어 묘하여지고, 잘못된 생각을 만나지 아니하여 두렷한 선정이 밝음을 낼 적에 삼마지 가운데서 멀리서 감응하여 주기를 좋아하고 여러 방면으로 정미롭게 연구하여 그윽이 감동하기를 탐내어 구하면, 그때에 천마가 그 짬을 타서 정령을 날려 사람에게 붙게 하여 입으로 경법을 말하게 되거든, 그 사람이 원래 마가 지핀 줄은 알지 못하고 '위없는 열반을 얻었노라'라고 하면서 감응하기를 구하는 좋은 남자에게 와서 자리를 차리고 법문을 말할 적에 듣는 이들로 하여금 잠시간에 그 몸이 백 살, 천 살이나 먹은 것 같음을 보게 하여 마음으로 사모하는 애착을 내어 잠깐도 떠나지 못하고, 종이 되어 네 가지 것(四事)으로 공양하되 고달픈 줄도 깨닫지 못하게 하며, 앞에 있는 여러 사람들로 하여금 제각기 예전 스님이며 본래의 선지식인 줄로 여기어 특별히 법을 위한 사랑을 내고, 찰떡같이 친밀하여져서 처음 보는 일인 것 같게 하거든, 이 사람이 어리석고 의혹하여 참으로 보살인 줄 여기고, 마음으로 친근하여 부처님의 계율을 파하고, 가만히 탐욕을 행하리라.

입으로 즐기어 말하기를 내가 과거의 어느 생에 아무를 먼저 제도하였으니, 그때에는 내 아내였으며, 첩이었으며, 형이었으며, 동생이었더니, 이제 또 제도하게 된즉 서로 따라다니다가 '어느 세계에서 아무 부처님께 공양하리라'라고 하며, 또 말하기를 '부처님께서 계시는 대광명천大光明天이 있어 여러 부처님네의 쉬고 계시는 데라'라고 하거든 저 무지한 사람들이 이 허황한 말을 믿고 본마음을 잃어버리리니, 이것은 여귀癘鬼가 나이 늙어 마가 된 것이라. 이 사람을 시끄럽게 하다가 싫은 생각이 나서 그 사람의 몸에서 떠나면 제자와 스승이 함께 왕난에 걸리리니, 네가 먼저 깨달으면 바퀴 돌듯 하는 데 들어가지 아니하려니와, 미혹하여 알지 못하면 무간지옥에 떨어지리라.

또 저 좋은 남자가 수음이 비어 묘하여지고, 잘못된 생각을 만나지 아니하여 두렷한 선정이 밝음을 낼 적에 삼마지 가운데서 깊이 들어가기를 좋아하고, 제 마음을 억제하며 부지런히 애써서 고요한 데 있기를 즐겨하여 조용한 것을 탐내어 구하면, 그때에 천마가 그 짬을 타서 정령을 날려 사람에게 붙게 하여 입으로 경법을 말하게 되거든, 그 사람이 본래 마가 지핀 줄은 알지 못하고 '위없는 열반을 얻었노라'라고 하면서 고요한 데를 구하는 좋은 남자에게 와서 자리를 차리고 법문을 말할 적에 듣는 사람들로 하여금 제각기 본래 지은 업을 알게 하고, 혹 그 자리에서 어떤 사람더러 말하기를 '네가 아직 죽기도 전에 벌써 짐승이 되었다'라고 하고, 다른 사람을 시켜 '그 뒤에 가서 꼬리를 밟으라'라고 하면 그 사람이 갑자기 일어나지 못하거든 온 대중이 정성을 다하여 공경하며, 남의 마음먹는 것을 먼저 그 내용을 알고, 부처님의 계율보다 더 까다롭게 하면서 비구들을 비방하고 제자들을 꾸짖으며, 남의 비밀을 들추어내되 혐의를 피하지 아니하리라.

입으로 앞날의 화禍와 복福을 말하기를 좋아하되 그때가 되면 조금도 틀리지 아니하리니, 이것은 대력귀大力鬼가 나이 늙어 마가 된 것이라. 이 사람을 시끄럽게 하다가 싫은 생각이 나서 그 사람의 몸에서 떠나면 제자와 스승이 함께 왕난에 걸리리니, 네가 먼저 깨달으면 바퀴 돌듯 하는 데 들어가지 아니하려니와, 미혹하여 알지 못하면 무간지옥에 떨어지리라.

또 저 좋은 남자가 수음이 비어 묘하여지고, 잘못된 생각을 만나지 아니하여 두렷한 선정이 밝음을 낼 적에 삼마지 가운데서 미리 알기를 좋아하고, 부지런히 애쓰며 깊이 연구하여 숙명통宿命通을 탐내어 구하면, 그때에 천마가 그 짬을 타서 정령을 날려 사람에게 붙게 하여 입으로 경법을 말하게 되거든, 그 사람이 전혀 마가 지핀 줄을 알지 못하고, '위없는 열반을 얻었노라'라고 하면서 미리 알기를 구하는 좋은 남자에게 와서 자리를 차리고 법문을 말할 적에 이 사람이 까닭 없이 법문하는 데서 보배 구슬을 얻기도 하며, 어떤 때에는 그 마가 짐승으로 변화하여 입으로 구슬이나 여러 가지 보배나 오래된 문서나 이상한 글발이나 귀중한 인장이나 신기한 물건들을 물어다가 먼저 그 사람에게 주고, 그 몸에 붙기도 하며, 혹 듣는 이들을 꾀어 땅속에 들어가라 하고, 명월주明月珠가 그곳에 비치거든 듣는 사람들이 처음 보는 일이라 하게 하기도 하며, 흔히는 약초만을 먹고 좋은 음식도 먹지 아니하며, 어떤 때에는 하루에 삼씨 하나와 보리 하나만을 먹어도 몸이 충실한 것은 마의 힘으로 유지하는 탓이며, 비구들을 비방하고 제자들을 꾸짖되, 혐의를 피하지 아니하리라.

입으로 다른 데 쌓여 있는 보배들과 시방 성현들의 숨어 있는 데를 말하기를 좋아하거든 그 뒤에 가는 사람들이 가끔 이상한 사람이 있는 것을 보게 되나니, 이것은 산신이나 목신(山林)이나 토지신(地土)이나 성황신城隍神이나 수신(川嶽神) 같은 것들이 나이 늙어 마가 된 것이라. 혹 음행을 하여 부처님의 계율을 파하기도 하고, 받들어 섬기는 이들로 더불어 가만히 오욕五欲을 행하기도 하며, 혹 정진하기도 하고, 혹 풀과 나무만 먹기도 하여 일정한 행사가 없이 이 사람을 시끄럽게 하다가 싫은 생각이 나서 그 사람의 몸에서 떠나면 제자와 스승이 함께 왕난에 걸리리니, 네가 먼저 깨달으면 바퀴 돌듯 하는 데 들어가지 아니하려니와, 미혹하여 알지 못하면 무간지옥에 떨어지리라.

또 저 좋은 남자가 수음이 비어 묘하여지고, 잘못된 생각을 만나지 아니하여 두렷한 선정이 밝음을 낼 적에 삼마지 가운데서 신통과 여러 가지 변화하는 것을 좋아하여 변화하는 원리를 연구하여 신통을 탐하여 얻으려 하면, 그때에 천마가 그 짬을 타서 정령을 날려 사람에게 붙게 하여 입으로 경법을 말하게 되거든, 그 사람이 진실로 마가 지핀 줄은 알지 못하고 '위없는 열반을 얻었노라'라고 하면서 신통을 구하는 좋은 남자에게 와서 자리를 차리고 법문을 말할 적에 그 사람이 손에 불빛을 들기도 하고, 손으로 불빛을 떼어다가 법문 듣는 사부대중의 머리 위에 두기도 하거든, 듣는 사람들의 정수리에 불빛이 두어 자씩이나 일어나되 뜨겁지도 않고, 타지도 아니하며, 혹 물 위로 걸어 다니기를 평지같이 하기도 하고, 혹 공중에 단정히 앉아서 움직이지 않기도 하며, 혹은 병 속에 들어가기도 하고, 주머니 속에 들어가기도 하며, 혹 좁은 들창으로 나가기도 하고, 담벽을 뚫고 넘어가기도 하되, 조금도 장애되지 않거니와, 다만 칼이나 병장기에는 어찌하지 못하며, 자기가 부처라 하면서 흰옷을 입고 비구들의 절을 받으며, 선정과 계율을 비방하고, 제자들을 꾸짖으며 남의 일을 들추어내되 혐의를 피하지 아니하리라.

입으로 신통자재한 일을 말하기를 좋아하며, 사람들로 하여금 곁으로 불국토를 보게 하기도 하되 모두 귀신의 힘으로 사람을 홀리는 것이요, 참말로 있는 것이 아니며, 음행하는 것을 찬탄하고, 추잡한 행실을 나무라지 아니하고, 여러 가지 외설猥媟한 행위를 일러서 법을 전하는 것이라 하리니, 이것은 천지간에 기운 많은 산정山精이나 해정海精이나 풍정風精이나 하정河精이나 토정土精이나 초목의 정매精魅나 용의 정매나, 혹은 목숨을 마친 신선이 다시 살아나서 헛것이 된 것이나, 신선 기한이 차서 벌써 죽었어야 할 것이 형체가 썩기 전에 다른 괴물이 붙은 것들이 나이 늙어 마가 된 것이라. 이 사람을 시끄럽게 하다가 싫은 생각이 나서 그 사람의 몸에서 떠나면 제자와 스승이 함께 왕난에 걸리리니, 네가 먼저 깨달으면 바퀴 돌듯 하는 데 들어가지 아니하려니와, 미혹하여 알지 못하면 무간지옥에 떨어지리라.

또 저 좋은 남자가 수음이 비어 묘하여지고, 잘못된 생각을 만나지 아니하여 두렷한 선정이 밝음을 낼 적에 삼마지 가운데서 공하여 없어지기를 좋아하고, 변화하는 성품을 연구하여 깊이 공하여짐을 탐내어 구하면, 그때에 천마가 그 짬을 타서 정령을 날려 사람에게 붙게 하여 입으로 경법을 말하게 되거든, 그 사람이 마침내 마가 지핀 줄은 알지 못하고 '위없는 열반을 얻었노라'라고 하면서 공함을 구하는 좋은 남자에게 와서 자리를 차리고 법문을 말할 적에 대중 속에서 몸이 홀연히 없어져서 사람들이 보지 못하다가 다시 허공에서 불쑥 나타나서 들락날락하며 혹 온몸이 수정과 같아서 꿰뚫어 보이기도 하며, 손발을 내밀면 전단향 냄새가 나기도 하며, 똥과 오줌이 사탕 같기도 하여서 계율을 비방하며 출가한 이들을 업신여기리라.

입으로 항상 말하기를 '원인도 없고 과보도 없으며, 한번 죽으면 아주 없어지는 것이어서 후생이 없고, 범부도 없고 성인도 없다'라고 하며, 비록 '공적한 이치를 얻었다'라고는 하나 가만히 음욕을 행하며, 그 음욕을 당한 이도 역시 마음이 공하여져서 '인도 없고 과보도 없다'라고 하리니, 이것은 일식 월식의 정기(日蝕精 月蝕精)나, 금이나 옥이나 지초나 기린이나 봉이나 거북이나 학 같은 것들이 천년이나 만년이나 늙으면서 죽지 않고 정령이 되어 세상에 났던 것들이 나이 늙어 마가 된 것이라. 이 사람을 시끄럽게 하다가 싫은 생각이 나서 그 사람의 몸에서 떠나면 제자와 스승이 함께 왕난에 걸리리니, 네가 먼저 깨달으면 바퀴 돌듯 하는 데 들어가지 아니하려니와, 미혹하여 알지 못하면 무간지옥에 떨어지리라.

또 저 좋은 남자가 수음이 비어 묘하여지고, 잘못된 생각을 만나지 아니하여 두렷한 선정이 밝음을 낼 적에 삼마지 가운데서 장수하기를 좋아하고, 애써서 기미를 연구하여 오래 살기를 탐하며 분단생사分段生死를 버리고 변역생사變易生死 하는 몸을 얻어서 미세한 몸이 항상 머물기를 희망하면, 그때에 천마가 그 짬을 타서 정령을 날려 사람에게 붙게 하여 입으로 경법을 말하게 되거든, 그 사람이 끝내 마가 지핀 줄은 알지 못하고 '위없는 열반을 얻었노라'라고 하면서 장수하기를 구하는 좋은 남자에게 와서 자리를 차리고 법문을 말할 적에 다른 지방으로 왕래하는 일이 거리낄 것 없다고 자랑하며, 혹 만 리 밖에 갔다가 순식간에 돌아오되 매번 그 지방에서 나는 물건을 가지고 오며, 혹 어떤 데서 한 방 안에 있으면서 어떤 이로 하여금 두어 걸음 되는 데를 윗목에서 아랫목으로 가라 하면 이 사람이 달음박질을 하더라도 수년이 지나도 이르지 못하거든, 이것을 보고 깊이 믿어서 부처님께서 출현하신 줄로 여기리라.

입으로 항상 말하기를 '시방 중생들이 모두 내 아들이며, 내가 여러 부처님을 낳았으며, 내가 세계를 내었으며, 내가 첫 부처님이로니, 자연으로 이 세상에 출세한 것이요, 수행하여서 된 것이 아니라'라고 하리니, 이것은 세상에 있는 자재천마自在天魔가 그 권속인 자문다(遮文荼)나 사천왕四天王의 비사毘舍 동자로서 아직 발심하지 못한 이를 시켜서 이 사람의 비고 밝은 경계를 이용하여 정기를 먹게 한 것이라. 어떤 때는 스승을 인하지 않고도 수행하는 사람으로 하여금 '금강신金剛神이라 하는 이가 너를 오래 살게 하리라'라고 하는 것을 친히 보게 하기도 하며, 아름다운 여자의 몸을 나타내어 마음껏 탐욕을 행하게 하기도 하거든 한 해가 다 되지도 않아서 간과 골이 말라 버리며, 입으로 혼잣말을 하는 것이 듣기에 귀신의 소리와 같으리라.

이 사람이 그렇게 되는 것을 자세히 살피지 못하고, 흔히 왕난王難에 걸리어서는 형벌을 받기도 전에 먼저 말라 죽게 될 것이니, 이렇게 이 사람을 못 견디게 하여 필경에 죽게 되나니, 네가 먼저 깨달으면 바퀴 돌듯 하는 데 들어가지 아니하려니와, 미혹하여 알지 못하면 무간지옥에 떨어지리라.

아난아, 이 열 가지 마가 말법 세상에 내 법 가운데 나서 출가하여 도를 닦는 척하면서 혹 다른 사람의 몸에 붙기도 하며, 혹 스스로 몸을 나타내기도 하여 '모두 정각을 이루었노라'라고 하면서 음욕을 찬탄하고,

부처님의 계율을 파하며, 마의 스승과 마의 제자가 음행으로 서로 전하여 가면서 이러한 사특한 마귀들이 그의 마음을 홀리되 가까우면 구생九生이요, 오래되면 백세百世를 지내어서 진정하게 수행하는 이들로 하여금 마의 권속이 되게 하였다가, 목숨을 마친 뒤에는 반드시 마의 백성이 되어 보리를 잃어버리고 무간지옥에 떨어지게 할 것이니라.

너는 이제 모름지기 적멸寂滅을 취하지 말 것이며, 설사 무학無學을 증득하더라도 원을 세우고 말법 가운데 들어가서 자비한 마음을 내어서 올바른 마음으로 깊이 믿는 중생들을 제도하여 마에게 홀리지 말고, 바른 지견을 얻게 하라. 내가 너를 제도하여 생사에서 벗어나게 하였으니, 너는 부처님의 말을 순종하는 것이 부처님의 은혜를 갚는 것이니라.

아난아, 이 열 가지 선나의 경계가 나타나는 것은 모두 상음에 대하여 마음의 작용이 번갈아 시새므로 이런 일이 나타나는 것이어늘, 중생들이 혼미하여 요량하지 못하므로 이런 인연을 만날 적에 아득하여 알지 못하고 성인의 경계에 올랐노라 하면 큰 거짓말이 되어 무간지옥에 떨어지느니라. 너희들은 여래의 말을 지녔다가 내가 열반한 뒤 말법 세상에 전하여서 중생들로 하여금 이런 이치를 알게 하며, 천마들로 하여금 짬을 얻지 못하게 하고, 잘 안보安保하고 두호하여 위없는 도를 이루게 하라."

대불정여래밀인수증요의제보살만행수릉엄경

| 제10권 |

④ 행음行陰의 마

"아난아, 저 좋은 남자가 삼마지를 닦아 상음想陰이 다한 이는 어느 때에나 꿈과 생각이 없고, 잘 때와 깰 때가 항상 한 모양이며, 각覺의 밝은 성품이 비고 고요함이 마치 맑은 허공과 같아서 거칠고 무거운 앞의 것(前塵)의 그림자가 없으며, 이 세계의 땅과 산과 물을 보는 것이 마치 거울이 모양을 비치는 듯하여 와도 묻을 것이 없고 가도 자취가 없어서 받아들이는 것 없이 비칠 뿐이요, 묵은 습기는 조금도 없고 다만 정미롭고 참되기만 하거든, 났다 없어졌다 하는 근본이 비로소 드러나서 시방에 있는 열두 종류의 중생을 죄다 보게 되며, 비록 그들의 생명이 처음 생기던 단서(生命元由)까지는 통하지 못하거니와, 함께 나는 기초(同生基)가 아지랑이처럼 아른거리며 반짝거리는 것을 보게 되거든, 이것이 부진근浮塵根의 생겨나는 근본(究竟樞穴)이니, 이것을 행음行陰의 움 속(區宇)이라 하느니라. 만일 이 아른거리며 반짝거리는 근본 성품이 원래 고요한 데 들어가서 근원 습기(元習)를 맑히면, 마치 파도가 가라앉아 고요한 물이 된 것과 같으리니, 이것은 행음이 끝난 것이라. 이 사람은 즉시에 중생의 흐림(衆生濁)을 뛰어나리니, 그 이유를 살펴보건댄 깊고 그윽한 망상(幽隱妄想)이 근본이 되었던 까닭이니라.

아난아, 이 바른 지견知見을 얻은 사마타 가운데의 좋은 남자가 고요하고 밝은 바른 마음에 열 가지 천마天魔가 짬을 타지 못하거든, 바야흐로 정미롭게 연구하여 중생들의 근본(生類本)을 철저하게 궁구할 수 있나니, 본 종류 가운데 생긴 근원이 드러난 이는 저 그윽하게 아른거리는 두렷한 근원을 관찰하고, 그 두렷한 근원에서 억측을 내는 이는 두 가지 원인이 없다는 주장(二無因論)에 떨어지느니라.

첫째는 이 사람이 근본이 원인이 없다(計本無因)고 보나니, 어찌함이냐. 이 사람이 태어나는 기틀(生機)이 드러남을 얻고는 눈의 8백 공덕에 의지하여 8만 겁 안에 있는 중생들을 본즉, 업보의 물결이 굽이쳐 돌아서 여기서 죽어 저곳에 나거든 다만 중생들이 그곳에서 바퀴 돌듯 하는 것만 보겠고, 8만 겁 밖에는 캄캄하여 보이지 아니하므로 문득 이러한 생각을 내되 '이 세상의 시방 중생들이 8만 겁 이전에는 원인이 없이 저절로 생겼다'라고 하리니, 이렇게 억측하므로 올바른 지견知見을 잃어버리고, 외도外道에 떨어져 보리의 성품을 의혹하느니라.

둘째는 이 사람이 나중이 원인이 없다(計末無因)고 보나니, 어찌함이냐. 이 사람이 이미 태어나는 근본을 보았으므로 사람은 사람을 낳고, 새는 새를 낳고, 까마귀는 본래부터 검고, 따오기는 본래부터 희고, 사람과 천상 사람은 본래 서서 다니고, 축생은 본래 기어 다니며, 흰 것은 씻어서 된 것이 아니요, 검은 것도 물들여 된 것이 아니어서 8만 겁 동안에 변동이 없는 것을 알고는 '이제 이 형상이 다하더라도 역시 그러하리니, 내가 당초부터 보리를 보지 못하였거니, 어찌 보리를 이루는 일이 있으리오. 그러므로 오늘날 온갖 물건이 모두 나중에도 원인이 없으리라'라고 하느니라.

이렇게 억측하므로 올바른 지견을 잃어버리고, 외도에 떨어져 보리의 성품을 의혹하나니, 이것이 첫째 외도의 원인이 없다는 주장(無因論)을 세우는 것이니라.

아난아, 이 삼마제 가운데 좋은 남자가 고요하고 밝은 바른 마음에 천마가 짬을 타지 못하거든, 중생들의 근본을 철저하게 궁구하여 저 그윽하게 아른거리는 항상한 근원을 관찰하고, 그 두렷이 항상한 데서 억측을 내는 이는 네 가지 두루 항상하다는 주장(四遍常論)에 떨어지느니라.

첫째는 이 사람이 마음과 경계의 성품을 궁구하여 두 곳이 원인이 없다 하고, 닦아 익혀서 2만 겁 안에 시방 중생들의 났다 없어졌다 함을 알므로 모두 고리 돌듯 하는 것이요, 흩어져 없어지는 것이 아니라 하여 항상하다고 억측하느니라.

둘째는 이 사람이 사대四大의 성품을 궁구하여 네 가지 성품이 항상 있는 것이라 하고, 닦아 익혀서 4만 겁 안에 시방 중생들의 났다 없어졌다 함을 알므로 모두 체성體性이 항상한 것이요, 흩어져 없어지는 것이 아니라 하여 항상하다고 억측하느니라.

셋째는 이 사람이 육식六識과 말나식末那識과 집수식執受識을 궁구하여 마음과 뜻과 식의 본래 말미암은 곳이 성품이 항상하다 하고, 닦아 익혀서 8만 겁 안에 온갖 중생들이 모두 고리 돌듯 하여 없어지지 않고 본래 항상한 것임을 알므로 없어지지 않는 성품을 궁구하여 항상하다고 억측하느니라.

넷째는 이 사람이 상음想陰의 근원을 끝내었으니, 태어나는 이치는 다시 흐르고 그치고 옮아가는 일이 없으리라 하여 났다 없어졌다 하는 생각이 이제 아주 없어진즉 으레 났다 없어졌다 하지 않는 성품을 이루었으리라 하고, 마음으로 요량하여 항상하다고 억측하느니라.

이렇게 억측하므로 올바른 지견을 잃어버리고, 외도에 떨어져 보리의 성품을 의혹하나니, 이것이 둘째 외도의 두루 항상하다는 주장(圓相論)을 세우는 것이니라.

또 삼마제 가운데 좋은 남자가 굳고 고요한 바른 마음에 천마가 짬을 타지 못하거든, 중생들의 근본을 철저하게 궁구하여 저 그윽하게 아른거리는 항상한 근원을 관찰하고, 자기와 다른 것 가운데서 억측을 내는 이는 한쪽은 항상하지 않고, 한쪽은 항상하다는 네 가지 뒤바뀐 주장(四顚倒見)에 떨어지느니라.

첫째는 이 사람이 묘하고 밝은 마음이 시방에 두루함을 보고는 고요한 것으로써 궁극적인 신아神我라 하고, 이로부터 억측하되 '신아는 시방에 두루하여 고요하고 밝아 움직이지 않거든, 온갖 중생들은 내 마음 가운데서 스스로 났다 스스로 없어지는 것이니, 내 마음은 항상한 것이요, 저 났다 없어졌다 하는 것은 항상하지 않은 것이다'라고 하느니라.

둘째는 이 사람이 마음은 보지 않고 시방의 항하사 같은 국토만을 보되, 괴겁壞劫에 망가지는 데를 보고는 '끝까지 항상하지 않은 것이다'라고 하고, 괴겁에 망가지지 않는 데를 보고는 '끝까지 항상한 것이다'라고 하느니라.

셋째는 이 사람이 '내 마음은 정미롭고 세밀한 것이 미진微塵과 같아서 시방에 흘러 다니되 성품이 달라지지 아니하나, 이 몸은 고대 나고 고대 없어지는 것이다'라고 따로따로 관찰하고, '망가지지 아니하는 것은 나의 항상한 성품이요, 온갖 나고 죽는 것이 나로부터 흘러나오는 것은 항상하지 아니한 성품이다'라고 하느니라.

넷째는 이 사람이 상음은 없어지고 행음行陰이 흘러 다님을 보고서 '행음은 항상 흐르니 항상한 성품이요, 색음과 수음과 상음은 이미 없어졌으니 항상하지 아니한 것이다'라고 하느니라.

이렇게 한쪽은 항상한 것이 아니요, 한쪽은 항상한 것이라고 억측하므로 외도에 떨어져서 보리의 성품을 의혹하나니, 이것이 셋째 외도의 한쪽만 항상하다는 주장(一分常論)을 세우는 것이니라.

또 삼마제 가운데 좋은 남자가 굳고 고요한 바른 마음에 천마가 짬을 타지 못하거든, 중생들의 근본을 철저하게 궁구하여 저 그윽하게 아른거리는 항상한 근원을 관찰하고, 분별하는 자리(分位)에 억측을 내는 이는 네 가지 갓이 있다는 주장(有邊論)에 떨어지느니라.

첫째는 이 사람이 태어나는 근원의 흐르는 작용이 쉬지 않는다 하여 과거와 미래를 억측하여서는 갓이 있는 것이라 하고, 현재의 계속되는 마음을 억측하여서는 갓이 없는 것이라 하느니라.

둘째는 이 사람이 8만 겁까지는 중생이 보이고, 8만 겁 이전은 고요하여 듣고 보이는 것이 없음을 관찰하고, 듣고 보이는 것이 없는 데는 갓이 없는 것이라 하고, 중생이 있는 데는 갓이 있는 것이라 하느니라.

셋째는 이 사람이 억측하되 '나는 두루 아는 것이니, 갓이 없는 성품을 얻었다'라고 하고, '저 모든 사람들은 나의 아는 가운데 나타나거니와 내가 저들의 아는 성품을 알지 못하나니, 저들은 갓이 없는 성품을 얻지 못한즉 갓이 있는 성품이다'라고 하느니라.

넷째는 이 사람이 행음이 공한 것이라고 궁구하고, 자기의 보는 마음대로 생각하되, 온갖 중생의 몸 가운데 모두 반은 나는 것이요, 반은 없어지는 것이라 억측하고, 세계에 있는 온갖 물건도 모두 반은 갓이 있는 것이요, 반은 갓이 없다고 여기느니라.

이렇게 갓이 있는 것과 갓이 없는 것을 억측하므로 외도에 떨어져서 보리의 성품을 의혹하나니, 이것이 넷째 외도의 갓이 있다는 주장(四有邊論)을 세우는 것이니라.

또 삼마제 가운데 좋은 남자가 굳고 고요한 바른 마음에 천마가 짬을 타지 못하거든, 중생들의 근본을 철저하게 궁구하여 저 그윽하게 아른거리는 항상한 근원을 관찰하고, 알고 보는 가운데 억측을 내는 이는 네 가지 뒤바뀜으로 죽지 않으려고 어지럽게 속이는 허망한 주장(不死矯亂遍計虛論)에 떨어지느니라.

첫째는 이 사람이 변화하는 근원을 관찰하여 옮아가는 곳을 보고는 변하는 것이라 하고, 서로 계속되는 곳을 보고는 항상한 것이라 하고, 볼 것을 보는 데는 나는 것이라 하고, 볼 것을 보지 못하는 데는 없어지는 것이라 하고, 서로 계속하는 인因이 끊어지지 않는 데를 느는 것이라 하고, 서로 계속하는 가운데 새가 뜨는 데를 주는 것이라 하고, 제각기 나는 데를 있는 것이라 하고, 서로서로 없어지는 데를 없는 것이라 하여 이치로는 통틀어 보고 마음으로는 따로 분별하였으므로 법을 구하는 사람이 와서 이치를 물으면, 대답하기를 나기도 하고 없어지기도 하고, 있기도 하고 없기도 하고, 늘기도 하고 줄기도 하는 것이라 하여 어느 때든지 어지럽게 말하여 그 사람으로 하여금 종잡을 수 없게 하느니라.

둘째는 이 사람이 마음의 제각기 없는 데를 관찰하고 없음으로 인하여 증득하였으므로 사람이 와서 물으면, 한마디로 없다 대답하고, 없다는 말 이외에는 다른 말을 하지 아니하느니라.

셋째는 이 사람이 마음의 제각기 있는 데를 관찰하고 있음으로 인하여 증득하였으므로 사람이 와서 물으면, 한마디로 그렇다 대답하고, 그렇다는 말 외에는 다른 말을 하지 아니하느니라.

넷째는 이 사람이 있고 없는 것을 함께 관찰하여 경계가 두 갈래인 탓으로 마음도 어지러워져서 사람이 와서 물으면, 대답하기를 있기도 한 것이 곧 없기도 한 것이며, 없기도 한 가운데 있기도 한 것이 아니라고 하여 온갖 것을 어지럽게 속이어 따질 수 없게 하느니라.

이렇게 허망하게 어지러이 속이는 탓으로 외도에 떨어져서 보리의 성품을 의혹하나니, 이것이 다섯째 외도의 네 가지 뒤바뀐 죽지 않으려고 어지럽게 속이는 허망한 주장(四種顚倒不死矯亂遍計虛論)을 세우는 것이니라.

또 삼마제 가운데 좋은 남자가 굳고 고요한 바른 마음에 천마가 짬을 타지 못하거든, 중생들의 근본을 철저하게 궁구하여 저 그윽하게 아른거리는 항상한 근원을 관찰하고, 끝없이 흐르는 데 억측을 내는 이는 죽은 뒤에 상이 있다는 뒤바뀐 마음(死後有相)에 떨어지느니라.

혹 육신肉身을 견고하게 하여 색음色陰이 곧 '나'라 하며, 혹 내가 원만하여 국토를 포함하였다 하여 내가 색을 가졌다 하며, 혹 앞의 것들이 나를 따라 돌아다닌다 하여 색이 내게 부속된 것이라 하며, 혹 내가 색음 가운데서 상속相續된다 하여 내가 색음 가운데 있다 하나니, 모두 죽은 뒤에 상相이 있다고 억측하므로 이렇게 고리 돌듯 하여 열여섯 가지 상이 있으며, 이리하여 혹 억측하기를 '필경까지 번뇌며 필경까지 보리라 두 가지 성품이 가지런하게 나아가서 서로 거리끼지 않는다'라고 하느니라.

이렇게 죽은 뒤에 상이 있다고 억측하므로 외도에 떨어져서 보리의 성품을 의혹하나니, 이것이 여섯째 외도의 오음五陰 가운데서 죽은 뒤에 상이 있다는 마음 뒤바뀐 주장(死後有相發心顚倒)을 세우는 것이니라.

또 삼마제 가운데 좋은 남자가 굳고 고요한 바른 마음에 천마가 짬을 타지 못하거든, 중생들의 근본을 철저하게 궁구하여 저 그윽하게 아른거리는 항상한 근원을 관찰하고, 먼저 없어진 색음 · 수음 · 상음 가운데 억측을 내는 이는 죽은 뒤에 상이 없다는 마음 뒤바뀐 주장(死後無相發心顚倒)에 떨어지느니라.

색음이 없어짐을 보고 몸이 인한 데가 없다 하며, 상음이 없어짐을 보고 마음이 얽매인 데가 없다 하며, 수음이 없어짐을 알고 몸과 마음이 연락될 수 없다 하면서 세 음陰이 없어졌으니, 설사 태어나는 이치가 있더라도 수음과 상음이 없으므로 초목과 같을 터인즉, 이 몸이 현재에 있을 적에도 상을 얻을 수 없거든 죽은 뒤에 어떻게 상이 있으리오 하고, 이리하여 죽은 뒤에 상이 없다고 단정하므로 이렇게 고리 돌듯 하여 여덟 가지 상이 없다고 하며, 이리하여 혹 억측하기를 '열반의 원인과 결과도 모두 공하여서 이름만 있는 것이요, 필경에는 아주 없어지는 것이다'라고 하느니라.

이렇게 죽은 뒤에 상이 없다고 억측하므로 외도에 떨어져서 보리의 성품을 의혹하나니, 이것이 일곱째 외도의 오음五陰 가운데서 죽은 뒤에 상이 없다는 마음 뒤바뀐 주장(死後無相發心顚倒)을 세우는 것이니라.

또 삼마제 가운데 좋은 남자가 굳고 고요한 바른 마음에 천마가 짬을 타지 못하거든, 중생들의 근본을 철저하게 궁구하여 저 그윽하게 아른거리는 항상한 근원을 관찰하고, 행음이 있는 가운데 수음과 상음은 없어졌으므로 있는 것과 없는 것을 함께 요량하면서 두 가지가 서로서로 파한다 하는 이는 죽은 뒤에 모두 아니라 하는 뒤바뀐 주장(死後俱非)에 떨어지느니라.

색음과 수음과 상음 가운데서는 있는 것을 보지마는 있는 것이 아니며, 행음이 옮아가는 데서는 없어진 것을 보지마는 없어진 것이 아니라고 하므로 이렇게 고리 돌듯 하면서 네 가지 음에서 여덟 가지 모두 아니라는 것을 궁구하고, 어느 한 가지 음에서든지 죽은 뒤에는 다 상이 있고, 상이 없다고 말하며, 또 온갖 법의 성품이 옮아 바뀌는 것이므로 잘 알았다는 소견을 내어 있는 것도 없는 것도 다 아니라고 억측하여 허망하고 참된 것을 종잡지 못하느니라.

이렇게 죽은 뒤에는 모두 아니라고 억측하매 뒤의 일이 캄캄하여 말할 수 없으므로 외도에 떨어져서 보리의 성품을 의혹하나니, 이것이 여덟째 외도의 오음 가운데서 죽은 뒤에 모두 아니라는 뒤바뀐 주장(死後俱

非心顚倒論)을 세우는 것이니라.

또 삼마제 가운데 좋은 남자가 굳고 고요한 바른 마음에 천마가 짬을 타지 못하거든, 중생들의 근본을 철저하게 궁구하여 저 그윽하게 아른거리는 항상한 근원을 관찰하고, 뒤로 뒤로 없는 것이라고 억측하는 이는 일곱 가지 아주 없어진다는 주장(七斷滅論)에 떨어지느니라.

혹 몸이 없어진다 하며, 혹 탐욕 끝난 데가 없어진다 하며, 혹 고통 끝난 데가 없어진다 하며, 혹 가장 즐거운 데(極樂)가 없어진다 하며, 혹 고도 낙도 아닌 데(非苦非樂)가 없어진다 하면서 이렇게 고리 돌듯이 일곱 군데를 궁구하여 지금 것이 없어지고는 다시 생기지 않는다 하느니라.

이렇게 죽은 뒤에는 아주 없어진다고 억측하므로 외도에 떨어져서 보리의 성품을 의혹하나니, 이것이 아홉째 외도의 오음五陰 가운데서 죽은 뒤에 아주 없어진다는 뒤바뀐 주장(死後斷滅心顚倒論)을 세우는 것이니라.

또 삼마제 가운데 좋은 남자가 굳고 고요한 바른 마음에 천마가 짬을 타지 못하거든, 중생들의 근본을 철저하게 궁구하여 저 그윽하게 아른거리는 항상한 근원을 관찰하고, 뒤로 뒤로 있는 것이라고 억측하는 이는 다섯 군데가 지금 이대로 열반이라는 주장(五處涅槃論)에 떨어지느니라.

혹 욕계천欲界天으로 바로 의지할 데(正轉依)라 하니 두렷이 밝은 것을 보고 사모하는 탓이며, 혹 초선천初禪天으로 의지할 데라 하니 마음에 고통이 없는 탓이며, 혹 이선천二禪天으로 의지할 데라 하니 근심이 없는 탓이며, 혹 삼선천三禪天으로 그렇다 하니 가장 즐거운 탓이며, 혹 사선천四禪天으로 그렇다 하니 고통과 즐거움이 모두 없어져서 바퀴 돌듯이 났다 없어졌다 하지 않는 탓이라 하여 누累가 있는 천상을 잘못 알아 하염 없는 데라는 소견을 내고는 '이 다섯 군데가 편안하여서 깨끗하고 수승한 의지할 곳이다'라고 하면서 이렇게 고리 돌듯이 다섯 군데가 막다른 곳이라 하느니라.

이렇게 다섯 군데가 지금 이대로 열반이라고 억측하므로 외도에 떨어져서 보리의 성품을 의혹하나니, 이것이 열째 외도의 오음 가운데서 다섯 군데 이대로가 열반이라는 뒤바뀐 주장(五陰中五現涅般心顚倒論)을 세우는 것이니라.

아난아, 이러한 열 가지 선나의 허황한 소견은 모두 행음에 대하여 마음의 작용이 번갈아 시새므로 이런 소견이 생기는 것이어늘, 중생들이 혼미하여 요량하지 못하므로 이런 소견이 나타날 때에 잘못된 것을 옳게 알았다 하여 '성인의 경계에 올랐노라'라고 하면, 큰 거짓말이 되어 무간지옥에 떨어지느니라.

너희들이 반드시 여래의 말을 가져다가 내가 열반한 뒤 말법 시대에 전하여 중생들로 하여금 이런 이치를 깨닫게 하며, 마음의 마로 하여금 큰 허물을 일으키지 못하게 하고, 잘 안보하고 두호하여 나쁜 소견이 없어지게 할 것이며, 몸과 마음으로 참된 뜻을 깨닫게 하고, 위없는 도(無上道)에 갈래길을 만나지 않게 하며, 마음속에 조그만치 얻고 만족한 생각을 가지지 말게 하여 부처님의 맑고 깨끗한 표지標指가 되게 하라."

⑤ 식음識陰의 마

"아난아, 저 좋은 남자가 삼마지를 닦아서 행음이 다한 이는, 여러 세간의 체성體性인 그윽하게 아른거리던 다 같이 태어나는 기미(生機)가 홀연히 깊고 미세한 고동이 망가지고, 보특가라補特伽羅의 업에 의지하여 태어나던 명맥이 감感하고 응應하는 것이 아주 끊어지고, 열반 하늘(涅槃天)이 밝아지려 하는 것이 마치 닭이 나중 홰를 울면 동이 훤하게 트는 것 같으며, 육근이 비고 고요하여 다시 밖으로 달아나지 않고, 안과 밖이 고요하고 밝아서 들어가던 것도 들어갈 데가 없으며, 시방의 열두 종류 중생의 목숨 받는 근본 원인(受命元由)을 깊이 알고는, 원인을 보고 근원을 붙들어 모든 종류가 태어나지 못하며, 시방세계의 공통함을 얻고, 정미로운 빛이 잠기지 아니하여 깊고 비밀한 것을 나타내리니, 이것을 식음識陰의 움 속(區宇)이라 하느니라.

만일 여러 종류의 태어나는 데에 공통함을 얻은 가운데서 여섯 문을 녹여 버리고, 합하여 열리는 것이 성취되면 보는 것과 듣는 것들이 한데로 통하여 서로 작용하는 것이 청정하여지며, 시방세계와 몸과 마음이 수정과 같이 안팎이 밝게 사무치리니, 이것은 식음이 끝난 것이라. 이 사람이 즉시에 목숨의 흐림(命濁)을 뛰어나리니, 그 이유를 살펴보건대 허무맹랑한 뒤바뀐 망상(罔象虛無顚倒妄想)이 근본이 되었던 까닭이니라.

아난아, 이 좋은 남자가 행음行陰이 공한 것을 궁구하고, 식음으로 돌아가서 나는 것과 없어지는 것이 이미 소멸되었으나, 고요하고 멸한 데(寂滅)에 정미롭고 묘한 것이 아직 원만하지 못하였거니와 내 몸으로는 육근의 막혔던 것이 합하여 열리고, 시방의 모든 종류와도 각의 성품이 공통되어서 깨닫고 아는 것이 한데로 합하여 두렷한 근원에 들어가리라.

만일 돌아갈 데에 참되고 항상하다는 인(眞常因)을 세워서 좋다는 생각을 내면, 이 사람이 인할 만한 데에 인하였노라는 고집(因所因執)에 떨어져서 돌아갈 데가 명제冥諦라고 하는 사비가라娑毘迦羅들과 짝이 되어 부처님의 보리를 잘못 알고 지견知見을 잃어버리나니, 이것은 첫째에 얻었다는 마음을 세워 돌아갈 데라는 과를 이룸(第一立所得心成所歸果)이라. 원통과는 멀어지고 열반성을 등지게 되어 외도 종류(外道種)에 나느니라.

아난아, 또 이 좋은 남자가 행음行陰이 공한 것을 궁구하여 나는 것과 없어지는 것이 이미 소멸되었으나 고요하고 멸한 데에 정미롭고 묘한 것이 아직 원만하지 못하였거니와, 만일 돌아갈 데에 그것으로 제 몸이라 하여 온 세계의 열두 종류의 중생이 모두 내 몸에서 흘러나왔다 하여 좋다는 생각을 내면, 이 사람이 할 수가 없는 것을 할 수 있다고 하는 고집

(能非能執)에 떨어져서 가없는 몸을 나타낸다는 마혜수라摩醯首羅들과 짝이 되어 부처님의 보리를 잘못 알고 지견을 잃어버리나니, 이것은 둘째에 할 수 있다는 마음을 세워 되어진다는 과를 이룸(第二立能爲心成能事果)이라. 원통과는 멀어지고 열반성을 등지게 되어 내가 두루하고 원만하다고 하는 대만천大慢天 종류에 나느니라.

또 이 좋은 남자가 행음이 공한 것을 궁구하여 나는 것과 없어지는 것이 이미 소멸되었으나 고요하고 멸한 데에 정미롭고 묘한 것이 아직 원만하지 못하였거니와, 만일 돌아갈 데에 가서 의지할 수 있는 데라 하여 자기의 몸과 마음도 거기서 흘러나는가 의심하고, 시방 허공도 모두 거기서 생겼다 하여 온갖 것이 생겨났으리라는 곳에 나지도 않고 없어지지도 않는 항상한 참된 몸이라는 소견을 내고는, 났다 없어졌다 하는 가운데 있으면서 항상 머물러 있는 것이라고 미리 억측하여 나지 않고 없어지지 않는 것도 모르고, 나고 없어지는 것까지도 알지 못하여 아득한 데 있으면서 좋다는 생각을 내면, 이 사람이 항상하지 아니한 것을 항상한 것이라고 하는 고집(常非常執)에 떨어져서 자재천自在天을 주장하는 이들과 짝이 되어 부처님의 보리를 잘못 알고 지견을 잃어버리나니, 이것은 셋째에 의지할 데라는 마음을 세워 허망하게 억측하는 과를 이룸(第三立因依心成妄計果)이라. 원통과는 멀어지고 열반성을 등지게 되어 거꾸로 원만하다는 종류에 나느니라.

또 이 좋은 남자가 행음이 공한 것을 궁구하여 나는 것과 없어지는 것이 이미 소멸되었으나, 고요하고 멸한 데에 정미롭고 묘한 것이 아직 원만하지 못하였거니와, 만일 아는 바에 알음이 두루 원만하다 하므로 알음으로 인하여 소견을 내되, 시방의 초목들도 모두 정情이 있어서 사람과 다르지 않다 하고, 초목도 사람이 될 수 있고 사람이 죽으면 다시 초목이 된다 하며, 유정과 무정을 가릴 것 없이 모두 알음이 있다 하여 좋다는 생각을 내면, 이 사람은 알음이 없는 것을 아는 것이라고 하는 고집(知無知執)에 떨어져서 온갖 것이 다 안다고 하는 파타婆吒와 산니霰尼와 짝이 되어 부처님의 보리를 잘못 알고 지견을 잃어버리나니, 이것은 넷째에 두루 안다는 마음을 내어 허황하고 잘못된 과를 이룸(第四計圓知心成虛謬果)이라. 원통과는 멀어지고 열반성을 등지게 되어 거꾸로 안다는 종류에 나느니라.

또 이 좋은 남자가 행음이 공한 것을 궁구하여 나는 것과 없어지는 것이 이미 소멸되었으나, 고요하고 멸한 데에 정미롭고 묘한 것이 아직 원만하지 못하였거니와, 만일 원융하여진 근이 서로 작용하는 가운데에 수순함을 얻고는 문득 원융하여 변화하는 데서 온갖 것이 생겨나는 것이라 하여 불의 광명을 구하며, 물의 맑음을 좋아하며, 바람의 유통함을 사랑하며, 티끌의 만드는 것을 보고는, 제각기 숭배하고 섬기면서 이 여러 가지 진塵으로써 만들어내는 근본이 된다 하여 항상 머물러 있다는 소견을 내면, 이 사람은 내지 못하는 것을 내는 것이라 하는 고집에 떨어져서 저 가섭파迦葉波나 바라문婆羅門들이 몸과 마음을 수고롭게 하면서 불을 섬기고 물을 숭배하여 생사에서 벗어나려 하는 이들과 짝이 되어 부처님의 보리를 잘못 알고 지견을 잃어버리나니, 이것을 다섯째에 숭배하고 섬기는 데 의혹하여 마음을 모르고 물건을 따르면서 허망하게 구하는 인을 세워 허망하게 바라는 과를 이룸(第五計着崇事迷心從物立妄求因求妄冀果)이라. 원통과는 멀어지고 열반성을 등지게 되어 뒤바뀌게 변화한다는 종류에 나느니라.

또 이 좋은 남자가 행음이 공한 것을 궁구하여 나는 것과 없어지는 것이 이미 소멸되었으나 고요하고 멸한 데에 정미롭고 묘한 것이 아직 원만하지 못하였거니와, 만일 두렷하고 밝은 데서 밝은 가운데가 비었다고 억측하여 모든 변화하는 것을 그르다 하여 없이 하고, 아주 없는 것으로써 돌아가 의지할 데라 하여 좋다는 생각을 내면, 이 사람이 돌아갈 데 없는 것을 돌아갈 데라고 하는 고집에 떨어져서 무상천無想天의 순야다舜若多들과 짝이 되어 부처님의 보리를 잘못 알고 지견을 잃어버리나니, 이것은 여섯째에 두렷이 허무하다는 마음을 세워 아무것도 없다는 과를 이룸(第六圓虛無心成空亡果)이라. 원통과는 멀어지고 열반성을 등지게 되어 아주 없어진다는 종류에 나느니라.

또 이 좋은 남자가 행음이 공한 것을 궁구하여 나는 것과 없어지는 것이 이미 소멸되었으나 고요하고 멸한 데에 정미롭고 묘한 것이 아직 원만하지 못하였거니와, 만일 두렷하고 항상한 데서 몸을 견고히 하여 항상 머물려 하되 성품이 두렷한 것과 같이 영원히 죽지 아니하려 하여 좋다는 생각을 내면, 이 사람이 탐내지 아니할 것을 탐내는 고집에 떨어져서 아사타阿斯陀들의 오래 살기를 구하는 이들과 짝이 되어 부처님의 보리를 잘못 알고 지견을 잃어버리나니, 이것은 일곱째에 생명의 근원이라 고집하여 허망한 것을 견고하게 하려는 인을 세워 길이 수고하는 과를 이룸(第七執着命元立固妄因趣長勞果)이라. 원통과는 멀어지고 열반성을 등지게 되어 허망하게 오래 살려는 종류에 나느니라.

또 이 좋은 남자가 행음이 공한 것을 궁구하여 나는 것과 없어지는 것이 이미 소멸되었으나 고요하고 멸한 데에 정미롭고 묘한 것이 아직 원만하지 못하였거니와, 만일 수명壽命이 서로 통함을 보고 진로塵勞를 머물러 두려 하되 소멸할까 두려워하여 이 기회에 연꽃 궁전에 앉아서 일곱 가지 보배를 많이 변화하며, 예쁜 아가씨들을 많이 두고, 마음껏 즐기려 하여 좋다는 생각을 내면, 이 사람이 참이 아닌 것을 참이라 하는 고집(眞無眞執)에 떨어져서 타기가라吒枳迦羅들과 짝이 되어 부처님의 보리를 잘못 알고 지견을 잃어버리나니, 이것은 여덟째에 잘못된 생각의 인을 내어 진로塵勞를 치성하게 하려는 과(第八發邪思因立熾塵果)를 이룸이라. 원통과는 멀어지고 열반성을 등지게 되어 천마의 종류(天魔種)에 나느니라.

또 이 좋은 남자가 행음이 공한 것을 궁구하여 나는 것과 없어지는 것이 이미 소멸되었으나 고요하고 멸한 데에 정미롭고 묘한 것이 아직 원만하지 못하였거니와, 만일 목숨이 밝아진 가운데서 정묘精妙하고 거친 것을 분별하며, 참되고 거짓됨을 판결하고, 원인과 결과가 서로 갚아지는 것이라 하여 감感하고 응應하는 것만 구하고, 청정한 도(淸淨道)를 등지나니, 이른바 고苦를 보고 집集을 끊으며, 멸滅을 증證하려고 도道를 닦아서 멸에 이르고는, 그만 쉬고 다시 앞으로 나아가지 아니하면서 좋다는 생각을 내면, 이 사람은 붙박이 성문(定性聲聞)에 떨어져서 아는 것이 없는 비구(無聞比丘)의 더 높다는 아만(增上慢)을 가지는 이들과 짝이 되어 부처님의 보리를 잘못 알고 지견을 잃어버리나니, 이것은 아홉째에 정미롭게 응하려는 마음을 원만히 하여 고요한 데 나아가는 과를 이룸(第九圓精應心成趣寂果)이라. 원통과는 멀어지고 열반성을 등지게 되어 공한 데 얽매이는 종류(纏空種)에 나느니라.

또 이 좋은 남자가 행음이 공한 것을 궁구하여 나는 것과 없어지는 것이 이미 소멸되었으나, 고요하고 멸한 데서 정미롭고 묘한 것이 아직 원만하지 못하였거니와, 만일 원융하고 청정한 각覺의 밝은 데서 깊고 묘한 것을 연구하고 발명하여 이것이 열반이라 하고, 앞으로 나아가지 아니하면서 좋다는 생각을 내면, 이 사람이 붙박이 벽지불(定性辟支)에 떨어져서 마음을 돌이키지 못하는 연각緣覺이나 독각獨覺들과 짝이 되어 부처님의 보리를 잘못 알고 지견을 잃어버리나니, 이것은 열째에 원융한 각과 통하는 마음을 내어 고요하고 밝은 과(第十圓覺溜心成湛明果)를 이룸이라. 원통과는 멀어지고 열반성을 등지게 되어 각이 원융하고 밝았으나, 두렷한 것을 변화하지 못하는 종류에 나느니라.

아난아, 이러한 열 가지 선나에서 중도에 미친 소견을 내거나, 미혹함으로 말미암아 넉넉지 못한 데서 만족하게 증하였다는 생각을 내는 것은, 모두 식음에 대하여 마음의 작용이 번갈아 시새므로 이 자리에 나는 것이어늘, 중생들이 혼미하여 요량하지 못하므로 이런 것이 나타날 때에 제각기 먼저부터 사랑하여 익히던 잘못된 마음에서 스스로 쉬면서 필경에 돌아가서 편안히 있을 데인 줄만 여기고, 위없는 보리(無上菩提)를 만족하였노라 하여 큰 거짓말을 이루리니, 외도와 사마邪魔들은 받는 업보가 끝나면 무간지옥에 떨어지고 성문과 연각은 더 나아가지 못하느니라.

너희들이 마음을 먹고 여래의 도를 붙들되, 이 법문을 가져다가 내가 열반한 뒤 말법 시대에 전하여 보여 중생들로 하여금 이런 이치를 깨닫게 하며, 소견이 잘못된 마로 하여금 큰 허물을 짓지 말게 하고, 잘 보호하며 어여삐 구원하여 나쁜 인연을 쉬고, 몸과 마음이 부처님 지견에 들어가서 처음부터 성취할 때까지 갈래길(岐路)을 만나지 않게 하라.

이 법문은 지나간 세상 항하사 겁 동안에 많은 여래께서 이것을 의지하여 마음이 열리어서 위없는 도를 얻으셨나니, 식음이 없어지면 너의 모든 근根이 금방 서로 작용하게 될 것이며, 서로 작용하는 데로부터 보살의 금강간혜金剛乾慧에 들어가서 두렷하고 밝은 정미로운 마음이 그 속에서 변화를 내되, 마치 깨끗한 수정 속에 밝은 달을 넣은 듯하여 이렇게 십신十信 · 십주十住 · 십행十行 · 십회향十廻向과 사가행四加行을 뛰어넘어 보살들의 행하는 금강 같은 십지十地와 등각等覺이 두렷이 밝아지고, 여래如來의 묘하게 장엄한 바다(妙莊嚴海)에 들어가서 보리를 원만하여 얻은 바가 없는 데 이르리라.

이것은 과거의 부처님 세존께서 사마타奢摩他 가운데서 비바사나毘婆舍那의 시각지혜始覺智慧로 분별하신 미세한 마의 장난이니, 이 마魔의 경계가 앞에 나타날 적에 네가 잘 알아서 마음속의 옛 때(垢)를 씻어 버리고 사특한 소견에 떨어지지 아니하면, 오음五陰의 마는 소멸하고, 천마天

魔는 부서지고, 기운 센 귀신(大力鬼)들은 넋을 잃고 도망하며, 도깨비와 허깨비는 다시 나오지 못하여서 보리에 이르도록 부족한 것이 없을 것이요, 못나고 용렬하게 나아가던 이들도 저 큰 열반에 아득하지 아니하리라.

만일 말법 세상의 어리석은 중생들로서 선나를 깨닫지 못하고 법문을 알지 못하면서 삼매 닦기를 좋아하는 이들이 사마邪魔와 같아질까 저어하거든, 네가 권하여 일심으로 나의 대불정다라니를 지니게 할 것이며, 만일 외우지 못하거든, 선당禪堂에 써 두거나, 몸에 차거나 하면, 모든 마들이 감히 시끄럽게 하지 못하리라.

너는 마땅히 시방 여래의 끝까지 닦아 나아가는 마지막 일러 주시는 규모를 공경하여 받들지니라."

⑥ 오음五陰의 근본

아난이 자리에서 일어나 부처님의 말씀 듣자온 것을 정례하고 공경하여 받자와 기억하고, 대중 가운데서 다시 여쭈었다.

"부처님의 말씀대로 오음五陰 가운데는 다섯 가지 망상으로 근본이 되었다 하시나, 저희들이 평상시에 부처님께서 자세하게 설명하시는 것을 듣잡지 못하였나이다. 이 다섯 가지 음陰은 한꺼번에 녹여 버릴 수 있나이까, 차례차례로 하나씩 끊어야 하나이까? 이 다섯 겹은 어디까지가 경계선이 되나이까? 원컨대 부처님께서 큰 자비를 펴시어 이 대중의 마음 눈을 밝게 하시며, 말세의 중생들을 위하여 장래의 눈이 되게 하옵소서."

부처님 "아난아, 정미롭고 참되고 묘하고 밝은 본각이 원만하고 청정하여 죽는 것과 나는 것과 티끌과 때와 허공까지도 머물러 두지 않았거든, 모두 망상으로 말미암아 생겨난 것이라. 이것이 본래 본각의 묘하고 밝고 정미롭고 참된 것이 허망하게 모든 기세간器世間을 일으켜 낸 것이니, 마치 연야달다演若達多가 제 머리를 모르고, 그림자를 잘못 아는 것과 같으니라.

망이란 것은 원래 원인이 없건마는, 망상 가운데서 인연이란 것을 세우고, 인연을 모르는 이는 자연이라 하거니와, 저 허공도 실로는 환幻으로 난 것이니, 인연이니 자연이니 하는 것이 모두 중생들의 허망한 마음으로 억측하는 것이니라. 아난아, 망의 생긴 데를 알진댄 망의 인연을 말할 수도 있으려니와, 망이 원래 없는 것일진댄 망의 인연을 말하더라도 원래 있는 것이 아니어늘, 하물며 알지 못하고 자연이라고 말함일까 보냐. 그러므로 여래가 너에게 말하기를 오음五陰의 근본 원인이 다 같은 망상이라고 하느니라.

네 몸이 당초에 부모의 생각으로 인하여 생긴 것이니, 네 마음이 만일 생각이 아닐진댄 생각 가운데 와서 생명을 전하지 못하였으리라. 내가 먼저 말하기를 '마음으로 신맛을 생각하면 입에 침이 생기고, 높은 벼랑에 오를 것을 생각하면 발바닥이 저리고 떨린다'라고 하였나니, 높은 벼랑이 참으로 있는 것 아니며 신맛이 온 것이 아니어늘, 네 몸이 만일 허망한 종류가 아니라면 입에 침이 어찌하여 신 이야기로 인하여 생기느냐. 그러므로 현재에 색음으로 된 너의 몸은 첫째 견고한 망상(堅固妄想)이라고 하느니라.

이제 말한 것과 같이, 벼랑에 올라가려는 생각이 네 몸으로 하여금 저리고 떨림을 참말로 받게 하는 것인즉, 수음受陰이 생김으로 말미암아 육신을 움직이는 것이니, 너의 지금에 순順하면 좋고 거슬리면 해로운 두 가지 작용을 둘째 비고 밝은 망상(虛明妄想)이라고 하느니라.

너의 생각으로 말미암아 너의 몸을 시키나니, 몸이 생각의 종류가 아니어늘 몸이 어찌하여 생각의 시킴을 따라 여러 가지로 모양을 취하되 생각이 나면 몸이 취하여 생각으로 더불어 서로 응하느냐. 깨면 생각이요,

자면 꿈이니, 곧 너의 상음想陰의 흔들리는 허망한 생각을 셋째 융통한 망상(融通妄想)이라고 하느니라.

변화하는 이치가 가만히 있지 아니하고 변천하는 것이 조금씩 움직이어 손톱이 자라고, 머리카락이 나고, 기운이 쇠하고, 얼굴이 쭈그러지는 것이 밤낮으로 교대하되 깨닫지 못하니, 아난아, 이것이 만일 네가 아닐진댄 어찌하여 몸이 변하여지며, 만일 참으로 너라면 어찌하여 깨닫지 못하느냐. 너의 행음行陰이 고대고대 변하여지는 것을 넷째 깊고 그윽한 망상(幽隱妄想)이라 하느니라.

또 너의 정미롭고 밝은 것이 고요하고 흔들리지 않는 것을 항상한 것이라 할진댄 몸에서 보고 듣고 깨닫고 아는 것이 생기지 아니할 것이니, 만일 참으로 정미로운 참 성품이라면 허망한 습기를 받지 아니할 것이어늘, 어찌하여 네가 예전에 기이한 물건을 보고 여러 해를 지나도록 잊었는지 기억하는지 알 수 없다가 뒤에 다시 그것을 보면 기억이 분명하여 조금도 잊어버리지 아니하느냐. 이 정미롭고 고요하여 흔들리지 않는 가운데 고대고대 훈습薰習을 받는 것이 어찌 헤아릴 수 있겠느냐.

아난아, 이 고요한 것이 참되지 아니함이 마치 빨리 흐르는 물이 보기에는 고요한 듯하나 흐르는 것이 너무 빨라서 볼 수 없는 것이언정 흐르지 않는 것이 아닌 것 같으니라. 만일 생각의 근본(想元)이 아닐진댄, 어찌 허망한 훈습을 받겠느냐. 너의 육근六根이 서로 작용하여 합하여 열릴 적이 아니면 이 망상은 없어지지 아니하나니, 그러므로 네가 현재에 보고 듣고 깨닫고 알고 하는 가운데서 항상 훈습하는 기미를 고요하고 분명한 가운데 잠긴 다섯째 허무맹랑한 뒤바뀐 미세한 정상(顚倒微細精想)이라 하느니라.

아난아, 이것이, 오음五陰이 다섯 가지 망상으로 되었다는 것이니라. 네가 지금 이 오음계(因界)의 옅고 깊은 것을 알고자 하나니, 색色과 공空

은 색음의 가장자리(邊際: 영역)요, 집착하고 여의는 것은 수음의 가장자리요, 기억하고 잊는 것은 상음의 가장자리요, 없어지고 나는 것은 행음의 가장자리요, 고요한 데 들어가고 고요한 데 합하는 것은 식음의 가장자리니라. 이 오음이 원래 겹겹으로 포개어 생겼나니, 나는 것은 식으로 인하여 있고, 없어지는 것은 색으로부터 덜리느니라. 이치로는 한꺼번에 깨닫는 것이라, 깨달으면 없어지려니와, 사실로는 한꺼번에 덜리는 것이 아니니, 차례차례로 없어지느니라. 내가 이미 겁바라천劫波羅天의 수건 맺는 것을 네게 보였거늘 무엇을 몰라서 다시 묻느냐.

너는 마땅히 이 망상의 근본을 마음으로 사무쳐 통달하고, 말법 시대에 수행하는 이들에게 전하여 주어 허망한 줄을 알고 싫은 생각을 내게 하며 열반의 성품이 있는 줄을 알아서 삼계를 그리워하지 말게 하라."

Ⅲ. 이 경經의 퍼짐

부처님 "아난아, 만일 어떤 사람이 시방 허공에 칠보七寶를 가득하게 쌓아서 티끌 수같이 많은 부처님께 받들어 공양하고, 잠깐도 그저 지내지 아니한다면, 이 사람이 이 보시한 인연으로 많은 복을 받겠느냐?"

아난 "허공이 끝이 없고 보배가 갓이 없사오니, 옛적에 어떤 중생이 부처님께 7전錢을 보시하고도 죽은 뒤에 전륜왕轉輪王이 되었삽거든, 하물며 허공에 가득하고 불세계佛世界에 충만한 칠보로 보시함이오리까. 겁이 다하도록 생각하여도 미칠 수 없삽거늘, 이 복이 어찌 가장자리가 있겠나이까?"

부처님 "아난아, 여래는 허망한 말씀이 없느니라. 만일 어떤 사람이 네 가지 중대한 죄와 열 가지 바라이죄(十波羅夷)를 짓고, 순식간에 이 세계 저 세계의 아비지옥阿鼻地獄을 낱낱이 돌아다니고, 또다시 시방의 아비지옥까지 샅샅이 지내야 할 것이로되, 만일 한 생각만이라도 이 법문을 가지고 말법 시대의 처음 배우는 이에게 말하여 주면, 이 사람의 죄업이 즉시에 소멸되고, 그 받아야 할 지옥이 변하여서 극락세계가 될 뿐만 아니라, 다시 복덕을 받는 것이 저렇게 칠보로 보시한 사람보다 백 곱, 천 곱, 천만억 곱이 될 것이니, 산수算數나 비유로써 말할 수 없느니라.

아난아, 만일 어떤 중생이 이 경을 외우거나 이 주문을 지니면, 그 공덕을 내가 겁이 끝나도록 말하여도 다 말할 수 없으며, 나의 말을 의지하여 가르친 대로 도를 닦으면, 즉시에 보리를 이룰 것이요, 다시 마의 장난이 없으리라."

부처님께서 이 경 말씀하시기를 마치시니, 비구와 비구니와 우바새優婆塞와 우바이優婆夷와 온갖 세간의 천상 사람과 인간 사람과 아수라와 다른 데서 온 보살과 이승二乘과 성선 동자聖仙童子와 처음 발심한 기운 센 귀신(大力鬼)들이 모두 기쁘고 즐거워서 정례하고 물러갔다.

● 『수릉엄경』 어려운 말 사전

가릉빈가병迦陵頻伽瓶 가릉빈가는 인도에 있는 새의 이름이니, 호성조好聲鳥라 번역하며, 가릉빈가새 모양으로 만든 병을 가릉빈가병이라 한다.

가부좌跏趺坐 앉는 법의 한 가지니, 먼저 오른발을 왼편 넓적다리 위에 올려놓고 다음에 왼발을 오른쪽 넓적다리 위에 올려놓고 앉는 것이다.

가비라 선인迦毘羅仙人 황두黃頭·황발黃髮이라 번역하며, 석가부처님보다 백 년쯤 전 사람으로 수론 외도數論外道의 선조이다.

가사袈裟 부정색不正色·괴색壞色이라 번역하고, 복전의福田衣·이진복離塵服이라 일컬으니, 출가한 스님들이 입는 법복이다.

가섭파迦葉波 가섭과 같다.

가섭파迦葉波 형제 우루빈라가섭優樓頻螺迦葉, 나제가섭那提迦葉, 가야가섭伽耶迦葉의 삼형제로 부처님 제자이다.

가야가섭伽耶迦葉 세 가섭 중에 막내로 불을 숭상하는 외도外道(拜火敎徒)였으나, 뒤에 두 형을 따라 부처님에게 귀의하였다.

가장 즐거운 데(極樂) 색계色界의 제삼선천第三禪天을 말한다.

가전연迦旃延 문식文飾·불공不空이라 번역하며 남인도인. 부처님의 십대제자의 한 사람으로 논의論議가 제일이다.

가타伽陀 풍송諷頌·고기송孤起頌이라 번역하며, 산문경전散文經典의 1절이나 총결總結의 끝에 있는 운문韻文으로서 본문本文의 내용을 거듭 말하지 않고 독자적으로 말한 것이다.

가타부단나伽吒富單那 극취귀極臭鬼라 번역하며, 아귀의 일종으로 부단나보다 더 나쁜 귀신이다.

가피加被 부처님의 자비한 힘으로 중생을 이익케 하는 일이다.

간혜지乾慧智 보살의 오십칠위五十七位의 첫 위이니, 십신十信 전에 있는 단계이다.

갈남羯南 건남健南이라고도 하며, 견육堅肉·견후堅厚라 번역한다. 태내胎內에 나게 된 지 47일이 되면 살이 굳어지는 것이니, 태내 오위五位의 하나이다.

갈라람羯羅藍 응활凝滑이라 번역하며, 태내에 나서 첫 이레가 되는 태아이다. 미음이 걸쭉해지듯이 조금 끈끈해진다.

감송향甘松香 지나支那의 귀주貴州, 사천四川 등지에 나는 향초 이름. 줄기의 높이는 5, 6촌寸이고, 꽃은 가늘기가 띠(茅)와 같고, 뿌리는 빽빽하고 단맛이 있다.

감하고 응하는 것(感應) 감感은 인因이요 응應은 과果이니, 분단생사分段生死의 인과를 말한다.

같음도 없고 다름도 없는 것(無同無異) 같은 것은 허공이요, 다른 것은 기계器界이니, 허공의 같은 것이 없고, 기계의 다른 것이 없는 것이 곧 중생이라 한다.

거사居士 재산을 많이 가진 사람이거나, 집에 있으면서 불교를 믿는 남자를 지칭하는 말이다.

건달바乾達婆 심향尋香·식향食香이라 번역하며, 팔부신중의 하나로, 제석帝釋의 음악을 맡은 신神의 이름이다.

겁劫 분별시분分別時分, 장시長時라 번역하며, 계산할 수 없으리만치 오랜 시간이다. 소겁小劫은 1,680만 년이며, 20소겁小劫이 1중겁中劫이고, 4중겁中劫이 1대겁大劫이다.

겁바라천劫波羅天 시분천時分天이라 번역하며, 욕계欲界의 셋째 하늘인 야마천夜摩天을 말한다.

겁살劫殺 재물을 겁탈하고, 목숨을 죽이는 것이다.

겁의 흐림(劫濁) 오탁五濁의 하나이니, 시대가 흐린 때. 또는 감겁減劫 중의 사람의 수명이 30세 이하가 되는 때이다.

겁화劫火 괴겁壞劫 때 일어나는 대화재. 세계가 망가질 때에 해 일곱이 한꺼번에 떠서 초선천初禪天 이하가 모두 타 버린다고 한다.

게송偈頌 경론經論 중의 운문 형식의 글귀로써 불덕佛德을 찬탄하거나 법리法理를 진술한 것이다.

견근見根 견을 내는 근根이니, 곧 안근眼根이다.

견의 반연(見緣) 볼 것을 말함이니, 의보依報와 정보正報이다.

견의 흐림(見濁) 오탁五濁의 하나이니, 말법 시대에 나쁜 소견이 생겨서 착한 일을 하지 않아 세상이 어지럽게 되는 것이다.

견취見取 오견五見의 하나이며, 잘못된 소견을 옳다고 고집하는 망견이다.

결계지結界地 수도하는 데 장애가 없게 하기 위하여 일종의 작법作法으로 제한한 구역이다.

결인結印 인계印契를 결結한다는 뜻이니, 두 손의 열 손가락을 구부리고 펴고 하여 인印을 결結하는 것이다.

경계境界 인식 작용의 대상이니, 색色·성聲·향香·미味·촉觸 등이다.

경행經行 행도行道라고도 하며, 좌선하다가 졸음을 막기 위하여 일정한 구역에서 순행巡行하는 것이다.

겹무지개 해와 달의 곁에 생기는 무지개 같은 것을 말한다.

곁의 달(第二月) 한 눈을 누르고 달을 볼 때에 달 곁에 생기는 또 다른 달이다.

계戒 부처님께서 불제자가 지켜야 할 도덕의 조목을 말씀하신 오계五戒, 십계, 이백오십계 등이다.

계界 인因 또는 종족種族이란 뜻이며, 또 지계地界란 뜻이다.

계금취戒禁取 계율의 금제禁制에 대하여 일으키는 잘못된 소견이니, 인因이 아닌 것을 인이라고 하는 것 등이다.

계율戒律 계戒를 말함이니, 불제자의 비도덕적 행위를 금지하는 법률이다.

계설향雞舌香 보통 정향丁香이라고 한다. 상록교목常綠喬木으로 그 씨가 계설鷄舌과 같으므로 계설향鷄舌香이라고도 한다.

계심주戒心住 보살의 수행 계위의 하나인 십신十信 중의 하나이다.

계합契合 묘한 이치에 꼭 맞는 것을 말한다.

계행戒行 계를 받은 뒤에 계법의 조규條規를 따라서 실천 수행하는 것이다.

고도 낙도 아닌 데(非苦非樂) 삼수三受 중의 사수捨受를 번역한 것이다.

고독귀蠱毒鬼 고독蠱毒으로 사람을 살해하는 귀신의 이름. 백 가지 독충毒蟲을 한 그릇 안에 넣어 서로 잡아먹게 하면 마지막에 벌레 한 마리만 남게 되는데 이것을 고蠱라고 한다.

고요하고 멸한 데(寂滅) 열반涅槃을 번역한 것이니, 그 체體가 적정寂靜하여 일체 상을 여읜 것이다.

고제苦諦 삼계三界 생사의 과보가 끝까지 고苦라는 것이 절대의 진리이므로 고제라 한다.

고통 끝난 데(苦盡) 욕계의 고가 끝난 데라는 것이니, 곧 초선천初禪天이다.

고통바다(苦海) 삼계를 말한 것이니, 고통이 가득하여 끝이 없다는 뜻이다.

고행苦行 몸을 괴롭게 하여 욕망을 제지하는 일종의 수행이니, 외도들이 흔히 하는 수행이다.

공덕功德 복리福利의 공능으로 닦아 얻은 덕이란 뜻이다.

공법空法 차별 있는 온갖 물건을 색법色法이라 함에 대하여 색법 아닌 것을 공법空法이라 한다.

공불공여래장空不空如來藏 공여래장空如來藏과 불공여래장不空如來藏이 원융무애圓融無礙한 것을 말함이니, 각각 그 조條를 보라.

공양供養 음식, 의복, 기구 등으로 삼보나 부모나 어른이나 죽은 이에게 이바지하여 봉양하는 것을 말한다.

공여래장空如來藏 부처님의 법신 자체는 일체 번뇌가 없으므로 공여래장이라 하니, 여래장은 여래의 공덕을 함장含藏하였다는 뜻이다.

공왕부처님(空王佛) 오랜 옛적에 나셨던 부처님 이름이다.

공처천空處天 무색계無色界 사천四天의 제일천第一天이다.

과果 원인으로 말미암아 생기는 결과이다.

과 받을 적(果地) 보살의 인행을 닦아서 불과를 얻는 때이다.

과보果報 원인에 의하여 받는 결과가 원인과 상응한다는 뜻으로 과보라 한다.

과위果位 인행因行이 성취되어 얻는 불과佛果의 지위이다.

관세음보살觀世音菩薩 관자재보살觀自在菩薩·관음보살觀音菩薩이라고도 하며, 대자비를 기본 서원으로 하는 보살의 이름. 아미타불의 좌측에 있는 보살이다.

관세음불觀世音佛 관세음보살이 처음 보고 발심했던 부처님 이름이다.

관정灌頂 등각等覺 보살이 묘각妙覺에 올라가려 할 때에 부처님의 자비수慈悲水를 정수리에 부어 불과佛果를 증득하게 한다. 또 밀교密敎의 경전을 관정부灌頂部라 한다.

관정식灌頂式 인도에서 임금이 태자를 세울 때 사해四海의 물을 금병金瓶에 담아서 태자의 정수리에 붓는 예식이다.

관정주灌頂住 보살의 수행하는 계단 중에 하나인 십주十住의 제십위第十位이다.

광과천廣果天 색계色界 십팔천 중 제십이천第十二天이다.

광명光明 부처님이나 보살들의 몸에서 지혜로써 솟아나는 밝은 빛이다.

광음천光音天 색계色界 십팔천의 제육천第六天이다.

괴겁壞劫 성成·주住·괴壞·공空 등 4겁劫의 하나이니, 삼천대천세계三千大天世界가 괴멸壞滅하는 때를 말한다. 그동안이 20소겁小劫인데 처음 19소겁에는 유정세간有情世間이 망가지고, 나중 1소겁에는 무정세간無情世間이 망가진다.

괴귀怪鬼 요망한 귀신, 괴망怪妄한 귀신이다.

교리敎理 교법의 도리, 불교의 진리라는 뜻이다.

교범바제(驕梵鉢提) 우시牛呞. 소의 새김질이라는 뜻이다. 불제자의 한 사람이다.

교진나憍陳那 교진여憍陳如라고도 하며, 화기火器·요본제了本際라 번역하며, 다섯 비구의 한 사람으로 이름은 아야다阿耶多이다.

교체敎體 부처님 교법敎法의 전달 매체를 이르는 말이니, 사바세계娑婆世界에서는 음성音聲으로 교체를 삼는다.

구구타 절(雞園寺) 중인도 마갈타국 파타리자성에 있던 절. B.C. 3세기경에 아육왕이 창건했다. 당시의 대덕大

德 야사耶舍가 머물렀고, 대중부의 마하제바摩訶提婆가 이 절에서 출가하였다고 한다. 아육왕이 죽은 뒤, 손자 불사밀다라弗沙蜜多羅가 이 절을 파괴하였다.

구담瞿曇 지최승地最勝 · 지종地種이라 번역하며, 석가족釋迦族을 칭한다. 또 석가세존을 구담瞿曇이라 한다.

구반다鳩槃茶 옹형귀甕形鬼 · 동과귀冬瓜鬼 · 음낭陰囊이라 번역하며, 사람의 정기를 빨아 먹는 귀신이다.

구사리拘舍離 우사牛舍라 번역하며, 외도의 이름이다. 갖춘 이름은 말가리 구사리자末伽梨拘舍離子이다.

구지俱胝 억億이라 번역하며, 인도의 수량 이름. 1천만, 백만, 십만이라고도 한다.

구치라俱絺羅 슬膝(무릎)이라 번역하며, 불제자의 한 사람으로 사리불의 외삼촌이다. 장조長爪 범지라고도 한다.

국토國土 일체 유정들이 사는 세계. 불찰 · 불국토 등이라 한다.

군다리軍茶利 감로병甘露甁이라 번역하며, 오대명왕五大明王의 하나. 아밀리다군다리阿蜜哩多軍茶利의 준말이다.

규율 맡는 두목(衆中綱紀) 우바리가 지계 제일이므로 부처님께서 계율을 잘 지닌 사람과 범한 사람들을 살펴서 경중을 처리하라고 하였다.

극미진極微塵 가장 작다는 뜻이며, 과학에서 분자分子라는 것과 같다. 물질을 가장 미세하게 분할한 것이다.

근根 오관 등의 기관을 말한 것이니, 증장增長하고 능생能生한다는 뜻이다. 안근眼根 · 이근耳根 등을 말한다.

근기根機 근根은 물건의 근본이요, 기機는 발동하는 뜻이니, 교법을 듣고 수증修證할 수 있는 능력을 말한다.

근본무명根本無明 진여의 실성을 알지 못하는 불각不覺 미망迷妄한 마음이다.

근원 습기(元習) 행음의 종자를 말한다.

금강金剛 범어 바아라vajra의 번역이다. 금강석을 통상적으로 이렇게 부르는데 단단하여 부술 수 없다는 비유로 쓰인다. 밀교에서 수법修法할 때 쓰는 도구의 하나인 금강저金剛杵의 뜻도 있다.

금강간혜金剛乾慧 등각等覺에서 후심後心을 분개分開하여 이 위位를 세운 것이다. 해탈도解脫道의 직전에 무간도無間道의 힘이 지극히 견고하고 날카로워 업상業相의 혹체惑體를 끊는 데 비유한다.

금강삼매金剛三昧 금강金剛이 일체에 무애함과 같이 일체제법을 통달하는 삼매를 말한다.

금강신金剛神 집금강신執金剛神이며, 손에 금강저金剛杵를 들고 불법을 수호守護하는 신이다.

금강 신중金剛神衆 금강저金剛杵를 들

고 불법을 수호하는 신장神將들이다.

금강심金剛心 보살행위菩薩行位의 최후인 등각위等覺位를 말한다. 보살의 마음이 어떠한 유혹에도 움직이지 않는 견고한 마음인 것을 금강이 견고하여 어떤 물건으로도 깨뜨릴 수 없는 데 비유한 말이다.

금강왕金剛王 금강삼매로 온갖 마군들을 항복 받으므로 금강왕삼매라 한다.

금강장보살金剛藏菩薩 ① 집금강신의 총명總名이다. ②『화엄경』「십지품」을 설한 보살의 이름이다.

금강장왕보살 金剛藏王菩薩 금강장보살金剛藏菩薩과 같으며, 집금강신執金剛神의 총명總名이다.

금강저金剛杵 ① 인도의 무기武器이며, 금강신金剛神들이 들고 있는 것이다. ② 스님들이 작법作法할 때에 쓰는 도구로서, 독고獨鈷·삼고三鈷·오고五鈷가 있다.

금계禁戒 금제禁制한 계법이니, 곧 계율이다.

금륜金輪 금성金性의 지륜地輪이니, 수륜水輪 위에 있으면서 세계를 받드는 지층. 또는 금륜왕金輪王의 윤보輪寶이다.

금빛 덩어리(紫金光聚) 부처님 몸이 금빛임을 찬탄하는 형용이다.

금산 같은 몸(紫金山) 부처님이 금빛임을 찬탄하는 형용이다.

기대어 서 있는 갈대(交蘆) 갈대 셋을 묶어서 세운 것. 또는 교로交蘆라는 일종의 갈대가 있으니, 반드시 두 대씩 함께 나서 기대어 서 있는다고 한다.

기바천耆婆天 사당 기바천은 장수천長壽天이니, 아이를 기바천에 빌면 장수한다고 하여 인도에서는 모시고 위하는 사당이 많다.

기세간器世間 삼세간三世間의 하나이니, 중생들이 살고 있는 산하, 대지 등의 세계를 말한다.

기야祇夜 응송應頌, 중송重頌이라 번역하며, 산문散文으로 경이나 논을 말한 뒤에 다시 운문韻文으로 그 뜻을 중설重說한 것이다.

기타숲절 기타祇陀 태자의 동산에 급고독給孤獨 장자가 절을 지어서 부처님께 바친 것이다.

긴나라緊那羅 의인疑人·가신歌神이라 번역하며, 팔부신중의 하나이다.

깊고 미세한 고동(沈細綱紐) 제팔식을 말함이니, 행음行陰이 끝나는 자리이다.

깨달을 생각 시각始覺의 깨달음을 말한다.

깨달음과 깨달을 바(覺所覺) 들음과 들을 바가 없어진 뒤에 근根과 경境을 벗어난 경계는 깨달을 바요, 이 경계를 깨닫는 지혜는 깨달음이다.

나고 머물고 달라지고 없어지는 것(生住異滅) 온갖 물건의 생멸변이하는 모양이다.

나라는 것이 공함(我空) 나라는 것이 인연으로 화합하여 된 것이므로 실체가 없는 줄 아는 것이다.

나유타那由他 천억, 만억이라 번역하며, 인도 수량의 매우 많은 것이다.

나의 본 마음(卽我本心) 고요하고 묘하고 밝은 참마음을 말한다.

나제가섭那提迦葉 나제那提는 강江이라 번역하고, 가섭迦葉은 성姓이니 세 가섭 중 한 명이다.

나지도 죽지도 않는 법을 아는 지혜(無生法忍) 불생불멸하는 진여법성을 인지認知하고, 거기에 안주安住하여 부동不動하는 지혜이다.

나찰왕羅刹王 가장可長·속질귀速疾鬼라 번역하며, 악귀의 이름이다.

낙덕樂德 열반 사덕四德의 하나로서, 생사의 고가 없고 무위안락無爲安樂한 덕이다.

낙변화천樂變化天 화락천化樂天으로서, 욕계欲界 육천六天의 제오천第五天이다.

난승지難勝地 보살행위菩薩行位의 하나인 십지十地의 제오지第五地이다.

난지煖地 보살행위菩薩行位의 하나인 사가행四加行의 제일第一이다.

남근男根 남자의 음부.

남섬부주(閻浮提) 수미산 남쪽에 있는 대주大洲 이름. 섬부贍部는 염부閻浮라고도 하며, 나무 이름이다. 또 승금주勝金洲라고도 번역한다.

났다 없어졌다 하는 근본(生滅根源) 행음行陰을 말한 것이다.

났다 없어졌다 하는 마음(生滅心) 육식심六識心을 말하는 것이다.

내진內塵 제육식第六識으로 반연하는 법진法塵을 말하는 것이다.

네 가지 것(四事) 삼보三寶에 공양하는 네 가지니, 의복·음식·좌구·탕약 등이다.

네 가지 계율(四種律儀) 죽이지 않는 것, 훔치지 않는 것, 음행 하지 않는 것, 거짓말 하지 않는 것이다.

네 가지 바라이죄(四棄) 바라이는 기棄라 번역하며, 살생, 훔치는 것, 음행하는 것, 거짓말을 범한 중대한 죄이다.

네 가지 아수라 난생卵生·태생胎生·화생化生·습생濕生의 아수라이다.

네 가지 중대한 죄(四重罪) 네 가지 바라이 죄와 같다.

네 활개(四肢) 두 팔과 두 다리를 말한다.

노사나불盧舍那佛 법성종法性宗에서는 광명변조光明遍照라 번역하며, 비로자나를 줄인 것이라 하고, 법상종法相宗에서는 정만淨滿이라 번역하며, 비로자나와 달라서 보신불報身佛이라 한다.

녹야원鹿野苑 중인도 바라나국 동북에 있는 동산이니, 부처님이 다섯 비구를 위하여 처음 설법하신 곳. 시록림施鹿林이라고도 한다.

누漏 번뇌의 다른 이름이니, 번뇌는 육근으로 새어 흐르는 것이므로 누漏라 한다.

누진통漏盡通 육통의 하나이니, 번뇌를 모두 끊고 사제四諦의 진리를 증득하여 다시 삼계에 미迷하지 아니하는 부사의不思議한 힘의 작용이다.

눈 속(眼根裏) 안근眼根의 속이라는 뜻이다.

능가산楞伽山 능가楞伽는 '갈 수 없다'라고 번역하며, 부처님이 『능가경楞伽經』을 말씀하신 곳이다.

능엄다라니楞嚴陀羅尼 능엄楞嚴은 수릉엄首楞嚴의 준말이요, 다라니는 진언이니, 이 경에 있는 불정신주佛頂神呪를 말한다.

다 같은 허망한 소견(同分妄見) 중생들이 참 성품을 모르고 허망한 경계에서 함께 고락을 받는 것이다.

다 같이 태어나는 기미(生機) 행음行陰의 근본이니, 제팔식 중에 있는 칠식의 종자이다.

다라나무(多羅樹) 안수岸樹·고송수高竦樹라 번역하며, 그 잎으로 패엽貝葉을 만들며, 이 나무는 한 번 베면 움이 돋지 않는다.

다라나무 잎새(貝葉) 인도에서 종이 대신으로 쓰던 것인데 옛적에 삼장三藏의 경전을 모두 이 잎사귀에 썼다. 그래서 범어 경전을 패엽貝葉이라 하기도 한다.

다라니陀羅尼 총지總持·능차能遮라 번역하며, 여러 가지 뜻을 포함하여 나쁜 것을 여의고 선한 것을 지닌다는 뜻이다. ① 지혜나 삼매. ② 진언.

다른 생(他生) 이 몸이 죽고 그 다음에 나는 세상이다.

다섯 가지 깨끗한 고기(五淨肉) 소승小乘에서 비구가 먹어도 죄가 되지 않는다는 다섯 가지 고기이니, 나를 위해 죽이는 것을 보지 않은 것, 나를 위해 죽이는 것을 듣지 않은 것, 나를 위해 죽이는 것에 협조하지 않은 것, 저절로 죽은 것, 짐승들이 먹다 남긴 것 등 다섯 가지이다.

다섯 가지 매운 채소(五辛菜) 맵고 냄새나는 다섯 가지 채소를 말하니, 마늘·파·달래·부추·흥거興渠인데, 흥거는 우리나라에 없다.

다섯 가지 역적죄(五逆) 오무간업五無間業이라고도 하니, 소승에서는 아비 죽이고, 어미 죽이고, 아라한 죽이고, 화합한 대중을 파괴하고, 부처님 몸에 피를 내는 것이요, 대승에서는 절과 탑을 헐고, 경전과 불상을 불사르는 것, 삼승법을 비방하고 불교를 천히 하는 것, 스님들에게 욕설을 하거나 일을 시키는 것, 소승의 오역죄를 범하는 것, 인과를 믿지 않고 십불선업十不善業을 행하는 것이다.

다섯 갈피 흐린 것(五重濁) 나쁜 세상의 다섯 가지 흐린 것이니, 겁 흐린 것, 소견 흐린 것, 번뇌 흐린 것, 중생 흐린 것, 목숨 흐린 것이다.

다섯 근(五根) 눈·귀·코·혀·몸이다.

다섯 불환천(五不還天) 오정거천五淨居天, 또는 오나함천五那含天이라고도 하니, 무번천無煩天·무열천無熱天·선현천善現天·선견천善見天·색구경천色究竟天이다.

다섯 비구(五比丘) 부처님이 녹야원에서 처음 설법하여 제도한 다섯 사람. 아야교진여·아습비·마하마남·파제·파부이다.

다섯 활개(五體) 머리·바른팔·왼팔·바른다리·왼다리를 말한다.

다 지니시고(總持) 한량없는 뜻을 모두 지니었다.

닦을 길(心跡) 행行을 닦아 과果에 나아갈 길이다.

닿는 것(觸) 촉식觸識 자체이다.

닿아 아는 것(觸知) 촉의 기능이다.

대大 크고, 넓고, 많다는 뜻이니, 대종大種의 준말로 원소元素라는 말과 같다. 지·수·화·풍을 사대四大라 한다.

대광명천大光明天 이 하늘은 없는 것인데, 마魔가 거짓으로 마혜수라천摩醯首羅天의 마궁魔宮을 일컫는 것이다.

대력귀大力鬼 신통의 힘이 있어서 사람들을 의혹케 할 수 있는 귀신을 말한다.

대만천大慢天 대자재천大自在天을 말함이니, 이 천天이 일체 중생을 낸다고 자랑하므로 대만大慢이라 한다.

대범천大梵天 색계色界 십팔천의 제삼천第三天이다.

대 보아 아는 것(知覺性) 몸으로 접촉하여 아는 촉각을 말한다.

대 볼 것(所觸) 신근身根의 대상인 촉진觸塵을 말한다.

대세지법왕자大勢至法王子 대세지보살大勢至菩薩이니, 아미타불의 우보처로서 대희대사大喜大捨를 표한다.

대승大乘 보살의 큰 근기로 부처 되는 큰 열반에 이르는 법문이므로 대승이라 하며, 사람을 싣고 해탈하는 이상경理想境에 도달하는 것이 큰 배나 큰 수레와 같으므로 대승이라 한다.

대승법大乘法 여섯 가지 바라밀행波羅密行을 닦아서 성불하는 법문이다.

대열반大涅槃 상常·낙樂·아我·정淨을 원만히 갖춘 열반의 총체이다.

대원경지大圓鏡智 부처님이 성불하시면서 처음 증득한 지혜이니, 제팔식을 전轉하여 얻는 무루지無漏智이다.

대자재천大自在天 욕계欲界 육천六天의 제육천, 색계 십팔천의 제십팔천이다.

대중의 차례(僧次) ① 법랍法臘에 의하여 작정된 스님들의 앉는 차례. ② 어떤 사람을 지적하지 않고 스님들의 차례대로 청하여 공양하는 것이다.

대혜보살大慧菩薩 『능가경楞伽經』을 말씀하실 때, 회중會中의 상수上首이던 보살 이름이다.

더 높다는 아만(增上慢) 일곱 가지 아만我慢의 하나이니, 자기를 가치 이상으로 높다고 생각하는 것이다.

도道 ① 불교 최상의 이상理想인 부처님의 지혜. ② 부처가 되기 위하여 수행하는 길.

도라솜(兜羅綿) 세면細綿이라 번역하며, 초목의 화서花絮로 된 솜을 도라兜羅라 하고, 그 화서로 된 솜을 도라솜(兜羅綿)이라 한다.

도력道力 도를 얻음으로써 생기는 힘이다.

도루바향兜樓婆香 인도 지방에 있는 향초 이름이다.

도를 닦는 자리(修道位) 도를 본(見道) 뒤에 미세한 번뇌를 끊기 위하여 수행을 계속하는 기간이니, 소승에서는 일래향一來向으로부터 아라한향阿羅漢向까지요, 대승에서는 초지初地 이상으로 제십지까지를 말한다.

도를 볼 적에 끊는 번뇌(見道惑) 견도見道할 때에 끊는 번뇌이니, 욕계의 사제四諦에 32종류가 있고, 색계와 무색계에 각각 28종류가 있어 모두 88종류가 있다.

도리천忉利天 삼십삼천이라 번역하며, 욕계欲界 육천六天의 둘째 하늘이다.

도병겁刀兵劫 주겁住劫 중 감겁減劫 끝마다 일어나는 소삼재小三災의 하나이니, 사람들이 보기만 하면 죽일 마음이 생겨서 손에 잡는 대로 칼이나 병장기가 되어 서로 죽이는 시절이다.

도솔타천兜率陀天 지족천知足天이라 번역하며, 욕계欲界 육천六天의 제사천이다.

도량道場 ① 부처님의 성도하신 장소이니, 마갈타국摩竭陀國 보리나무 아래에 있는 부처님의 도량. ② 불교를 말하거나 불법을 닦는 곳. ③ 후세에는 절을 도량이라 하니, 세속에서 도장道場을 도량이라고 발음한다.

도제道諦 성문 사제의 하나이니, 보리를 얻기 위하여 수행하는 일. 곧 팔정도八正道 등이다.

독각獨覺 연각승緣覺乘의 과果이니, 부처님 없는 때에 나서 혼자서 수행하여 도를 얻은 성자이다.

동남童男 한 번도 여성과 성교한 일이 없는 남자를 말한다.

동녀童女 처녀로서 성교를 하지 아니한 여자를 말한다.

동진보살童眞菩薩 보살은 여래의 왕자이며, 음욕의 마음이 없는 것이 동자와 같으므로 동진보살이라 한다.

동진주童眞住 보살행위菩薩行位의 하나인 십주十住의 제팔주第八住이다.

동쪽 나라(東方) 인도에서 지나支那를

말하는 것이다.

두 번 잘못 보는 사람(迷中倍人) 바다를 버리고 물거품으로 잘못 인식하는 것이 한 번 잘못 보는 것인데, 이것이 바닷물의 전체인 줄 알고, 온갖 바다에 가득하였다고 생각하는 것이 두 번 잘못 보는 것이다.

두타행頭陀行 두타頭陀는 털어 버렸다는 뜻이니, 의복과 음식과 주처의 탐욕을 털어 버린 이의 수행이다.

듣고 생각하고 닦음(聞思修) 삼혜三慧라고 하니, 듣고, 보고, 얻는 지혜를 문혜聞慧라 하고, 관찰하고 생각하여 얻는 지혜를 사혜思慧라 하고, 생각한 뒤에 정定을 닦아 얻는 지혜를 수혜修慧라 한다.

등각等覺 보살의 수행하는 오십칠위五十七位의 제오십육위第五十六位이니, 보살의 지위가 극極하여 지혜가 부처님과 같다는 뜻이다.

등무리(圓影) 병난 눈으로 등불을 볼 적에 오색이 영롱한 둥근 그림자를 보게 되는 것을 말함이니, 햇무리와 같다는 의미로 등무리라 한다.

등무지개 무지개 같은 것이 해 위에 있는 것이다.

등일체불회향等一切佛廻向 보살행위菩薩行位의 하나인 십회향十廻向의 제삼회향第三廻向이다.

라후라羅候羅 복장覆障이라 번역하며, 석가부처님의 태자 때의 아들로서 뒤에 출가하여 불제자가 되어 밀행제일密行第一이 되었다.

람지가藍地迦 청면금강青面金剛이니, 악귀를 제복하는 금강 동자金剛童子이다.

마魔 범어 마라의 준말이니, 살자殺者·악자惡者·장애障礙라 번역하며, 몸과 마음을 시끄럽게 하여 선법善法을 방해하고, 좋은 일을 파괴하며, 수도를 방해하는 것을 말한다.

마두나찰馬頭羅刹 사람의 몸에 말머리를 가진 옥졸 이름이다.

마등가摩登伽 유지有志·악작업惡作業이라 번역하며, 천종賤種의 통칭이다.

마왕魔王 타화자재천他化自在天의 임금을 마왕魔王이라 하는데, 항상 인간의 불법을 장애하는 탓이며, 이름은 파순波旬이라 한다.

마음 눈(心眼) 마음으로 온갖 법을 보는 고로 마음을 눈에 비유한 것이다.

마음 부처님(心佛) 마음에서 나타난 부처님이다.

마음에 딸린 여러 생각(心所使) 심소心所와 같은 말이며, 마음으로 대상을 인식할 적에 따라서 일어나는 정신 작용이다.

마음으로 짓는 세 가지 업(意三業) 탐하는 것, 성내는 것, 어리석은 것이다.

마하摩訶 크다고 번역한다.

마하가섭摩訶迦葉 가섭파의 준말. 음광飮光이라 번역하며, 부처님 제자에 가섭이란 성을 가진 이가 다섯 사람이 있다.

마하살摩訶薩 대사大士라 번역하며, 보살을 존칭하는 것이다.

마하살달다반달라주摩訶薩怛多般怛羅呪 대백산개大白傘蓋라 번역하며, 능엄다라니의 이름이다.

마혜수라摩醯首羅 대자재천大自在天·위령제威靈帝라 번역하며, 색계의 정상에 있는 천신의 이름이다.

마후라가摩睺羅迦 대망신大蟒神·대복행大覆行이라 번역하며, 팔부신중의 하나이다.

막연漠然 아득하고 어렴풋한 것이다.

만들어내는 근본(發作本因) 지·수·화·풍 사진四塵이 온갖 것을 만들어 낸다고 하는 것이다.

만자卍字 부처님 가슴에 있는 만덕萬德길상吉祥의 표상이다.

말가리末伽梨 말가리구사리자末伽梨拘賖梨子의 준말. 불견도不見道라 번역하며, 육사 외도의 한 사람이다.

말나식末那識 의意라 번역하며, 제칠식第七識을 말한다.

말라신 업(遮業) 술 먹는 것, 나무 찍는 것과 같은 행업 그 자체는 죄가 아니지만 부처님이 계법戒法에서 금지한 것이므로 범하면 죄가 된다.

말먹이 보리(馬麥) 부처님이 어느 여름에 아기말왕의 청으로 그 나라에 가셔서 안거安居하시다가 식량난으로 말먹이 보리를 드셨다.

말법末法 부처님이 열반하신 뒤 정법正法 시대와 상법像法 시대가 지난 뒤의 1만 년 동안을 말하는 것이니, 불법이 쇠멸하는 때이다.

맑고 깨끗한 사대(清淨四大) 승의근勝義根을 말함이니, 비록 사대로 되었으나 그 모양이 가장 미세하여 범부의 눈으로는 볼 수 없으므로 이렇게 말한다.

망량귀魍魎鬼 산정山精의 이름이니, 소귀小鬼와 같고 사람의 말을 흉내 낸다고 한다.

망상妄想 허망한 생각이니, 심식心識으로 분별하는 것이 참되지 못하다는 뜻이다.

매귀魅鬼 산도깨비이니, 사람의 낯에 귀신의 몸이요, 네 발을 가졌다 한다.

멸진정滅盡定 온갖 심상心相을 멸진滅盡하고 적정한 경계를 얻기 위하여 닦는 선정이니, 소승이 닦는 것은 유루有漏라 하고, 대승이 닦는 것은 무루無漏라 한다.

멸제滅諦 성문聲聞 사제四諦의 하나이니, 이상적 열반으로서 생사의 인과가 없어졌다는 뜻이다.

명明 무명이 의지하여 일어나는 본명本明을 말한 것이니, 곧 본각本覺의 명이다.

명각明覺 근본무명根本無明이 처음 생기는 모양이니, 본성의 각을 밝히려는 최초의 움직임이다.

명월주明月珠 빛이 명월明月과 같은 마니주摩尼珠의 이름. 명월마니明月摩尼라고도 한다.

명제冥諦 명성冥性·자성自性·명초冥初라고 하며, 수론數論 외도가 주장하는 이십오제二十五諦의 제일제第一諦로서 물질적 본체를 말한다.

모두 공하였다(俱空) 아我가 공하고 법法이 공한 뒤에 그 2공을 모두 여의고 처음 제법의 본성에 계합하는 것이다.

모든 세간(諸世間) 유정·무정의 일체 세간을 말한다.

목건련目犍連 채숙씨採菽氏라 번역하며, 부처님의 십대 제자 중에서 신통이 제일인 사람이다.

목숨 받는 근본 원인(受命元由) 식음識陰을 말한다.

목숨의 흐림(命濁) 오탁의 하나이니, 중생의 수명이 짧아지는 때이다.

몸과 함께 난 무명(俱生無明) 나면서부터 있는 번뇌이니, 선천적으로 구유具有한 것이다.

몸매(相) 잘생긴 모양으로서 상호相好를 말한다.

묘각妙覺 보살 오십칠행위五十七行位의 최후 지위로서 불과佛果를 말한다.

묘련화妙蓮華 참된 불지견佛知見이 더러운 데 있으면서도 물들지 않는 것을 연꽃에 비유한 것이다.

묘음妙音 하나의 음音 중에 여러 가지 소리를 포함하였으므로 묘음이라 한다.

묘하게 장엄한 바다(妙莊嚴海) 불과佛果를 말한 것이니, 불과에는 만덕장엄萬德莊嚴이 본래부터 구족한 까닭이다.

무간지옥無間地獄 팔열옥八熱獄의 하나로서 극고極苦를 받는 지옥이니, 고苦를 받는 일이 틈이 없다는 뜻이다.

무기의 성품(無記性) 착한 성품도 아니고 악한 성품도 아닌 것이다.

무량광無量光 광명이 한량이 없다는 뜻이니, 아미타阿彌陀의 번역이다.

무량광천無量光天 색계 십팔천의 제오천이다.

무량성無量聲 옛적 부처님 이름이다.

무량정천無量淨天 색계 십팔천의 제팔천이다.

무루無漏 번뇌가 없어진 것, 생사生死하지 않는 것이다.

무루를 얻는 공부(無漏學) 계戒·정定·혜慧를 말한다.

무명無明 불교의 진리를 모르는 것이니, 치번뇌痴煩惱를 말하는 것이다. 시각始覺의 명明이 없다는 뜻이다.

무박해탈회향無縛解脫迴向 보살행위菩薩行位의 하나인 십회향의 제구 회향이다.

무번천無煩天 색계 십팔천의 제사천이다.

무상각無上覺 위없는 각覺이니, 부처님의 지혜, 열반의 이치이다.

무상도無上道 부처님이 얻으신 보리이다.

무상천無想天 색계 십팔천色界十八天의 제삼천第三天이다.

무색계 無色界 색계 위에 있으니, 물질을 여의고 순전히 정신만 있는 세계이다.

무생법인無生法忍 나지도 죽지도 않는 법을 아는 지혜와 같다.

무소유처천無所有處天 무색계 사천四天의 제삼천이다.

무열천無熱天 색계 십팔천의 제십오천이다.

무외력無畏力 두려울 것이 없는 힘이니, 십사무외력十四無畏力과 사부사의덕四不思議德을 말한 것이다.

무정세간無情世間 산천, 초목 등 기세간器世間을 말하는 것이다.

무진공덕장회향無盡功德藏廻向 보살행위菩薩行位의 하나인 십회향의 제오회향이다.

무진한행無盡恨行 보살행위菩薩行位의 하나인 십행十行 중의 제삼행이다.

무진행無盡行 보살행위菩薩行位의 하나인 십행 중의 제사행이다.

무착행無着行 보살행위菩薩行位의 하나인 십행 중의 제칠행이다.

무학無學 더 배울 것이 없다는 뜻이니, 소승의 성문 사과四果인 아라한阿羅漢의 번역이다.

문수보살文殊菩薩 문수사리보살의 준말이다.

문수사리보살文殊師利菩薩 대지大智를 표한 보살의 이름. 문수사리文殊舍利는 묘길상妙吉祥·묘덕妙德이라 번역한다.

물질이 허망한 생각과 섞인 생각과 모양(色雜妄想想相) 물질은 색이니, 구상九相으로 분류하면 현상現相이요, 허망한 생각은 지상智相과 상속相續이요, 생각과 모양은 현상을 생각하는 집취상執取相과 계명자상計名字相과 기업상起業相까지를 말한다.

뭉기뭉기 잘라 먹는 것(段食) 사식四食의 하나이니, 사람과 동물들이 먹는 형단形段이 있는 식물食物이다.

미려차彌戾車 구탁종垢濁種·낙구예樂垢穢·악중악惡中惡이라 번역하며, 변방 미개인의 칭稱이다.

미륵보살彌勒菩薩 인도 바라나국에 나서 부처님의 교화를 받고 당래에 성불하리라는 수기授記를 받은 보살로서, 지금은 도솔천兜率天에 계시며 석존釋尊 열반 후 56억 7천만 년을 지나서 사바세계에 나시고 화림원華林園 내의 용화수龍華樹 밑에서 성불한다고 한다.

미륵불彌勒佛 미륵보살이 성불하면 미륵불이라 하니, 현겁賢劫 천불千佛의 제오존第五尊이다.

미진微塵 물질의 가장 작은 것을 극미極微라 하고, 극미의 일곱 배를 미진이라 한다.

미진수微塵數 셀 수 없이 많은 것을 말하는 것이니, 한 세계를 부수어 미진을 만든 수효라는 말이다.

미혹한 사람(迷人) 길을 잃고 방향을 분별하지 못하는 사람이다.

밀강蜜薑 생강을 꿀에 담아서 만든 것이다.

바가범婆伽梵 바가바婆伽婆라고도 하니, 세존世尊·중우衆祐라 번역한다. 자재自在·치성熾盛·단엄端嚴·명칭名稱·길상吉祥·존귀尊貴 등 여섯 가지 뜻이 있다.

바라문婆羅門 정행淨行·정지淨志라 번역하며, 인도 4성姓 중 가장 높은 계급으로 신의 후손이라고 자칭하는 승려 종교인의 계급이다.

바라밀다波羅密多 줄여서 바라밀波羅密이라고도 하며, 도피안到彼岸이라 번역한다. 이상理想의 경계에 이르는 보살행菩薩行의 총칭이다.

바로 의지할 데(正轉依) 생사生死를 전轉하여(굴려) 열반涅槃에 의지한다는 뜻이다.

바사닉婆斯匿 월광月光이라 번역하며, 중인도 사위국의 임금 이름이다.

바퀴 돌 듯(輪廻) 수레바퀴가 끝없이 돌아가듯이 중생이 여섯 갈래로 돌아다닌다는 뜻이다.

밖에 있는 것(外物) 외경外境이란 말이니, 눈의 대경對境이다.

밖의 물건(外物) 외상外相이니, 색色·성聲 등 오진五塵이다.

반달라주문般怛羅呪文 마하살달다반달라주摩訶薩怛多般怛羅呪의 준말이니, 능엄주楞嚴呪를 말한다.

반랄밀제般剌蜜諦 극량極量이라 번역하며, 중인도의 범승梵僧으로서 수릉엄경을 번역한 사람이다.

반야般若 번역하면 명明이니, 지혜智慧라 풀이하며, 법의 실리實理에 계합하는 최상의 지혜이다.

반연(緣) 심식心識의 대상이다.

반연하려는 것(所緣) 제팔식第八識으로부터 생긴 칠전식七轉識을 말한다.

반연하는 마음(緣心) 육진六塵을 반연하는 육전식六轉識을 말한다.

반연할 법(所緣法) 불상응행법不相應行法과 무위법無爲法들이다.

발광지發光地 보살행위菩薩行位의 하나인 십지十地 중의 제삼지第三地로 지혜의 빛이 나타나는 위位이다.

발귀魃鬼 가물귀신·강길이. 가뭄을 몰고 다니는 귀신이다.

발난타용跋難陀龍 용왕龍王의 이름이니, 현희賢喜라 번역하며, 마갈타국摩竭陀國을 수호하고, 불법을 수호하는 용이다.

발심發心 보리심을 내는 것, 위없는 보리심을 구하는 원력이다.

발심주發心住 보살행위菩薩行位의 하나인 십주十住 중의 초주初住이다.

발우(鉢) 발다라의 변한 말. 응량기應量器라 번역하며, 스님들의 밥그릇이다.

발타바라跋陀婆羅 선수善守·현호賢護라 번역하며, 위음왕불威音王佛 때에 출가하였고, 뒤에 석가모니부처님의 제자가 된 사람이다.

밝게 보고는 생각을 이루나니(明見想成) 중음신中陰身이 태胎에 들어가려 할 때에 부모 될 이의 밝은 데를 보고는 망상妄想이 일어나는 것이다.

밝은 데를 보아서 빛이 나타나고(見明色發) 중음신이 태에 들어가려 할 적에 인연 없는 데는 캄캄하고, 부모 될 인연이 있는 데는 밝은 빛이 있어서 색이 나타나는 것을 말한다.

방자(厭) 주문이나 독한 물건으로 원수를 해롭게 하는 방법이라는 뜻이다.

방저方諸 밤중에 달이 비치면 물이 흐르는 물건이니, 음수陰燧라 한다. 방方은 석石이요 저諸는 주珠·수정주水晶珠·감鑑·대합大蛤이라 하기도 하였다.

방편方便 방법方法·편의便宜·수단手段이라는 뜻이다. 권도權道라고도 한다.

방편구족주方便具足住 보살행위菩薩行位의 하나인 십주十住 중의 제오주第五住이다.

백교향白膠香 일명 풍향지風香脂. 백교향수白膠香樹의 기름(脂)을 수취한 것이다.

백억 일월日月 사바세계娑婆世界에 해와 달이 각각 백억이 있으니, 삼천대천세계에 백억 사주四洲가 있고, 사주마다 한 개의 해와 달이 있다.

번뇌煩惱 원말(原語)은 번노이니, 나라는 고집에서 일어나는 나쁜 마음으로서 목전의 고락苦樂에 끌리는 탐貪·진瞋·치癡가 몸과 마음을 시끄럽게 하는 정신 작용이다.

번뇌가 없어진(漏盡) 일체 번뇌를 끊고 생사에 속박되지 않는 것이다.

번뇌 망상煩惱妄想 좋고 나쁜 업을 짓는 열 가지 번뇌를 말한다. 번뇌가 곧 망상이다.

번뇌의 근본(煩惱根本) 번뇌는 지말무명枝末無明을 가리키는 것이요, 근본은 지말무명을 내는 생상生相을 말한다.

번뇌의 흐림(煩惱濁) 말법末法 시대에 삼독 번뇌가 극성하여 중생의 몸과 마음을 대단히 시끄럽게 하는 때이다.

번뇌장煩惱障 이 몸과 마음을 영구성永久性 있는 '나'라고 고집하는 아집我執 번뇌가 중생을 시끄럽게 하며, 열반을 가려서 생사에서 헤매게 하는 것이니, 소지장所知障의 대對가 되는 말이다.

범보천梵輔天 색계 십팔천의 제이천이다.

범부凡夫 성인聖人이 되지 못한 이를 말하다. 지혜가 옅고 어리석은 중생, 보리도를 보지 못한 이는 모두 범부라 한다.

범부천凡夫天 욕계欲界 육천六天과 색계色界 사선천四禪天과 외도의 무상천無想天의 왕들을 말한다.

범왕梵王 범천梵天의 임금이니, 색계 초선천初禪天의 임금으로서 대범천大梵天에 머무는데 그를 범천왕, 또는 대범왕大梵王이라 한다.

범음梵音 깨끗한 음성이란 뜻이다. 부처님이나 보살의 법문을 말씀하시는 음성을 뜻하는 말인데, 그것이 변해서 경 읽는 소리나, 공덕을 찬탄하는 소리도 범음이라 한다.

범중천梵衆天 색계 십팔천의 첫 하늘이다.

범천왕梵天王 색계천의 임금이니, 곧 범왕梵王을 말한다.

범천주문梵天呪文 범천梵天이 말한 주문呪文이란 뜻이니, 지금의 경우에는 원래 나쁜 주문인데 범천梵天의 주문이라고 거짓말 하는 것이다.

범패梵唄 범梵은 인도란 뜻이요, 패唄는 노래란 뜻이니, 인도에서 곡조를 아름답게 내어서 덕을 찬탄하는 노래이다. 따라서 패는 범어의 찬송讚頌이란 뜻이다.

법法 자신의 특성을 임지任持, 보존하고 있으면서 중생들로 하여금 일정한 지해知解를 내게 하는 것을 법이라 하니, 색色과 심心 등의 만유萬有는 모두 이러한 기능이 있으므로 일체 제법이라 한다.

법계法界 ① 계界가 인因의 뜻일 때는, 성법聖法을 내는 인因이란 뜻으로는 진여眞如의 본체를 말한다. ② 계界가 성性의 뜻일 때는, 만유제법萬有諦法의 체성이란 뜻으로 만물의 본체인 진여眞如를 말한다. ③ 계界가 분제分齊의 뜻일 때는, 분제는 구분의 뜻이니, 분제가 제각기 다른 제법의 상相이란 뜻으로 만법萬法을 모두 포함하여 칭하는 것이다.

법계무량회향法界無量廻向 보살행위菩薩行位의 하나인 십회향十廻向 중의 제십 회향第十廻向이다.

법눈(法眼) ① 법을 아는 지혜. ② 오안五眼의 하나이며, 온갖 법을 밝게 보는 눈이다.

법륜法輪 교법敎法을 가리키는 말이니, 부처님의 법은 중생의 나쁜 것을 부수는 것이 수레바퀴와 같다는 뜻, 또는 한 곳에만 있는 것이 아니고 끝없이 돌아간다는 뜻으로 윤輪이라 한다.

법문法門 부처님의 법은 중생으로 하여금 생사에서 벗어나서 열반에 들어가게 하는 법의 문이란 뜻으로 법문이라 한다.

법신法身 법은 진여인데 그 진여와 일

치한 몸을 말하는 것이니, 무색무형無色無形한 본체를 말한다. 사신四身의 하나이다.

법에서 해탈(法解脫) 이치를 잘 알아서 법에 미혹하지 않는다는 뜻이니, 곧 법공法空이다.

법왕法王 부처님을 찬탄하는 칭호稱號니, 법문에 자재하시므로 법왕이라 한다.

법왕자法王子 대보살大菩薩을 칭하는 말이니, 부처님의 대를 이으므로 법왕자라고 한다.

법왕자주法王子住 보살행위菩薩行位의 하나인 십주十住 중의 제구주第九住이다.

법운지法雲地 보살행위菩薩行位의 하나인 십지十地 중의 제십지第十地이다.

법진法塵 일체법이 의근意根의 소연所緣(대상)이 되는 것이다.

법진을 분별하는 그림자(法塵分別影事) 정위定位나 산위散位의 독두의식獨頭意識을 말한다.

법 짐대(法幢) ① 묘법妙法이 높이 솟은 것이 짐대(깃대)와 같다는 뜻. ② 불보살의 설법이, 대장大將이 당기幢旗를 세운 것과 같다는 뜻이다.

벽지불辟支弗 연각緣覺·독각獨覺이라 번역하며, 꽃이 피고 잎이 떨어지는 것들을 보고 스승이 없이 혼자 깨달은 이를 말한다.

벽지불승辟支佛乘 벽지불辟支弗이 되는 인행因行의 법이다.

변계소집성遍計所執性 주관主觀의 색안경을 쓰고 대상을 잘못 분별하는 것이니, 노끈을 뱀이라고 잘못 볼 때에 뱀의 모양이 눈앞에 나타나는 것과 같은 것이다.

변역생사變易生死 먼저부터의 형상을 변變하여 다른 형상을 받는 생사生死이니, 삼계에서 생사하는 몸을 벗어난 뒤에 성불할 때까지 보살이나 이승二乘들이 받는 삼계 밖의 생사이다.

변정천遍淨天 색계 십팔천의 제구천第九天이다.

변화하는 근원(變化元) 행음行陰을 가리키는 말이니, 행음은 모든 것을 변하게 하는 힘이기 때문이다.

보광여래普光如來 지난 세상의 부처님 이름이니, 53불佛의 첫 부처님이다.

보는 것을 됩더 보는 것(見見之時) 허망하게 보는 망견妄見을 진견眞見으로 보는 것이다.

보는 성품이 환하게 밝아지는 금강삼매(樂見照明金剛三昧) 보는 성품을 됩더 보는 삼매의 이름이니, 천안통天眼通을 얻는 방법이다.

보는 정기가 제 성품이 없으리라(見精本無自性) 밝고 어두움이 없으면 보는 제 성품이 없으리라는 말씀이다.

보는 정기의 밝은 것(見精明元) 능견能見하는 정체精體의 영명한 작용이다.

보련향 비구니(寶蓮香比丘尼) 나쁜 비구

니의 이름이다.

보리菩提 도道·지智, 또는 각覺이라 번역. ① 불교 최상의 이상인 정각正覺의 지혜. ② 정각의 지혜를 얻으려고 수행하는 길, 보제라고도 한다.

보리나무(菩提樹) 부처님이 그 나무 아래서 보리를 이루셨다고 해서 보리나무, 또는 도수道樹라 하니, 석가모니불의 보리나무는 필발라畢鉢羅나무요, 미륵불彌勒佛의 보리나무는 용화수龍華樹라 한다.

보리마음(菩提心) 보리심과 같다.

보리심菩提心 위로 보리를 구하고 아래로 중생을 제도하겠다는 보살의 마음이다.

보리마음이 눈 바로 떠 피로하여진 것(菩提瞪發勞相) 눈이 피로하면 허공꽃을 보는 것과 같이, 보리가 피로하여 보는 성품에 허공꽃이 생겼다는 것이다.

보리장菩提場 도량과 같다.

보살菩薩 보리살타菩提薩陀의 준말이니, 각유정覺有情·개사開士·대사大士라고 번역하며, 부처 되기 위하여 수행하는 불제자. 위로 정각正覺을 구하고, 아래로 유정有情을 교화하는 사람이다.

보살계菩薩戒 대승보살大乘菩薩들이 받아 지니는 계율이니, 『범망경梵網經』에 의하면 십중대계十重大戒와 사십팔경계四十八輕戒가 있다.

보살근기(菩薩根) 보살행을 닦을 만한 자격을 가진 사람이다.

보살도菩薩道 성불하기 위하여 자리이타自利利他의 행을 닦는 일이다.

보살승菩薩乘 삼승三乘의 하나이니, 불과佛果를 이루기 위하여 육도만행六度萬行을 닦으라는 교법이다.

보살회菩薩會 보살들이 모이는 모둠이다.

보시布施 자비한 마음으로 내 물건을 다른 사람에게 주는 것이다.

보처불補佛處 전의 부처님이 열반한 뒤에 성불하여 그 자리를 보충한다는 뜻이니, 보살의 수행이 원만하여 최후의 극위極位에 달한 이, 불佛의 후보자候補者이다.

보특가라補特伽羅 삭삭취數數趣라 번역하며, 유정들은 번뇌와 업의 인연으로 말미암아 여섯 갈래로 자주 왕래한다는 뜻이다.

보현보살普賢菩薩 문수보살과 함께 석가여래의 협사脅士이니, 문수는 왼쪽에 있어 지혜智慧를 대표하고, 보현은 오른쪽에 있어 행원行願을 대표한다.

보현행普賢行 하나의 행行에 일체행一切行을 구족한 원융무애한 보살행을 말한다.

복생천福生天 색계 십팔천의 제십천第十天이다.

복애천福愛天 색계 십팔천의 제십일천第十一天이다.

본각本覺 유정과 무정이 공통으로 본구本具한 진여체眞如體를 말함이니, 곧 우주만유의 본체이다.

본각의 반연하는 것(覺緣) 보는 성품을 말한 것이니, 본각으로 말미암아 능히 반연하는 것이 생겼으므로 본각의 반연이라 한다.

본래 밝은 본체(本明體) 제팔식第八識의 정기가 밝게 비치는 자체이다.

본래의 각 본각本覺과 같다.

본마음(本元心地) 본래의 근본 마음이다.

부단나富單那 취臭·취예臭穢라 번역하며, 귀신의 일종이다.

부동불국不動佛國 부동불不動佛은 아촉불阿閦佛을 번역한 것이니, 부동불의 세계를 말한다. 환희세계·묘희妙喜세계라 한다.

부동지不動地 보살행위菩薩行位의 하나인 십지十地 중의 제팔지第八地이다.

부루나富樓那 부루나미다라니자富樓那彌陀羅尼子의 준말이다.

부루나미다라니자富樓那彌陀羅尼子 부루나는 만滿이라 번역하며, 부명父名이요, 미다라니는 자慈라 번역하며, 모명母名이다. 다시 말해 부루나와 미다라니의 아들이라는 것이니, 부처님의 제자로서 설법이 제일인 사람, 줄여서 부루나라고 한다.

부정한 모양을 관하다(觀不淨相) 오정심관五停心觀에서 부정관不淨觀을 말한다.

부진근浮塵根 눈으로 볼 수 있는 눈·귀·코 등을 말함이니, 승의근勝義根에 의지하여 있는 육단肉團의 근根이다.

부진근의 생겨나는 근본(浮塵根究竟樞穴) 부진근浮塵根은 중생의 몸이요, 생겨나는 근본은 행음行陰이다.

부처님의 맏아들(佛長子) 사리불舍利弗이 지혜가 제일이요, 나이가 많으므로 부처님의 장자라 한다.

분단생사分段生死 여섯 갈래로 바퀴 돌듯 하는 범부의 생사를 말하니, 목숨에 장단長短의 분한分限이 있고, 몸에 대소의 형단形段이 있으므로 분단생사分段生死라 한다.

분별하는 자리(分位) 분별 위에다 세운 위치라는 뜻이다.

불가설불가설不可說不可說 인도에서 많은 수량을 세는 대수大數 중의 하나이다.

불공여래장不空如來藏 진여眞如가 염染과 정淨 두 가지 측면을 갖춘 방면을 말하는 것이니, 항하수恒河水같이 많은 공덕을 구족한 여래장이란 뜻이다.

불과佛果 수행의 인因에 의하여 도달한 성불의 자리이다.

불괴회향不壞迴向 보살행위菩薩行位의 하나인 십회향十迴向의 제이第二 회향이다.

불구슬(火珠) 구슬 이름이니, 죄인의 마음을 비춰 보는 구슬이다.

불모佛母 삼매의 이름이니, 이 삼매에 의하여 부처를 이루므로 불모삼매라 한다.

불법佛法 부처님께서 말씀하신 교법이다.

불사佛事 ① 부처님의 교화하는 일. ② 불교에서 행하는 모든 의식.

불상佛像 쇠나 나무나 흙으로 조성한 부처님의 형상이다.

불성佛性 중생들이 본래 갖추고 있는 부처 될 성품이다.

불을 두른 고리가 되듯이(旋火輪) 불을 빨리 돌릴 적에 불 고리같이 보이는 것이다.

불자佛子 ① 부처님의 불법을 믿는 사람. ② 일체 중생.

불정신주佛頂神呪 능엄다라니를 말한다.

불제자佛弟子 불법을 믿는 사람이다.

불종자佛種子 부처 될 종자이니, 선근善根을 말한다.

불지견佛知見 모든 법의 실상을 요지了知하는 부처님의 지혜이다.

불퇴심不退心 보살행위菩薩行位의 하나인 십신十信의 제육신第六信이다.

불퇴주不退住 보살행위菩薩行位의 하나인 십주十住의 제칠주第七主이다.

불환천不還天 정거천淨居天 · 나함천那含天이라고도 하니, 색계 십팔천 중의 제십사천第十四天으로부터 제십팔천第十八天까지의 다섯 하늘이다. 불환과不還果를 얻은 성문聲聞들이 있는 곳이다.

붉은 금빛 비구니(紫金光比丘尼) 몸에 금빛이 있는 비구니이니, 마하가섭摩訶迦葉의 전생 아내이다.

붙박이벽지불(定性辟支) 벽지불과辟支弗果를 얻은 이로서 대승으로 돌아올 희망이 없는 이를 말한다.

붙박이 성문(定性聲聞) 아라한 중의 한 성문으로서 대승으로 돌아올 희망이 없는 이를 말한다.

비구比丘 걸사乞士 · 포마怖魔 · 파악破惡 · 제근除饉이라 번역하며, 출가한 남승男僧의 20세 이상 된 이로 250계를 받아 지니는 이를 말한다.

비구니比丘尼 걸사녀乞士女 · 근사녀勤事女라 번역하며, 출가한 여승女僧의 20세 이상 된 이로 348계를 받아 지니는 이를 말한다.

비구지毗俱胝 진목瞋目 · 변만천만遍滿千萬이라 번역한다. 항복금강降伏金剛 · 제장금강除障金剛이라 하며, 비구지 천녀毗俱胝天女라고도 한다.

비내야毘奈耶 조복調伏 · 선치善治 · 멸滅 · 율律이라 번역하며, 계율의 총칭이다.

비니 풀(毘尼草) 설산에 나는 향초 이름. 소가 먹으면 제호醍醐가 생긴다고 한다.

비라지자毘羅胝子 공성자空城子라 번역하며, 외도 육사의 하나인 산사야비라지자刪闍耶毘羅胝子의 약칭이다.

비사毘舍 상고商賈라 번역하며, 인도 사성四姓의 제삼위第三位에 속한 종족이다.

비사 동자毘舍童子 비사사毗舍闍의 준말이니, 전광귀癲狂鬼·담정귀噉精鬼라 하며, 동방 지국천왕持國天王에게 달린 귀신이다.

비사부毘舍浮 일체승一切勝·변일체遍一切라 번역하며, 과거 칠불七佛의 제삼존第三尊이다.

비사차毗舍遮 전광귀癲狂鬼·담정귀噉精鬼라 번역하며, 동방 천왕에게 소속된 귀신의 이름이다.

비상비비상처천非想非非想處天 무색계 사천의 제사천第四天이다.

비식鼻識 코로 냄새를 분별하는 정신 작용이다.

비유譬喩 이미 아는 것으로써 알지 못하는 것을 나타내어 알게 하는 것이다.

빈나頻那 저두猪頭라 번역하며, 사자使者의 이름이다.

빛도 아니고 허공도 아니므로(非色非空) 육진 분별을 여의었으므로 빛이 아니요, 마음속으로 고요한 것을 느끼는 미세한 경계가 있으므로 허공이 아니다.

사견邪見 ① 옳지 못한 소견. ② 오견五見의 하나이니, 인과를 무시하는 부정한 견해이다.

사공천四空天 무색계의 네 하늘이다.

사다함과斯陀含果 일래과一來果라 번역하며, 성문 사과四果의 제이과第二果이다.

사대四大 지대地大·수대水大·화대火大·풍대風大이니, 이 넷을 전 물질계를 생하는 원인이라고 하며, 우주 간에 가득하였으므로 대大라 한다.

사람 아닌 이(非人) 천天·용龍 등 팔부八部를 가리키는 말. 또 긴나라緊那羅의 별명이다.

사리舍利 신골身骨·체體·견신遺身이라 번역하며, 부처님의 신골身骨을 말한다. 사리는 계戒·정定·혜慧를 훈수薰修함으로써 생기는 것이다. 본래는 신골이나, 주검을 모두 사리라 하였는데, 지금은 화장할 적에 생기는 구슬 같은 것을 말하며 살았을 적에 나기도 한다.

사리불舍利弗 신자身子·추자鶖子라 번역하며, '사리'라는 어머니의 아들로서, 부처님의 제자 중에 지혜가 제일인 사람이다.

사마타奢摩他 지止·적정寂靜·능멸能滅이라 번역하며, 마음에 일어나는 망념을 쉬고, 마음을 일경一境에 지止케 하는 것을 말한다. 삼매三昧·선정禪定이라고도 한다.

사문沙門 근식勤息·식심息心이라 번역

하며, 부지런히 선善을 닦고 나쁜 일을 지식止息한다는 뜻이다. 출가하여 수도 생활을 하는 사람을 통칭하는 것인데, 후세에는 스님들만을 존칭하는 말이 되었다.

사바세계娑婆世界 감인堪忍·인사忍事·인계忍界라 번역하며, 우리가 살고 있는 이 세계의 이름이다. 이 세계 중생은 나쁜 고통을 참고 견디지 않고는 살아갈 수 없다. 또 보살이 이 세계의 중생을 교화하려면 노고를 견디어야 한다는 뜻이다.

사부대중(四部衆) 비구·비구니·우바새·우바이를 말한다.

사비가라娑毘迦羅 황발黃髮·금두金頭·황두黃頭라 번역하며, 석가모니 이전에 났던 선인仙人으로서 수론數論 외도의 조祖이다.

사선四禪 색계色界의 초선천初禪天, 이선천二禪天, 삼선천三禪天, 사선천四禪天을 말한다.

사선천四禪天 ① 색계의 네 가지 선천禪天. ② 색계의 제사第四 선천禪天.

사슴 동산 녹야원鹿野苑의 우리말이다.

사십사심四十四心 십신十信·십주十住·십행十行·십회향十廻向과 사가행四加行을 말한다.

사십일심四十一心 간혜지乾慧智·십신十信·십주十住·십행十行·십회향十廻向을 말한다.

사자좌獅子座 부처님이 앉으시는 평상이니, 부처님은 인중人中의 사자獅子라는 뜻이다. 또 사자와 같이 두려움이 없이 설법하는 이의 자리라는 뜻이다.

사자후師子吼 부처님의 법문 말씀하시는 것이 사자가 영각하는 것 같다는 뜻이다.

사제四諦 고제苦諦·집제集諦·멸제滅諦·도제道諦이니, 이 네 가지 법은 진실 불변하는 것이므로 제라 한다.

사진四塵 색色·향香·미味·촉觸이니, 물질계를 형성하는 네 가지 원소이다.

사천四天 수미산須彌山 허리에 있는 동·서·남·북의 사천四天을 말한다.

사천왕四天王 욕계欲界 육천六天의 첫 하늘인 사천왕천四天王天의 임금이니, 동방 지국천왕持國天王, 남방 증장천왕增長天王, 서방 광목천왕廣目天王, 북방 다문천왕多聞天王이다.

사천왕국태자四天王國太子 네 천왕이 각각 91명의 아들이 있다 하니, 나락那落도 그중의 하나이다.

사천왕천四天王天 욕계欲界 육천六天의 첫 하늘이다.

사특한 길(邪道) 옳지 아니한 행법이다.

산니霰尼 서니가라고도 하며, 유군有軍이라 번역한다.

살 상투(肉髻) 불정佛頂·정계頂髻라고도 하니, 부처님의 정수리에 살이 솟아서 상투같이 된 것이다.

삼계三界 욕계欲界·색계色界·무색계無色界이니, 생사유전生死流轉하는 미迷한 세계를 셋으로 나눈 것이다.

삼계의 도를 닦는 자리에서 끊을 미세한 육품번뇌(三界修心六品微細煩惱) 사혹思惑·수혹修惑이라고도 하니, 수도위修道位에서 끊을 81품品 번뇌 중에 욕계欲界에서 끊을 것이 9품인데 그중에서 전육품前六品 번뇌를 말한다. 낱낱 사물의 진상을 알지 못하는 데서 생기는 번뇌이다.

삼마제三摩提 삼마지三摩地라고도 하며, 정定·등지等持·심일경성心一境性이라 번역하며, 마음을 한 경계에 머물러 산란치 않게 하는 정신 작용이다.

삼매三昧 삼마제·삼마지라고 하며, 정定·등지等持·정수正受·조직정調直定·정심행처正心行處라 번역하며, 산란한 마음을 일경一境에 주注하여 혼들리지 않게 하고 마음을 바르게 하여 망상과 잡려雜慮를 여의게 하는 것이다.

삼먁삼보리三藐三菩提 정변지正遍知·정등정각正等正覺이라 번역하며, 부처님의 깨달으신 지혜를 말한다.

삼먁삼불타三藐三佛陀 부처님 십호十號의 하나이니, 정변지正遍知·정등각正等覺이라 번역한다. 깨달은 지혜를 얻은 사람이다.

삼선천三禪天 색계 십팔천 중의 제칠천, 제팔천, 제구천을 총칭하는 것이다.

삼세三世 지난 세상(過去), 이 세상(現在), 오는 세상(未來)을 말한다.

삼 아승지겁三阿僧祇劫 보살이 성불할 때까지의 기간이니, 십주十住·십행十行·십회향十廻向의 삼현위三賢位를 닦는 동안이 1아승지阿僧祇요, 초지初地로부터 제칠지第七地까지가 1아승지요, 제팔지에서 제십지까지가 1아승지 동안이다. 아승지는 무수無數라 번역한다.

삼재三災 감겁減劫 말에 일어나는 것을 소삼재小三災라 하니, 도병재刀兵災·질역재疾疫災·기근재飢饉災요, 괴겁壞劫 때에 일어나는 것을 대삼재大三災라 하니, 화재火災·수재水災·풍재風災이다.

삼천대천세계三千大天世界 사주세계四洲世界를 세 번, 천千 곱한 범위를 이르는 말이다. 사주세계란, 동불바제주東弗婆提洲·남섬부주南贍部洲·서구타니주西瞿陀尼州·북구로주北俱盧洲·해(日)·달(月)·수미산須彌山·사왕천四王天·도리천忉利天·야마천夜摩天·도솔천兜率天·화락천化樂天·타화자재천他化自在天·초선천初禪天이다. 이들의 천 배를 소천세계小千世界라 하고, 소천세계의 천 배를 중천세계中千世界라 하고, 중천세계의 천 배를 삼천대천세계三千大千世界라 하는데 사바세계는 하나의 삼천대천세계이다.

삼천 위의三千威儀 비구들이 지니는 250계를 행行·주住·좌坐·와臥 등 사위의四威儀와 배倍 하면 1천이 되고, 이것을 다시 삼세三世에 배하면 삼천 위의가 된다.

상덕常德 열반 4덕의 하나이니, 시간과 공간을 초월하여 생멸변화가 없는 덕이다.

상음想陰 생멸변화하는 유위법을 유집類集한 오음의 하나이니, 외계外界의 사물을 내심內心에 취입取入하여 그 위에 상상想像을 가하는 심 작용心作用이다.

상인上人 지智와 덕德을 구족한 스님들을 존칭하는 말이다.

상좌上座 법랍法臘이 많고, 학과 덕이 높아서 일중一衆의 상위上位에 앉는 스님이다.

상주과常住果 생멸변화하지 않고 항상 있는 과위果位. 불과佛果를 말한다.

상진실常眞實 생멸변화가 없으므로 상이요, 허망한 것이 아니므로 실이라 한다.

새그럽나니(酸澁) 간지럽고 새금새금한 느낌이다.

색계色界 삼계의 하나이니, 욕계와 같은 탐욕貪欲·식욕食欲 등의 욕망은 여의었으나 무색계와 같이 아직 물질을 여의지 못한 중간의 물질 세계이다.

색구경천色究竟天 색계 십팔천계의 마지막 하늘이다.

색법色法 우주만유를 분류한 오위五位의 하나이니, 물질을 가리키는 것이다.

색성의 성품(色性性) 색법色法은 극미진極微塵으로 되었으므로 극미진이 색성色性이요, 극미진을 칠분七分으로 쪼개면 인허진隣虛塵이 되고, 인허진을 다시 쪼개면 공성空性이 되나니, 공성이 곧 색성色性의 성품이다.

색음色陰 오음의 하나이니, 자체가 생멸변화하면서도 다른 것을 장애하는 것이니, 오근五根과 오진五塵과 무표색無表色을 말한다.

색진色塵 눈의 대상인 물질의 세계이다.

생각으로 먹는 것(思食) 사식四食의 하나이니, 사상思想이나 희망希望 따위만으로 생生을 유지할 수 있는 것. 자기 의식 속의 상想을 체體로 삼는다.

생귀주生貴住 보살행위菩薩行位의 하나인 십주十住 중의 제십주이다.

생긴 근원(生元) 생멸하는 근원이니, 곧 행음行陰이다.

생멸生滅 사물이 났다, 없어졌다 하는 것이다.

생명이 처음 생기던 단서(生命元由) 식음을 말하는 것이다.

서른두 가지 거룩한 몸매(三十二相) 부처

님 몸에 갖추어진 32표상이니, 삼십이대인상三十二大人相이라고도 하며. 그 법수는 다음과 같다. ① 족하안평상足下安平相. ②천복륜상千輻輪相. ③ 수지섬장상手指纖長相. ④ 수족유연상手足柔軟相. ⑤ 수족만강상手足縵綱相. ⑥ 족근만족상足跟滿足相. ⑦ 족부고호상足趺高好相. ⑧ 녹왕천상鹿王腨相. ⑨ 수과슬상手過膝相. ⑩ 마음장상馬陰藏相. ⑪ 신종광상身縱廣相. ⑫ 모공생청색상毛孔生靑色相. ⑬ 신모상미상身毛上靡相. ⑭ 신금색상身金色相. ⑮ 상광일장상常光一丈相. ⑯ 피부세활상皮膚細滑相. ⑰ 칠처평만상七處平滿相. ⑱ 양액만상兩腋滿相. ⑲ 신여사자상身如師子相. ⑳ 신단직상身端直相. ㉑ 견원만상肩圓滿相. ㉒ 사십치상四十齒相. ㉓ 치백제밀상齒白齊密相. ㉔ 사아백정상四牙白淨相. ㉕ 협거여사자상頰車如師子相. ㉖ 구중진액득상미상口中津液得上味相. ㉗ 광장설상廣長舌相. ㉘ 범음심원상梵音深遠相. ㉙ 안색감청상眼色紺靑相. ㉚ 안첨여우왕상眼瞻如牛王相. ㉛ 미간백호상眉間白毫相. ㉜ 정상육계상頂上肉髻相.

서방정토西方淨土 서쪽에 있는 부처님의 깨끗한 세계라는 말이니, 아미타불阿彌陀佛이 계시는 국토를 말하는 것이다.

서원誓願 목적을 이루려고 맹세하고 희원希願하는 것이다.

석가모니불釋迦牟尼佛 능인能仁·능적能寂·능인적묵能仁寂默이라 번역하며, 석가씨족의 성자란 뜻으로서 실달다悉達多 태자의 성불한 뒤의 칭호이다.

선견천善見天 색계 십팔천의 제십육천이다.

선근善根 좋은 과보를 받을 인因, 좋은 행업行業의 공덕, 여러 가지 선善을 출생出生할 근본이다.

선나禪那 선禪이라고도 하며, 정定·정려精慮·사유수思惟修라 번역하며, 진정한 진리를 사유思惟하며 생각을 안정하여 산란하지 않게 하는 것이다.

선당禪堂 선정禪定을 닦는 곳. 참선하는 방을 말한다.

선법행善法行 보살행위의 하나인 십행十行의 제구행第九行이다.

선성 비구善星比丘 출가하여 제사 선정禪定을 얻었다가 사특한 소견을 일으켜서 지옥에 들어갔다 한다. 석존의 태자 때의 아들이라 한다.

선정禪定 선禪은 선나禪那의 준말이요, 정定은 안정安定이니, 범어梵語와 한어漢語를 함께 말한 것이다. 선나와 같다.

선지식善知識 선우善友·지식知識이라고도 하니, 법문을 잘 말해 주어 고계苦界를 벗어나게 해주는 사람이다.

선현천善現天 색계 십팔천의 제십칠천이다.

선현행善現行 보살행위菩薩行位의 하나인 십행十行의 제육행第六行이다.

선혜지善慧地 보살행위菩薩行位의 하나인 십지十地의 제구지第九地이다.

설법說法 교법을 연설하는 것이니, 법문法門이라고도 한다.

설산雪山 인도 북쪽에 높이 솟은 산 이름. 지금의 히말라야산이다.

설식舌識 혀로 맛을 분별하는 심식心識이다.

성과聖果 성인이 되는 수행을 하여 얻는 진정한 과위果位이니, 열반涅槃을 가리키는 말이다.

성도成道 정각正覺을 이루었다는 뜻이며, 성불成佛함을 말한다.

성문聲聞 부처님의 말씀을 들은 불제자佛弟子, 또는 교법에 의하여 사제四諦의 이법을 닦아서 아라한阿羅漢에 이르는 불도佛道를 수행하는 사람이다.

성불成佛 보살의 수행을 마치고 부처님이 되는 것이다.

성 비구니性比丘尼 마등가녀摩登伽女가 출가한 뒤의 이름이니, 아나함과阿那含果를 증하여 각성覺性에 들어가는 비구니란 뜻이다.

성선 동자聖仙童子 성도聖道를 증득한 선인으로서 동진童眞대로 있는 사람이다.

성인聖人 대승大乘이나 소승小乘이나 견도위見道位 이상의 도道를 증득한 사람이다.

성인의 경계(聖境) 성인의 증득한 경계이다.

성인의 과(聖果) 소승小乘의 사과四果나, 대승으로는 지상地上(初乾慧地)의 과果이다.

성현聖賢 성인聖人과 현인賢人이니, 견도見道 이상은 성인이요, 견도見道 미만은 현인이다.

세 가지 연유(三緣) 살생殺生과 도盜와 음행婬行, 세 가지의 연유緣由라는 말이니, 육추六麤를 가리키는 것이다.

세 가지 원인(三因) 살생과 훔치는 것과 음행의 종자를 말함이니, 곧 삼세三細이다.

세 가지 화합(三和) 근根과 근의 성性과 진塵이 화합한 것이다.

세간법世間法 칠대七大와 십팔계十八界를 말한다.

세 나쁜 갈래(三惡道) 죄를 지은 결과로 고통을 받게 되는 세 군데이니, 지옥地獄·아귀餓鬼·축생畜生이다.

세세생생世世生生 육도六道에 윤회하면서 여러 세世와 여러 생生을 지나가는 것이다.

세제일지世第一地 보살행위菩薩行位의 하나인 사가행四加行의 제사위第四位이다 .

세존世尊 부처님 십호十號의 하나이니, 온갖 공덕을 갖추어서 세상에 가장 높은 어른이란 뜻이다.

소酥 우유를 정제하여서 만든 것이다.

소견이 다르면 미워지고(異見成憎) 남자 중음신中陰身이 태胎에 들어갈 때에 부父가 남자임을 보고는 미워하고, 여자 중음신은 모母가 여자임을 보고는 미워하는 것이다.

소광천小光天 색계 십팔천의 제사천이다.

소승小乘 성문승聲聞乘이나 연각승緣覺乘이 몸과 마음이 아주 없어지는 공적空寂한 열반에 이르는 것을 최종의 목적으로 하는 것을 말하니, 작은 수레와 작은 배와 같다는 뜻이다.

소승법小乘法 사제법四諦法을 닦아서 아라한阿羅漢이 되며, 십이인연을 닦아서 연각緣覺이 된다고 한 교승敎乘을 말하는 것이다.

소정천少淨天 색계 십팔천의 제칠천이다.

소지장所知障 지장智障이라고도 하니, 오온五蘊의 법을 참말 있는 줄로 고집하는 법집法執으로 말미암아 알아야 할 사상事相의 실성實性을 가려서 보리의 묘지妙智를 장애障礙하는 것이다.

소합향蘇合香 향香 이름이니, 혹은 여러 가지 향을 합하여 그 즙汁을 달인 것이라고도 하고, 혹은 소합蘇合이란 낙엽교목落葉喬木이 있는데 그 껍질에서 진액津液을 긁어모은 것이라 한다.

손번뇌(客煩惱) 분별하는 번뇌는 항상 있는 것이 아니고 보낼 수 있는 것이므로 손번뇌라 한다. 없애기 쉬운 번뇌이다.

손타라난타孫陀羅難陀 염희艷喜라 번역하며, 부처님의 이모제異母弟(배다른 동생)로 이름이 난타難陀인데, 그 처妻의 이름이 손타라孫陀羅이므로 손타라난타라고 한다.

쇠잔해 가는 모양(衰相) 하늘 사람이 복락福樂이 다하여 죽게 될 때에는 다섯 가지 쇠잔해 가는 모양이 몸에 나타나는 것이다.

수관水觀 관법觀法의 하나이니, 일심으로 물(水)을 관하는 것. 이 관법을 성취하면 수水에서 자재自在하게 된다.

수기授記 부처님께서 보살이나 소승 성문에게 후세에 성불할 것을 낱낱이 예언豫言하는 것이다.

수다원과須陀洹果 예류과預流果라 번역하며, 성문 사과聲聞四果의 첫 과를 얻어 무루도無漏道에 처음 들어가서 성류聖流에 참여했다는 뜻이다.

수대水大 사대의 하나로서 일체 물질에 편재遍在해 있으면서 축축하게 해줌이 수대水大의 자성自性이요, 흩어지지 않도록 섭인攝引하는 것이 그 작용이니, 일체 색법色法 중에 주변한 원질原質의 수대水大를 실수대實水大라 하고, 우리 눈에 보이는 물은 가수대假水大라 한다.

수륜水輪 지하地下에서 대지大地를 함용含容하고 있는 것이니, 풍륜風輪 위에 있다.

수릉엄首楞嚴 견고堅固·건상健相·용건勇健이라 번역하며, 십지十地 보살들이 닦아서 성불하는 선정禪定의 이름이다.

수릉엄삼매首楞嚴三昧 부처님이 얻으신 삼매의 이름이니, 일체필경견고삼매一切畢竟堅固三昧라고도 한다.

수릉엄왕首楞嚴王 수릉엄首楞嚴은 삼매의 이름이요, 왕王은 초출超出하였다는 뜻과 자재自在하다는 뜻이다.

수보리須菩提 선현善現·선길善吉·공생空生이라 번역하며, 부처님의 대제자大弟子로서 공한 이치를 잘 알기로 제일인 사람이다. 수보리須菩提라고도 한다.

수순隨順 중생의 뜻을 따라간다는 뜻이다.

수순등관일체중생회향隨順等觀一切衆生廻向 보살행위菩薩行位의 하나인 십회향十廻向의 제칠第七 회향이다.

수순평등선근회향隨順平等善根廻向 보살행위菩薩行位의 하나인 십회향十廻向의 제육第六 회향이다.

수습하는 자리(修習位) 십지十地 중 이지二地부터 제구지第九地까지를 말한다.

수염마천須燄摩天 시분천時分天·선시분천善時分天이라 번역하며, 시간의 변화에 따라 쾌락을 받음. 욕계欲界 육천六天의 제삼천이다.

수음受陰 고苦·낙樂·불고불락不苦不樂(捨)을 감수感受하는 심행心行의 작용이다.

수천水天 지나간 세상의 부처님 이름이다.

수타首陀 수타라首陀羅라고도 하니, 인도 사성의 하나로서 도살屠殺·농업農業 등의 천한 직업에 종사하는 최하위의 노예 계급이다.

수행修行 교법敎法과 같이 실천궁행實踐躬行하는 것이니, 발심한 후부터 과果를 증득할 때까지를 말함이니, 십주十住의 제삼주第三住이다.

숙명통宿命通 육신통六神通의 하나이니, 지나간 세상일을 잘 아는 신통력神通力이다.

순밀純蜜 순전한 꿀이다.

순소純酥 소酥, 즉 우유를 정제한 것인데 순전한 소酥를 말한다.

순야다舜若多 공성空性이라 번역하니, 곧 허공의 성품이다.

순야다신舜若多神 허공을 맡은 신神이다.

수무지개(虹) 무지개는 둘씩 서는데 빛이 고운 것을 수무지개라 한다.

스님 승려를 존칭하는 말, 또 승려들이 자기의 사승師僧을 대칭하는 말이다.

습기習氣 번뇌의 관습慣習으로 남아 있는 버릇, 또는 번뇌煩惱의 종자이다.

승가리僧伽梨 중의重衣·합의合衣라 번역하며, 설법할 때나 걸식할 때에 입는 큰 가사袈裟이다.

승의제勝義諦 진제眞諦·제일의제第一義諦라고도 하니, 수승한 지혜의 대경對境이란 뜻으로서 실상實相·진리眞理 등을 가리키는 것이다.

승장 보배(勝藏寶) 보배의 이름이다 .

시각지혜始覺智慧 중생들이 본래 갖추어 있는 본각本覺을 수행의 공능功能으로 각증覺證하는 것을 시각始覺이라 하고, 이 각覺은 지혜로써 자체自體를 삼는 것이므로 시각지혜始覺智慧라 한다.

시방十方 십방十方으로 쓰고 관습적으로 시방이라 발음하니, 동·남·서·북·동남·서남·서북·동북·상·하를 말한다.

시주施主 재물을 삼보에 보시하는 사람이다.

식識 온갖 물건을 분별하고 인식하는 작용이다.

식대識大 우리의 인식하는 작용의 성품이 참되고 원융하여 법계에 주변하므로 사대와 같다는 의미에서 식대라 한다. 그러나 식대는 『능엄경』에서만 말한 것이다.

식심識心 인식認識하는 묘한 마음이니, 육식六識이나 팔식八識의 심왕心王이다.

식음識陰 오음五陰의 하나이니, 외계外界의 사물을 식별하는 마음의 본체로서 육식六識을 일괄一括하여 식음이라 한다.

식識의 정기精氣 제팔第八 아뢰야식阿賴耶識을 가리키는 말이니, 모든 식 중에 가장 정미롭고 밝게 비치는 것이므로 식의 정기라 한다.

식처천識處天 무색계無色界 사천四天의 제이천第二天이다.

신견身見 오음五陰으로 이루어진 몸을 '나'라고 고집하고, 나에게 소속된 것을 '내 것'이라고 잘못 고집하는 견해이다.

신도信徒 불법을 믿고 수행하는 사람들. 어떤 절에 귀의하여 자재資財를 보시하는 사람들이다.

신력神力 부처님이나 보살들이 갖춘 부사의不思議한 힘이다.

신식身識 몸으로 대상의 촉경觸境을 분별하고 인식하는 작용이다.

신심주信心住 보살행위菩薩行位의 하나인 십신十信의 초신初信이다.

신아神我 수론파數論派에서 주장하는 이십오제二十五諦의 하나이니, 만유萬有를 조성하는 이원二元 중에 정신적 본체를 이르는 것이다.

신통神通 사람의 생각으로는 헤아릴 수 없는 자재自在한 힘이다.

실라벌室羅筏 사위舍衛라고도 하고, 문물聞物·풍덕豊德이라 번역하며, 중인도中印度 가비라국迦毗羅國 서북에 있는 교살라국憍薩羅國의 수도이다.

실상實相 참된 모양이란 뜻이니, 만법의 본체를 말하는 것이다. 법성法性·진여眞如와 같다.

심법心法 우주만유를 색법色法과 심법心法으로 나누니, 막힘이 없는 마음으로 생각하는 작용을 말한다.

십구계十九界 세간만법世間萬法이 십팔계十八界뿐인데 십구계十九界란 것은 실물實物이 없는 것을 비유하는 것이다.

십신十身 부처님이나 보살의 몸을 그 공덕에 의하여 열 가지로 나눈 것이니, 보리신菩提身·원신願身·화신化身·역지신力持身·상호장엄신相好莊嚴身·위세신威勢身·의생신意生身·복덕신福德身·법신法身·지신智身이다.

십이부경十二部經 십이분교十二分敎라고도 하니, 불교의 경전을 그 성질과 형식에 따라 열두 부류部類로 나눈 것이다. 수다라修多羅(契經)·기야祇夜(應頌)·수기授記·가타伽陀(孤起頌)·우타나優陀那(無問自說)·인연因緣·비유譬喩·본사本事·본생本生·방광方廣·미증유未曾有·논의論議이다.

십이인연十二因緣 십이연기十二緣起·십이유지十二有支라고도 하니, 삼계 내의 미迷의 인과因果를 열두 부류로 나눈 것이다. 무명無明·행行·식識·명색名色·육처六處(六入)·촉觸·수受·애愛·취取·유有·생生·노사老死이다.

십이처十二處 육근六根(眼·耳·鼻·舌·身·意)과 그 대상對象인 육진六塵(色·聲·香·味·觸·法)이다.

십중죄十重罪 십악업十惡業과 같으니, 살생殺生·투도偸盜·음행婬行·망어妄語·기어綺語·악구惡口·양설兩舌·탐욕貪欲·진애嗔恚·우치愚癡이다.

십지十地 보살의 수행하는 계단인 오십칠위五十七位 중에 제사십육위第四十六位로부터 제오십오위第五十五位까지이다.

십팔계十八界 십이처十二處에 안식眼識·이식耳識·비식鼻識·설식舌識·신식身識·의식意識 등 육식六識을 가加한 것이다.

십팔천十八天 색계의 하늘이 열여덟이니, 초선初禪에 삼천三天, 이선二禪에 삼천三天, 삼선三禪에 삼천三天, 사선四禪에 구천九天이 있다.

아귀餓鬼 여섯 갈래의 하나로서, 서거자逝去者라는 뜻이며, 간탐하고 질투하면 아귀에 태어난다고 한다. 세 나쁜 갈래에 속한다.

아나율타阿那律陀 아누루타라고도 한다. 무탐無貪·무멸無滅·여의如意라 번역하며, 부처님 십대 제자의 하나로 천안통天眼通이 제일인 사람이다.

아나함과阿那含果 불환과不還果·불래과不來果라 번역하며, 번뇌가 없어져서 다시 욕계欲界에 오지 않는다는 뜻으로 성문聲聞 사과四果의 제삼과第三果이다.

아난阿難 아난타阿難陀의 준말이며, 경희慶喜·환희歡喜라 번역하며, 부처님의 사촌으로서 부처님의 십대 제자 중의 다문제일多聞第一인 사람이다.

아뇩다라삼먁삼보리阿耨多羅三藐三菩提 무상정등정각無上正等正覺·무상정등각無上正等覺이라 번역하며, 각지覺智가 원만한 부처님의 무상無上의 승지勝智로서 불교의 궁극적 이상이다.

아덕我德 열반 사덕四德의 하나이니, 망아妄我를 여의고 진아眞我를 증證하여 자재自在의 덕이 구비한 것이다.

아득하고 시끄러운 것(昏擾擾相) 안에서 흔들리고 밖으로 분별하여 잠깐도 깨끗하고 편안한 때가 없는 것을 말한다.

아라한阿羅漢 나한羅漢이라고도 속칭俗稱한다. 응공應供·살적殺賊·불생不生·이악離惡이라 번역하며, 소승법小乘法을 수행하는 성문聲聞 사과四果의 제사과第四果, 여래 십호十號의 아리하와 원어原語가 상사相似하다.

아라한도阿羅漢道 아라한阿羅漢에 나아가는 길이다.

아뢰야식阿賴耶識 아리야식阿梨耶識이라고도 한다. 무몰식無沒識·장식藏識이라 번역하며, 팔식八識 중의 제팔식第八識으로서 심식心識의 총체이다.

아미타불阿彌陀佛 무량수불無量壽佛·무량광각자無量光覺者라 번역하며, 극락세계極樂世界의 주불主佛이다.

아비달마阿毘達磨 대법對法·무비법無比法·대법大法이라 번역하며, 삼장三藏 중 논장論藏의 총칭으로서 진리의 법을 대관對觀한다는 뜻이다.

아비지옥阿鼻地獄 무간지옥無間地獄이라 번역하며, 팔열지옥八熱地獄의 최하에 있는 가장 나쁜 지옥이다.

아사리阿闍黎 교수敎授·궤범軌範·정행正行이라 번역하며, 제자들의 행위를 교정矯正하며, 그의 사범師範이 되어 지도하는 학덕이 높은 스님을 말한다.

아사타阿斯陀 무비無比·불백不白·단정端正이라 번역하며, 중인도 가비라국에 있던 선인의 이름이다.

아수라阿修羅 수라修羅라 약칭略稱하며, 비천非天·부단정不端正이라 번역하며, 여섯 갈래의 하나로 싸우기를 좋아하는 귀류이다.

아승지阿僧祗 무수無數·무앙수無央數라 번역하며, 산수算數로 셀 수 없으리만큼 많은 대수大數의 이름이다.

아승지겁阿僧祗劫 무수겁無數劫이라 번역하며, 아승지만큼 많은 겁劫이다.

아야다阿若多 초지初知·이지已知·요본제了本際라 번역하며, 다섯 비구의 하나인 교진여憍陳如의 이름이다.

아촉불阿閦佛 부동不動·무진에無瞋恚라 번역하며, 동방 세계에 현재하신 부처님 이름이다.

아타나식阿陀那識 집지식執持識이라 번역하며, 아뢰야식阿賴耶識의 별명으로 종자를 집지執持하여 파괴하지 않는다는 뜻이다.

악차惡叉 종관구縱貫球·천목구天目球·금강자金剛子라 칭하니, 인도 등지에 있는 나무 이름이며, 그 열매가 땅에 떨어지면 한 곳에 모이므로 여럿이 한 곳에 모이는 데 비유한다. 그 열매로 염주를 만든다.

안거安居 스님들이 4월 15일부터 7월 15일까지 한 곳에 모여서 밖에 나가지 않고 수도하는 행사. 혹은 5월 16일부터 8월 15일까지이다.

안근眼根 눈을 말한 것이니, 안식眼識을 내는 데란 뜻에서 근根이라 한다.

안식眼識 눈으로 보고 인식하는 마음의 작용이다.

알포담遏蒱曇 포泡·포결皰結이라 번역하며, 처음으로 태중胎中에 들어간 지 제27일 동안의 모양이다.

암마라식菴摩羅識 무구식無垢識·백정식白淨識이라 번역하며, 성불한 뒤에 법을 말하여 중생을 제도하는 지혜를 말한다.

암마라 열매(菴摩羅果) 내柰라 번역하며, 열매는 복숭아 비슷하다 한다.

암무지개(蜺) 무지개가 둘이 설 때에 희미한 것을 말한다.

앞의 것(前塵) 허망한 마음 앞에 나타나는 육진六塵의 경계를 말한다.

야가夜迦 상비象鼻라 번역하며, 사자使者의 이름이다.

야수다라耶輸多羅 지칭持稱·구칭具稱·지예持譽라 번역하며, 구리성주瞿利城主 선각왕善覺王의 딸이며, 부처님 태자太子 때의 비妃로서 라후라羅候羅의 모母이다. 뒤에 출가하여 비구니가 되었다.

야차夜叉 약차藥叉라고도 하며, 위덕威德·포악暴惡·용건勇健·첩질捷疾이라 번역하며, 팔부중八部衆의 하나이다.

약상藥上 보살 이름이니, 약왕보살藥王菩薩의 동생이다.

약왕藥王 보살 이름이니, 대비大悲라는 약으로 중생들의 혹업병惑業病을 다스렸으므로 약왕보살이라 한다.

양밥(厭蠱) 독한 벌레를 만들거나 나쁜 주문呪文이나 그 밖의 여러 가지 방법으로 원수怨讐를 해하는 일이니, 방자와 같은 것이다. 염승厭勝이라고도 한다.

업業 몸으로 동작하거나 입으로 말하거나 뜻으로 생각하는 것 및 그러한 행위를 따라 일어나는 세력을 말한다.

업경業鏡 지옥 염라왕閻羅王의 청廳에 있다는 거울이니, 여기에 죽은 이를 비추면 생전에 지은 선업과 악업이 그대로 나타난다 한다.

업과의 색(業果色) 업으로 받는 과보의

색신色身이니, 곧 물질을 말한다.

업보業報 업과業果라고도 하니, 선악의 업인으로 받는 고락의 과보이다.

업식業識 업상業相을 말함이니, 진여가 무명의 힘에 의하여 기동起動한 것이다.

업에 의지하여 태어나던 명맥(酬業深脈) 전세에 지은 업에 의지하여 생을 받던 미세한 명맥이니, 행음行陰을 말하는 것이다.

업장業障 몸과 입과 마음으로 지은 나쁜 업이 정도를 방해하는 것이다.

업화業火 ① 과거에 지은 악업으로 인하여 몸을 태우는 지옥의 맹렬한 불길. ② 범부의 업력業力이 강렬한 것을 불에 비유한 것이다.

여귀癘鬼 온역瘟疫을 퍼뜨리는 귀신, 곧 전염병 귀신이다.

여근女根 여자의 음부陰部이다.

여덟 가지 바라이죄(八棄) 바라이波羅夷는 승단僧團 밖에 버리고 함께 있지 않는다는 뜻이니, 비구니의 가장 중대한 죄이다. ① 음행淫行. ② 도적질. ③ 살생. ④ 망어. ⑤ 음란한 생각으로 남자의 몸을 만지는 것. ⑥ 음란한 생각으로 남자의 손을 잡거나 옷을 잡거나 으슥한 데 함께 들어가거나 함께 섰거나 함께 말하거나 함께 다니거나 몸을 서로 기대거나 음행할 곳에 가기로 약속하는 것. ⑦ 다른 이의 중대한 죄를 덮어 주는 것. ⑧ 대중에서 쫓겨나는 비구를 수순하여 의식을 이바지하거나 함께 이야기하는 것이다.

여덟 개의 큰 나쁜 별(八大惡星) 금성金星·목성木星·수성水星·화성火星·토성土星·라후성羅候星·계도성計都星·혜성彗星이다.

여래如來 진여의 경에 도달하다, 제불과 같은 도道로 이 세상에 왔다, 진여에 수순하여 이 세상에 왔다는 뜻이다. 부처님 십호의 하나이다.

여래의 종성(如來種性) 여래를 이룰 성태聖胎에 비유한 말이다.

여래장如來藏 미계迷界에 있는 진여를 말한 것이니, ① 미계의 사물은 모두 진여에 소섭所攝되었다. ② 본구本具한 여래의 덕이 번뇌煩惱와 망상妄想에 은복隱覆되었다. ③ 중생은 여래의 성덕을 장藏하고 있다.

여러 갈래(諸趣) 육도六道를 말한다.

여러 세계(普佛世界) 시방에 있는 여러 불세계佛世界를 말한다.

여섯 가지로 진동(六種震動) 세상에 상서로운 일이 있을 적에 대지大地가 진동하는 여섯 가지 모양이니, 동動(흔들림)·기起(벌떡벌떡 일어남)·용涌(위로 솟구침)·진震(진동함)·후吼('우' 하고 소리가 남)·격擊(툭탁툭탁 부딪는 소리가 남).

여섯 가지 허망한 것(六妄) 색色·성聲·향香·미味·촉觸·법法이다.

여섯 갈래(六趣) 육도六道라고 하니, 천도天道·인도人道·아수라도阿修羅道·축생도畜生道·아귀도餓鬼道·지옥도地獄道이다.

여섯 경계(六塵) 색色·성聲·향香·미味·촉觸·법法이다.

여섯 군데(六處) 육근六根을 말한다.

여섯 군데 작용(六用) 육근六根의 작용이다.

여섯 근이 서로 작용(六根互用) 육근六根이 본래부터 있는 망혹을 여의고 청정하여지면 낱낱 근根이 제각기 다른 근의 작용을 대신할 수 있게 되는 경지이다.

여섯 문(六門) 육근六根을 말한다.

여의어서(離) 떠나다, 이별하다의 옛말이다.

여의주如意珠 사람이 욕구하는 대로 여러 가지 물건이 출생한다고 해서 여의주라 한다.

역사力士 기운 센 사람이다. 장사壯士라는 말이다.

역사귀役使鬼 사람이 시키는 것을 복종服從하여 복福도 짓고, 화禍도 내는 귀신이다.

연각緣覺 십이인연의 이치를 보고 깨달은 성인·소승의 하나이다.

연등부처님(然燈佛) 정광불錠光佛이라고도 하니, 석가여래가 과거에 이 부처님께 수기를 받았다.

연야달다演若達多 사수祠授라 번역하며, 부처님 때에 실라벌성에 있던 사람의 이름이다.

열 가지 바라이죄(十波羅夷) 열 가지 중대한 죄이다. ① 중생을 죽이는 것. ② 주지 않는 것을 훔치는 것. ③ 음행하는 것. ④ 거짓말 하는 것. ⑤ 술을 파는 것. ⑥ 사부대중의 허물을 말하는 것. ⑦ 저를 칭찬하고 남을 비방하는 것. ⑧ 제 것을 아끼려고 남을 욕설하는 것. ⑨ 성을 내고 참회하는 것을 받지 않는 것. ⑩ 삼보를 비방하는 것이다.

열 가지 중생(十類衆生) 열 종류의 중생들이니, 태생胎生·난생卵生·습생濕生·화생化生·유색有色·비유색非有色·비무색非無色·유상有想·비유상非有想·비무상非無想이다.

열두 종류 중생(十二類生) 위 항목의 열 가지 중생에 무색無色·무상有想을 더한 것이다.

열반涅槃 멸滅·적멸寂滅·멸도滅度·원적圓寂이라 번역하며, 생사를 초월하고 불생불멸의 진리를 체득하는 불교의 최고 이상이다.

열반승涅槃僧 내의內衣·군裙이라 번역하며, 부처님과 스님들이 속에 입는 속옷 이름이다.

열반심涅槃心 위없는 보리를 말함이니, 소승을 회廻하여 대승으로 향하는 것이다.

열반 하늘(涅槃天) 열반의 자성을 제일

第一의 천天에 비유하는 말이다.

염귀魘鬼 가위 눌리게 하는 귀신이다.

염부단금閻浮檀金 상품上品의 금을 말하는 것이니, 염부閻浮나무 아래로 흘러가는 강에서 나는 금이라는 뜻이다.

염불念佛 아미타불阿彌陀佛의 명호를 부르는 것, 또 부처님의 상호를 관觀하면서 부처님의 공덕을 생각하는 것이다.

염불삼매念佛三昧 아미타불 한 부처님만을 부르면서 마음이 다른 데로 흩어지지 않는 것이다.

염승귀魘勝鬼 염귀魘鬼와 같다.

염심주念心住 보살행위菩薩行位의 하나인 십신十信의 제이신第二身이다.

염혜지焰慧地 보살행위菩薩行位의 하나인 십지十地의 제이지第二地이다.

영릉향零陵香 패란佩蘭의 다른 이름이니, 영릉현零陵縣에서 나는 것이 가장 유명하므로 영릉향이라 한다.

예전의 버릇(宿習) 지난 세상 혹업惑業의 습기를 말한다.

오계五戒 불교에 귀의한 재가의 남녀가 받아 지니는 계율이다. ① 산 것을 죽이지 말라. ② 훔치지 말라. ③ 사음하지 말라. ④ 거짓말 하지 말라. ⑤ 술 마시지 말라.

오근五根 눈·귀·코·혀·몸을 말한다.

오대五大 성품이 크고 넓어서 만물을 생성하는 다섯 가지이니, 지대地大·수대水大·화대火大·풍대風大·공대空大를 말한다.

오른 어깨를 벗어 메고(偏袒右肩) 인도에서 예경禮敬하는 법의 하나이니, 자진하여 그의 분부에 복종하겠다는 뜻을 표하는 것이다.

오백 범천五百梵天 약왕藥王보살, 약상藥上보살과 함께 수도하는 권속이다.

오신통五神通 다섯 가지 자재한 묘용이니, 천안통天眼通·천이통天耳通·숙명통宿命通·신족통神足通·타심통他心通이다.

오십오위五十五位 십신十信·십주十住·십행十行·십회향十廻向·십지十地·사가행四加行·등각等覺이다.

오역죄五逆罪 다섯 가지 역적죄와 같다.

오욕五欲 재욕財欲·색욕色欲·음식욕飮食欲·명예욕名譽欲·수면욕睡眠欲, 혹은 색色·성聲·향香·미味·촉觸 등 오경五景이라고도 한다.

오음五陰 선법善法을 가리는 다섯 가지란 뜻이니, 색음色陰·수음受陰·상음想陰·행음行陰·식음識陰이다.

오음계五陰界 오음五陰의 세계이다.

오음 주인(五陰主人) 오음五陰의 경境이나 삼마제三摩提 중 관지觀智의 마음을 말한다.

오진五塵 색色·성聲·향香·미味·촉觸 등 오경五境을 이르는 말이니, 이 오경五境은 진성眞性을 물들이고, 번뇌를 일으키므로 진塵이라 한다.

오추슬마烏芻瑟摩 예적금강穢跡金剛·부정금강不淨金剛이라 번역하며, 또 화두금강火頭金剛이라고도 하니, 부정不淨을 제거하는 명왕明王(신장)이다.

오탁악세五濁惡世 다섯 가지 흐린 것이 나타나서 나쁜 일이 많은 세상이란 뜻이니, 인간의 목숨이 8만 4천 세로부터 점점 감하여져서 2만 세 이하가 되는 때부터 오탁의 상相이 나타난다고 한다.

온갖 중생을 제도하면서도 중생이라는 상을 여읜 회향(救護一切衆生離衆生相廻向) 보살행위菩薩行位의 하나인 십회향十廻向의 제일第一 회향이다.

온갖 행(萬行) 보살의 인위因位에서 닦는 여러 가지 행을 총칭한다.

옳게 다 아는 이(正遍知) 옳은 지견으로 일체법을 죄다 안다는 뜻이다.

왕난王難 국왕의 정책에 저촉되어 죄를 받는 것이다.

왕사성王舍城 중인도中印度 마갈타국摩竭陀國의 고대 수도이다.

외도外道 인도에 있는 불교 이외의 여러 가지 수행 단체를 가리키는 말이니, 그 수효가 95종이라고 한다.

외로운 이 돕는 절(給孤園) 기원祇園·기원정사祇園精舍라고도 하니, 중인도 실라벌성室羅筏城의 남쪽에 있는 절 이름. 수달다須達多 장자가 기타祇陀 태자의 수림樹林에다 지어서 부처님께 바쳤다.

외설猥媟 색정色情에 관한 난잡한 짓과 말이다.

요술법(幻法) 집지식執持識에서 변하여 생기는 견분見分·상분相分의 분별을 말함이니, 요술과 같이 허망하다는 뜻이다.

요의了義 불법의 이치를 끝까지 설진說盡한 것이다.

요익행饒益行 보살행위菩薩行位의 하나인 십행十行의 제이행第二行이다.

요정妖精 요괴妖怪한 기운이 엉기어 된 귀신이니, 요귀妖鬼·요물妖物 등이다.

욕계欲界 삼계의 하나이니, 육취六趣로 된 세계의 총칭이며, 이곳은 오욕으로 된 까닭으로 욕계라 한다.

욕계천欲界天 욕계의 여섯 하늘을 말한다.

우두옥졸牛頭獄卒 소머리를 가진 지옥의 나졸이다.

우루빈라優樓頻螺 목과림木瓜林이라 번역하며, 중인도 가야성伽倻城 부근의 지명. 부처님의 제자인 우루빈라가섭優樓頻螺迦葉이 이곳에서 살았다.

우루빈라가섭優樓頻螺迦葉 부처님의 제자 세 가섭迦葉 중 맏형이니, 본래 우루빈라촌優樓頻螺村에 살면서 불을 섬기던 사화事火 외도였는데, 부처님의 제자가 되었다.

우바니사타優婆尼沙陀 ① 인명人名이니, 진성塵性·근소近少라 번역하며, 부처님의 제자이다. ② 인도철학의 근본사상을 말한 전적典籍의 이름이니, 근소近少·미세微細라 번역한다. ③ 극히 작은 수의 수 이름이다.

우바리優婆離 근집近執·근취近取라 번역하며, 부처님 십대제자의 한 명으로 계를 잘 지니기로 제일이다.

우바새優婆塞 근사남近事男·근선남近善男·근숙남近宿男·청신사淸信士라 번역하며, 칠중七衆의 하나로서 불교를 믿는 재가의 남자 범어 Upasaka의 음역音譯이니, 제방에서 우바새라고 음독音讀하는 것은 미상未詳이다.

우바이優婆夷 근사녀近事女·근선녀近善女라고 번역하며, 집에 있으면서 불교를 믿는 여성이다.

울금향鬱金香 식물의 이름이니, 백합과白合科에 속하는 다년생 초목으로서 높이가 척여尺餘이다. 생강과에 속하는 울금鬱金과는 다르다.

원래 고요한 데(元澄) 식음識陰을 말함이니, 파랑波浪이 없어진 바다에 비유한다.

원력願力 본원本願의 힘이니, 보살 때에 발한 서원의 역용力用이다.

원성실성圓成實性 삼성三性의 하나로서 원만하게 성취된 진실한 자성이란 뜻이니, 진여를 말한다.

원심주願心住 보살행위菩薩行位의 하나인 십신十信의 제십신第十信이다.

원진실圓眞實 진실한 원願이란 뜻이니, 허망하게 원願이라고 하는 것이 아니라는 말이다.

원통圓通 주원周圓하고 융통融通하다는 뜻이니, 불佛과 보살의 깨달은 경계이다.

원행지遠行地 보살행위菩薩行位의 하나인 십지十地의 제육지第六地이다.

월광 동자月光童子 보살의 이름이다.

월천자月天子 월궁月宮의 천자란 뜻이다.

위덕威德 엄숙한 위威와 사랑스러운 덕德이다.

위신威神 위엄 있고 용맹을 헤아릴 수 없는 세력이다.

위신력威神力 존엄함을 헤아릴 수 없는 신력神力이다.

위없는 도(無上道) 위없는 도라는 말이니, 불과佛果를 가리킨 것이다.

위없는 법(無上乘) 불교의 지극함을 찬탄하는 말이니, 곧 대승大乘의 다른 이름이다.

위없는 보리(無上菩提) 보살이 등각위等覺位에서 일체 번뇌를 멸하고 불과를 원만케 하는 지혜이다.

위음왕威音王 무량무변 불가사의 아승지겁阿僧祇劫 전에 나셨던 부처님 이름이다.

위해귀違害鬼 원혐怨嫌을 품고 항상 원수를 갚으려는 귀신을 말한다.

유간지옥有間地獄 8무간지옥無間地獄 이외의 것은 유간지옥有間地獄이라 한다.

유루세계有漏世界 번뇌에 속박된 중생들이 살고 있는 세계이다.

유리광법왕자瑠璃光法王子 보살 이름이니, 유리광보살琉璃光菩薩이다.

유리왕瑠璃王 사위국舍衛國 바사닉왕婆闍匿王의 아들로서 부처님 성도하신 지 40년경에 부왕父王의 자리를 빼앗아 왕이 되고 석가釋迦 종족을 몰살沒殺한 임금이다.

유병油餠 가루에 기름을 섞어서 만든 떡이다.

유순由旬 유선나由繕那라고도 하니, 인도에서 거리를 재는 단위로 우리나라 40리에 해당한다. 중유순中由旬은 60리, 대유순大由旬은 80리라 한다.

유식唯識 만유제법은 심식心識 외에 실존한 것이 아니요, 다만 식識일 뿐이라고 하는 것이다.

유심식정唯心識定 유식관惟識觀으로 정定을 닦는 것이다. '유식唯識' 참조.

유위법有爲法 인연因緣에 의하여 생멸변화生滅變化하는 물심物心의 현상이다.

유학有學 소승小乘의 성자聖者로서 번뇌를 끊기 위하여 계戒·정定·혜慧 3무루학無漏學을 닦는 계위階位이니, 수다원향須陀洹向으로부터 아라한향阿羅漢向까지를 말한다.

육근六根 육식六識의 소의所依가 되어 육진六塵을 대하는 여섯 기관. 안眼·이耳·비鼻·설舌·신身·의意이다.

육대六大 ① 지地·수水·화火·풍風·공空·근根을 말하니, 『수릉엄경首楞嚴經』에서 말한 것이다. ② 지地·수水·화火·풍風·공空·식識이니, 소승小乘과 밀교密敎에서 말하는 것이다.

육입六入 입入은 섭입涉入한다는 뜻이니, 안眼·이耳·비鼻·설舌·신身·의意를 말한다. 혹 육진六塵을 육입六入이라 하기도 한다.

육진六塵 진塵은 우리의 정심淨心을 오염한다는 뜻이니, 색色·성聲·향香·미味·촉觸·법法을 말한다.

율장律藏 삼장三藏의 하나. 계율에 관한 전적典籍을 모은 것이다.

음성륜音聲輪 불佛의 삼륜三輪의 하나로서, 부처님이 설법하시는 음성이 중생의 번뇌를 갈아 버리므로 윤輪이라 한다.

응공應供 부처님 십호十號의 하나로서, 번뇌를 끊어 버려서 천상과 인간의 공양을 받을 만하다는 뜻이다.

응신應身 부처님께서 중생을 교화하시려고 중생의 근기에 응하여 나타내는 몸, 곧 보신報身과 화신化身이다.

의식意識 의근에서 나는 식이니, 제육식第六識이다.

의지할 데 없는 것(無住) 능주能主·소주所住가 모두 없는 것을 무주無住라 하니, 곧 진심의 수연隨緣하는 것을 가리킨 것이다.

의타기성依他起性 삼성三性의 하나이니, 다른 연緣을 의지하여 생기는 물심物心의 모든 현상을 말하는 것이다.

이공二空 아공我空과 법공法空이니, 중생은 오음五陰이 화합하여 된 것이므로 아我의 실체가 없다는 아공과 오음의 자성自性까지도 없다는 법공을 합하여 말하는 것이다.

이구지離垢地 보살행위菩薩行位의 하나인 십지十地의 제이지第二地이다.

이근원통耳根圓通 이근耳根으로 닦아서 원만융통圓滿融通을 얻었다는 뜻이다.

이란伊蘭 식물의 이름이니, 나쁜 냄새가 40리까지 퍼진다고 한다.

이생(今生) 이번에 태어나 있는 세상이라는 뜻이다.

이선천二禪天 색계色界의 사선천四禪天 중의 제이第二 선천이다.

이승二乘 소승의 성문승聲聞乘과 연각승緣覺乘을 말한다.

이식耳識 이근耳根으로 성진聲塵을 분별하는 식識이다.

이십팔 개의 나쁜 별(二十八大惡星) 28宿수를 말한다.

이치란행離癡亂行 보살행위菩薩行位의 하나인 십행十行의 제오행第五行이다.

인식으로 먹는 것(識食) 미맥米麥 등의 유형물有形物을 먹지 않고, 다만 심식心識의 힘으로 생生을 유지하는 것이다.

인연因緣 과를 생하는 인과, 인을 도와주는 연을 말한다.

인연법因緣法 일체만법이 인연이 화합하여 생기고 인연이 흩어지면 없어진다는 법문이다.

인욕忍辱 온갖 모욕과 괴로운 것을 참는 것이니, 대바라밀의 하나이다.

인지忍地 보살행위菩薩行位의 하나인 사가행四加行의 제삼위第三位이다.

인행忍行 인위의 수행이다.

인허진鄰虛塵 색법의 가장 작은 것으로 허공과 인사鄰似한 것이니, 색법의 근본이다. 신역新譯으로는 극미진極微塵이라 한다.

일곱 갈래(七趣) 여섯 갈래에 신선神仙 갈래를 가한 것이니, 『수릉엄경首楞嚴經』에서 말한 것이다.

일승一乘 일불승一佛乘이라는 것이니, 부처님의 교법에 삼승三乘 오승五乘의 차별이 있으나, 일체 중생을 제도하는 교법은 다만 하나라는 의미에서 일승교법이라 한다.

일월궁日月宮 일궁日宮과 월궁月宮이다.

일월등日月燈 과거의 부처님 이름이니, 일월등명불日月燈明佛인 듯하다.

일월등명日月燈明 일월등日月燈과 같다.

일천자日天子 일궁日宮의 천자天子이다.

일천이백오십 사람 부처님을 항상 모시고 다니던 대중이다.

일천제一闡提 줄여서 천제闡提라고도 한다. 단선근斷善根·신불구족信不具足이라 번역하며, 성불할 성품이 없는 사람이다.

입入 근根으로써 경境을 섭입攝入하는 것이다.

입으로 짓는 네 가지 업(口四業) 망어妄語·기어綺語·양설兩舌·악구惡口이다.

자문다(遮文茶) 기시귀起屍鬼라 번역하며, 야차夜叉에 속하는 악귀惡鬼의 이름이다.

자비慈悲 중생에게 낙樂을 주는 것을 자慈라 하고, 고苦를 구제하는 것을 비悲라 한다.

자성自性 자기의 성품이다.

자성인 각(性覺) 자성自性에 구족한 각覺이니, 본각本覺과 동일하다.

자성인 업(性業) 그 행위의 자성自性이 죄업罪業이니, 살생殺生·도적질·음행 등은 부처님께서 금제하심을 기다리지 않더라도 범하면 죄가 되는 것이다.

자연自然 모든 것이 인因에 의지하지 않고 저절로 그러하다는 것이다.

자재력自在力 어디에도 구속되지 않는 자재自在한 힘이다.

자재천自在天 욕계欲界 제육천第六天을 말한다.

자재천마自在天魔 욕계 제육천에 따로 있는 마魔를 말한다.

자재천을 주장하는 이들(計自在天) 자재천自在天이 일체 만물을 낸다는 자재천 외도들이다.

작가라斫迦羅 륜輪이라 번역하며, 선인仙人의 이름이다.

잘못한 것을 고백하고 참회하는 날(自恣日) 여름 안거를 마치는 날에 함께 안거한 이들이 그동안 보고 들은 일에 대하여 잘못된 것을 고백하고 참회하는 것을 자자自恣라 하니, 승단僧團의 연중행사 의식이다.

잡류(雜形) 지옥地獄·아귀餓鬼 등 잡류雜類의 신형身形을 말한다.

잡아들이는 몸(執受身) 신근身根을 말함이니, 혼과 넋과 마음과 뜻과 정신은 잡아들일 바요, 몸은 능히 잡아들이는 것이다.

장래의 눈(將來眼) 눈은 지혜를 비유한 것이니, 가르친 대로 닦으면 아득한 생사를 벗어날 수 있으므로 장래의 눈이라 한다.

장애(留礙) 물질이 있어 눈으로 보는 것을 가리는 것이다.

장엄莊嚴 아름답게 장식하는 것이니, 선미善美로 국토를 장식하거나, 공덕功德으로 몸을 장식하거나, 향화香火로 불전에 공봉供奉하는 것을 장엄이라 한다.

장자長者 인도에서 큰 부자이고, 위덕

을 갖추고 문벌門閥이 높은 사람을 일컫는 말이다.

재계齋戒 밥 먹는 일과 행동하는 것을 조심하여 몸과 마음을 깨끗하게 하는 것이다.

재에 파묻히는 외도(投灰外道) 인도의 외도의 일종으로 몸을 잿더미 속에 파묻어서 스스로 고행하는 것이다.

저생(彼生) 내생來生이란 뜻이니, 이번 몸이 죽은 뒤에 이 다음에 태어날 세상이라는 뜻이다.

적멸寂滅 열반涅槃을 한문으로 번역한 것이니, 생사의 인과가 없어져서 다시 번뇌의 생사를 계속하지 않는 것이다.

적몰籍沒 죄인의 소유 재산을 부적簿籍에 기록하여 국고에 몰수沒收하는 것이다.

전계사傳戒師 계율을 전해 주는 스님을 말한다.

전단栴檀 전단나旃檀娜 · 전탄나旃彈那라고도 하며, 여약與藥이라 번역한다. 향기를 머금고 있어서 조각도 하고, 뿌리와 함께 가루를 만들어 향으로 쓰거나, 향유를 만들기도 한다. 인도의 남쪽 데칸 고원 지방에서 많이 난다.

전륜왕轉輪王 전륜성왕轉輪聖王, 또는 윤왕輪王이라고도 하니, 전 세계를 통치하는 대왕으로 윤보輪寶를 굴리면서 사방을 위복威服한다고 한다.

전병煎餠 부꾸미. 찹쌀가루 · 밀가루 · 수숫가루 등을 반죽하여 기름에 지진 떡의 총칭이다.

전송귀傳送鬼 사람에게 붙어서 길흉吉凶을 발설發說하고 전설傳說하는 귀신이다.

전타라旃陀羅 도자屠者 · 엄치嚴熾 · 살자殺者 · 하성下姓이라 번역하며, 인도 사성 중에 있는 최하급 천민賤民으로서 도살屠殺이나 옥졸獄卒의 천업에 종사하는 종족이다.

정定 마음을 한 곳에 두어서 산란치 않게 하는 것이니, 삼학三學의 하나이다.

정각正覺 부처님의 십호의 하나인 등정각等正覺의 준말이니, 올바른 지혜로 실상을 각하였다는 뜻이다.

정광불定光佛 지난 세상 부처님의 이름이며, 정광불錠光佛 · 연등불燃燈佛이라고도 한다.

정기精祇 만물의 정精으로 신기神祇가 된 귀신이다.

정덕淨德 열반의 사덕四德의 하나이니, 혹惑 · 업業 · 고苦를 여의고 담연청정해진 과덕이다.

정령精靈 일월日月의 정화精華를 도盜하고, 천지天地의 영수靈秀를 절竊하여 산山에 부附하고, 수水를 의依하는 사신邪神의 유類를 말한 것이다. 산천초목이나 무생물 따위의 여러 가지 사물에 깃들여 있다는 혼령이다.

정례頂禮 인도 고대의 경례敬禮하는 법으로서 상대방의 앞에 엎드려 두면頭面으로 상대자相對者의 발에 대어 절하는 법이니, 오체투지五體投地·접족례接足禮(頭面禮)라고도 한다.

정매精魅 풀이나 나무가 오래되어 일월日月의 정기를 받아서 매귀魅鬼가 된 것이다.

정보正報 과거의 업인業因으로 받은 과보果報이니, 부처님이나 중생의 몸을 말한다.

정수리(頂上) 머리 위에 숫구멍이 있는 곳이다.

정심주定心住 보살행위菩薩行位의 하나인 십신十信의 제오신第五身이다.

정심주正心住 보살행위의 하나인 십주十住의 제육주第六住이다.

정지頂地 보살행위의 하나인 사가행四加行의 제이위第二位이다.

정진精進 육도六度의 하나이니, 불도를 이루기 위하여 수양하는 행을 게으르지 않고 꾸준히 하는 것이다.

정진림精進林 불법을 꾸준히 닦는 것이 끝이 없다는 뜻이다.

정진심精進心 보살행위의 하나인 십신十信의 제삼신第三身이다.

정토淨土 부처님이 계시는 청정한 국토이니, 극락세계極樂世界나 만월세계滿月世界와 같은 것이다.

제석帝釋 제석천왕帝釋天王이니, 범어 석가제바인다라釋迦提婆因陀羅는 능천주能天主라고 번역하는데, 제帝는 인다라因陀羅를 번역한 것이요, 석釋은 석가釋迦의 음역音譯이다. 도리천忉利天의 왕으로서 사천왕四天王과 삼십이천三十二天을 모두 거느린다.

제석천왕帝釋天王 제석帝釋과 같다.

제일의 뜻(第一義) 제일차적인 절대 통일絶對統一의 원리, 가장 수승한 도리이다.

제호醍醐 우유를 정제하여 만든 가장 좋은 음식이니, 흔히 불성佛性에 비유한다.

조수 같으신 음성(海潮音) 부처님께서 설법하는 음성이 평등하여 분별하는 생각이 없으면서도 때를 어기지 않는 것이 조수와 같은 데 비유한 것이다.

존중행尊重行 보살행위의 하나인 십행十行의 제팔행第八行이다.

좋은 남자(善男子) 부처님 교법을 믿고 실행하는 남자를 말한다.

좌선坐禪 앉아서 선정을 닦는 것이다.

주리반특가周利槃特迦 계도髻道·소로小路·계도繼道라 번역하며, 부처님의 제자 중에 가장 아둔했던 사람이다.

주문呪文 진언眞言이라고도 하니, 밀교에서 송지誦持하는 비밀한 문구로서 그 뜻은 알 수 없으면서도 부사의不思議한 신력을 가진 것이다.

죽지 아니하려고 어지럽게 속이는 네 가지 허망한 말(四種不死矯亂論議) 외도들이 불사천不死天에 나려고 하여, 교란矯亂하는 논의이다.

중도中道 인연因緣인 유有도 아니고, 자연自然인 공空도 아닌 것을 중도中道라 한다. 일반적으로는 유무이변有無二邊의 편사偏邪를 여읜 중정中正의 도道라 하니, 대소승大小乘이 모두 그 핵심의 요의를 나타내는 말이다.

중생衆生 미계迷界의 생류生類를 말하는 것으로서 살타薩埵를 번역한 것이니, 당唐의 현장玄奘 이후에는 유정이라 번역한다. ① 중다衆多한 생을 윤회하였다. 여럿이 함께 생한다. ② 중연이 화합하여 생하였다.

중생들의 근본(生類本) 행음行陰을 말한다.

중생의 흐림(衆生濁) 사람들이 나쁜 행위行位만을 하면서 인륜도덕을 생각하지 않고, 악과를 두려워하지 않는 것이다.

중음신中陰身 중유中有라고도 하니, 중생이 죽은 뒤에 다음 생生을 받기까지의 49일 동안을 말하는 것이니, 극선極善과 극악極惡은 죽으면 곧 내생來生을 받으므로 중음中陰이 없다고 하거니와 그렇지 못한 이는 이 중음신中陰身 동안에 다음 생의 과보가 결정된다고 한다.

증득證得 믿음과 수행의 공功이 이루어져 진리에 계합하는 것이다.

증證하는 증득한다는 의미이다.

지각知覺 원통圓通한 인지因地의 마음이니, 위없는 지각은 무상보리無上菩提와 같다.

지견知見 사事와 리理를 증지證知하는 견해見解이니, 부처님의 지견은 실상의 진리를 조견하는 지혜이다.

지계持戒 육도六度의 하나이니, 계율을 지니어 범하지 않는 것이다.

지대地大 사대의 하나이니, 굳고 장애하는 성품을 가지고 만물을 싣고 있는 작용을 한다.

지라(脾臟) 밥통(위) 뒷옆에 가로 붙어 있는 내장이다.

지옥地獄 중대한 나쁜 업을 짓고 가서 나게 되는 지하의 감옥이라는 뜻이니, 남섬부주南贍部洲 밑으로 2만 유순由旬을 지나서 있다고 한다.

지일체처회향至一切處迴向 보살행위의 하나인 십회향十迴向의 제사 회향이다.

지전地前 보살행위菩薩行位 중의 초지初地 이전을 말하니, 곧 삼현三賢이다.

지地 중 보살행위의 하나인 십지十地의 중간이다.

지지보살持地菩薩 보살의 이름이다.

지혜 눈(慧目) 지혜를 눈에 비유한 것이니, 공한 것을 보는 지혜이다.

진塵 색色·성聲·향香·미味·촉觸·법法을 이르는 말이니, 이것은 육근을 통하여 몸속에 들어와서 우리의 마음을 더럽히고 진성眞性을 혼복昏覆한다는 뜻이다.

진로塵勞 번뇌의 다른 이름이니, ① 육진으로 말미암아 번뇌를 일으켜 수고롭게 한다는 뜻이다. ② 번뇌는 마음을 더럽혀 근로勤勞케 한다는 뜻이다.

진삼매眞三昧 참 삼매란 말이니, 생사에 유전하는 것을 돌이키는 것을 가리킨다.

진성眞性 진여성眞如性을 가리키는 것이다.

진실행眞實行 보살행위菩薩行位의 하나인 십행十行의 제십행第十行이다.

진아眞我 외도外道 범부가 실아實我가 있다고 하는 것을 말한다.

진여眞如 대승의 이상경理想境으로 만유萬有의 본체를 말하는 것이니, 거짓이 아닌 것을 진眞이라 하고, 개변改變하지 않는 것을 여如라 한다.

진여상회향眞如相廻向 보살행위의 하나인 십회향十廻向의 제팔 회향이다.

짐대(幢) 쇠나 돌이나 나무로 큰 기둥을 만들어 절 앞이나 불당佛堂 앞에 세워서 장엄하는 것이니, 마魔와 외도를 최복摧伏하는 표시라 한다.

집수식執受識 제8식을 말함이니, 근신기계根身器界의 종자를 집지執持하여 받아들여 각수覺受를 생기게 하므로 집수執受라 한다.

집제集諦 고보苦報의 원인을 말한 것이니, 번뇌와 업이 모여서 고를 일으키므로 집이라 한다.

집착(着) 마음이 그곳에 애착하여 돌아서지 못하는 것이다.

차례로 닦는 아홉 가지 선정(九次第定) 구무간정九無間定이라고도 하며, 아홉 가지 정定을 차례차례로 인속引續하여 닦는 것이니, 색계色界 사선四禪과 무색계無色界 사정四定과 멸진정滅盡定을 말하는 것이다.

차별된 데(分別之處) 식識으로 분별할 경계를 말한다.

찰제리刹帝利 찰리라 하며, 토전주土田主라 번역한다. 인도 사성의 두 번째 계급으로 정치와 병장兵將에 종사하는 종족이다.

참 승의제(眞勝義諦) 네 종류 승의제勝義諦 중의 승의승의제勝義勝義諦를 말한 것이니, 곧 일진법계一眞法界이다.

처處 처소處所란 뜻이니, 근根과 경境은 마음이 작용하는 곳이므로 처處라 한다.

천광대天光臺 『범망경梵網經』에 "혁혁천광사자좌赫赫天光獅子座"라는 말이 있으니, 혹 그것인가 한다.

천대장군天大將軍 사천왕四天王의 장수將帥인 듯하니, 위태천韋馱天이나 산지散脂 같은 것이다.

천안통天眼通 세간에 있는 원근고락遠近苦樂의 상相과 여러 가지 형색形色을 뚫어보는 자재한 작용이다.

천축天竺 인도印度·신독身毒·현두賢頭라고 음사音寫하며, 월방月邦이라 번역한다. 인도의 다른 이름이다.

첩화疊華 인도의 천天 이름이나, 혹 천상天上의 화華를 말한다.

청목향青木香 남목향南木香·광목향廣木香이라고도 하니, 국과초본菊科草本의 식물이다.

청정한 도(清淨道) 불도를 말한다.

초간혜지初乾慧地 등각위等覺位의 금강간혜金剛乾慧를 말한다. 간혜지乾慧智에 구족한 공덕을 등각위等覺位에서 친증親證함이라 한다.

초선천初禪天 색계 십팔천 중에 제일천第一天, 제이천第二天, 제삼천第三天을 초선천初禪天이라 한다.

초일월광超日月光 아미타불阿彌陀佛 20호號의 하나. 옛적 부처님의 이름이다.

촉觸 몸으로 접촉하는 대상對象으로는 촉진觸塵이요, 대상에 접촉하는 것으로는 촉각觸覺이다.

촉감觸感 몸으로 대 보아서 감각하는 것이다.

축생畜生 축양畜養되는 생물生物이란 뜻이며, 짐승, 새, 벌레, 고기 같은 것들이다. 방생傍生·횡생橫生이라고도 한다.

출가出家 세속을 떠나서 승려가 되는 것, 번뇌의 세속 생활을 버리고 성자의 생활을 하는 것이다.

출세出世 ① 속세간을 버리고 불도 수행에 들어가는 것이다. ② 부처님이나 보살이 세간에 출현하여 중생을 개도開導하는 것이다.

출세간법出世間法 삼승三乘들이 닦는 사제四諦·십이인연十二因緣·육도六度의 행법行法이다.

치지주治地住 보살행위菩薩行位의 하나인 십주十住의 제이주第二住이다.

칠금산七金山 수미산須彌山을 중심으로 한 주위를 일곱 겹으로 두르고 있는 높은 산. 지쌍持雙·지축持軸·담목擔木·선견善見·마이馬耳·상비象鼻·지지持地이다.

칠대七大 지·수·화·풍·공·견·식. 『능엄경楞嚴經』에만 있는 것이다.

칠보七寶 일곱 종류의 보옥寶玉이니, 금金·은銀·유리琉璃·파려玻瓈·자거(硨磲)·진주眞珠·마노碼瑙, 혹은 유리를 빼고 매괴玫瑰를 넣기도 한다.

칠진七塵 진塵은 여섯뿐이요, 제칠진第七塵은 없는 것이므로 없는 것을 비유하는 것이다.

침수향沈水香 서향과瑞香科에 속한 상록常綠 아교목亞喬木. 침향沈香·말향末香이라고도 한다.

타기가라咤枳迦羅 타기吒枳는 결박結縛, 가라迦羅는 아소작我所作이라 번역하며, 삼계의 결박을 내가 지었다는 뜻이다.

타심통他心通 다른 이의 생각하는 것을 자재하게 아는 통력通力이다.

타화자재천他化自在天 욕계 육천의 제육천第六天이다.

탐욕 끝난 데(欲盡) 육욕천六欲天이 끝나는 것이다.

태어나는 기틀(生機) 행음行陰을 말하는 것이다.

태어나는 이치(生理) 행음을 말하는 것이다.

통진실通眞實 진실한 통通이란 뜻이니, 이근원통耳根圓通을 말하는 것이다.

퇴타退墮 뒤로 뒤로 물러서게 되는 것이다.

티끌같이 많은(微塵數) 색법色法의 가장 작은 것을 극미極微라 하고, 극미의 일곱 배를 미진微塵이라 하니, 티끌같이 많다는 것은 세계를 부순 티끌 수효같이 많다는 말이다.

티끌 번뇌(塵) 구생俱生한 번뇌이니, 그것은 알기 어렵고, 항상 흔들리는 것이므로 티끌에 비유한 것이다.

파경이(破鏡) 모양은 이리 같고, 눈은 범 같은 짐승인데, 아비를 잡아먹는다고 한다. 한문본漢文本에 파경조破鏡鳥란 조鳥자는 등等자가 잘못된 듯하다.

파라타頗羅墮 이근利根·중광重曠·첩질捷疾이라 번역하며, 바라문 18성姓의 일종이다.

파순波旬 욕계欲界 제6천의 임금인 마왕의 이름. 범어 Pāpiyas·Pāpiman의 음역音譯이며, 살자殺者·악자惡者라 번역한다. 항상 악한 뜻을 품고, 나쁜 법을 만들어 수도인을 어지럽히고 사람의 혜명慧命을 끊는다고 한다.

파타婆吒 파사타의 준말, 피거避去라 번역하며, 외도의 이름이다.

팔만 세행細行 8만 4천 세행細行의 준말. 인도에서 많은 수효를 말할 적에 으레 8만 4천을 말하는데, 많은 것을 표시하는 것으로 보아 무방하니, 세밀한 계행 항목이 많다는 것이다.

팔부八部 불법을 옹호하는 여덟 종류의 신중이니, 천天·용龍·야차夜叉·아수라阿修羅·가루라迦婁羅·건달바乾闥婆·긴나라緊那羅·마후라가摩睺羅迦이다.

폐시閉尸 연육軟肉·육단肉團이라 번역하며, 탁태托胎 제37일 동안을 말한다.

푸른 연잎 같으신 눈(青蓮花眼) 청련화青蓮花는 식물 이름이니, 그 잎이 길고 넓고 청青과 백白이 분명하므로 대인大人의 눈에 비유한다.

풍대風大 사대의 하나이니, 흔들리는 성품을 가지고 생장하는 작용을 한다.

풍륜風輪 삼륜三輪의 하나이니, 이 세계를 지지支持하고 있는 삼륜의 최하층이다.

필릉가바차畢陵伽婆遮 여습餘習이라 번역하며, 지난 세상에 5백 생을 바라문이 되었던 버릇으로 교만한 습기가 남았기 때문이다. 부처님 제자의 이름이다.

하살다訶薩多 아가살 모다라의 준말이니, 해수海水라 번역하며, 바닷가에 사는 외도의 이름이다.

하염없는(無爲) 인연因緣으로 작위作爲한 것이 아니라는 뜻이니, 진리를 말한다.

하염 있는 모양(有爲相) 인연으로 조작하여 생긴 현상을 말한다.

학인學人 삼승三乘의 도를 배우는 사람이다.

함께 나는 기초(同生基) 제칠식第七識의 종자種子를 말한다.

항사恒沙 항하사恒河沙의 준말이니, 항하사의 모래와 같이 많다는 뜻으로 무량한 대수大數를 말한다.

항상 있는 참마음(常住眞心) 생멸하지 않는 참마음이다.

항하恒河 긍가하殑伽河의 준말이니, 천당래天堂來라 번역하며, 지금의 갠지스 강이다.

항하 여신恒河女神 항하를 맡은 여신女身이라는 말이다.

항하수恒河水 항하에 흐르는 물.

해조음海潮音 '조수 같으신 음성'조를 보라.

해탈解脫 번뇌의 속박을 벗어나서 자유의 경지에 도달한 것이니, 열반의 별칭. '개탈'이라고 발음하여야 옳다.

행行 조작造作·변화하는 뜻이니, 인연으로 생멸하는 유위법을 말한다. 또 행동을 말한다. 십이인연의 행行은 과거의 업을 말한다.

행법行法 ① 변화하는 생멸법. ② 사법四法의 하나이니, 이상理想에 도달하는 수행이다.

행음行陰 인연으로 조작되어 시간적으로 변화하는 것이다.

향광장엄香光莊嚴 향기를 쏘이면 항상 향내가 나는 것같이, 염불하면 불佛을 보게 되므로 염불삼매를 향광장엄이라 한다.

향수해香水海 수미산須彌山을 중심으로 하고, 칠금산七金山 사이사이에 있는 일곱 겹의 바다를 7향수해라 하며, 또 화장세계華藏世界에 큰 향수해가 있다고 한다.

향엄 동자香嚴童子 보살 이름이다.

허공장보살虛空藏菩薩 보살 이름이다.

허망한 생각(妄想) 마음으로 분별하는 것은 허망한 것이므로 허망한 생각이라 한다.

헛꽃(空華) 허공의 꽃이란 말이니, 허공에는 꽃 같은 것이 없지마는 눈에 병이 있는 사람은 가끔 허공에 꽃 같은 것이 있는 줄로 보니, 실재가 아닌 것을 실재라고 잘못 아는 데 비유한 것이다.

헤매는 것(流轉) 생사 길에 돌아다니는 것이다.

현전지現前地 보살행위菩薩行位의 하나인 십지十地의 제육지第六地이다.

혜심주慧心住 보살행위의 하나인 십신

十信의 제사신第四身이다.

호법심護法心 보살행위의 하나인 십신十信의 제칠신第七身이다.

혼자인 허망한 소견(別業妄見) 중생들이 각별한 업인으로 각별한 과를 받게 되는 망견이다.

화경(陽燧) 햇살에 비치어 불을 내는 기구이니, 동으로 거울같이 만들었다 한다.

화광삼매火光三昧 불을 관觀하는 선정. 또 불을 내는 선정이다.

화대火大 사대의 하나이니, 더운 성품을 가지고 물질을 익히는 작용을 한다.

화두火頭 오추슬마이다.

화륜火輪 수륜水輪과 풍륜風輪, 중간을 말한 것인 듯하다.

화신化身 삼신三身의 하나이니, 중생을 제도하기 위하여 중생의 근기에 맞추어 변화하여 나타내는 몸이다.

화신부처님(化佛) 변화하여 나타내는 부처님 몸이다.

화장세계華藏世界 연화장세계蓮華藏世界의 준말이니, 비로자나불毘盧遮那佛이 계시는 정토 이름이다.

화합한 대중(和合衆) 여러 스님들이 모여서 한 대중이 된 것이다. 4인 이상을 말한다.

화현化現 화신化身으로 변화하여 세상에 나는 것이다.

환술幻術 없는 데서 물건을 내어서 사람을 현혹하게 하는 술법이다.

환희지歡喜地 보살행위菩薩行位의 하나인 십지十地의 초지初地이다.

환희행歡喜行 보살행위의 하나인 십행十行의 제일행第一行이다.

회상會上 모인 사람들 가운데란 뜻이니, 법회의 중中이란 말이다.

회향廻向 자기가 닦은 선근 공덕을 다른 중생에게나 자기의 불과佛果 보리에 돌려보내는 것이다.

회향심廻向心 보살행위의 하나인 십신十信의 제팔신第八身이다.

훈륙향薰陸香 유향乳香이라고 하니, 추람과橄欖科의 상록목常綠木의 식물을 물에 담가서 진을 내어 응고凝固시켜 만든 것이다.

훈습薰習 다른 이와 함께 있거나 향기를 쏘이거나 하면 물이 들어서 다른 것을 닮는 것이다.

흠향하여 먹는 것(觸食) 귀신의 먹는 것을 말함이니, 몸으로 음식에 촉함이 먹는 것이 된다는 것이다. 혹 좋은 구경을 하면서 배고픈 줄을 모르는 것이다.

수릉엄경

2012년 9월 25일 초판 1쇄 발행
2016년 2월 15일 초판 2쇄 발행

옮긴이 이운허 (초역)
김월운 (개역)
펴낸이 한태식
펴낸곳 동국역경원

주소 100-715 서울시 중구 필동로 1길 30
전화 02-2260-3483~4
팩스 02-2268-7851
Homepage http://www.trpitaka.or.kr
E-mail book@dongguk.edu

출판등록 제2-159(1964.10)
인쇄처 ㈜ 타라티피에스

ISBN 978-89-5590-467-3

값 17.000원